ヨーロッパの政治経済・入門

〔新版〕

森井裕一 編

有斐閣ブックス

目　次

■ Close up 一覧

◆ *Column* 一覧

◆ **図表一覧**

◆執筆者紹介◆

森井 裕一（もりい ゆういち）〔編者。序章，第2，10，13章，Close up ④担当〕
東京大学大学院総合文化研究科国際関係論専攻博士課程中退。
現在，東京大学大学院総合文化研究科教授（EU研究，ドイツ政治研究）。
主な著作に，『現代ドイツの外交と政治』（信山社出版，2008年），『地域統合とグロー
バル秩序――ヨーロッパと日本・アジア』（編著，信山社出版，2010年），『地域から
見た国際政治』（日本の国際政治学3）（分担執筆，有斐閣，2008年），ほか。

山田 文比古（やまだ ふみひこ）〔第1章担当〕
京都大学法学部卒業。フランス国立行政学院（ENA）特別外国人課程修了。
現在，名古屋外国語大学外国語学部教授（現代外交論，フランス政治外交論，日本外交
論）。
主な著作に，『フランスの外交力――自主独立の伝統と戦略』（集英社新書，2005年），
『外交とは何か――パワーか？／知恵か？』（法律文化社，2015年），ほか。

八十田 博人（やそだ ひろひと）〔第3章担当〕
東京大学大学院総合文化研究科国際社会科学専攻博士課程単位取得退学。
現在，共立女子大学国際学部教授（イタリア政治外交史）。
主な著作に，『よくわかるEU政治』（共編著，ミネルヴァ書房，2020年），『戦後民主
主義の青写真――ヨーロッパにおける統合とデモクラシー』（分担執筆，ナカニシヤ
出版，2019年），『ヨーロッパ・デモクラシーの論点』（分担執筆，ナカニシヤ出版，
2021年），ほか。

正躰 朝香（しょうたい あさか）〔第4章担当〕
東京大学大学院総合文化研究科国際社会科学専攻博士課程単位取得退学。
現在，京都産業大学国際関係学部教授（国際関係論，国際文化論，ベルギー政治）。
主な著作に，『「ベルギー」とは何か？――アイデンティティの多層性』（分担執筆，松
籟社，2013年），『国際文化関係史研究』（分担執筆，東京大学出版会，2013年），『現
代ベルギー政治――連邦化後の20年』（共編著，ミネルヴァ書房，2018年），ほか。

武藤 祥（むとう しょう）〔第5章担当〕
東京大学大学院法学政治学研究科博士課程単位取得退学。博士（法学）。
現在，関西学院大学法学部教授（スペイン政治史）。
主な著作に，『「戦時」から「成長」へ――1950年代におけるフランコ体制の政治的変
容』（立教大学出版会，2014年），『概説 近代スペイン文化史――18世紀から現代ま

で』（分担執筆，ミネルヴァ書房，2015 年），「ポルトガル『立憲的独裁』の成立
（1926-33 年）」日本比較政治学会編『競争的権威主義の安定性と不安定性』（日本比
較政治学会年報 第 19 号）（ミネルヴァ書房，2017 年），ほか。

村田 奈々子（むらた ななこ）〔Close up ①担当〕
ニューヨーク大学大学院歴史学科博士課程修了（Ph. D. in History）。
現在，東洋大学文学部教授（近現代ギリシア史）。
主な著作に，『物語 近現代ギリシャの歴史——独立戦争からユーロ危機まで』（中公新
書，2012 年），『ギリシア史』（新版 世界各国史 17）（分担執筆，山川出版社，2005
年），『学問としてのオリンピック』（共編著，山川出版社，2016 年），ほか。

五月女 律子（さおとめ りつこ）〔第 6 章担当〕
東京大学大学院総合文化研究科国際社会科学専攻博士課程単位取得退学。
現在，神戸市外国語大学外国語学部准教授（国際関係論，北欧政治）。
主な著作に，『北欧協力の展開』（木鐸社，2004 年），『欧州統合とスウェーデン政治』
（日本経済評論社，2013 年），「スウェーデンの安全保障政策における『非同盟』」『国
際政治』第 168 号（2012 年），ほか。

仙 石 　 学（せんごく まなぶ）〔第 7 章，Close up ②担当〕
東京大学大学院総合文化研究科国際関係論専攻博士課程単位取得退学。
現在，北海道大学スラブ・ユーラシア研究センター教授（比較政治学，社会政策，中東
欧政治経済）。
主な著作に，『脱新自由主義の時代？——新しい政治経済秩序の模索』（編著，京都大学
学術出版会，2017 年），『新・世界の社会福祉 5 旧ソ連／東欧』（編著，旬報社，
2019 年），『中東欧の政治』（東京大学出版会，2021 年），ほか。

小 川 浩 之（おがわ ひろゆき）〔第 8 章担当〕
京都大学大学院法学研究科博士後期課程研究指導認定退学。博士（法学）。
現在，東京大学大学院総合文化研究科准教授（イギリス政治外交史）。
主な著作に，『イギリス帝国からヨーロッパ統合へ——戦後イギリス対外政策の転換と
EEC 加盟申請』（名古屋大学出版会，2008 年），『英連邦——王冠への忠誠と自由な連
合』（中公叢書，2012 年），『国際政治史——主権国家体系のあゆみ』（共著，有斐閣，
2018 年），ほか。

戸 澤 英 典（とざわ ひでのり）〔第 9 章担当〕
東京大学大学院法学政治学研究科博士課程単位取得退学。
現在，東北大学大学院法学研究科教授（国際関係論，国際政治史，EU 研究）。
主な著作に，『ヨーロッパ統合史』（分担執筆，名古屋大学出版会，2008 年），『原典ヨ
ーロッパ統合史——史料と解説』（分担執筆，名古屋大学出版会，2008 年），『戦後民

主主義の青写真——ヨーロッパにおける統合とデモクラシー』（分担執筆，ナカニシヤ出版，2019年），ほか。

岩 田 健 治（いわた　けんじ）〔第11章担当〕

東北大学大学院経済学研究科博士課程（後期）単位取得退学。博士（経済学）。

現在，九州大学大学院経済学研究院教授（国際金融論，EU金融通貨統合など）。

主な著作に，『ユーロとEUの金融システム』（編著，日本経済評論社，2003年），『現代国際金融』（共編著，有斐閣，2008年），『現代ヨーロッパ経済〔第6版〕』（共著，有斐閣，2022年），ほか。

東 野 篤 子（ひがしの　あつこ）〔第12章，Close up ③担当〕

バーミンガム大学政治国際関係研究科博士課程修了（Ph. D.）。

現在，筑波大学大学院人文社会科学研究科教授（ヨーロッパ国際関係，ヨーロッパ統合理論など）。

主な著作に，「ヨーロッパと一帯一路——脅威認識・落胆・期待の共存」『国際安全保障』47巻1号（2019年），「欧州国際秩序における中・東欧諸国——地域内のダイナミズムと外部アクターとの相互作用」『国際安全保障』第48巻第3号（2020年），『変わりゆくEU——永遠平和のプロジェクトの行方』（分担執筆，明石書店，2020年），ほか。

小 林 正 英（こばやし　まさひで）〔第14章担当〕

慶應義塾大学大学院法学研究科博士課程政治学専攻単位取得退学。博士（法学）。

現在，尚美学園大学総合政策学部准教授（欧州国際政治）。

主な著作に，『EUのガヴァナンスと政策形成』（分担執筆，慶應義塾大学出版会，2008年），「国連と地域的機関としてのNATOおよびEU——ある65周年」『国連研究』第12号（2011年），「EU文民的安全保障政策の成立と発展」『法学研究』第84巻第1号（2011年），ほか。

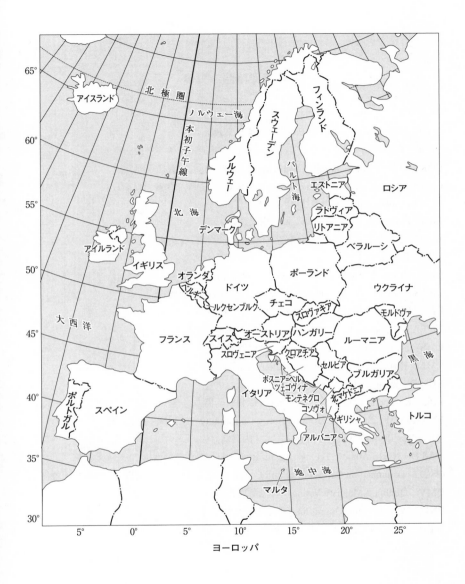

65°
60°
55°
50°
45°
40°
35°
30°

5°　0°　5°　10°　15°　20°　25°

アイスランド
北極圏
ノルウェー海
本初子午線
フィンランド
スウェーデン
ノルウェー
バルト海
エストニア
ロシア
ラトヴィア
リトアニア
北海
デンマーク
ベラルーシ
アイルランド
イギリス
オランダ
ポーランド
ウクライナ
ベルギー
ドイツ
ルクセンブルク
チェコ
スロヴァキア
モルドヴァ
大西洋
フランス
スイス
オーストリア
ハンガリー
ルーマニア
黒海
スロヴェニア
クロアチア
セルビア
ブルガリア
ボスニア=ヘルツェゴヴィナ
イタリア
モンテネグロ
北マケドニア
ポルトガル
スペイン
コソヴォ
ギリシャ
トルコ
アルバニア
地中海
マルタ

ヨーロッパ

xiii

◆主要略語一覧◆

CAP　Common Agricultural Policy　共通農業政策

CFSP　Common Foreign and Security Policy　共通外交・安全保障政策

COREPER　Comité des Représentants Permanents　常駐代表委員会

CSDP　Common Security and Defence Policy　共通安全保障・防衛政策

EC　European Community　欧州共同体

ECB　European Central Bank　欧州中央銀行

ECSC　European Coal and Steel Community　欧州石炭鉄鋼共同体

EDC　European Defence Community　欧州防衛共同体

EDF　European Development Fund　欧州開発基金

EEAS　European External Action Service　欧州対外行動庁

EEC　European Economic Community　欧州経済共同体

EFTA　European Free Trade Association　欧州自由貿易連合

EMS　European Monetary System　欧州通貨制度

EMU　Economic and Monetary Union　経済通貨同盟

EU　European Union　欧州連合

EPC　European Political Cooperation　欧州政治協力

EURATOM　European Atomic Energy Community　欧州原子力共同体

JHA　Justice and Home Affairs　司法・内務協力

NATO　North Atlantic Treaty Organization　北大西洋条約機構

OSCE　Organization For Security and Cooperation in Europe　欧州安全保障協力機構

QMV　Qualified Majority Voting　特定多数決

PKO　Peacekeeping Operation　平和維持活動

WEU　Western European Union　西欧同盟

ヨーロッパとEU

❶ヨーロッパ統合の父と呼ばれるロベール・シューマン
の像（2010年9月，ブリュッセル，筆者撮影）。

1 イントロダクション

ヨーロッパのイメージ

　ヨーロッパという言葉から何をイメージするだろうか。ヨーロッパ各地で活躍するサッカー選手やセリエ A やブンデスリーガなどサッカーのナショナルリーグをイメージする人もいれば，パリやミラノで活躍する高級ブランドからカジュアルな H&M のようなお店まで，さまざまなファッション関係を思い浮かべる人もいるかもしれない。BMW，メルセデス，アルファロメオなど自動車を思い出す人もいるだろう。各地にある美術館の歴史的な絵画コレクションや現代芸術に興味をもっている人もいるだろう。ローマ帝国のシーザー，宗教改革のルター，ナポレオン，チャーチルなど歴史上の人物を思い浮かべる人もいるだろう。環境対策の進んだ都市とか高度な福祉国家とかの社会制度がヨーロッパらしいと思う人もいるだろう。共通通貨ユーロが良かれ悪しかれ今のヨーロッパの象徴だという人もいるだろう。

　このようにヨーロッパのイメージはとても多様だ。その理由はヨーロッパが長い歴史をもち，かつ地球上の多くの地域に，長い間さまざまな面で大きな影響を与えてきたためであろう。また，ヨーロッパには世界に大きな影響を与えた国が数多く存在してきたことも挙げられるだろう。太陽が沈まないといわれるほどの大きな植民地帝国を維持してきたスペインとイギリス，植民地帝国であると同時に，フランス革命を通してナショナリズムが世界に拡大するきっかけをつくったフランス，第二次世界大戦で大きな惨禍をヨーロッパにもたらし，分断国家になりながらも冷戦期の西ヨーロッパ経済を牽引し，1990 年に統一を成し遂げたドイツ，一つ一つを挙げていけば際限なくこのような描写を続けていくことができる国が，ヨーロッパには数多く存在している。

　さらに，現在では欧州連合（EU）の存在がヨーロッパ理解を難しくしている。EU はヨーロッパ独自の制度だ。EU は 1950 年代から長年にわたって制度改正と発展を繰り返し，その機能を飛躍的に拡大してきたし，当初 6 カ国から始まったにもかかわらず，2013 年には 28 カ国にまで構成国を増加させた。そして，EU の機能の仕方とその構成国との関係性は，国際連合（国連），国際通

貨基金（IMF），世界貿易機関（WTO）のような国際組織とは，大きく異なっている。さらに 2020 年にはイギリスがついに EU を離脱した。EU はイギリス離脱で大きな影響を受けたわけではないが，なぜイギリスが離脱しなければならなかったのかを考えるとき，ヨーロッパ理解の難しさがさらに際立つだろう。

　EU が他の組織とは違って特にわかりにくいのは，前例になるモデルが世界のどこにも歴史上存在せず，しかも頻繁に制度改正を繰り返してきたためである。図書館にある 10 年前の EU に関する文献には，もう現状と異なった記述も多い。また，かつてはヨーロッパ統合が進むと連邦国家のような存在になると考えられ，そのような方向へ向けてヨーロッパ統合を進めることが望ましい，と考える人々もいたが，現在のヨーロッパでは EU がアメリカやスイスのような連邦国家になると考える人はほとんどいない。共通通貨ユーロは存在しているが，EU の構成国は未だに毎年自国の税収入の使い道を決めるために国家予算を決定し，EU レベルで調整は行うとしても，それぞれの国の政府と議会が外交政策や安全保障政策を決定している。近い将来も，このようなかたちのまま現在の複雑な唯一無二の存在としての EU が存在し続け，さまざまな影響を EU から受けながらもヨーロッパの EU 構成国も，おおむね現在のシステムのまま存在し続けると考えるのが，もっぱら有力な見方であろう。

　本書は，とても複雑で，一見わかりにくい現代ヨーロッパの政治経済を，歴史的な背景や制度の説明に加えて，最新の情報を取り入れつつ，できるかぎりわかりやすく紹介することを目的としている。そうはいっても，もちろんヨーロッパのすべてを限られた紙幅の中で紹介することはできない。そこで，本書では EU と，EU を構成する主要国の紹介に重点を置いている。EU だけでもなく，フランス，ドイツ，イタリアなどの国家だけでもなく，EU とその構成国の総体としてのヨーロッパを理解することが，今のヨーロッパの政治経済の理解には不可欠なのである。

EU の発展，拡大とヨーロッパ化──さまざまな変化に注意する

　ヨーロッパ化（Europeanization）という言葉は，グローバル化（Globalization）と比べれば，聞き慣れない言葉かもしれない。グローバル化は，企業や人が国境を越えて活動し，それによって国境によって限定されていた政治，経済，社

会などのさまざまな活動が影響を受ける現象であるが，ヨーロッパ化は，ヨーロッパ統合の進展によって，ヨーロッパの国々の国内の制度やプロセスが影響を受け，ヨーロッパ・レベルの基準に収<ruby>斂<rt>しゅうれん</rt></ruby>してゆく現象である。EU を構成する国々は EU の政策によって，国内の制度がさまざまな影響を受けている。経済関係の法制度は，現在では EU 法によって規定されているものも非常に多くなっている。このように EU 法や EU の政策展開によって国内制度が EU から影響を受けることをヨーロッパ化という。しかし，同時に EU もその構成国の政策の影響を受ける。ある構成国が自国の制度やアイディアを EU レベルで実現しようとすることもある。このように考えるとヨーロッパ化は EU と構成国の政策の相互作用によって，ヨーロッパの制度が形作られてゆくプロセスであると見ることができるだろう。

　詳しくは，ヨーロッパ統合の歴史を扱う第9章で説明されるが，今日の EU に至るまでの制度発展の歴史はかなり複雑であり，決して単線的ではない。1950 年代のヨーロッパと，市場統合が発展して域内貿易（EU 構成国間の貿易）が増加した 1960 年代，そして市場統合も共通通貨の発行も実現し，欧州復興基金という巨額の予算配分も可能となった現在の EU とでは，EU と国家の関係は大きく異なっている。

　また，ヨーロッパの農業について議論しているのか，地域開発政策について議論しているのか，金融市場について議論しているのか，地域紛争に対する外交政策について議論しているのかによって，EU の権限と機能，構成国の役割は大きく異なっている。しかも，それが時代とともに，かつ EU の制度発展とともに異なっていることに注意しておくことも，とても重要だ。

　EU は今日，27 カ国（2021 年現在）で構成されているが，EU の直接の起源である欧州石炭鉄鋼共同体（ECSC）はドイツ，フランス，イタリア，ベルギー，オランダ，ルクセンブルクのみで構成されていた。その後 1967 年に欧州共同体（EC）が発足し，1973 年にイギリス，アイルランド，デンマーク，1981 年にギリシャ，1986 年にスペインとポルトガルを加えて 12 カ国となり，当時の西ヨーロッパの主要国をすべて含むようになった。冷戦の終焉後，中立国やかつて東側世界に属した社会主義国が体制移行を遂げて，1991 年 12 月の EU 条約（もしくはマーストリヒト条約）合意を受けて 1993 年に発足した EU に加盟し

た。こうして EU は 1995 年には 15 カ国となり，2004 年には 25 カ国，2007 年には 27 カ国，2013 年にはクロアチアを加えて構成されるようになった。ヨーロッパ統合に参加する国の地理的範囲はヨーロッパ大陸の中心にあるわずか 6 カ国で始まり，今日では大西洋岸から黒海沿岸にまで至り，多くの人が思い浮かべるヨーロッパの地理的範囲とほぼ一致するまでになった。それにもかかわらず，EU のあり方に懐疑的な見方をする市民も増え，ナショナリスティックな主張をする政党も増加した。イギリスはもともと EU への主権の委譲には懐疑的であったが、ついに国民投票を受けて EU を離脱してしまった。

　ヨーロッパは変化し続けている。EU という制度があるがゆえに，変化がより複雑になる。そうであるがゆえに，ヨーロッパについて考える場合には，いつの時代の，どの政策について議論しているのか，どのような地理的な範囲が対象となっているのかなどを，常にしっかりと念頭に置いておかなければならない。そうしなければ同じ対象を議論しているように思っていても，実はまったく違った対象を議論していることになりかねない。

2 この本の読み方

　ヨーロッパにはさまざまな国際組織が存在しているし，本書で取り上げられていない国も数多く存在している。本書では，今日のヨーロッパ全体への影響力の大きい EU と，EU を構成している主要国を取り上げている。このような取り上げ方にはばらつきがあるし，恣意的であると感じる読者もいるかもしれない。本書ではおおむねヨーロッパの全体，EU の将来や政策展開に大きな影響力を有すると考えられる国々を中心として取り上げている。影響力があるとは，これまでの EU の歴史的な展開に重要な役割を果たしてきたという側面もあろうし，政治的に大きな発言力がある，経済的に大きな役割を担っているなど，さまざまな側面がある。EU を離脱したイギリスも域外の主要国として，位置づけを変えて取り上げている。

　ヨーロッパのあり方に大きな影響を及ぼしてきた冷戦が終焉してから 30 年以上が経過した。本書の読者の多くは，冷戦時代にヨーロッパがイデオロギー対立と軍事的緊張によって西側（アメリカを中心とする資本主義経済と自由主義の

価値を共有する諸国）と東側（ソ連を中心として社会主義経済と共産主義イデオロギーを共有する諸国）に分断されていたこと，東側の社会主義体制によって人権が抑圧され，経済システムが現在とは大きく異なるものであったことを，知識としてしか知らない人がほとんどだろう。本書では，可能なかぎりヨーロッパについての前提知識なしに，読者が現代のヨーロッパとEUとその構成国についての知識を得られるように配慮したつもりである。

　本書は2部構成となっている。第Ⅰ部ではEU構成国を扱っている。フランス，ドイツ，イタリアはヨーロッパ統合の始まりから今日に至るまで中心的な役割を果たしてきた国々でもあり，また国際的に単独でも大きな影響力を有している国々である。ベルギー，オランダ，ルクセンブルクのように小国ではあるがヨーロッパ統合の初期から重要な役割を担っていた国々，南欧の大国スペインとポルトガルも扱っている。北欧の経済的に豊かで外交でもさまざまな積極性と独自性が見られる国々，ポーランドのように社会主義から体制移行を遂げてEUに加盟した中東欧の国々も取り上げている。

　第Ⅱ部ではEUを取り上げている。そのなかで，まずEUの歴史，制度の章でEUとは何か，どうできあがってきたのかについてのイメージをもってもらいたい。次に，EUは経済統合から始まっているし，今日でも経済分野は最も重要な政策領域であるので，EUとその構成国の経済について取り上げている。多くのEUを扱った専門書では農業政策，地域開発政策，競争政策，通貨政策など個別の政策分野を扱っているが，ヨーロッパ諸国も対象とし，かつ全体としてのヨーロッパを議論の対象としている本書ではその紙幅はとれない。そこで世界の中のEU，国際関係にどのような影響を与えているかという視点から，EU拡大・近隣諸国との関係の問題，対外政策，安全保障・防衛政策を取り上げている。

　本書はそれぞれの章が完結しているので，順番に読み進めていく必要はない。しかし，EU構成国とEUが総体として今日のヨーロッパを構成しているので，最終的には本書のすべての章に目を通して，それぞれの読者に総体としてのヨーロッパ像を頭の中で描き出してもらいたい。また本書は，大学の講義で使われる教科書として利用されることを第一の目的として編集されている。しかし

講義の予習や復習，レポート作成の手がかりとしてばかりではなく，ヨーロッパへ語学研修や観光で行く飛行機の中で本書に再度目を通してもらえれば，現地での滞在が，政治経済の視点も加わって，より複眼的になり有意義なものになるだろう。大学などでフランス語やドイツ語の学習に疲れたときに，その言葉が使われている国の政治経済について，本書を開いて考えてみるのもよいだろう。

　それぞれの章末には「さらに読み進む人のために（読書案内）」の欄を設け，5冊程度の文献が紹介されている。本書では，本来とても一冊の本の中にも収まりきれないような内容を，短い一つの章に，できるかぎりわかりやすくコンパクトにまとめている。本書はその意味でヨーロッパの政治経済を理解するための最初の一歩を助ける目的で書かれている。もう一歩進んでそれぞれの章についての理解を深める際には，ぜひ読書案内に挙げられた文献を利用してもらいたい。コンピュータやスマートフォンに検索したい単語を打ち込んで調べる，という情報の集め方もあるが，本書や読書案内で紹介されている文献はいろいろな意味でバランスのとれた確かな情報を提供してくれるはずだ。読書案内では，図書館などでも比較的に簡単に入手可能な日本語の本をできるかぎり取り上げた。ヨーロッパのことを知るにはもちろん英語やフランス語などを習得し，それらの言語で書かれた文献を理解できるようになればよりよいが，それはさらに次のステップとなるので，まずはリストに挙がっている文献などをたどってさらに進んでいってもらいたい。

　この本を手に取ったのをきっかけとして，約4億5000万もの人々がEUという不思議なシステムのもとでまとまりつつあるヨーロッパとつきあってみてほしい。

第 Ⅰ 部

ヨーロッパの
主な国々

第❶章

フランス

20:10　franceinfo:

armee, ni contre une autre nation, mais l'ennemi est là, il progresse, et cela recquiert notre mobilisation générale. Nous sommes en guerre, toute l'action du gouvernement et du parlement doit

⬆国民向けの TV 演説で，コロナ禍を「戦争」に喩え，国民の連帯と忍耐を訴えるマクロン大統領（2020 年 3 月 16 日。ABACA PRESS ／時事通信フォト）。

　　第五共和政下のフランスでは，ド・ゴールが遺した強い国家と大きな政府に基づく独自の政策体系が，グローバル化の波に押され，新自由主義的改革を余儀なくされてきた。ヨーロッパとの一体化が進んだ半面，反 EU や反移民を唱える右翼の存在感が強まり，左右両派が対立と共存を繰り返しながら定着させてきた政権交代のしくみも揺らいでいる。ヨーロッパ統合におけるフランスの役割も大きく変化してきた。

表 1-1 フランス略年表

年　月	事　　項
1944年 6 月	共和国臨時政府成立。
8 月	パリ解放。
46年10月	第四共和政発足。
54年11月	アルジェリア独立戦争開始。
58年 6 月	ド・ゴール内閣成立。
10月	第五共和政発足。
12月	ド・ゴール大統領選出。
62年 3 月	エヴィアン協定（アルジェリア独立承認）。
65年12月	初の大統領直接選挙（ド・ゴール当選）。
68年 5 月	五月事件。
69年 4 月	ド・ゴール大統領辞任。
6 月	ポンピドゥー大統領選出。
72年 6 月	社共両党共同政府綱領締結。
74年 5 月	ジスカールデスタン大統領選出。
76年12月	ド・ゴール派「共和国連合」（RPR）に改組。
78年 2 月	「フランス民主連合」（UDF）結成。
81年 5 月	ミッテラン大統領選出。
86年 3 月	国民議会選挙で右派勝利，シラク内閣成立（第 1 次コアビタシオン）。
88年 5 月	ミッテラン大統領再選。
92年 9 月	国民投票によりマーストリヒト条約を僅差で承認。
93年 3 月	国民議会選挙で右派勝利，バラデュール内閣成立（第 2 次コアビタシオン）。
95年 5 月	シラク大統領選出。
97年 6 月	国民議会選挙で左派勝利，ジョスパン内閣成立（第 3 次コアビタシオン）。
2002年4〜5月	大統領選挙第 2 回投票にルペン進出，シラク大統領再選。
11月	「国民運動連合」（UMP）結成（のち 2015 年に「共和派」に改称）。
05年 5 月	国民投票により欧州憲法条約の批准を否決。
07年 5 月	サルコジ大統領選出。
12年 5 月	オランド大統領選出。
15年 1 月	シャルリエブド紙編集部襲撃事件。
17年 5 月	大統領選挙決選投票にマリーヌ・ルペン進出，マクロン大領領選出。
17年 6 月	国民議会選挙で「前進する共和国」圧勝。
18年10月	黄色いベスト運動勃発。
19年1〜3月	国民大討論会。
20年 3 月	マクロン大統領，コロナ禍との「戦争」を宣言。

1 対立と共存の政治システム

奇妙な共和国

フランスは共和国である。しかし18世紀末のフランス革命で絶対王政が倒されて以降，同じ共和政が続いてきたわけではない。王政の復活もあったし，帝政の時代もあった。そうした反動の時代を挟んで，共和政も5つの異なる制度の下で営まれてきた。これほど頻繁な政治体制の変遷を経験している国はめずらしい。

そうした経験を経て1958年に成立した現在の**第五共和政**は，独特の制度と政治文化を育んできた。大統領制をとるアメリカとも，議院内閣制をとるイギリスとも違う。大統領もいれば首相もいる。ドイツもそうであるが，ドイツの大統領は象徴的な役割にとどまるのに対し，フランスの大統領は実質的な権限をもつ。また，選挙で代表を選び政治を委ねる代議制民主主義をとりながら，国民の代表であるはずの政府の政策が，国民の街頭デモやストライキなど直接的な示威行動によって覆されること（「街頭政治」と揶揄される）もめずらしくない。一方で，中央集権や官僚制が強固であることも，フランスの特徴の一つである。

そうした奇妙な共和国，フランスの第五共和政は，ド・ゴールによって設立されたといってよい。ド・ゴールは，いうまでもなく第二次世界大戦時にナチス・ドイツからフランスを解放した国民的英雄であるが，いったん下野した後，1958年に再び政権に就いて今日のフランスの政治制度の基礎を築いた。

ド・ゴールが退陣した後も，その流れを汲むド・ゴール派の政治勢力（**ゴーリスト**）はフランスの政治において中心的な地位を占めてきた。歴代大統領8人のうち，ド・ゴールを入れて4人までがゴーリスト（他の3人はポンピドゥー，シラク，サルコジ）である。ゴーリスト以外では，中道右派のジスカールデスタン，左派（社会党）のミッテランとオランド，「右でも左でもない」マクロンが大統領を務めている。

これらの歴代大統領たちが大きな存在感を示してきた第五共和政の政治システムについて，具体的に見てみよう。

図 1-1　現在のフランス

フランス	
面積　54.4 万km²（仏本土，仏国立統計経済研究所）	**宗教**　カトリック，イスラム教，プロテスタント，ユダヤ教
人口　約 6706 万人（2020 年 1 月 1 日，仏国立統計経済研究所）	**通貨**　ユーロ
	1 人当たり GDP　3 万 610 ユーロ（2020 年）
首都　パリ	**欧州理事会出席者**　マクロン大統領
言語　フランス語	

［出典］　1 人当たり GDP は Eurostat（実質 GDP，暫定値），他は外務省ウェブサイト「各国・地域情勢」を基に作成。

行政権の優位性

　第五共和政が誕生した背景には，それに先立つ第四共和政（1946-58 年）末期の混乱がある。

　当時のフランスは，植民地であったアルジェリアの独立を認めるか否かで国論が大きく割れ，現地に駐留するフランス軍が反旗を翻すなど，内乱寸前の危

機的な状況にあった。その国難を打開するために国民の英雄ド・ゴールが担ぎ出され収束にあたったのであるが，ド・ゴールはそれと同時に，危機に対応できない当時の政治体制の一新を試みた。

　第四共和政の下では，議院内閣制が採用されていた。大統領は政治的実権をもたず，実質的な行政府の長は議会によって信任を得た首相であった。そうした議会優位の政治システムにおいては，議会で安定的な多数派が維持されなければ，安定した政権も維持できない。ところが，第四共和政の時代の議会は，比例代表制の選挙であったので小党乱立となり，各政党は抗争と分裂に明け暮れて，安定した政権基盤がなかなか形成されなかった。平均してほぼ半年に1回という目まぐるしい頻度で内閣が交代し，統治能力の弱体化は著しかった。

　こうした脆弱な統治体制では危機に対応できないと考えたド・ゴールは，実行力に富む強い政府をつくるために，立法権に対する行政権の優位性の確立，とりわけ大統領の地位の強化が必要であると考えた。その考え方を反映してつくられた第五共和国憲法では，大統領は，政治的仲裁者，国家の独立の守護者であるとされ，首相を任命して政府の指揮をとらせるが，国家の危機に際しては緊急措置権が認められ，国民議会を解散したり法案を国民投票に付託したりすることもできるなど，強大な権限が付与されることとなった。

　立法権と行政権の優位性の逆転は，議会の制定する法律の対象となる事項が限定され，その他の事項は政府の政令（デクレ）によって定めるとされたところに端的に表れている。また，法律事項の範囲内であっても，議会の授権があれば政府の行政立法（オルドナンス）が認められる。さらに法律に関しては，政府の提案した法案に対する議会側の修正権を封じるために，政府は自らの法案に対し一括して議決を求めることができることや，政府は国民議会における法案の表決に政府の信任をかけることができ，24時間以内に政府の不信任が可決されないかぎり，法案は可決されたものとみなされることなども定められた。

半大統領制

　しかし，こうした行政権の優位性に対しては，一定の歯止めがかけられている。それは，大統領の下で政府を指揮する首相が，大統領から任命されるにも

かかわらず，議会に対しても責任を負うとされているところに表れている。議会の信任すなわち議会の多数派の支持基盤がなければ，首相とその内閣は成り立たないこととなる。その意味で，議院内閣制の要素が残されており，アメリカの大統領制とは明らかに異なっている。大統領制と議院内閣制の中間的形態であるといえる。

　ただし，中間とはいっても，この制度が運用される過程で，大統領制への傾斜が強まっていったことも事実である。初代大統領となったド・ゴールは，憲法上の権限を最大限に行使し，実質的に国政の主導権を握った。ド・ゴール自身のカリスマ性もあり，こうした大統領主導型の政治体制は国民にも抵抗なく受け入れられたが，1962 年の憲法改正により大統領が直接公選制になったことで，大統領の民主的正統性が高まり，その権力基盤が強化されたことも大きい。このような大統領制化に対し批判的で，議院内閣制への復帰を主張していたミッテランも，自分が大統領に就任すると同じように強力な大統領権限を行使し，大統領優位の制度運用を継承した。こうして，大統領制と議院内閣制の中間的形態とはいえ，大統領制に傾斜した制度が次第に確立されていった。

　このような制度を「**半大統領制**」と呼ぶ。その特徴は，実質的な権限をもつ大統領の他に首相という役職が置かれ，両者のいわば双頭執行体制をとっていることである。

　首相は大統領によって任命されるが，先に述べた通り議会に対して責任を負う。首相の役割は政府の活動を指揮することとされ，その政府は国家の政策を決定・遂行するとともに行政・軍事を司る。大統領と首相は，二人三脚で政権を運営する。両者の一般的な役割分担としては，大統領が大きな方針を決め，その方針の下で首相が政策の具体化の指揮をとるということが想定される。分野別では，主に大統領が外交や国防（これを「大統領の専管領域」と呼ぶ），首相は内政という役割分担が慣行として定着していった。

コアビタシオン

　ところで，この制度は，大統領多数派と，首相を信任する議会多数派とが相反しないことを前提としている。ド・ゴールの構想の中では，大統領とは政党を超越した存在であり，大統領に反対する多数派が議会内に形成されることな

ど想定外であった。そもそも，当時は小党乱立が常で，議会において安定的な多数派が形成されること自体が想定されなかった。しかし，大統領といえども，選挙で選出される以上，政治基盤が必要であり，政党と無縁であることはできない。国民の英雄として幅広い支持を受けていたド・ゴールとは異なり，ド・ゴール後の政治家にとって，政党から超越した存在であることなどできるはずもなかった。

　したがって，大統領選挙と議会選挙が別々の時期に行われれば，その間に世論の流れが変わって，2つの選挙で異なった多数派が形成されることは理論的にはありうることであったが，しばらくは実際に起きることはなかった。ところが，左派のミッテラン大統領の下で1986年に行われた議会選挙で右派が勝利し，その多数派を背景に右派のシラク首相が誕生したのに続き，1993年には同じくミッテラン大統領の下で右派のバラデュール首相，1997年には右派のシラク大統領の下で左派のジョスパン首相が誕生したのである。これを「**コアビタシオン**（左右両派共存政権）」と呼ぶ。

　こうした事態を第五共和国憲法は想定していなかったので，当初は混乱が見られた。外交・国防は大統領の専管領域といっても，まったく内政と切り離すことはできない。他方，首相の権限とされる内政については，大統領は憲法上の権限（例えば閣僚の任免権，閣議主宰権，法律の審署権など）を行使して，首相に圧力をかけることもできる。こうしたことから政府の二元化という様相を呈し，国政に混乱が生じた。しかし，次第に大統領が専管領域である外交と国防に専念し，それ以外の国政全般に対する首相の主導権を大統領が尊重するというかたちで両者の共存・棲み分けが定着していった。

　いずれにせよ，コアビタシオンは本来望ましいものではない。それが生じる原因の一つは，大統領任期と議会（下院）の任期がそれぞれ7年，5年と異なり，その周期の違いから選挙時期が一致しないことであった。しかし，この問題は，2000年の憲法改正で大統領任期を5年に改めたことによって解消できることとなった。実際，2002年の大統領選挙以降コアビタシオンは生じていない。

右派と左派
　フランスの政党政治では伝統的に右派と左派との対立軸がある。

この右左という区別は，そもそもフランス革命の際に王党派が議会の右側に，革命派が左側に議席を占めたことに由来する。

　右派に関しては，フランス革命の結果生まれた共和政に対する反動（反共和主義）として，近代の個人主義や自由民主主義を拒絶し，保守的で伝統的な価値観を擁護する勢力が19世紀以降も影響力を保持し，イデオロギー的右派を形成した。一方これとは別に，革命の成果の受益者であるブルジョワジーを中心に，共和主義を受け入れる現実主義的で自由主義的な右派も形成され，影響力を強めていった。後者は第三共和政期には，政治的には共和主義，経済的には資本主義を掲げ，当時勃興（ぼっこう）しつつあった社会主義や共産主義に対する防波堤となって，たびたび政権を担った。

　ところが，第三共和政の末期にナチス・ドイツの軍門に下ったフランスは，イデオロギー的右派の復活を許し，ペタン元帥の下，復古主義と反共和主義を基調とするヴィシー政権を生み出した。

　戦後のフランスでは，ナチス・ドイツからフランスを「解放」した国民的英雄，ド・ゴール将軍の下，共和主義と共存する新しい愛国主義的右派が生まれ，勢力を増していった。こうして，ド・ゴール派（ゴーリスト）と呼ばれる勢力が，第四共和政期から第五共和政期にかけて，右派の一翼を担った。ゴーリストの特徴は，中央集権と行政権の優位を重視し，権威主義的でナショナリズムや強い国家を志向する（これがナポレオン・ボナパルトを想起させることから「ボナパルティスト」とも呼ばれる）という点である。一方，こうしたゴーリスト勢力に与しない，現実主義・自由主義的な右派（七月王政のオルレアン公ルイ＝フィリップへの歴史的アナロジーから「オルレアニスト」とも呼ばれる）が，政党としてのまとまりこそ欠いたものの，非ゴーリスト勢力として右派の一翼に定着した。

　なお，ヴィシー政権が崩壊したあと，命脈を断ったかのように見えたイデオロギー的右派は，冷戦期に反共右翼勢力として辛うじて残存し，1980年代半ば以降ジャンマリ・ルペンの下で復活を遂げる（後述）。

　片や左派は，右派に対するアンチテーゼとして生まれた。右派の志向する社会を，人間の搾取（さくしゅ）と抑圧に基づく蒙昧（もうまい）な社会として拒絶し，共和主義および連帯を基盤とする進歩的な社会をめざす勢力が，右派に対抗して左派を形成した。19世紀中はカトリック教権と対峙し，20世紀に入って教会の影響力が低下す

ると，代わって台頭してきた資本主義と対峙して，社会主義や共産主義の勢力が強まっていった。こうして左派にも，第三共和政後期以降，社会主義と共産主義の2つの潮流が生まれ，これらに連なる2つの政党（社会党と共産党）が，左派の主流となっていく。特に共産党は，対ドイツ抵抗運動の中で主導的な役割を果たしたこともあって，戦後しばらくの間，他の左派政党を上回る最大勢力となった。

二極四党体制から左右二大政党体制へ

こうして第五共和政下では，右派としてはゴーリスト系の「共和国連合（RPR）」と非ゴーリスト系の「フランス民主連合（UDF）」という2つの政党が並立し，左派としては社会党と共産党が並立した。このような**二極四党体制**と呼ばれる体制が，1970年代以降定着した。

このように二極化が進んだ理由として，独特な選挙制度の影響が考えられる。フランスでは，大統領選挙をはじめ多くの選挙で2回投票制が採用されている。大統領選挙の場合，第1回投票で上位2名に絞り込み，第2回投票で決選投票を行うというしくみ（有権者は第1回投票では「心」〈政治的信条〉で選び，第2回投票では「頭」〈利害計算〉で選ぶといわれる）になっている。それにより，決選投票では必然的に右派と左派それぞれの候補者が一本化されることとなり，二極化が進んだのである。

そうした左派では，1972年に社共両党が共同政府綱領を締結し，それが奏功して1981年にミッテラン政権を生み出した。他方，右派においては，非ゴーリストから1974年にジスカールデスタン政権，そしてゴーリストから1995年にシラク政権を生み出した。その後ゴーリストの中では，急速に強まってきたグローバル化の波に押されて，それまでの保護主義・国家介入主義的な姿勢を改め，市場を重視し，小さな政府を志向する新自由主義的な考え方が強まった。その結果，非ゴーリストとの合同の機運が高まり，2002年の大統領選挙後に「国民運動連合（UMP）」としての大同団結が実現した。その後，UMPは「共和派」（「共和党」と訳されることもある）と改称して今日に至っている。左派では，1980年代以降，共産党が凋落傾向を示し四党体制から脱落した後は，社会党が最大勢力となった。こうして，2000年代以降，右派のUMP/共和派

と左派の社会党の二大政党が政党政治の中心となっていった。

右翼の台頭

　しかし，近年こうした伝統的な左右二極対立の図式が当てはまらない面も生じてきた。その顕著な例は，1980年代半ば以降のイデオロギー的右派（右翼：「極右」と訳されることもある）の復活・台頭である。

　右翼勢力は，1972年結党の国民戦線（FN）に結集していたが，ジャンマリ・ルペン党首のもと1980年代半ばに，主張の軸足を反共から反移民に移して以降，民衆に受け入れられるようになり，政治の表舞台に登場した。FNは，グローバル化やヨーロッパ統合の進展にともない，フランス国民が豊かになるどころか，逆に移民の増加や治安の悪化によってフランスの伝統的な社会や価値観が脅かされていると訴え，不法移民排斥や治安強化，反グローバル化や反欧州連合（EU）などの政策を掲げて，失業や治安問題への不安を抱える民衆層の間で支持を拡大した。

　そして2002年の大統領選挙第1回投票においてルペン候補は，有力とされていた社会党のジョスパン候補などを破り，第2回投票に進出した。決選投票が，左右二極の対決ではなく，右対右の対決になったのである。結局，この選挙では左派の支持者の多くが，第2回投票に残った右派のシラク候補を支持したことによって，ルペンが大統領になるという事態には至らなかったが，国内外に与えた衝撃は大きかった。本来2回投票制は，共産党の候補が大統領になることを阻止するために考案された制度ともいわれてきたが，皮肉なことに，このときは右翼の候補が大統領になることを阻止したかたちとなった。

　その後，FNでは，ジャンマリ・ルペンの娘，マリーヌ・ルペンが2代目の党首に就任した。彼女は，それまでの強面のイメージの右翼路線から「脱悪魔化」といわれるソフト化路線に党の方針を転換した。その結果，FNは支持層を拡大し，幅広い民衆層の支持を集めるポピュリスト政党として新たな躍進を遂げた。そして，ついに2017年の大統領選挙第1回投票で2位につけ，マクロン候補とともに決選投票に進んだのである。決選投票では敗れたものの，父ジャンマリのときを大きく上回る，得票率34％，1000万票を超える支持を集め，大きな存在感を示した。なお，国民戦線はその後，「国民連合（RN）」と

改称した。

グローバリズム対ナショナリズム

　こうした右翼勢力の躍進は，それまでの左右二極対立の政治構造が大きく変化していることを如実に示している。

　伝統的な右派と左派の対立構造においては，保守的で伝統や秩序を重んじる右派と，進歩的で平等や連帯を重んじる左派との間に，社会的・文化的な価値観をめぐる対立軸があり，それがそのまま政治的な対立軸ともなってきた。ところが，グローバル化とヨーロッパ統合が進む中で，人々の間で政治的・経済的なシステムに対する考え方の相違が広がってきている。すなわち，世界に開かれヨーロッパとともに歩むフランスをめざす（新自由主義的グローバリズム，親EU）のか，それとも国民国家の枠内で国家主権にこだわり自国第一主義のフランスをめざす（主権主義的ナショナリズム，反EU）のかという点をめぐる考え方の相違である。それが，大きな対立軸として浮上してきている。

　2017年の大統領選挙でマリーヌ・ルペン候補を決戦投票に押し上げ，決選投票でも善戦させたのは，後者のナショナリズムの側の力であった。そこには，FNの支持者だけでなく，左派の支持者も多く含まれ，伝統的な左右対立軸を乗り越えた大きな勢力となったのである。

　かつてはフランスの主権主義的ナショナリズムといえば，ゴーリストがその牙城であった。しかし，ゴーリストは，非ゴーリストとの大同団結によってUMP/共和派となって以降，グローバル路線に転向してしまった。そのため，その穴を埋めるようにFNが伸長してきたのである。これは，歴史の皮肉としか言いようがない。

　一方，左右の二大政党，社会党と共和派は，「右でも左でもない」ことを標榜（ひょうぼう）して登場したマクロン候補と，そのマクロン候補が体現するグローバル路線に真っ向から挑むルペン候補との対決という，新しい対立軸の構図の中で埋没してしまい，両党の候補（アモンとフィヨン）が第1回投票で落選するという，歴史的惨敗を喫した。その直後に行われた国民議会選挙でも，マクロン大統領が立ち上げた新党「前進する共和国」（「共和国前進」と訳されることもある）が単独で308議席を獲得し，全議席577の過半数を占める一方，社会党も共和派も

大きく議席を減らし，すっかり存在感をなくしてしまった。

　そうした左右の既成政党の没落とともに、伝統的な左右対立の構図も影が薄くなってしまい，それに代わってグローバリズム対ナショナリズムという対立軸が，フランス政治の基調となってきた。マクロン対ルペンで争われた2017年大統領選挙はそのことを浮き彫りにした。フランスの政治構造は，これまでの左右二極対立を超えた新しい時代に入ったとみることもできよう。

　このような状況を生み出したのは，いうまでもなく，グローバル化の進展である。グローバル化は，フランスをはじめとする欧米先進国において，その波にうまく乗って成功した人々（グローバル化の勝者）とその波にうまく乗り切れずに取り残された人々（敗者）との格差を生んだ。敗者となった民衆層は，アメリカではアメリカ第一主義を訴えるトランプの強力な支持母体となって，トランプ政権を誕生させた。イギリスではEU離脱派の中心となって，ブレグジットを実現させた。フランスにおけるFN/RNの台頭は，そうした欧米諸国における主権主義・自国第一主義の風潮（反グローバルポピュリズム）の先駆をなしたものということができる。

2　新自由主義とフランス社会モデルの相克

硬派のフランス

　フランス経済を代表する産品としてすぐに思いつくのは，ファッションや装身具・香水などの奢侈品であろう。またワインやシャンパン，チーズなども高級品として人気が高い。

　しかし，フランス経済をそうした優雅なイメージのみでとらえてしまうのは間違いである。フランスには，それとは似ても似つかない硬派の先端技術大国としての顔がある。例えば，フランスの原子力エネルギー産業は世界でもトップクラスであり，使用済み核燃料の再処理や原子力プラントの国際的展開に積極的に取り組んでいる。

　航空宇宙産業も世界トップクラスであり，フランスのエアバス社はアメリカのボーイング社と肩を並べる同分野での世界有数の企業である。自動車産業では日産と提携関係にあるルノー社，高速鉄道では日本の新幹線と世界最高速度

を競う TGV を生産しているアルストム社などがよく知られている。

　フランス経済を牽引している大企業の中には，かつての国営企業や公共企業で民営化されたものも多い。そうした企業は私企業でありながら，依然としてフランス政府が大株主となっており，国家が企業を主導する混合経済体制の影響が色濃く残っている。

　こうした特徴をもつフランス経済がどのように発展してきたのかについて，歴史的に振り返ってみよう。

栄光の 30 年とフランス社会モデル

　フランスは第二次世界大戦後，ド・ゴールの下で，戦争で疲弊した経済を立て直すために，独特な経済システムを発達させた。アメリカ型の資本主義経済とソ連型の社会主義経済のいずれでもない，混合経済の道を選んだのである。電力，ガス，鉄鋼，鉄道，航空，自動車などの基幹産業や預金銀行などが国有化され，幾次にもわたる近代化計画が策定・実施された。国内産業は国家によって手厚く保護され育成された。そうした国家主導主義（ディリジスム）と国家管理主義（エタティスム）による，いわば上からの資本主義が志向され，戦後フランス経済の出発点となったのである。

　こうした政策の下で，公共部門の肥大化や官僚統制が進んだという面はあるものの，フランス経済は，戦後見事に復興を遂げただけでなく，未曾有の高度成長と近代化に成功した。1950 年代の経済成長率（国内総生産）は平均 4.6％，1960 年から第 1 次石油危機が起こった 1973 年までは 5.5％にも上った。戦後から 1970 年代半ばまでのこうした発展の時代は「**栄光の 30 年**」と呼ばれる。この間，好調な経済に支えられ，フランスの労働者は，手厚い雇用保障や年金，医療保険など，恵まれた社会保障を享受するようになった。こうして確立された高福祉の社会システムは，「**フランス社会モデル**」と呼ばれる。

　この間には，フランス経済のヨーロッパ化も進んだ。貿易面で見れば，戦後当初は植民地・旧植民地との貿易が中心であったが，1958 年に欧州経済共同体（EEC）が発足して以降はヨーロッパ諸国との貿易が増加し，1960 年代には両者の関係が逆転するに至った。

ミッテランの実験から競争的ディスインフレ政策へ

　しかし，そうした繁栄の時期を経たフランス経済は，1973年の第1次石油危機以降，国際通貨体制の動揺など世界経済の荒波に翻弄され，大きな試練に直面する。世界経済が低成長とインフレの時代に入ると，フランス経済も不況と失業，高インフレに悩まされるようになったのである。高福祉を支える経済的・財政的基盤にも翳りが見え始めた。

　そうした中でフランス国内では，労働者の権利擁護を訴える左派の勢力が強まり，1981年に左派のミッテラン政権が誕生した。社会主義を標榜するミッテランは，フランス経済の行き詰まりを打開するために，財政の拡大や賃上げなどによって有効需要の喚起を図り，景気を浮揚させたうえで，その配当で雇用・福祉政策を推進し，社会的不平等をなくしていこうと考えた。そのため，最低賃金や社会保障給付の引き上げ，労働時間の短縮などが行われた。他方，企業投資の拡大を狙って，数千社にも及ぶ企業と投資・商業銀行などの国有化が行われ，計画化も積極的に進められた。

　これは，フランス流の社会主義をめざしたもので，「ミッテランの実験」とも呼ばれる。大きな政府とディリジスムとを組み合わせたケインズ主義政策であり，当時の世界で主流となりつつあった小さな政府・新自由主義路線とは逆行するものであった。それでも，世界経済が好況であれば，フランスの積極政策は，輸出の拡大を通じてフランス経済を活性化させることができたかもしれないが，実際はそうはならなかった。不況は持続し，主要国は一様に緊縮政策（財政支出削減と高金利政策）を堅持していた。そのため，フランスの貿易赤字は急増し，国内のインフレや失業も悪化の一途をたどった。通貨フランは2年間に3回も切り下げられ，欧州通貨制度（EMS）脱退の危機にさらされた。

　EMS脱退覚悟で金利引き下げによる投資刺激策をとるか，EMSにとどまりインフレ対策を中心とする緊縮政策をとるかの瀬戸際に立たされたミッテランは結局，後者を選択する。これ以降，ミッテランのフランスは，新自由主義の方向性が強まる世界経済の中で，社会主義とケインズ主義に見切りをつけ，ヨーロッパとの政策協調の道に踏み込んでいく。フランスにおける左右両派の経済・財政政策は，こうしてヨーロッパ経済との一体化と自由主義的市場経済の方向に収斂していくことになる。その方向の中で，インフレの抑制とフラン

の購買力の維持を目標とする**競争的ディスインフレ政策**が，左右歴代政府によって堅持されることになる。その結果，インフレが克服され，フランス経済の競争力も高まっていった。

国有化から民営化へ

　他方，企業や銀行の国有化は，1986年にミッテラン大統領の下で誕生した第1次コアビタシオンの右派シラク首相によって，民営化へと180度転換された。シラクは，ミッテランによって国有化された企業の一部を民営化したのである。1988年の大統領選挙ではミッテランが再選されたが，これまで協力関係にあった共産党とは袂(たもと)を分かち，中道へと支持基盤を広げたミッテラン大統領は，自由主義的市場経済の路線を追認し，もはや国有化に戻すこともしないかわりに，民営化もしないという立場をとった。

　その後1993年にまたもミッテラン大統領の下で誕生した第2次コアビタシオンにおいて，右派のバラデュール首相は，さらなる民営化を断行した。国有化されていた大企業が民営化された際，それ以前から進められてきた金融市場自由化の効果もあって，アメリカの年金ファンドなどの外資が大量に流入した。この結果，民営化された企業を含むフランスの最大手数十社の平均外資比率が50％近くにまで上がるなど，急速に国際化が進展した。これらの企業は，それまでのフランス企業によく見られた同族経営を脱し，企業ガバナンスも透明度を高めていった。こうして，金融・保険，自動車，食品，化粧品などで世界的に活躍するフランスの多国籍企業が育っていったのである。企業活動の国際化にともない，パリ証券市場も整備され発展した。グローバル化とヨーロッパ統合の進展とも相まって，フランス経済の自由化と国際化は加速度的に進んでいった。

新自由主義の挫折

　こうした自由化と国際化の進展にともない，フランス経済は新自由主義への傾斜をますます深めていこうとするが，その足枷(あしかせ)となったのは，フランス企業の競争力と市場への順応を阻害する雇用制度の硬直性や高福祉政策による社会負担であった。すなわち，フランスの労働者に対する手厚い雇用保障や年金，

医療保険などの高福祉政策は，大きな政府として国家財政を圧迫するだけでなく，フランス経済・社会の非効率性，活力の喪失，労働市場の硬直性，社会格差などをもたらしていた。国有化によって肥大化していた公共部門の一部は民営化後も根強く残存し，その中では雇用保障や高福祉などの既得権益を引き続き享受しようという動きも強かった。そこで，こうした構造的な弊害をもたらすにいたったフランス社会モデルを見直し，大きな政府から小さな政府への転換をめざすとともに，自由競争と市場原理に基づくフランス経済・社会の活性化を図っていこうという考え方が，右派を中心に強まっていった。

しかし，長年にわたって培われてきた高福祉と大きな政府のシステムを変えようとすることは，既得権益者を中心とする抵抗勢力との対決を意味した。第1次コアビタシオン下のシラク首相は，民営化とともに，規制緩和，自由化に着手したが，国内からの反発に遭い，1988年の大統領選挙ではミッテラン大統領の再選を許してしまった。

その後，シラクは1995年に大統領に就任すると，腹心のジュッペ首相とともに，公務員の年金制度改革と医療保険改革を試みた。しかし，このときも，これに反対する労働者や学生のストライキで，電車や地下鉄だけでなく，郵便も止まり，大学も休校になるなど，フランスは1カ月間完全に麻痺状態となり，改革の一部を断念せざるをえなかった。しかも，その後の1997年の国民議会選挙で敗北し，社会党との第3次コアビタシオンに追い込まれてしまった。

さらに，2002年に再選されたシラク大統領の下では，ド・ヴィルパン首相が，移民子弟の就業機会の拡大と若年失業者の雇用拡大を狙って，若年者雇用制度の改革を行おうとしたが，その中に若年者に対する解雇規制の緩和が含まれていたために，若年者を不当に差別するものであるとの反発が広がり，学生・若者の総反乱を引き起こした。全国で学生と労働者による大規模デモが行われ，各地の大学でもストライキが頻発したのである。結局，シラク大統領の裁定によって，すでに議会で成立していたこの改革法案は，公布はされるが適用されないということで事実上葬り去られた。

フランス社会モデル対アングロサクソン自由モデル

そもそも，栄光の30年の時代にフランス社会モデルが成立したのは，左派

（当時は特に共産党）の労働者保護政策とゴーリストの強い国家政策とが，親方三色旗的な官主導の経済・社会を志向するということで一致していたからである。その後グローバル化の時代を迎え，左派は，先に述べた通り，社会党が自由主義的市場経済の方向へと舵を切ってはいたものの，その方向の中でいかにして労働者の権利を擁護していくか，言い換えれば，新自由主義とフランス社会モデルとの相克に悩んでいた。他方，ゴーリストの側では，フランス社会モデルの存在を前提として，その改善を図るという伝統的ゴーリストの考え方が徐々に弱まり，新自由主義を志向する勢力が強まっていった。その結果，前節でも見た通り，非ゴーリストとの大同団結が実現し，右派全体としての新自由主義的な方向づけが確立していった。

　こうして，何とかしてフランス社会モデルを守ろうとする左派と，新自由主義的な方向をさらに強めていこうとする右派との対立の争点が明確化した中で，2007年の大統領選挙が行われた。この選挙に統一右派 UMP の代表として立候補したサルコジは，「過去との決別」という言葉でフランス社会モデルからの転換を訴え，「もっと働き，もっと稼ぐ」という言葉で自由競争と市場重視による経済・社会の活性化を訴え，大統領に当選した。こうしたサルコジの主張が受け入れられた背景には，国民意識の変化，すなわち，古い社会システムのままでは，グローバル化に対応できないと考える国民が増えてきたことが見てとれる。労働組合やストライキの組織率が以前より低下してきているところにも，それは表れている。

　サルコジ大統領は，こうした国民の支持を得て，依然として一部には強い反発はあったものの，新自由主義的な改革を進めた。具体的には，社会党政権時代に導入された週35時間労働制の緩和，公共セクターにおけるストライキの際に一定の公共サービスの確保を義務づけること，老齢年金の支給開始年齢の引き上げなどを相次いで実現した。

　こうしてサルコジ大統領は，フランスにアングロサクソン的な「働く文化」を導入することで，グローバル化に適合した「**アングロサクソン自由モデル**」を追求した。しかし，こうした新自由主義的な政策は，左派・労働者層を中心とする国民の反発を招き，2012年の大統領選挙では，緊縮政策反対，金持ち優遇・企業重視政策反対を掲げる社会党のオランドに敗れてしまった。

代わって政権に就いたオランド大統領は，17 年ぶりの社会党出身の大統領として，サルコジが行った老齢年金の支給開始年齢の引き上げを一部撤回したり，各種手当の引き上げや公務員の増加を行ったりして，「大きな政府」路線への転換を図るとともに，高額所得者への課税強化（富裕税）を行った。一方で，硬直的とされてきた労働市場の改革も進め，フレキシキュリティーと呼ばれる，雇用の柔軟化と引き換えに職を保障する政策を進めた。しかし，これは企業重視だとして社会党左派，労働者層の反発と離反を招いた。

　また，「大きな政府」の積極財政政策も結局，実現困難となり，緊縮政策に回帰せざるをえなくなってしまった。なぜなら，他の EU 諸国が基本的に競争的ディスインフレ政策で合意している中，ユーロ導入によって金融政策の決定権を大幅に喪失しているフランス一国がとりうる選択肢は限られていたからである。

　こうした中で，支持率が急落したオランドは大統領選挙への再出馬断念に追い込まれた。

マクロン改革とコロナ禍

　そこに救世主のように颯爽と登場したのが，オランド政権で経済産業大臣を務めていたマクロンであった。マクロンは，「右でも左でもない」として左右の 2 大政党（社会党と共和派）から距離を置いた中立的な立ち位置から大統領候補に名乗りを上げた。そうした姿勢が，不毛な対立に明け暮れてきた既成政党に幻滅し政治不信を募らせてきた有権者の支持を集め，2017 年に大統領に選出されたのである。

　マクロンは，前節でも示した通り，基本的に新自由主義的グローバリズム推進，親 EU の立場である。しかしサルコジのように，アングロサクソン自由モデルをよしとするのではなく，むしろ社会自由主義の立場から，社会的には弱者保護の福祉国家と多文化主義を擁護しつつ，経済的には自由主義を追求するという，左右両派のいいとこ取りをめざす（その意味では「右でも左でもある」）ところに特徴がある。

　マクロンは大統領に就任した後，公約通りに順次，フレクシキュリティ政策に基づく労働市場の改革，国鉄改革，税制改革（富裕税の廃止と燃料税の増税）

などを進めた。一方，税制改革については，金持ち優遇政策として国民の反発を呼び，またそれがマクロン自身のエリート然とした政治姿勢に対する反発とも相まって，全国規模での抗議活動（参加者が黄色いベストを身に付けていたことから「黄色いベスト運動」と呼ばれる）が巻き起こった。その結果，マクロンは，富裕税の復活こそ認めなかったものの，燃料税増税は断念せざるをえなくなった。さらに，中低所得者の購買力向上策や社会的不平等・不公正を是正するために，最低賃金の引き上げや所得税減税，年金額の引き上げなどの懐柔措置を打ち出すことを余儀なくされた。

　その後マクロンは次の改革として，年金制度の抜本的な改革に取り組んだが，その矢先に新型コロナウイルス感染症（COVID-19）の猛威がフランスにも波及し，それどころではなくなった。年金改革は先送りされ，マクロン政権は2020年早々から感染症対策に忙殺されることになる。マクロンは国民向けのテレビ演説でコロナ禍を「戦争」と位置づけ，ロックダウンを含む強い規制措置を大統領主導で打ち出すことにより，感染者増大の波を乗り越えようとした（とびら写真参照）。その後，2021年夏のデルタ株による第4波の感染者急増を受けて，医療介護従事者等に対するワクチン接種義務化に加え，全国民に対し飲食店，ショッピングセンター，列車，航空機などを利用するにあたってのワクチン接種証明ないし感染陰性証明の提示の義務化を打ち出した。こうした強権的な措置は，一部の国民の間で個人の自由の侵害であるとして強い反発を呼び，黄色いベスト運動以降いったんは収まったかに見えていたマクロンに対する抗議活動が再び活発化した。

3　EC/EU とフランス

フランス的なヨーロッパ

　フランスは，常にヨーロッパ統合プロセスの中心軸になってきた。そもそも，現在の EU へと発展した欧州共同体（EC）の基礎となった欧州石炭鉄鋼共同体（ECSC）を主導したのは，モネとシューマンという2人のフランス人であった。引き続いて，欧州防衛共同体を作ろうという構想を提案したのもフランスである。しかし，そうした推進役を積極的に果たす一方で，たびたび統合にブレー

キを掛けてきたのもフランスである。欧州防衛共同体構想は結局，提案者であるフランス自身が葬り去ってしまったし，イギリスの加盟申請に対してド・ゴールは2度にわたって拒否した。ある時は，フランスの意見が通らないと見るや，EECの会議からフランスの代表をすべて引き揚げさせ，会議をボイコットするという挙に出たこともある。またフランスは，新たなEUの基本条約となるべき欧州憲法条約を国民投票で否決し，廃案に追い込んでしまった。

　このようにフランスがヨーロッパ統合のアクセルでもありブレーキでもあったのは，フランス国内が統合に関して一枚岩ではなかったからである。フランスでは当初，モネやシューマンの主導の下で国家主権の移譲による超国家的国際機関の形成という方向で統合が進められた。それに対し，主権を有する国民国家の維持を最優先するゴーリストが強力に抵抗した。

　しかし，1958年に政権に復帰したド・ゴールは，既成事実として進み始めていた経済市場統合を受け入れる。それは，ヨーロッパの経済発展に貢献し，ひいてはフランスの国力の増大にもつながるものであった。もはやフランス一国では，国際社会において大きな影響力は発揮できない。ヨーロッパあってこそのフランスであって，そうしたヨーロッパの中のフランスという立場から，強化されたヨーロッパを通じてフランスの影響力を強化していくことは国益にも適う。ド・ゴールは，そう考えて政策転換に踏み切った。基本的に国家に主権を残したままであれば，ヨーロッパが一種の国家連合へと発展していくことは容認するという姿勢をとったのである。ただし，その場合，フランスが統合のプロセスにおいて常に主導権を握ることが前提とされた。ゴーリストにとっては，フランスの主権の喪失を最小限に食い止めることが至上命令であり，そのためにはフランス自身が中心になってヨーロッパの進む道を決めていくことが必要と考えられたのである。

　こうしたゴーリストの政策転換とともに，フランスはフランス主導型のヨーロッパをめざしながら，ヨーロッパとの一体化を前進させた。これが成功したのは，西ドイツの戦後の欧州政策とうまく嚙み合ったからである。西ドイツは，フランスを前面に立てながら，ヨーロッパの中のドイツという立場を固めていくという，抑制された欧州主義の道を歩んでいた。こうしたいわば「ヨーロッパ的な（ヨーロッパ化された）ドイツ」をめざす西ドイツと，「フランス的な

（フランス主導型の）ヨーロッパ」をめざすフランスが，相互補完的に協調し合ったことがヨーロッパ統合を推進する力となった。フランスと西ドイツとのこうした提携協力関係（「独仏枢軸」と呼ばれる）は，ヨーロッパの建設に大きく貢献した。

「ヨーロッパ的なフランス」の重い現実

　こうしてフランスとヨーロッパとの一体化が進み，ヨーロッパによるフランスの繁栄がもたらされるにつれて，フランス国民の中で，単なる国民国家としてのアイデンティティだけでなく，ヨーロッパとしてのアイデンティティが徐々に育っていった。多くのフランス人にとって，フランス人であってヨーロッパ人であるという意識が定着し，「ヨーロッパ的なフランス」という姿が現実のものになってきたのである。

　しかし，それと同時に，「ヨーロッパ的なフランス」に対する拒否反応も生まれてきた。それは，ヨーロッパとは何なのかという素朴な疑問であり，ヨーロッパ統合の進展（深化と拡大）とともに，ヨーロッパの経済・社会はどこまで深く統合され，どこまで地理的に広がっていくのかという不安・懸念となって国民の間に徐々に広がっていった。

　こうした国民の不安・懸念は，1992年のEU条約（もしくはマーストリヒト条約）に関する国民投票（僅差で承認）でも見られるようになっていたが，反EUを掲げる右翼ジャンマリ・ルペン候補の2002年大統領選挙第2回投票への進出，そして2005年の欧州憲法条約の批准に関する国民投票による否決となって表面化した。こうした**ヨーロッパ懐疑主義**は，右翼だけでなく，右派の一部，社会党左派，共産党，極左，反グローバリゼーション派などにも広がっていった。

　この過程で明らかになってきたのは，グローバル化に対応して自由化と統合ヨーロッパの建設を推進しようとする新自由主義的な考え方に対し，疑念や反発が生じてきたということである。これまでヨーロッパ統合を主導してきたエリート（知識層・富裕層）に対する民衆の反乱といってもよいかもしれない。この民衆層の間では，ヨーロッパ統合の利益はあまり実感されず，むしろ，新たにEUに加盟した東欧諸国からの移民の増加や，それにともなう雇用不安が強

Column① フランスとイスラム

　フランスではイスラム原理主義過激派によるテロ事件が絶えず，2020年10月にも，イスラム教に対する風刺画を題材に「表現の自由」を生徒に説明していた中学教師が斬殺された。

　その背景には，「表現の自由」の名のもとに，イスラム教徒への侮辱的な言論・表現が許されるのかという問題がある。

　実は，自由と人権の国フランスでも，「表現の自由」は無制限には認められない。侮辱や犯罪教唆はもちろん，人種や宗教への帰属を理由とした差別的な言論・表現（ヘイトスピーチ）も「自由の濫用」として禁止される。

　それでは，何がヘイトスピーチに当たるのか。例えばムハンマドを戯画化することは，非イスラム教徒にとっては風刺や諧謔に過ぎないと思われるが，イスラム教徒にとっては，イスラム教を冒瀆し，イスラム教徒を侮辱していると映る。このような人の信じる宗教を冒瀆する言論・表現も，「表現の自由」の名の下で許されるのだろうか。

　この問題に関係するのが，フランス独特の「ライシテ（政教分離）」という法原則である。これによれば，人が宗教を信じることが自由であるのと同様に，信じないことも冒瀆することも自由であり，国家はそれを禁止することができない。すなわち，フランスの法律には「宗教の冒瀆」という概念はなく，「宗教の冒瀆」も「信仰の自由」が認められるのと同じように，当然認められる権利とされるのである。

　こうした国家と宗教の関係に関する考え方は，歴史的にはかつてキリスト教徒が社会の中心であった時代に確立されたものである。しかし，今やフランス国内には多数のイスラム教徒が移民系フランス国民として存在している。彼らにしてみれば，フランス人がキリスト教を冒瀆する自由があるのと同様に，イスラム教も冒瀆する自由があるとまでいわれてしまうと，フランス国民として受け入れざるをえないとしても，イスラム教徒としては心穏やかではいられない。ましてや，フランス人以外のイスラム教徒にとってはまったく理解できない。そして，その中の一握りの過激なイスラム原理主義者によって反仏テロの口実とされ，またそれが，一部フランス人の心の中に潜むイスラムフォビア（イスラム嫌い）を増幅し，反イスラム的な言動の温床となる。

　こうした不幸な悪循環の根底には，フランスとイスラムの間の宗教観をめぐる理念的対立が潜んでいる。

まり，エリート主導によるヨーロッパ統合に対する不満が高まっていた。こうした民衆層における反 EU 感情の高まりは，ヨーロッパ統合をめぐる加盟国の国民意思との乖離（民主主義の赤字）を示すものであった。

ヨーロッパ・ルネッサンス

　この反 EU のうねりは，2000 年代に入って衰えるどころか，マリーヌ・ルペンの下で新たに躍進した FN を中心に，さらに高まっていった。マリーヌ・ルペンは，EU によって奪われたフランスの国家主権を取り戻し，EU を「独立した国民国家のヨーロッパ」に転換するとして，EU 離脱やユーロからの脱退とフランの復活などを訴え，民衆層の間で支持を広げていった。その結果，2017 年大統領選挙で親 EU のマクロン候補に肉迫するまでに至ったことは，すでに見た通りである。敗れたとはいえ，投票者の 3 分の 1 を占め，1000 万人を超える国民の支持を得たという事実は重い。

　したがって，親 EU のマクロン大統領といえども，無条件にヨーロッパ統合を推進することはできない。主権主義と保護主義のこれ以上の拡大を食い止めるために，マクロン大統領は「主権をもつヨーロッパ」と「保護するヨーロッパ」いう概念を打ち出した。グローバル化の進む世界では，統合されたヨーロッパのみが真の主権を保障し，国民の資産と利益を守ることができるというのだ。そのためには，現状のままの EU では不十分であり改革が必要であると考え，「**ヨーロッパ・ルネッサンス**」の名のもとに，ユーロ圏予算，ユーロ圏財務大臣，シェンゲン協定の改定，共通難民政策などの EU 改革案を提案した。

　こうした野心的な提案の背景には，フランスが主導権をとらなければ EU は崩壊する，という危機感がある。もはや「フランス的なヨーロッパ」の時代ではない。しかし，主権主義者を納得させるためには「フランス的なヨーロッパ」を再確立しなければならない。一方，ヨーロッパの現状を見れば，ドイツの影響力が圧倒的に強くなっており，「ドイツ的なヨーロッパ」という状況になっている。

　そうしたジレンマの中で，マクロン大統領のフランスは，独仏枢軸の再構築をめざし，ドイツとの関係強化に努めている。

さらに読み進む人のために───

小田中直樹，2018 年『フランス現代史』岩波新書。
　＊戦後の歴史を通観することによって，現代フランスの姿を立体的に明らかに
　する。
大山礼子，2013 年『フランスの政治制度〔改訂版〕』（制度のメカニズム 4）東信
　堂。
　＊第五共和政の政治制度を緻密に解説する。
薬師院仁志，2006 年『日本とフランス二つの民主主義──不平等か，不自由か』
　光文社新書。
　＊日本と比較しながらフランスの民主主義の特質を明らかにする。
山田文比古，2005 年『フランスの外交力──自主独立の伝統と戦略』集英社新書。
　＊自主独立外交を基調とするフランスの国際関係を概観する。

ド　イ　ツ

❶ ブランデンブルク門（2011 年 3 月，ベルリン，筆者撮影）。

　　第二次世界大戦後，冷戦環境の下でドイツは東西に分かたれた分断国家であった。西ドイツは民主的な連邦国家として安定した政治システムを構築し，ヨーロッパ統合に積極的な姿勢を示してきた。1990 年に西ドイツが東ドイツを吸収するかたちで統一が達成されたが，外交やヨーロッパ統合への基本政策が揺らぐことはなかった。EU の中で最大の経済規模を有するドイツも，統一後はさまざまな難問に直面し，社会経済システムの改革を断行した。その後 16 年続いたメルケル政権も終わり，予測の難しくなったドイツ政治のゆくえが注目される。

表2-1　ドイツ略年表

年　月	事　項
1945年5月	ナチス・ドイツが連合国に無条件降伏。
48年6月	西側占領地区における通貨改革（ドイツ・マルクの導入）。
	ソ連によるベルリン封鎖開始（49年5月まで）。
49年5月	ドイツ連邦共和国（西ドイツ）建国。
9月	アデナウアー政権（CDU/CSU・FDP・DP）発足。
49年10月	ドイツ民主共和国（東ドイツ）建国。
50年5月	シューマン・プラン（欧州石炭鉄鋼共同体構想）発表。
52年5月	ドイツ条約調印。
53年6月	東ドイツ労働者蜂起。
55年5月	西ドイツの北大西洋条約機構（NATO）加盟，外交主権の回復。
9月	西ドイツがソ連と国交正常化。
57年1月	ザールがフランスから返還される。
61年8月	東ドイツがベルリンの壁を建設開始。
63年1月	独仏友好協力条約（エリゼ条約）調印。
10月	エアハルト政権（CDU/CSU・FDP）発足。
66年12月	キージンガー大連立政権（CDU/CSU・SPD）発足。
69年10月	ブラント政権（SPD・FDP）発足。
70年8月	ソ連とモスクワ条約締結（戦後ドイツ国境の事実上の承認）。
12月	ワルシャワ条約によりポーランドと国交回復。
72年12月	東西ドイツ基本条約の調印（東西ドイツの関係正常化）。
74年5月	シュミット政権（SPD・FDP）発足。
79年12月	NATO二重決定。
82年10月	コール政権（CDU/CSU・FDP）発足。
89年10月	東ドイツ建国40周年記念式典，民主化デモが拡大。
11月	ベルリンの壁崩壊。
90年7月	東西ドイツ間で経済通貨同盟が発効。
10月	ドイツ統一。
93年10月	マーストリヒト条約を合憲とする連邦憲法裁判所判決。
94年7月	連邦憲法裁判所がNATO域外への連邦軍派遣を合憲判断。
98年10月	シュレーダー政権（SPD・緑の党）発足。
99年1月	ユーロ導入。
2000年1月	新国籍法発効。
6月	政府と電力業界が原子力エネルギーからの脱却に関する合意。
02年8月	ハルツ委員会報告発表。
05年11月	第1次メルケル政権（CDU/CSU・SPD）発足。
07年1月	付加価値税が16%から19%に引き上げられる。
09年10月	第2次メルケル政権（CDU/CSU・FDP）発足。
11年7月	改正原子力法成立（発効は8月，2022年までに原子力発電を廃止）。
13年9月	連邦議会選挙。12月，第3次メルケル政権（CDU/CSU・SPD）発足。
17年9月	連邦議会選挙。18年3月，第4次メルケル政権（CDU/CSU・SPD）発足。
21年9月	連邦議会選挙，メルケル首相は立候補せず引退。
12月	ショルツ連立政権（SPD・緑の党・FDP）発足。

1 連邦共和国とヨーロッパ

「ドイツ問題」とその解決

　ドイツは地理的にヨーロッパの中心に位置しているが，南部の一部を除けば高い山など自然環境で国境が決まったわけではない。ヨーロッパの歴史を振り返ってみると，ドイツという国がどこからどこまでを領土とし，どのような政治を営むかがヨーロッパ全体の平和と安定に大きな影響を与えてきた。このことは長い間「**ドイツ問題**」と呼ばれた。しかし，今日の平和で豊かな欧州連合（EU）諸国の間では戦争など想像できないし，「ドイツ問題」ももはや存在していない。これこそが第二次世界大戦後のヨーロッパ統合の最大の成果だといえよう。

　1945年に敗戦を迎え，ドイツは米，英，仏，ソの4カ国に分割占領された。西側の3カ国（米，英，仏）に占領された地域にはドイツ連邦共和国（Bundesrepublik Deutschland），一般に西ドイツと呼ばれた国が1949年に建国され，ソ連に占領された地域にはドイツ民主共和国（Deutsche Demokratische Republik），東ドイツが成立した。東ドイツの中に位置し，4戦勝国に共同で分割占領された首都ベルリンもその後「ベルリンの壁」で東西に分断され，西ベルリンは社会主義国東ドイツの中に浮かぶ陸の孤島となった。

　冷戦環境の下で西ドイツの国力を西側，西ヨーロッパのためにどのように使い，どうやって国際社会に復帰させるか，という問題が，第二次世界大戦後の西ヨーロッパの課題であった。ドイツから見れば，どうすれば経済復興を遂げることができ，再び国際社会の対等の一員として復帰することができるか，という問題であった。その回答がヨーロッパ統合であった。この点において，他のヨーロッパ諸国にとってのヨーロッパ統合の意味と，ドイツにとってのヨーロッパ統合の意味は大きく異なっていたのである。

　西ヨーロッパでは経済統合が進展し，1989年の「ベルリンの壁崩壊」に代表されるように東側社会主義諸国の体制転換が進み，その結果として1990年に東ドイツが西ドイツに吸収されるかたちでドイツ統一が達成された。ここでヨーロッパ統合の意義もドイツのヨーロッパにおける位置づけも新たな段階に

図2-1　現在のドイツ

ドイツ
面積　35.7万km²
人口　8319万人（2020年）
首都　ベルリン
言語　ドイツ語

宗教　カトリック，プロテスタントなど
通貨　ユーロ
1人当たりGDP　3万4310ユーロ（2020年）
欧州理事会出席者　メルケル首相

［出典］　1人当たりGDPはEurostat（実質GDP，暫定値），他は外務省ウェブサイト「各国・地域情勢」を基に作成。

入ったといえる。統一からすでに30年以上が経過し，2021年には16年も続いたメルケル首相が退陣し，さらなる変化が進みつつある。これまでの展開を押さえつつ，ドイツ政治の継続性と変化について考えてゆこう。

暫定国家としての復興

現在のドイツの政治システムは，1949年5月に西側占領地区にドイツ連邦共和国として成立した。分断国家であったこと，いつかは統一を達成することをめざした暫定国家と考えられたことから，憲法には**基本法**（Grundgesetz）と

いう名前をつけ，その第146条ではドイツ統一が達成されたときに憲法（Verfassung）を制定することを規定していた。このため実質的に基本法と憲法は現在のドイツでは同義語であり，法的な効力も同じである。首都は戦災をあまり受けず，初代首相となったアデナウアーと縁の深いライン河畔の小都市ボンに暫定的に置かれた。しかし，いろいろな意味で暫定国家であったはずの連邦共和国は，ほとんどのドイツ人からも，周辺国からも優れた制度として認められ，ドイツ統一によってもその制度は変更されず，多数の改正は行われているものの，基本法も使い続けられている。

　なぜ連邦共和国のシステムが定着し，国民に支持されるようになったのだろうか。一言でいえば，政治の安定と経済的繁栄をもたらしたからだ。第二次世界大戦でドイツの街は，一部の田舎町を除けば，ほとんどの都市が瓦礫（がれき）の山となり，通貨は紙くず同然となり，戦勝国に占領された。ドイツはこの状況からわずか10年前後で脱し，1950年代の中頃にはもう国内で労働力が不足して，外国から労働者を受け入れるほどに経済が回復した。この「奇跡の経済復興」は，連邦共和国の政治的な安定と安定に基づく経済政策が貢献したと考えられた。

連 邦 制

　ドイツ連邦共和国はその名が示す通り，連邦制と共和制を採用している。政治システムの根幹には連邦制がある。ナチ・ドイツ時代の中央集権的な政治システムへの反省から，連邦（ブント：Bund）を構成する州（ラント：Land）と連邦政府が共同して国家を運営するシステムとなっている。州政府は占領下の時代に作り上げられており，州の代表が協議して基本法を制定し連邦共和国を形作った。統一後のドイツには16の州があり，それぞれの州は独自の州憲法をもち，政府，議会，地方自治のシステムを有している。州が連邦を構成するが，連邦と州の間の権限関係は基本法によって規定され，連邦のみが政策権限を有する領域（外交，安全保障など）と連邦と州が権限を共有する混合権限領域，州が権限を有する領域が存在している。

　州政府は連邦参議院（Bundesrat）という議会を経由して，連邦の政治にかかわる。連邦参議院は議会であるが，そこに参加するのは16ある各州の州政府

の代表（通常出席するのは州首相，その代理としての州閣僚）で，州の人口の多寡によって投票時の票数が決められている。例えばドイツ南西部のメルセデス・ベンツ社やポルシェ社で知られるバーデン・ヴュルテンベルク州は全69票のうち6票をもっている。福島第一原子力発電所事故の影響もあって2011年3月末に行われた州議会選挙で緑の党が大きく議席を伸ばし，社会民主党（SPD）との連立政権を構成したので，連邦参議院では緑の党に属するクレッチュマン首相が発言し議決にあたって投票することになる。州の持ち票を分割することはできないので，上の例では6票をまとめて，賛成，反対，棄権とすることになる。

連 邦 議 会

　連邦政府は，選挙によって直接に国民に選ばれる議員から構成される連邦議会（Bundestag）で選出される連邦首相が中心となって構成する。議院内閣制であるので，連邦議会の勢力配分が政府の構成を決定することになる。連邦議会の定数は598だが，ドイツ連邦議会の議席数は選挙ごとに変動する。これは，比例代表制と小選挙区制を併用し，比例代表制を中心に据える選挙制度のゆえである。ある州に比例代表で配分されるべき議席よりも多くの議席を小選挙区で一つの政党が獲得すると，その分が超過議席となる。2013年からは，比例配分が超過議席で歪まないようにするために，超過議席で不利になる政党に調整議席が配分されるようになった。このため議席数が定数を大きく超えることが多い。2021年の連邦議会選挙では34の超過議席と104の調整議席が配分され，議員の総数は736となった。

　議席を獲得できるのは原則的に政党に属する候補者のみで，その政党の数も決して多くない。政党助成金の制度や比例代表制という選挙制度に加えて「5％条項」があるからである。5％条項とは，比例代表で5％以上の得票をするか，3つ以上の小選挙区で議席を獲得しないかぎり，比例代表分の議席が一切配分されないという規定である。

　連邦共和国のシステムでは，連邦大統領は国家元首であり，国内ではプロトコル（儀礼）上は第1位の地位であるものの，ごく例外的なケースを除いておおむね儀礼的な存在である。連邦大統領は5年任期で，連邦議会と連邦参議院

が合同で開催する連邦集会によって選出される。

連邦首相

　ドイツでは実質的な政治権限は連邦首相（Bundeskanzler）が握っている。1949年の建国以来，連邦首相は9名しかいない（2021年現在）。アデナウアー（1949-63年，CDU），エアハルト（1963-66年，CDU），キージンガー（1966-69年，CDU），ブラント（1969-74年，SPD），シュミット（1974-82年，SPD），コール（1982-98年，CDU），シュレーダー（1998-2005年，SPD），メルケル（2005-21年，CDU），ショルツ（2021-，SPD）である。政権は，キリスト教民主同盟（CDU）かSPDのどちらかを中心とした連立政権か，キージンガー政権やメルケル政権（2009-13年の第2次政権を除く）のようなCDUとSPDによる大連立政権であった。2021年9月の連邦議会選挙の結果，2党連立では政権を構成できなくなったため，12月に3党連立の政権が発足した。

　首相の交代が少ないのは，基本法において連邦首相に強い権限が与えられているためである。連邦首相は容易に不信任案を突き付けられることがない。基本法は**「建設的不信任」**という制度を規定しており，連邦首相を不信任して辞めさせるためには，次の首相となるべき候補を決定したうえでなければならない。この制度は1972年と1982年に使われたことがあるが，「建設的不信任」が実際に成立したのは1982年にSPDと連立を組んでいた自由民主党（FDP）が離反し，コール次期首相を選出したときのみである。

　このシステムでは議会が解散されることもごく稀で，連邦議会の選挙は原則4年に1回となる。連邦首相が自ら信任決議を連邦議会に求めて，これが否決された場合のみ，連邦大統領が認めれば議会は解散される。このようなケースは1972年，1983年，2005年にしかない。

　このような政治制度をとっているのは，第二次世界大戦前のドイツ政治に対する反省に基づいている。ドイツが戦前に民主的な方法でナチに独裁を許してしまったのは，選挙や議会運営などは民主的な制度ではあったものの政権が安定せず，必要な政策運営が行われなかったために国民が失望し，そこにナチがつけいる隙が生まれたからである。そこで，戦後の連邦共和国は，政治を安定させるために，さまざまな制度を整えたのであった。また，連邦レベルで国民

投票のシステムがないのも，戦前の失敗の経験によるものである。

　連邦共和国の主要な機関は先に述べたように，連邦大統領，連邦議会，連邦参議院，連邦首相と政府から構成されるが，さらに連邦憲法裁判所が存在する。この裁判所は下級審の延長としての最終審としてではなく，基本法についての最終的な憲法解釈を下す裁判所である。連邦憲法裁判所はこれまで，例えばヨーロッパ統合との関係でも短期間のうちに憲法解釈を示してきたので，国内での憲法論争を決着させる役割をしばしば担ってきた。

安定した3党制システム

　これまでドイツの基本的な制度を議論してきたが，この制度の中で運営される政治も時代とともに変化してきた。建国後間もない1950年代の初めにはドイツ党（DP）などかなりの数の政党が連邦議会に議席をもっていたが，1950年代の終わりにはドイツの政治はほぼ3党制システムに落ち着いた。3党とはCDU，SPD，FDPである。

　この他にも，正確にいえばキリスト教社会同盟（CSU）がある。CSU はバイエルン州のみに存在している。バイエルン州は面積ではドイツ最大，人口ではノルトライン・ヴェストファーレン州に次いで2番目に大きく，約1300万人が暮らしている。1871年にドイツ帝国が成立してその一部となるまでは独立国であった。独特の歴史と文化をもつバイエルンでは，ドイツの他の地域の保守勢力が CDU に集約されていったにもかかわらず，CSU がその独自性を保ったまま今日に至っている。CDU はバイエルンでは活動していない。連邦議会では CDU と CSU は一つの会派を構成して常に一緒に活動しているが，連邦政府を構成する場合には独立した政党として連立協議にのぞむ。2017年に成立した第4次メルケル政権では CSU は16名の閣僚のうち3名を送り出している（もう一つの連立政党 SPD は6閣僚）。CDU と CSU は，基本的な政策を共有しているので，通常は一つの政党のようにみなしてもほぼ差し支えない。したがって，以下本章では，これら保守キリスト教勢力をドイツで通常行われているように CDU/CSU と表記することにしよう。

　ドイツでは，政権交代は連立する政党の組み合わせの変更によることが多い。初代アデナウアー首相から第2代のエアハルト首相への交代は，アデナウアー

の高齢（87歳）により長期政権が維持できなくなったためであり，CDU/CSU
と FDP の連立枠組みは変わらなかった。1966 年の大連立政権の発足は CDU/
CSU と SPD が戦後初の経済不況に対処し，戦後の未解決の大きな問題に対処
するために連立したためであった。1969 年の SPD ブラント政権の発足は，
FDP が CDU ではなく SPD 政権を選択したために可能となった。ブラント政
権は社会主義の東欧諸国と東ドイツとの関係改善を行った「東方政策
（Ostpolitik）」で知られる政権である。1982 年のコール政権の発足は，FDP が
SPD から離反して，CDU/CSU との政権を望んだために，建設的不信任の制
度を使って可能となった。1983 年春の連邦議会選挙までは，ドイツの国政レ
ベルでの政党は CDU/CSU，SPD という 2 つの大きな政党と，政策的にはそ
のどちらとでも連立政権を構成することが可能な FDP の 3 党制システムであ
った。

緑の党の登場

　反戦反核・平和の市民運動と環境保護の市民運動に根をもち，保守的な政治
的・社会的価値観を打ち破って「68 年世代」の新しい社会的な価値観を政治
にもたらそうとする緑の党が，1983 年の連邦議会選挙で 5％条項を乗り越えて
初めて議席を獲得した。緑の党の政策主張は既存政党と大きくかけ離れていた
ので，政権担当能力を有すると自認する他の政党からは政治的にまったく受け
入れられなかった。そもそも，緑の党はドイツ語では政党という名称も使って
おらず，「緑の人々（Die Grünen）」であるし，議会進出当時はネクタイとジャ
ケットの着用もせず，スニーカーで登院し，既存政党の議員から顰蹙をかって
いた。
　もっとも，緑の党の主張する環境保護に関する政策は，市民からの支持を受
けていたために，既存政党も 1980 年代には環境政策に次第に力を注ぐように
なっていった。特にドイツでは 1986 年のチェルノブイリ原子力発電所事故の
影響を強く受けたことや，「森の死」と呼ばれるドイツ南西部シュヴァルツヴ
ァルト（黒い森）の酸性雨による木々の立ち枯れ，スイスの化学工場事故によ
るライン川の汚染など，大きな環境汚染問題が注目を浴びドイツにおける環境
問題は重要度を増していったという背景がある。こうして 1983 年以来，緑の

党はドイツの国政でも基盤を固め，地方政治においても重要な役割を果たして
きた。そのため1983年以降，ドイツ政治は4党制システムになったといえる。

ドイツ統一とPDS

　1989年11月のベルリンの壁崩壊とその後の東ドイツの民主化の過程では，
多くの市民運動系の政治団体が生まれ，西側政党の支援もあって，新たにたく
さんの政党が東ドイツ地域に誕生した。しかし，ドイツ統一が東西ドイツの対
等な統一ではなく，西ドイツが東ドイツを吸収するかたちで実現したために，
統一後には東ドイツの政党も西の既存政党に吸収されていった。

　このような状況下でも，社会主義時代の東ドイツを支配していた社会主義統
一党（SED）の後継政党である民主社会党（PDS）だけは，1990年の統一ドイ
ツの選挙において，5％条項が全国一律ではなく，連邦憲法裁判所の判決に基
づいて東西別々に適用されたため，東ドイツ地域で5％を超える得票をして，
連邦議会に議席を獲得した。しかし，他の既存政党は社会主義時代の独裁政党
の後継政党PDSとの連邦議会内での一切の協力を拒否したために，PDSは議
会内に議席は有するものの，連邦の政治には実質的に影響力をもちえなかった。

　PDSはしかし，東ドイツ地区に設立されたいわゆる新5州（ブランデンブルク，
メクレンブルク・フォアポメルン，ザクセン，ザクセン・アンハルト，チューリンゲ
ン）と東西地区が一つに統合されたベルリンの地方政治，特に市町村レベルに
おいては大きな勢力を有し，重要な役割を果たしてきた。それは，ドイツ統一
が当初期待されたように短期間には東ドイツ地域の経済復興をもたらさず，政
治的な自由の獲得で高揚した気持ちが，厳しい経済的な現実によって冷まされ
ると次第に失望に変わっていったためである。また，新しい統一ドイツに失望
した人々がかつての安定した東ドイツの高福祉システムに対してノスタルジー
を抱き，PDSの支持に向かったためでもあった。しかしPDSへの支持はあく
まで旧東ドイツ地域にとどまり，西ドイツ地域に広まることはなかった。

多党化と連立構成の難しさ

　1998年の連邦議会選挙の結果，コール政権に代わってSPDと緑の党の連立
によるシュレーダー政権が発足した。緑の党が連邦レベルで政権与党に入るの

はこれが初めてであった。緑の党はこの時期までにさまざまな州レベルの政治に参加し，また外交や安全保障政策などでも他の主要政党と基本政策を共有するようになっていた。緑の党の政策は，環境政策や移民政策，社会政策などで過激な主張を行う勢力と，現実主義的な社会改革を実現しようとする勢力との間で揺れていたが，この時期までには現実的な政権担当能力を獲得していた。

シュレーダー政権はコール政権の時代に積み残されていたグローバル化する経済への対応，移民子弟が増加するなど大きく変化する社会への対応を迫られていた。シュレーダー政権が実施した一連の経済改革，雇用市場改革などによって，これまで手厚い失業者保護や社会保障制度に安住してきた長期失業者などは，生活条件が悪化した。そして，SPD を支持してきた労働組合員の多くが SPD の政策に失望して離党した。SPD から離党したラフォンテーヌ元党首らは，この不満の声をまとめ，新党「雇用と社会的公正（WASG）」を結成した。この新党と PDS は次第に接近し，2005 年の連邦議会選挙では左派党（Die Linke）として議席を獲得した。こうして 2005 年以降，左派党は旧西ドイツ地域の州レベル以下の政治でも支持を広げている。ドイツ政治は，CDU/CSU，SPD，FDP，緑の党，左派党の 5 つの勢力によって構成されるようになった。

ここでもう一つ注目しておかなければならないことがある。それは，従来ドイツの政権を担ってきた CDU/CSU と SPD の勢力が，相対的に他の小政党との比較で弱まってきているということである。ドイツの国民は国民政党といわれた大政党への支持を弱め，個別の争点に力を注ぐ傾向の強い小政党を，より強く支持するようになった。このような現象はドイツに特有のものではない。どのような小政党が急激に勢力を拡大するかについては国ごとの状況によって異なるが，冷戦時代には安定していた大政党への支持が縮小してゆく現象は，多くの国でも見られる。そして「ドイツのための選択肢（AfD）」の登場によって，この傾向はさらに進むこととなった。

ドイツ政治では連立政権の構成を議論する際に，かつて 3 つの政党勢力の間で連立を検討すればよかったものが，5 つの勢力の間で政権の構成を探らなければならなくなった。そのため政治の運営は次第に複雑になってきている。

さらにこの状況を難しくしているのは，連邦参議院を構成する州政府の連立の組み合わせが 5 党制システムの下で複雑化し，かつ連邦の与野党関係とはず

れた連立政権も存在している状況である。その結果，連邦参議院の同意が必要な法律をつくるためには，連邦議会と連邦参議院の間の政治勢力のねじれを長期にわたる交渉で克服しなければならない傾向が見られる。2005年に大連立政権が誕生した一つの背景には，このようなねじれの継続によるドイツ政治の停滞をできるだけ少なくするために，基本法を改正して連邦制を再定義し，連邦と州の権限をよりはっきりと区分し，連邦参議院の同意が必要となる立法領域を少なくするという目的もあった。

　AfDは2013年の連邦議会選挙に向けて設立され，当初は反ユーロを主な政策として掲げた政党であった。AfDには反ユーロなど経済に重点を置くグループと，ナショナリスティックな主張を掲げるグループがあったが，2015年夏にルッケ党首をはじめとする経済グループが党内抗争に敗れて離党した。そのためAfDは難民受け入れ反対などの政策を中心に掲げる保守的な右翼ポピュリスト政党となった。そして2015年の欧州難民危機を経てAfDは勢力を拡大し，2017年の連邦議会選挙では12.6％を得票し，94議席を得て野党最大の会派となった。既存の政党はAfDとの協力を一切拒否しているので，AfDが政策形成に直接に影響を与えることはないが，議会論戦では厳しいやり取りが見られるようになった。

2　グローバル化の中のドイツ

　ドイツ経済は輸出依存型であり，特に自動車，機械，化学製品などでは強い国際競争力がある。2009年には中国に輸出金額第1位の座を奪われたが，なお世界有数の貿易大国である。自由な国際貿易のシステムの中で，強い国際競争力を維持してゆくことがドイツ経済にとっては最も重要なことである。

社会的市場経済
　このようなドイツ経済は，第二次世界大戦後に**社会的市場経済**（Soziale Marktwirtschaft）と呼ばれる経済政策の大原則の下に再建された。社会的市場経済とはドイツ以外の国では理解されにくい概念だが，連邦共和国の繁栄をもたらしたシステムとされ，その中心となった通貨ドイツ・マルク（DM）とと

もに戦後ドイツを代表するものである。社会的市場経済では，原則的には自由な市場経済を前提として経済活動が行われるが，社会的な公正やバランスに配慮して，国家が必要な場合にはルール作りなどを中心に介入するという経済政策の原則である。20世紀の先進国は多かれ少なかれ資本主義の自由市場経済とその歪みを補正する福祉国家のバランスの上にあるので，ドイツの社会的市場経済が特別というわけではない。しかし，戦後すぐの時期には野党SPDが企業の国有化などをいとわない社会主義的政策も打ち出していた中で，アデナウアー政権のエアハルト経済相らが中心となって，市場経済を中心とするがアメリカ型の極端な放任的市場経済ではなく，国家が必要に応じて問題点を矯正する政策がとられた。こうして東欧の社会主義国や東ドイツとの違いを強調しながら，戦後の不安定な経済状況で社会主義に共感を覚えていた労働者にも安心感を与え，格差のない安定した資本主義・市場経済を基盤とした繁栄をもたらすことに成功したのである。

　ドイツ経済は，この社会的市場経済の下で安定した労使関係に基づき，高品質で高付加価値の国際競争力の高い製品を輸出し，そこから得られた収入で高福祉を実現し，豊かで安定した社会を築くことに成功した。1950年代半ばには国内の労働力が不足し，ガストアルバイター（Gastarbeiter）という外国人労働者を最初は南欧諸国から，次には主にトルコから招き入れるまでになった。同時期には欧州経済共同体（EEC）の発足によって，ヨーロッパの共同市場が作り出され，輸出主導のドイツ経済にはきわめて好ましい環境が形成された。

　1973年の第1次石油危機に代表される国際経済の混乱によって，ドイツでもガストアルバイターの受け入れは停止された。しかし，大企業では経営への従業員の参画を可能にした共同決定法が整備されるなど，困難な時代にもドイツは経済のモデルとしての役割を果たしていた。特に通貨ドイツ・マルクの安定と低いインフレ率を維持する政策は，ドイツの経済政策の最大の特徴であった。

　1980年代にはCDU/CSU・FDPの連立によるコール政権の下で，アメリカやイギリスに代表される新自由主義的な経済政策と同じ方向性の経済政策が模索された。しかし，米英のような急激な政策展開は見られず，いくつかの規制緩和などが実現したが，経済政策の基本は伝統的な社会的市場経済に基づくも

のであった。

統一後のドイツ経済

　ドイツ統一によって社会主義の負の遺産を引き受けたドイツは，1990年代には多くの難問を抱えることになった。国有企業を解体・清算し新たに再建する試みはうまくいかないことが多く，新たな企業が東ドイツ地域で雇用を生み出すまでには長い時間がかかった。老朽化した社会的インフラストラクチャーの再建，都市の再開発，環境汚染の除去など，負の遺産を克服するには予想以上のコストと時間がかかった。賃金や年金などの東西格差も解消されなかった。東側に再建された新5州の地域では失業率も西側地区に比べると高いままであった。東ドイツ地域の再建には大きな資金が必要であり，このことがドイツの財政に重くのしかかった。

　さらにドイツ統一後の1990年代は，世界的に見るとグローバル化が一気に進んだ時代でもある。また1993年のEUの成立と市場統合の完成，1999年の共通通貨ユーロの導入などヨーロッパの経済統合が最終段階に達し，ドイツ経済とヨーロッパ経済の一体化もさらに進展した。ドイツの企業は，高コストの東ドイツ地域よりも，体制転換した中東欧諸国のさらに安価な労働力を求めて直接投資を行ったし，中国や新興国市場へも進出していった。

　1982年秋以来政権の座にあったコール首相は，ドイツ統一という歴史的な外交上の偉業を平和裏に成し遂げたものの，1990年代の経済的・社会的課題には政策的に十分な対応ができなかった。「改革の停滞」が当時のドイツを象徴するキーワードとなり，国民は新しい政治の展開を求めて，1998年の連邦議会選挙で新しい世代の指導者と連立政権の組み合わせを選択した。こうしてSPDと緑の党の連立政権であるシュレーダー政権が誕生した。

シュレーダー政権の改革

　「68年世代」を中心としたシュレーダー政権は，ドイツ政治にさまざまな変化をもたらした。第1に，ドイツ社会と外国人との関係の変化に対応する国籍法と移住法の改正である。第2に，グローバル化に対応したドイツ型福祉国家の再編成ともいえる労働市場と社会保障を中心とした改革である。そして第3

に，原子力エネルギーへの依存を将来的には止める決定である。

　多くの第2世代，第3世代の外国籍住民（移民）を抱え，人口の10％弱が外国人となっていたドイツの現実に対応するために国籍法と移住法が改正された。2000年の国籍法の改正は，伝統的に血統主義を採用してきたドイツ国籍法の考え方を転換させた。それにより，血統主義原則は維持されたが，ドイツ国籍をもたない両親の子であっても両親のどちらかがドイツに8年以上合法的に滞在し，ドイツで出生していればドイツ国籍を取得できることとなった。その結果，二重国籍となる場合には，13歳から23歳になる間にドイツ国籍か親の国籍かを自らで選択することとなった。ドイツ国籍を与えることによって，ドイツ社会への統合が容易になる，とシュレーダー政権は考えたのであった。

　国籍法の改正時も国内では大変な議論となったが，2005年に発効した移住法についてもドイツ国内では長年にわたって大きな論争となった。最終的にはこの法律によって外国人がドイツに滞在する場合のビザ手続きが簡素化され，外国人をドイツ社会に統合するためのドイツ語教育などが強化された。このような法改正は緑の党に代表されるリベラルな，いわば血統主義的な国民国家のドイツではなく，新しいドイツのイメージをドイツ社会の現実に合わせながら政策で実現してゆくものであったといえよう。

経済改革

　第2の，労働市場改革，社会保障改革はシュレーダー政権が社会民主党政権であり，労働組合が支持基盤であったにもかかわらず実現された。シュレーダー政権の発足時には，SPD内の左派・労働組合派を代表するかたちで，ケインズ主義的な政策を主張するSPD党首のラフォンテーヌが，財務相として入閣していた。しかし，従来のしがらみを断ち切って時代の要請に対応した改革を新自由主義的に，つまり規制緩和と市場原理の強化，市民の自己責任の強化で行おうとしたシュレーダー首相と対立が深まり，ラフォンテーヌは半年で辞職しSPDの党首もシュレーダーが引き継いだ。ラフォンテーヌは先に述べたように，その後新党を結成し，のちに左派党を率いるかたちでドイツ政治に新たな影響力を行使した。

　シュレーダー政権の改革は，初期には年金制度の改正を除けばあまり進まな

かったが，2002年の連邦議会選挙後にさまざまな改革が導入された。これらの改革を提言した諮問委員会の議長であったフォルクスワーゲン社取締役ハルツの名前をとって，改革を実現した法律は一般にハルツ法と呼ばれる。ハルツ改革は，主に労働市場の規制緩和と就労意欲を高めるための社会保障改革とを一体としたものであった。職業仲介システムの刷新，特にサービス産業で雇用市場を柔軟にして，起業や雇用を容易にする規制緩和によって雇用を創出することを目的としていた。

このようなシュレーダー政権の経済改革は，2000年にEU首脳会議で合意された**リスボン戦略**と軌を一にするものであった。リスボン戦略は10年の目標期間の間にEUの経済を情報技術（IT）など情報化の波に乗って活力あるものとし，ヨーロッパの国際競争力を高めることをめざしていた。EUはその目標のみを提示し，実現方法はそれぞれの構成国に任されていた。シュレーダー改革は「**アジェンダ2010**」として，一連のハルツ法を中心として進んでいた経済社会改革をこのリスボン戦略への答えとしたのであった。

しかし，シュレーダー政権期に経済改革の成果はすぐには表れず，国民，とりわけ失業者や社会保障給付を受けている弱者からはシュレーダー改革への強い反対の声が上がった。格差の拡大と弱者切り捨てが問題とされるようになり，SPDからは多くの支持者が離反して，新たに結成された抗議政党である左派党へと移っていった。

SPDが国民の多くの支持を失い，2005年の連邦議会選挙では，左派党が連邦議会に大きな勢力として進出した。その結果，CDU/CSUもSPDも一つのジュニア・パートナー政党との連立では議会内での多数が構成できない議席配分となった。政策距離が大きく離れたFDPと緑の党を同時に加えた3党連立は困難で，かつ左派党の影響力を連邦政治から排除するために第1次メルケル政権はCDU/CSUとSPDによる大連立政権となった。この大連立政権はシュレーダー政権の基本政策を継承した。改革は次第に成果を表し，ドイツ経済はメルケル政権の下で徐々に回復軌道に乗り，失業率は大幅に改善していった。

原子力エネルギーからの脱却政策

シュレーダー政権の第3の大きな改革は，電力供給源としての原子力エネル

ギー利用を将来的に停止する決定である。電力の安定的かつ安価な供給は経済活動の大前提であり，ドイツでも原子力エネルギーは重要な役割を担っていた。しかし，特に緑の党は以前より原子力発電は予見できないさまざまなリスクを抱えており，さらに核廃棄物の最終処分場がドイツ国内で決定されていないなど，廃棄物の処理まで考えると決して安価なエネルギー源ではないと主張していた。緑の党は同時に，石油や石炭など化石燃料の利用による地球温暖化にも強い懸念をもっていた。そのため風力，太陽光，水力，バイオマスなどの再生可能エネルギーの利用を，国家が税制の整備によって積極的に推進することを長年にわたって求めていた。

　シュレーダー政権は発電所を運営する企業の同意もとりつけ，最終的には2002 年に法制化するかたちで原子力発電からの脱却の道筋をつけることに成功した。選挙によって国民に選ばれた政権が，産業界とも綿密に協議をしながら立法プロセスを進めて，幅広い社会的なコンセンサス（合意）の下に中長期的な原子力エネルギー利用の停止を決定したのである。これによって法律の制定からおおむね 20 年程度でドイツのすべての原子力発電所が停止されることが決定された。代替エネルギーとして風力，太陽光，バイオマスなどの利用を促進し，化石燃料や原子力の使用を抑制する環境税制も導入されている。シュレーダー政権の発足以来，ドイツでは特に風力発電施設の建設が急速に進み，国土の風景は風車によって大きく変わった。すでに風車を設置できる場所には設置し尽くされているといってもよいほどであり，その後既存施設の更新による機能向上や洋上風力発電所の設置も進んだ。

　ドイツは地理的にも EU の中心に位置し，ドイツの送電網は隣接する諸国と密に結び付けられており，電力も工業製品や農業製品と同様に輸出入されている。ドイツは風力など再生可能エネルギーの余剰電力を輸出することも多いが，原子力発電による余剰電力を抱えるフランスやチェコからの輸入も行われている。EU の市場自由化政策によって，電力を一国レベルで考察することはあまり意味がなくなりつつある。

　2009 年の連邦議会選挙によって CDU/CSU と FDP の連立による第 2 次メルケル政権が誕生すると，シュレーダー政権期の政策が修正された。それは，原子力発電の利用は再生可能エネルギーが十分なレベルに達するまでは経済的な

理由から必要であるという考え方から，2010年秋に原子力発電所の利用期間を最長で14年間延長するというものであった。原子力発電は再生可能エネルギーが十分に整備されるまでの移行期の技術であるという認識は変わらなかったが，大幅な時間的余裕が原子力発電に与えられることになり，産業界はコストの面から歓迎した。

　しかし2011年3月に起こった日本の福島第一原子力発電所の事故によって，ドイツの原子力発電に対する認識は一変した。メルケル政権は原子力発電に関する倫理委員会を設置し，技術的な側面のみならず社会的，倫理的な側面も含めた総合的な検討を諮問した。そして，原子力発電を2022年までに廃止するというこの委員会の答申を受けて，メルケル政権は僅か半年で大幅な政策転換を行い，2011年7月には，2022年までにドイツのすべての原子力発電所を停止することが法制化された。

3　EUと21世紀のドイツ──継続性と変容

ヨーロッパ統合政策の枠組み

　ドイツでは，政権が交代しても外交政策とヨーロッパ統合政策，つまり対EUの政策には大きな変更は生じないといわれてきた。ドイツ統一を経ても基本原則に変更は見られなかったし，1998年に緑の党が政権に入った後にも大きな変化は見られなかった。北大西洋条約機構（NATO）においても，EUの共通安全保障・防衛政策（CSDP）の枠内での軍事的な活動にも引き続き積極的に貢献してきた。このことは，戦後ドイツ連邦共和国の外交とヨーロッパ統合政策が，幅広い政治的・社会的コンセンサスに基づいていたことによるものである。しかし，AfDの登場に象徴されるように，EUに対する批判的な声も大きくなった。それでも，CDU/CSU，SPD，FDP，緑の党のほとんどの連邦議会議員は，EUの中でドイツが重要な役割を果たし続けることが必要であるという認識を共有している。そして，このことがドイツの対外政策を安定したものにしている。

　1993年にEU条約（もしくはマーストリヒト条約）が発効する前に改正された基本法23条はEUとドイツの関係を規定し，連邦参議院や連邦議会の関与に

Column②　徴兵制の停止

　ドイツでは NATO に加盟してから徴兵制度が実施され，すべての男子に兵役義務があった。冷戦期にはドイツ連邦軍が多くの要員を集めるため不可欠の制度であったし，普通の市民が軍に参加し，連邦軍が「制服を着た市民」によって構成され社会の一部として民主的な制度の下で運用されるための担保でもあった。冷戦終結後，ドイツは EU 諸国にとりかこまれるなど安全保障環境が変化したことによって，自国や同盟国の領土を守る「領域防衛」から旧ユーゴスラヴィア地域やアフガニスタンなど世界各地の紛争地域で活動する「危機管理」を連邦軍の主要な任務とした。

　比較的高度な能力を必要とする海外での活動に兵役で連邦軍に入った者を送ることはできず，また兵役拒否者も冷戦終結後には非常に増加した。兵役拒否者は代替任務を義務づけられていたので，介護など社会福祉の現場では非常に重要な労働力であった。

　次第に兵役義務の公平性を維持することができなくなったことや，財政的な制約もあり，度重なる連邦軍改革の結果，2011 年に徴兵は完全に停止された。連邦軍を EU や NATO の枠内の危機管理を主要な任務とするための装備や組織の面での改革が進んでいる。なお，基本法に兵役義務はまだ規定されており，安全保障環境が大きく変化した場合には，法改正によって徴兵制を復活させることは可能である。

ついても規定している。この憲法改正によって，国内の制度と EU の政策決定が制度的にもより強く結び付けられ，連邦議会の中には外交委員会とは別に EU 問題委員会（Ausschuss für die Angelegenheiten der Europäischen Union）が設置された。この EU 問題委員会は EU の基本原則や制度，拡大などにかかわる問題を審議する議会内委員会である。連邦議会に設置されているが，ドイツ選出の欧州議会議員も審議に参加しており，国内議会と EU の議会を結び付ける役割も担っている。EU の共通農業政策などの具体的政策にかかわる立法については，この EU 問題委員会だけではなく，通常の政策分野別の委員会も審議を行っている。

　また，リスボン条約は，EU 構成国の国内議会の役割を強化した。これを受けてドイツでは，基本法 23 条が改正され，同時に関連法も整備され，連邦議会と連邦参議院の役割がさらに強化された。例えば，EU の理事会が決定方式を全会一致から加重特定多数決に変更する場合など，重要案件ではドイツ連邦

政府は議会の賛成を取り付けておかなければ理事会で賛成票を投じることができなくなった。このような変化は，ドイツ国内でも EU への権限の委譲がいつの間にか自動的に行われ，連邦を構成する州や連邦議会がきちんと議論を済ませていないにもかかわらず，権限が奪われていくような事態を防がなければならないという認識を前提としている。2009 年のリスボン条約発効前には連邦憲法裁判所が，国内議会を強化するかたちで批准関連法を整備することを求める決定を下していたことも背景にある。

財政的制約の中のドイツと EU

　ドイツにおいても，無条件でヨーロッパ統合の推進を支持する声は次第に弱くなり，ドイツの利益をヨーロッパ／ EU レベルで実現できるかぎりにおいて，EU レベルでの政策展開が歓迎されるという状況になっている。このような変化の背景には，冷戦が終焉し分断国家としての特殊な状況から統一ドイツになったことがある。また，その後 30 年以上が経過し第二次世界大戦を経験した世代の政治家たちがコール政権の終焉とともに引退してゆき，平和で安定したヨーロッパの中で，過去に大きな負い目をもつことなく対等な立場で周辺諸国と接してきた世代が，ドイツ政治の中核を担うようになっていることも背景の一つに挙げられる。

　2010 年のギリシャの財政危機に始まった南欧諸国やアイルランドの債務危機（ソブリン危機）をめぐる EU の対応において，ドイツはしばしば周辺諸国からいらだちの目で見られてきた。それは EU 最大の経済大国でありユーロ圏の中核であるにもかかわらず，ドイツが積極的な支援の手を差し伸べなかったからである。しかしドイツから見ると，これらの諸国は放漫な財政政策をとり，自己責任を果たしておらず，ドイツが救済する筋合いはないということになる。

　ドイツでは連邦制改革の第 2 弾として，2009 年に財政関連の基本法改正が行われた。この改正で，2020 年までに連邦も州も，予算については借り入れを前提として組むことを原則として禁じる財政規律条項が導入された。このことは，ドイツでは「**債務ブレーキ**」と呼ばれる。ドイツはこの規定によって，自らの財政にきわめて厳しいタガをはめた。この規定は財政の健全化が経済政策の前提であり，インフレの抑制と通貨の安定という戦後ドイツが最も重視し

てきた経済政策の原則を反映したものである。共通通貨ユーロが発行されて以降，ドイツは独自の通貨政策を失ったが，財政政策においては従来の政策が堅持されている。EU レベルでも 2013 年から財政条約が発効し，財政規律のルールは厳格化された。

EU の連帯とメルケル時代の終焉

　メルケル政権は 2009 年 9 月の連邦議会選挙後に CDU/CSU と FDP の連立となったが，13 年末に再び CDU/CSU と SPD の大連立政権となった。2017 年の選挙後には CDU/CSU と FDP，緑の党の連立交渉が行われたものの成立せず，さらに大連立政権が続いた。連立のパートナーは変わったもののメルケルは一貫して首相の座にあり，大連立政権下の政治は連邦議会においても連邦参議院においても与党が安定した多数を握っていることから安定した。

　この間，ソブリン危機後の経済の混乱が続いた国と異なり，ドイツ経済は好況を維持し，財政規律も遵守された。そのため，強い経済と輸出力を有するドイツが，ユーロ安のアドバンテージ（優位性）を利用して一人勝ちの様相を呈していると批判されることも多かった。

　2015 年の欧州難民危機でメルケル首相は多くの難民を受け入れる決断をした。EU では難民受け入れの負担分担をめぐって構成国間の対立が見られ，EU における中東欧諸国との認識の開きが明らかとなった。

　2020 年の新型コロナウイルス感染症（COVID-19）の感染拡大は，国境の閉鎖など EU の連帯を揺るがす危機ともなったが，ドイツは 2020 年後半の理事会議長国であったため，EU の連帯を回復することに尽力した。メルケル首相は，独仏協調の枠組みも利用して危機を克服するための経済復興計画を提示した。また，既存の欧州投資銀行などの枠組みに加えて，新たに欧州復興基金「次世代 EU」の設立が合意された。EU 機能条約 122 条で認められている例外的事態への対応とはいえ，事実上の EU 構成国間の財政移転をドイツが認めたことは，財政規律に厳しかったドイツも重大な危機に際しては EU の連帯を重視したことを示している。2021 年から始まる EU 多年度財政枠組み（MFF）の合意達成とあわせて，危機にある EU が「欧州グリーンディール」（気候変動対策を中心とした成長戦略）をはじめとする将来へ向けての投資を可能にしたことは，

2018 年に次の選挙での退陣を表明していたメルケル首相の政治的成果である。

　メルケルは 2021 年 9 月の連邦議会選挙に立候補せず，退陣した。連立交渉の結果成立したショルツ政権も政権担当経験のある政党の連立であるので，基本政策は大きく変わらないと考えられる。しかし，SPD，緑の党，FDP による連立政権は気候変動対策でより積極的な姿勢を示すなど，新しい展開も見え始めている。変化する国際環境のもとで，ドイツが EU のリーダーとしてどのような指導力を発揮するかが注目される。

 さらに読み進む人のために───

ドイツ外務省，「ドイツの実情〔2018 年改訂版〕」（https://www.tatsachen-ueber-deutschland.de/files/2020-11/tatsachen_2018_jap-compressed.pdf）。
　＊ドイツの現状について日本語を含む多数の言語でコンパクトにわかりやすくまとめている。

石田勇治編，2007 年『図説　ドイツの歴史』河出書房新社。
　＊現代ドイツの背景としてのドイツの歴史を，多くの図表や地図を使って平易に解説している。

森井裕一，2008 年『現代ドイツの外交と政治』信山社出版。
　＊連邦共和国の政治について歴史的な展開に沿って簡潔にまとめている。特に外交とヨーロッパ統合との関係に重点を置いている。

中村登志哉，2006 年『ドイツの安全保障政策──平和主義と武力行使』一藝社。
　＊冷戦後のドイツが平和維持活動を中心として連邦軍による武力行使を行うようになっていく変化とドイツ外交の展開について論じている。

近藤正基，2009 年『現代ドイツ福祉国家の政治経済学』（シリーズ現代の福祉国家 5）ミネルヴァ書房。
　＊初学者には難解だが，シュレーダー改革を中心としてドイツ型福祉国家の変容とドイツの政治過程を詳細に描き出している。

平島健司，2017 年『ドイツの政治』東京大学出版会。
　＊連邦共和国の政治，特に統一後の政治制度と政治過程の継続性と変容について，政党，連邦制，準公的制度に焦点をあて精緻に分析している。

第 3 章

イタリア

❶欧州急進右派政党の集会で演説するサルヴィーニ同盟書記長（2019
年5月22日，ミラノ，筆者撮影）。

　日本で報じられるイタリアのニュースは，財政難と政治家たちの失言やスキャン
ダル，サッカーとブランドの新作情報ばかりで，「格好いいけれど，ちょっとだら
しない国」という先入観を増幅しやすい。しかし，実際のイタリアは，国家として
のアイデンティティが不安定なまま，南北の経済格差，教会と世俗のモラルの対立，
左右両勢力の歴史的な反目など，多くの対立軸と矛盾を抱えた，悩みの深い国なの
である。

表 3-1　イタリア略年表

年　月	事　項
1946年 6 月	国民投票で共和制を選択，制憲議会選挙で初めて女性に参政権。
48年 1 月	共和国憲法施行。
4 月	共和制初の総選挙でキリスト教民主党が圧勝（得票率48.5%）。
49年 4 月	北大西洋条約機構（NATO）加盟（原加盟国）。
55年12月	国際連合（国連）加盟。
57年 3 月	EEC条約（ローマ条約）調印（原加盟国）。
63年12月	社会党が参加した本格的中道・左派政権が成立。
68年 1 月	全国各地で大学占拠拡大。
69年12月	ミラノの全国農業銀行で爆破事件（フォンターナ事件）。
70年 5 月	労働者憲章，国民投票法成立。
74年 5 月	離婚法廃止の国民投票，反対多数（59.3%）。
76年 6 月	総選挙でイタリア共産党の得票率が史上最高に（34.4%）。
78年 5 月	極左テロ組織「赤い旅団」に殺害されたモーロ元首相の遺体を発見。
81年 5 月	中絶法廃止の国民投票，反対多数（68.0%）。
6 月	スパドリーニ内閣成立。共和制初の世俗政党（共和党）首相。
83年 8 月	クラクシ内閣成立。共和制初の社会党首相。
87年11月	原子力発電所立地の政府権限廃止の国民投票，賛成多数（80.6%）。
91年 1 月	最後のイタリア共産党大会。左翼民主党に改組。
92年 2 月	ミラノで「タンジェントポリ」汚職事件捜査開始。
9 月	欧州通貨危機によりリラが下落，欧州為替相場メカニズム（ERM）を離脱。
93年 4 月	イタリア銀行総裁（非議員）チャンピが首相に就任。
8 月	新選挙法承認，小選挙区75%，比例区25%に。
94年 1 月	キリスト教民主党解党。中道・左派と中道・右派に分裂。
5 月	ベルルスコーニ中道・右派政権成立。
95年 1 月	閣僚全員が非議員のディーニ内閣成立。
96年 5 月	中道・左派連合「オリーヴの木」によるプローディ内閣成立。
98年10月	ダレーマ内閣成立。初の旧共産党系首相。
99年 1 月	共通通貨ユーロ発足に参加。
9 月	プローディ，欧州連合（EU）委員長に就任（2004年11月まで在任）。
2003年 4 月	イラク復興支援に派兵決定。
05年12月	新選挙法承認。勝者プレミアム付き比例代表制に。
06年 5 月	ナポリターノ大統領就任。初の旧共産党系大統領。
07年10月	「左翼民主主義者」と「マルゲリータ」が合同し，民主党結党。
08年 4 月	総選挙でベルルスコーニが率いる「自由の人民」が圧勝。
11年11月	ベルルスコーニ内閣総辞職，モンティ元EU委員が首相に就任。
13年 4 月	ナポリターノ大統領再選（共和制初）。大連立のレッタ内閣発足。
16年12月	レンツィ首相提案の憲法改正国民投票，反対多数（59.1%）。
17年11月	新選挙法承認。小選挙区・比例代表並立制に。
18年 6 月	五つ星運動と同盟による左右ポピュリスト連立内閣発足。
20年 9 月	国会議員定数削減の憲法改正国民投票，賛成多数（69.6%）。
21年 2 月	ドラーギ内閣発足。実務家と主要政党による挙国一致内閣。

1　政党が創った「共和国」

不安定なアイデンティティ

2021年3月17日にイタリアが統一160年を迎えたというニュースを聞いて,意外に思った人もいるかもしれない。実は,日本の明治維新のわずか7年前,1861年に立憲君主制のイタリア王国が成立する以前には,「イタリア」という名前の統一国家は存在しなかった。ウィーン会議を主催したオーストリアの宰相メッテルニヒが述べていたように,それまでのイタリアは地理的名称にすぎず,今日,観光客が見て回る「イタリア」は,その多くが古代ローマ帝国と中世の都市国家,ルネサンス期以降の「旧国家」(ヴェネツィア共和国,ナポリ王国,トスカーナ大公国など)など統一以前の歴史の遺産である。

それは,「イタリア人」というアイデンティティが,統一以降かなり人工的に,意識的に形成されたことを意味する。統一期の政治家ダゼーリオが述べたとされる有名な言葉「イタリアはできた,これからイタリア人を創らねばならない」は,まさに現実を投影したものだった。例えば,それまで各国でばらばらだった法制度を,**リソルジメント**(イタリア統一運動)を主導した北西部のサルデーニャ王国の法律をもとに一本化する作業には約半世紀の時間を要した。今日まで続く,欧州連合(EU)域内で最も豊かな地域に属する北部と,西欧でも貧しい地域に数えられる南部の経済格差は,統一以来の課題でもある。

教会と世俗,右派と左派

さらに,イタリアには,南北の間以外にもいくつかの歴史的な対立軸が走っている。この対立軸で分かたれた諸政党が戦後の共和制をつくったのであり,イタリアの場合,いわば国家に先立って政党が存在するのである。

まず,教会と世俗国家・社会の対立がある。イタリア王国は統一にあたって旧教皇国領の大部分を併合したので,ヴァティカンに籠もった**教皇庁**は,数十年にわたり統一国家に背を向けていた。この教皇庁と国家の対立関係を1929年の**ラテラノ協定**で正常化したのが,ファシスト政権の首領(ドゥーチェ)ムッソリーニだった。ローマ市内にある教皇庁の独立国であるヴァティカン市国も,

図3-1 現在のイタリア

イタリア	
面積 30.1万km²	**宗教** 主にキリスト教（カトリック）
人口 6046万人（2020年）	**通貨** ユーロ
首都 ローマ	**1人当たりGDP** 2万4890ユーロ（2020年, 実質）
言語 イタリア語（地域により, 独, 仏語など少数言語）	**欧州理事会出席者** ドラーギ首相

［出典］ 外務省ウェブサイト「各国・地域情勢」, Eurostat を基に作成。

現行のイタリア共和国憲法にある, 国家と教会を聖俗両界のそれぞれの最高存
在と定めた規定も, この協定を基礎にしている。

　ムッソリーニの失脚後は, 南部に逃げた国王と手を結んだ反ファシズム抵抗
運動の諸勢力と, ナチス・ドイツに支持されファシストの残存勢力が北部のサ
ロにつくったイタリア社会共和国（サロ共和国）との間で, 2年に及ぶ内戦状態

が続いた。ファシストからの解放後に，反ファシズムの主要勢力であった**キリスト教民主党**（DC），**イタリア共産党**（PCI），**イタリア社会党**（PSI）の3党が中心となって連立内閣を組み，1946年の国民投票で王制を共和制に変え，同時に選挙した制憲議会で共同して共和国憲法を書き上げた。しかし，この憲法が施行される前年の1947年に，事実上の米ソ冷戦の開始を背景に，DCのデ・ガスペリを首班とする連立内閣から社共両党が排除され，以後長く続く左右のイデオロギー対立の時代に入った。

DC優位の第一共和制

　1948年に施行された現行のイタリア共和国憲法は，統治機構の根幹部分には，大きな改正がなされたことはない。にもかかわらず，1994年の総選挙の前後に，既存の主要政党がすべて消滅ないし再編されるという政党システムの大変化が生じたために，それ以降の政治体制を**第二共和制**と呼び，対照的にそれ以前の時期の政治体制を**第一共和制**と呼んでいる。しかし，第二共和制には第一共和制と連続する要素も多く，第二共和制の特質を理解するためには，基層となっている第一共和制の性格を理解することが必要である。

　第一共和制は，一言でいえば，DCがほとんどの内閣で首班を占める一党優位の時代であった。DCは，シチリアのカトリック僧ストゥルツォによって1919年に創設された人民党がファシスト政権によって活動を停止させられた後，1942年に新たなカトリック政党として結党された。政治勢力としてのカトリックは，自らを自由主義でも社会主義でもない「第三の道」，すなわち中道であると定義し，私有財産を認める点では反共産主義であるが，弱者の救済を倫理的義務とする温情主義の性格を強くもち，カトリック系労働組合が存在するように，どこか社会主義とも接点がある。このような中間的な性格が，カトリック大衆を基盤に，左翼の台頭を恐れる北部の都市商工業者と南部の大土地所有者という性格の異なる有力者から支持を得ることを可能にした。その結果，各地の有力者が国家機関を使って地元の支持者を保護する，クライエンテリズム（恩顧主義）が顕著になった。

　1948年の共和制初の総選挙では，アメリカの強力な支持を受けたデ・ガスペリの率いるDCが得票率48.5％で圧勝し，議会で過半数を占めたが，デ・ガ

スペリはあえて DC 単独政権とはせず，王国時代の伝統を保つ穏健保守のイタリア自由党（PLI），リソルジメントの思想家マッツィーニ以来の急進派の流れを汲む穏健左派のイタリア共和党（PRI），社会党から右派が分裂してできたイタリア社会民主党（PSDI）という 3 つの小党と中道・右派連立政権を組んだ。

これ以降の政権は，得票率で 4 割弱程度にとどまった DC が一貫して首班を獲り，得票率合計が 1 割程度の他の 3 小党に 3 分の 1 から半数弱の閣僚ポストを配分する（なんらかの対立があるときは一時的に閣外に出る）かたちの連立政権が続いた。連立政権は不安定で短命な内閣が少なくなく，政権から排除されているネオ・ファシスト政党（憲法はファシスト政党の復活を認めていないので，自らはファシスト後継を公言しない）のイタリア社会運動（MSI）の閣外協力を受けて政権が成立することもあった。

連立政権の多くが短命となった背景には，イデオロギー対立による多党化という政治システム上の問題だけでなく，共和国憲法に定められた，内閣（閣僚会議）議長たる首相の権限の弱さにも原因がある。内閣は，対等な上下両院の信任が必要であり，かつ首相に閣僚の罷免権が明示的に与えられていない。このために，内閣は短命であるにもかかわらず，同じ顔ぶれの有力者がいろいろな閣僚ポストを順次歴任する模様替えのような組閣が続いた。

政府の一般政策を指揮するのは首相であるが，議会解散権，首相任命権，軍隊指揮権は，少なくとも憲法上は，国会議員と地方代表による間接選挙で選ばれる共和国大統領にある。むろん，議院内閣制である以上，内閣や議会の意向を無視して大統領がこれらの権限を行使することはありえないが，「憲法の番人」として違憲の疑いがある法律の審署を控え議会に再議を求めたり，政局が混迷した場合には与野党を仲介したりする。このように，大統領は名目的国家元首以上の一定の政治的役割を果たしている。また，1956 年に設立された憲法裁判所も合憲性の判断を示すことで，立法に影響を与えるようになった。

議会は，下院である代議院と上院である元老院からなる。選挙法に違いがあるものの，任期はともに 5 年で，大統領によって両院とも解散されうる。特に，下院はファシズムに対する反省からあらゆる政治勢力を代表させるために，1993 年の選挙法改正まで大選挙区（大きな州は 2 〜 3 の選挙区に分かれ，中小の州は 1 選挙区）による阻止条項（議席獲得に必要な最低得票率設定）なしの比例代表

制をとったため，多党化が止まらなかった。しかも，拘束名簿式ながら特定の候補者に優先順位をつけて投票する選好投票が可能であったので，有力政治家がこれを利用して自らの地位を不動のものとし，議会は固定的な政治勢力間の利益配分と妥協の場となっていった。

　議会第2党の共産党を万年野党とすることで政権交代を不可能にしたDC中心の連立政権は，公企業や政府金融機関などの国家利権を与党間で分配し，国民が関与しないところで重要な決定がなされ，国家機関を通して社会にその影響力が及ぶ**政党支配体制**の性格を深めていった。1963年には，社会党を連立与党に加えた本格的な中道・左派政権が成立し，議席数で6割近くを占めることで政権基盤は盤石なものとなり，社会党もまた利権構造にとりこまれていった。各党は勢力に応じて役職の比例配分を受けるのが当たり前になった。例えば，公共放送RAIの3つのチャンネルがそれぞれ，第1がDC，第2が社会党，第3が共産党の影響下に置かれたことは，野党の共産党すら，この体制による利益分配をある程度受けていたことを如実に物語っている。

第一共和制の揺らぎ

　フランスやドイツと同様に，1968年は硬直化していたイタリアの政治体制を揺るがす画期となった。前年にトレント大学で始まった学生運動による大学占拠は，この年に全国に広がり，労働運動が高揚した1969年の「熱い秋」の成果として，翌年に労働者憲章法が制定された。

　この時期に憲法で明示されながら，制度的に整備されていなかった国民投票と州が設置されたことも，地方分権やフェミニズムなど新しい社会運動の台頭を受けて，イタリア政治に大きな影響を与えていくことになる。

　国民投票法が定められたのは，1970年である。この法律の成立によって，50万人の有権者または5つの州議会が請求すれば，法律などの全部または一部の廃止を決定するために国民投票が行われることになった。有権者の過半数が投票すると成立し，その過半数の賛成を得れば可決される。1970年代から保守派がしかけた離婚法と中絶法の廃止を求める国民投票では，教会の圧力でDC内部が賛否に分かれる中で，共産党や社会党は反対（つまり，離婚・中絶の合法性維持に賛成）し，結果はどちらも反対多数となった。また，1980年代に

入って，原子力問題への関心の高まりから，1987年に政府の原子力発電所立地決定権，立地地方自治体への補助金がともに廃止され，国内での原発建設・存続は不可能になった。

　チェコスロヴァキアの体制内改革運動「プラハの春」の挫折と，体制化した既存左翼勢力への学生・社会運動からの批判，東西対立の緊張緩和（デタント）の進行は，共産党が，ベルリングェル書記長のもとで，ソ連から一定の距離をおく**ユーロコミュニズム**路線に転換する契機となった。1969年に極右が極左テロを装って起こしたミラノの全国農業銀行爆破事件（フォンターナ事件）に続き，極左・極右テロが横行するようになった1970年代の「鉛の時代」に入ると，ベルリングェルは国内外の危機の克服をめざして，カトリック勢力との**「歴史的妥協」**を提唱し，北大西洋条約機構（NATO）を容認する発言などで，中道勢力にも支持を広げた。1978年に極左グループ「赤い旅団」がDCのモーロ元首相を拉致，殺害し，国内の緊張がピークに達した際に，共産党は「国民連帯」の名のもとに連立与党に閣外協力したものの，欧州通貨制度（EMS）参加などをめぐる対立は克服できなかった。ベルリングェルが急死した1984年以降，再び路線は硬直化し，共産党の支持は低迷した。

　他方，連立与党となった社会党は，1976年に就任したクラクシ書記長のもとで，ヨーロッパ統合支持の社会民主主義勢力との連繋を深め，DCが苦手とする世俗社会の新しい価値観に積極的に応えることで，連立政権内での影響力を強めていった。また，1980年代の好景気の時代に入ると，1983年にクラクシが共和制初の社会党出身首相となり，スカラ・モービレ（賃金の物価スライド制）の廃止や規制緩和の促進で新しい富裕層の支持も受けるようになった。また，ローマやミラノなどの主要都市の市長職にも，社会党出身者が就くようになった。ミラノで不動産開発を行っていたベルルスコーニのような新興企業家と，社会党が利権でつながるようになったのも，このころである。

移行期の政治

　冷戦後の時代状況を見て，1991年に共産党は**左翼民主党**に改組した。この改組に反対する最左派は，再建共産党を結成した。他方，5つの政党による利権構造は1992年，当時最も勢いのあったミラノと社会党を中心とする「タンジ

ェントポリ（汚職都市）」汚職事件の発覚で一気に崩壊した。ミラノの福祉施設に関する汚職事件を捜索する検察の特別チーム「清い手」によって、連立与党5党の党首級の政治家、公企業や大手民間企業の経営者が次々と捜査の対象となった。かろうじて逮捕を逃れたクラクシ元首相に至っては、チュニジアに亡命し、数年後にそこで客死することとなる。

1992年秋には、欧州通貨危機により、リラがERM（欧州為替相場メカニズム）を離脱する事態となった。翌年には危機感をもった各党の合意によって、大統領による任命で非議員でイタリア銀行総裁のチャンピを首相に就任させ、政府・労働者・使用者間で危機打開のための合意を得て、危機を回避した。

既存政党が信頼を失ったため、議会外の直接民主主義への期待が高まり、DCから離党したセーニらが主導する国民投票による政治改革運動が広がった。その結果、利権の温床と見られた農業省や公企業省は廃止され、国政の選挙法も小選挙区・比例代表並立制に改正された。折から、1993年に公選となった市長選では、ローマ、ヴェネツィア、トリエステなどの都市で、左派を中心に超党派の市民の支持を得た新しいリーダーが多数登場した。

地方選挙では左派が優位であったため、DCを中心とする中道・右派の再編が求められた。そこで登場したのが、ミラノの不動産開発から民放テレビ、サッカー・チーム、出版、小売に至る企業グループを率いていた新興企業家のベルルスコーニである。マーケティングの手法を駆使した新手の選挙戦略で戦ったベルルスコーニは、自らの新党**フォルツァ・イタリア**などの中道・右派連合を率い、勝利した。このにわか仕立ての中道・右派連合の支持基盤を補強したのが、北部で選挙に強くポピュリスト的な新興政党である**北部同盟**と、南部に地盤があるネオ・ファシスト政党「イタリア社会運動」を保守政党に転換した国民同盟である。

第一共和制のもとで、DCの主要基盤は2つあった。1つはミラノとヴェネツィアを結ぶ北部、そしてローマ以南の半島南部およびシチリア島である。これに対し、共産党は中部のエミリア＝ロマーニャ（州都ボローニャ）、トスカーナ（州都フィレンツェ）などの諸州を堅い基盤としていた。ところが、1980年代末から北部の独立・自治を訴えDCの地盤を奪ってきた北部同盟と、南部保守層の支持を受けた国民同盟が、ベルルスコーニのより穏健な中道路線に結集

することとなったのである。ベルルスコーニの中道・右派政権は1994年に成立するが、このようにイデオロギー的なばらつきが大きく、福祉予算で対立した北部同盟の離反で、わずか7カ月で総辞職してしまう。その後を継いだ選挙管理内閣は、イタリア銀行専務理事から財務相になっていたディーニによる全員が非議員の実務家内閣であった。

　他方、ポピュリストや旧極右を含む中道・右派のイデオロギー構成を嫌う旧DC左派が作った人民党は、むしろ左翼民主党との協調を図ることとなる。その成果が、旧DC左派で産業相、産業復興公社総裁を歴任したプローディを首相候補にした中道・左派連合「オリーヴの木」である。1996年の総選挙では、イタリアで初めて左右両首相候補による一対一のテレビ討論が行われた。結果は大方の予想を裏切り、ルックスのいいベルルスコーニに地味ながら手堅いプローディが勝った。プローディ内閣は、外相がディーニ、国庫相がチャンピと、イタリア銀行出身の実務家たちが脇を固めた。それに対し、連立第1党の左翼民主党は副首相などにとどまり、主要な位置を占めなかった。1998年に、福祉予算の削減で再建共産党が離反し、初の旧共産党出身の首相であるダレーマ、非議員のアマートと中道・左派政権は再編された。しかし、ユーロ参加と行財政改革に成功したものの、経済成長につながる施策に乏しく、2001年にはベルルスコーニが新たに結成した中道・右派連合「自由の家」に完敗してしまう。

第二共和制の実像

　2006年から2008年までのプローディの率いる中道・左派「連合」政権の2年を除いて、2001年以降のイタリア政治の中心にいたのは、ベルルスコーニである。新選挙法によって1994年、1996年、2001年の3回行われた小選挙区優位（議席の75％）で比例代表を並立させる（議席の25％）選挙を通じて、小選挙区で勝ち目のない小政党が大政党と共通の首相候補者を担ぐ選挙連合を組む二極化が進んでいた。しかし、小政党の候補者に小選挙区をいくつか割り振る配慮によって、政党数はさほど減らず、いわば「小選挙区の比例代表化」といわれる現象が起こった。これは、連立内閣を構成する政党はさほど減らず、連立内閣の運営は相変わらず不安定なことを意味する。ただし、4-5党にまとまった中道・右派は比較的安定しており、7-8党を越える左派よりも安定性で勝

った。

　民放テレビ 3 局の事実上のオーナーであるベルルスコーニが首相となることで，メディアの独占による「利益の相反」が生じていないかが議論となった。ベルルスコーニ自身，党首の比重が大きくなる選挙制度のもとで，首相の「大統領化」を模索した。他方，ベルルスコーニ自身にもその傾向があるが，北部同盟のようなポピュリスト政党が，独自の連邦化の主張だけでなく，EU 批判から移民の蔑視までを行ったため，政治社会全体のモラルは低下した。中道・左派においても，汚職捜査で名を上げ政界入りしたディ・ピエトロ元検事が，「価値あるイタリア」という新党を起こし，反ベルルスコーニや特定の公共事業に反対するデモなどの直接行動で民衆を煽動した。

　1990 年代のうちに，ベルルスコーニの率いるフォルツァ・イタリアは，ほぼイタリア全土で第 1 党の座を占めることになり，中道・右派で支配的な地位を占めるようになった。フォルツァ・イタリアは，1999 年にはキリスト教民主主義勢力が集まる欧州人民党に加盟し，名実ともにイタリアの保守・中道勢力の代表となった。

　2005 年の選挙法の改正は，経済・財政政策で失敗し，苦境に立った中道・右派政権が自陣営に有利なように改正した恣意的なものだった。ほぼ州ごとの大選挙区による比例代表制に戻ったが，1993 年以前のような優先投票もなく，拘束名簿式が採用され，個人への投票は事実上不可能になった。2006 年に復活したプローディ中道・左派政権の間に「左翼民主主義者」（1998 年に左翼民主党を改組）と旧 DC 左派の「マルゲリータ（マーガレット）」連合を中心に結成された**民主党**の穏健改革路線への支持は広がらず，2008 年の総選挙では右派に敗北した。さらに，同じ選挙では民主党の提携相手として期待された民主左翼，旧共産党系の 2 党，緑の連盟の「虹の左翼」連合の左派諸政党がすべて議席を失った。2009 年の欧州議会選挙でも，これらの小勢力は議席を獲得できず，歴史的な敗北となった。

　圧倒的優位に立ったベルルスコーニは，国民同盟と組んだ選挙連合「自由の人民」を政党化し，自らの係争事件での訴追を避けるために，議会で国家の最高職に免責特権を与える法案を可決したが，憲法裁判所が違憲の判断を示した。2011 年の国民投票は，議員の不起訴特権を廃止し，ベルルスコーニに決定的

Column③ **五つ星運動**

　五つ星運動は，21世紀に入りヨーロッパで多く誕生したポピュリスト政党の中でも特異な存在である。まず，自らは「政党」ではなく「運動」だとする，その活動本拠はウェブであり，IT企業の経営者カザレッジョが構築した意見交換・投票システム「ルソー」に集まる市民がメンバーである。選挙の候補者や重要法案への賛否もここで投票され，決定する。

　この運動はそもそも，2005年に開設された風刺コメディアンのグリッロの個人ブログから始まった。グリッロは身近な社会問題を取り上げ，ブログは国内有数の人気サイトとなった。その後，グリッロは各地の広場での集会に支持者を集め，既存の政治家を腐敗したエリートだと批判するようになり，彼に賛同する各地方の市民リストが地方議会に進出し，全国組織ができた。

　五つ星運動は近年のヨーロッパに多い極右ポピュリストではなく，左派ポピュリストの性格が強い。政策的には，高速鉄道建設に反対するなど，環境問題に関心が深く，政党への国家補助を打ち切らせ，生活困窮者に市民権インカム（ベーシック・インカム）支給を実現させるなど，国会でも一定の成果を上げている。

　しかし，国会で多くの議席を占めるようになると，五つ星運動も事実上の「執行部」をもつようになり，普通の政党に近づいていった。ユーロ危機の際には政府の緊縮政策を批判したが，もともと支持者の多くは，ユーロ参加継続を希望し，反EUではない。むしろ，同盟との連立解消後は，比較的穏健な政党としての評価が定まりつつあり，それがポピュリスト政党としての迫力を減じている。

なダメージを与えた。

　とどめとなったのが，ユーロ危機である。政府債務残高が対GDP比で126％に及んだイタリアを不安視する国際金融市場におけるイタリア長期国債の利回り上昇により，イタリア財政は危機的な状況に陥った。この責任をとって，2011年11月にベルルスコーニ内閣は総辞職し，元EU委員のモンティを首班とする実務家政権が成立した。

ポピュリスト政党の台頭

　モンティ政権による緊縮政策はイタリアの財政危機を収束させたが，これをエリート支配だとして批判する新興ポピュリスト政党の**五つ星運動**が台頭し，

同政権を支持していた中道右派も批判に回った。その結果，2013年の総選挙は中道左派，中道右派と五つ星運動が三すくみの勝者なき結果に終わった。連立工作が難航したが，左右両派が協力してナポリターノ大統領を再選させ，大統領の仲介で民主党のレッタを首班とする左右大連立内閣が成立した。この連立に参加した「自由の人民」は，脱税で有罪が確定したベルルスコーニの議員資格剥奪への賛否をめぐり分裂し，ベルルスコーニ派はフォルツァ・イタリアを復活させ，連立を離脱した。一方，民主党では若手のレンツィ書記長が2014年初めにレッタを退陣させて首相に就任した。直後の欧州議会選挙で民主党が国内第1党となった勢いに乗って，同性パートナーシップ法や解雇規制を緩和するジョブズ・アクトを成立させるなどの改革を進めた。しかし，統治機構改革をめざした2016年末の憲法改正国民投票は反対が多数となり，レンツィ首相は退陣し，民主党から左派が分裂した。

　2017年に改正された新選挙法（小選挙区・比例代表並立制）のもとで実施された2018年の総選挙も過半数を占める勝者がなく，五つ星運動が第1党，**同盟**（北部同盟が改称）が第2党に躍進し，両党が大学教授のコンテを首班に担いだ左右ポピュリスト連立内閣が発足した。両党には，高速鉄道建設などで対立点も少なくなかった。2019年の欧州議会選挙で国内第1党となった同盟のサルヴィーニ書記長は，総選挙実施を急ぎ倒閣を試みたが失敗し，コンテ首相を続投させた五つ星運動と民主党による左派連立政権が成立した。同政権下で行われた2020年の憲法改正国民投票では議員定数の削減（下院を400人，上院を200人に）が承認された。

　コロナ禍に対応したコンテ首相への支持は高かったが，2021年初めにレンツィ元首相（2019年に民主党を離党し，新党イタリア・ヴィーヴァを設立）が自派の閣僚を引き上げたため，コンテ内閣は総辞職し，前欧州中央銀行（ECB）総裁のドラーギを首班とし，主要閣僚に実務家を配置し，右派のイタリア朋友（旧国民同盟の後継）を除く主要政党がすべて入閣する挙国一致内閣が発足した。

　EU諸国の信頼も厚いドラーギを大統領に推す声も高かったが，呉越同舟の連立各党はコロナ禍からの復興政策の要であるドラーギを首相に留め，2022年初に任期満了となったマッタレッラ大統領を再選させた。

2　ユニークな，しかし総合力で劣る経済

ブランドと中小企業の力

　イタリアの経済面での活躍について，日本人にすぐ思い浮かぶのは，ブルガリ（宝飾），フェラガモ（靴），グッチ（皮革），アルマーニ（服飾）といった高級ブランドであろう。長い歴史をもつ数々の都市で培われた職人の技術に革新的で洗練されたデザインが加わった製品は，国際的にも無敵の存在に思える。しかし，ブルガリやグッチの経営権がすでに創業家の手を離れ，フランスのモエヘネシー・ルイヴィトン（LVMH）やケリングの傘下にあるように，高級ブランドといえども，グローバル化の影響を免れない。

　ひところ，北東部のヴェネトから中部のエミリア＝ロマーニャ，トスカーナ，マルケの各州にいたる一連の中小企業群が**「第3のイタリア」**と呼ばれ，伝統的な商工業の中心である北西部（商業の中心ミラノ，工業の中心トリノ，国内最大の港ジェノヴァを結ぶ三角地帯）とも，長く停滞が続く南部とも異なるダイナミズムをもった地域として注目されたことがある。この地域では，複数の中小企業が相互協力して多様な製品を生産する水平的な共同体が形成され，ひとたびニッチ市場でブランド化に成功すると，一気に国際市場に打って出るという，グローカル企業の象徴的な存在であった。

民営化された公企業と民間の雄フィアット

　しかし，いくら中小企業に競争力があっても，国際的に活動する大企業が少ないことが，イタリア経済の弱点であることは間違いない。アメリカの経済誌『フォーチュン』の「グローバル500」企業リスト（2021年版）に登場するイタリア企業は，ジェネラーリ保険（73位，日本法人名「ゼネラリ保険」），ENEL（エネル）（電力，118位），ENI（炭化水素公社）（石油・ガス，216位），インテーザ・サンパオロ（銀行，291位），イタリア郵便（355位），ウニクレディト（銀行，491位），の6社のみであり，アメリカ（122社）や日本（53社）と比較するのは無理としても，他のヨーロッパの主要国（フランス26社，ドイツ27社）と比較しても，決して多いとはいえない。

しかも，上記の6社のうち，ENI，ジェネラーリ保険，ENEL，イタリア郵便は，もともと政府がつくった公企業が民営化されたもので，相次ぐ合併で規模を拡大した2つの大銀行の前身には，いずれも旧国有銀行が含まれる。

　おそらく最もよく知られたイタリア企業であり，本業の自動車だけでなく，国内の全産業に圧倒的な影響力をもつ**フィアット**がここに登場していないが，実はグループの持株会社エクソール（投資，37位）は本社があるオランダの会社としてランキングに入っている。フィアットのような名門企業には，企業規模が大きくなっても，イタリア社会の家族主義に根ざした**ファミリー・ビジネス**の色彩が残っていて，投資会社を通じ多数の企業を支配し，業種を超えた一種の「貴族社会」をつくっている。彼らから見れば，ベルルスコーニすら新参者であり，政府の経済政策に苦言を呈することもめずらしくない。

　フィアット創業者のアニェッリ家は保有株売却で経営権を失うことを嫌い，石油危機や労働争議で経営が悪化した1970年代末には，リビアのカダフィ大佐に株の一部を売却し，後で買い戻したほどである。このような経営姿勢がグローバル化の中で大胆な国際的提携を遅らせ，一時，経営不振に陥る原因となった。2000年から提携関係にあったGM（ゼネラルモーターズ）からは後に提携を解消され，アニェッリ家のジャンニ，ウンベルト兄弟の死後は，フェラーリを再建したモンテゼーモロなど，新世代の野心的な経営者に舵取りを委ねざるをえなかった。新開発の小型車でフィアットを復活させた，カナダ育ちのマルキオンネ経営最高責任者（CEO）は，クライスラーの経営権を掌握し，2014年に持株会社フィアット・クライスラー（FCA）を設立し，本社をアムステルダムに置いた。マルキオンネの死後はアニェッリ家の血を引くエルカーンがグループを率いている。FCAは2021年にフランスのプジョー・シトロエン（PSA）と対等合併し，新社名はステランティス（本社アムステルダム）となった。

民営化企業に巣くう政治
　第二次世界大戦後のイタリア経済の特質とされた「混合経済」（公的部門と民間部門が並び立つ経済）の中核だった公企業は，今やほとんどが民営化されている。ファシズム期に創設された産業復興公社（IRI）は国家持株会社として産業全般に及ぶ複合企業（コングロマリット）であったが，高度成長期を過ぎると，

むしろ国際競争力の低下を国家による支援で支える側面が強くなり、ヨーロッパ統合の進展によって、やがて国家による補助もできなくなった。1990年代以降、IRIの子会社は次々と民営化され、経営権を握った内外の企業によって再編されるものも多く、IRI本体も2000年に清算された。

　国家持株会社は、戦後のDCを中心とする利権構造に組み込まれており、その頂上企業であるIRIの総裁は政治任官だった。1992年に発覚した「タンジェントポリ」汚職事件でノービリ総裁が逮捕され、翌年には国家介入政策の基点である公企業省が国民投票で廃止されると、IRI解体は不可避となった。この時期にIRI総裁に再登板したのが、のちに首相となるプローディである。

　民営化された企業には、数奇な運命をたどるものも少なくない。1994年に設立され、翌年に民営化されたテレコム・イタリア（電信・電話）は、いったんオリヴェッティ（電機）の支配下に入ったが、同社の財務上の問題で支配関係が逆転し、オリヴェッティはテレコムの子会社となった後、ピレッリ（タイヤ）に経営権が移った。ところが、負債の増加でピレッリの会長が兼任していたテレコム・イタリアの会長を辞任すると、スペインのテレフォニカ（電信・電話）とイタリアの銀行による持株会社に経営権が移っている。

　もちろん、民営化を事業の拡大・多角化に利用して成功した民間企業もある。刺激的な広告で有名なカジュアル衣料のベネトンは、持株会社のエディツィオーネを通じて民営化された高速道路運営会社アウトストラーデの経営権を握り、子会社のサービスエリア食堂チェーン「アウトグリル」を鉄道や都市部にも進出させた。しかし、2018年にジェノヴァの高速道路にかかるモランディ橋が崩落し、アウトストラーデ社の管理責任を問う声が強まっており、郵便貯金を投資する預託貸付公庫（CDP）が経営権を引き取ることが検討されている。

　民営化後もずっと経営難が続く例はアリタリア航空である。2001年以降、深刻な経営不振に陥ったアリタリア航空には、ルフトハンザの子会社エア・ワンとエールフランス・KLMが買収に名乗り出た。最終的に後者が政府により独占交渉相手とされたものの、合理化に反対する労働組合の激しい反発で買収を断念し、筆頭株主としての出資にとどまった。その結果、金融機関の支援を受け、事業継続会社と清算対象会社に分割され、2009年から完全民営化された「アリタリア・イタリア航空」として営業を続けていたが、その後の経営難

でエールフランス・KLM 傘下を離れ，2014 年にアブダビのエティハド航空の支配下に入った。さらに 2017 年には事実上の倒産状態となり，新たな引き取り先も定まらず，ITA エアウェイズという新会社が設立され，再国有化が進行している。

成長の止まった経済と財政赤字の構造化

マクロ経済指標で見るイタリア経済は，低成長が長期化している。成長率ではコロナ禍前の 10 年のうち 7 年が 1％ 未満で，ユーロ圏の最後尾を走る「マーリャ・ネーラ」（自転車競争ジーロ・ディタリア最後尾の選手が着る黒ジャージ）であるという自嘲的な表現すらある。特に，資源のないイタリアは原油価格高騰などの影響を受けやすく，中間層の苦境は，「ギリシャ並みの給料，ノルウェー並みの税金，南米並みの社会保障」とも評され，負担の割に十分な社会保障が与えられていないといわれている。それを多少なりとも緩和するのが，地中海的な家族主義に支えられた相互扶助の伝統と，統計に表れない巨大な地下経済（闇経済）である。しかし，多産を美徳と考えるカトリック国でありながら，先進国の中では日本と並ぶ低水準にある合計特殊出生率を考えると，若年層の生活の基礎条件は厳しいと見なければならない。

コロナ禍で危機対応に当たった第 2 次コンテ政権はロックダウンなど厳しい措置をとりながら，企業への支援のほか，労働者の解雇凍結を行い，補償を給付した。さまざまな対策により，政府債務の対 GDP 比率は160％ に達している。

コロナ後に向けて，EU の欧州復興基金「次世代 EU」の活用が期待されるが，ドラーギ政権は総額 2221 億ユーロの国家復興強化計画（PNRR）を EU に提出している。特に，環境に配慮したグリーン投資を名目としたインフラ整備に重点を置いており，全体の 40％ が南部に向けられたものとなっている。この計画の遂行には，中長期的な財政の安定化が不可欠だろう。

3 EU 内，地中海地域のミドル・パワーとして

幸運な戦後外交デビュー

日本から見ると，日独伊三国同盟の強い印象から，日本やドイツと同じ「敗

戦国」と考えがちなイタリアだが，実は戦後外交の開始条件は微妙に異なる。ムッソリーニを失脚させ，英米両国との休戦後に南部に避難した国王政権は，北部に残ったファシストの残党と対峙し，ドイツに宣戦している。約2年の内戦の間にはレジスタンス勢力とドイツ軍との戦闘で多くの犠牲者を出した。したがって，今日イタリアが国家の祝日として祝うのは，1945年にドイツ軍とファシストを破った4月25日の**解放記念日**であり，1943年9月8日の英米との休戦ではない。日本からも，無償供与というかたちで賠償を得ている。

　ファシズム期の人種法により，ユダヤ系市民の公職追放や強制労働もあったが，ドイツに比べ目立つ存在ではなかったために，ファシストへの裁判も徹底されなかった。また，国民投票で王制を廃し，自ら共和国憲法を起草したことにより，かなり明確に戦前と区別できる戦後体制を構築できたことが幸いしていると思われる。そして，冷戦が開始されると，対岸にユーゴスラヴィアがあり，国内に西欧最大の共産党勢力があるイタリアは，むしろ境界的な重要性を帯びることとなり，アメリカはDCとその連立相手となる小政党を，表ではマーシャル・プランなどの経済援助や軍事援助で，裏では中央情報局（CIA）や民間団体などを通じて支援した。

　もちろん，戦後の外交，安全保障の基礎には，ファシズム期の反省がある。それは，憲法11条前半で他国への侵略や国際紛争の解決手段としての戦争を否認していることでも明らかである。しかし，同条の後半は日本の憲法9条とは異なり，「他国と等しい条件のもとで，各国間に平和と正義を確保する制度に必要な主権の制限に同意」し，「この目的をめざす国際組織を推進，助成する」とあるように，当時進行しつつあった，国際連合（国連）とヨーロッパ統合への積極的な参加を志向していた。そして，この条文は，冷戦開始後に西側での防衛と繁栄の手段として，1949年にNATO，1951年に欧州石炭鉄鋼共同体（ECSC）の原加盟国となることも可能にしたのである。他方，米ソの拒否権合戦で遅れた国連加盟が成ったのは，1955年であった。

ヨーロッパ統合推進と中東での独自外交

　レジスタンス期の反ファシズム政治犯が編んだ歴史的文書「ヴェンテーネ宣言」に見られるように，欧州連邦主義を志向する政治勢力は，穏健左派の世

俗政党にあった。しかし，戦後初期においては，DCを中心とする保守・中道勢力の外交の中心軸は対米関係であり，アメリカに対する支持と忠誠は，「NATOのブルガリア」と呼ばれるほどであった。それは大戦中に始まる教皇庁とアメリカ政府のパイプによっても，つながっていた。

ヨーロッパ統合の基礎となる欧州経済共同体（EEC）条約（1957年）がローマを調印地としたのは，ブリュッセルへの本部誘致を進めていたベルギーの巧みな働きかけで，他国の支持がないトリノへの本部誘致をイタリアが取り下げて得たものである。当初は3大国の，イギリスのEC加盟後は4大国のうちの一国として，イタリアは，議決権などで英仏独と肩を並べることができた。ただし，ヨーロッパ統合の方向性を決めたのは主に仏独両国であった。そのなかで，イタリアが影響を与えたこととしては，欧州政治共同体設立を訴えたり，欧州議会の直接選挙を早くから求めたりしていたことがある。さらに，国内の南部開発にも利用できるように，欧州社会基金や欧州投資銀行などのECの社会政策，開発政策などの補助金スキーム（制度）の強化に努めたこともある。このような欧州連邦主義的な志向と国益の追求は矛盾せず，むしろ国内問題の解決を強力な欧州機関に期待するイタリアにとっては，EUの中央機関の強化は望ましいものであった。

イタリアが外交で独自色を出したのは，中東においてであった。資源に乏しいイタリアは，1953年にエネルギー公企業のENIを設立した。総裁となったマッテイは，レジスタンス期からのDC幹部であり，石油資源獲得活動が，非公式のイタリア外交の交渉経路として機能した。マッテイは，すでに中東の産油国に圧倒的な影響力をもっていた英米系のメジャーに対抗して，産油国とイタリアが対等な利益分配を行う，産油国に有利な経営方式をとった。これは，イランなどで成功し，DCが対米協調を掲げながら，アラブ諸国との独自の関係を深める「新大西洋主義」外交の基となった。マッテイが1962年に謎の多い飛行機事故で死亡した際には，CIAの関与が憶測されたほどである。

イタリアが中東への海外派兵に熱心に取り組むようになったのは，社会党のクラクシの強い支持のもとであった。レバノンへの国連平和維持活動（PKO）や湾岸戦争への参加は，イタリアが安全保障の面でも，積極的に対応していく端緒となった。冷戦後の地域紛争，とりわけユーゴスラヴィア内戦は，単に

NATOの結束のためだけでなく，近隣国として難民が押し寄せる実際的な問題もあり，これにかかわることで，イタリアの国際的な活躍への評価は高まった。冷戦期には，アメリカの軍事行動を批判し，軍の派遣に慎重であった左派勢力も，人道的介入とされたコソヴォへの派兵は支持した。

外交的活動余地としての中東・アフリカ

ベルルスコーニ政権は，これまでのイタリアの政権の中では最も親米的な政権であった。2001年に発生した9.11同時多発テロは，ベルルスコーニが対米関係を強化する格好の機会として用いられた。NATOの集団的自衛権が発動されたアフガニスタンには国際治安支援部隊（ISAF）に約3000人の兵員を派遣し，累計53人の死者を出した。2021年の米軍撤退によるタリバンの実効支配成立に際して，イタリアはアフガニスタン市民4890人を救出している。

ベルルスコーニは，イラク戦争では，アメリカの「予防戦争」すら支持するような，積極的な対米支持の発言を繰り返していた。しかし，憲法上戦争中の派兵は難しく，バグダッド陥落後に人道援助・復興支援を目的とした派兵を開始した。その規模は，イギリス，ポーランドに次ぐ2800人と大規模なものであった。任務の性質上，陸軍よりも治安維持のために送られた憲兵隊（武装治安警察）に多くのテロ犠牲者を出している。

中東の他にも，イタリアが外交的に活躍できる余地のある舞台として，アフリカがある。イタリアは，帝国主義列強の中で，最後に登場した国であった。アフリカ大陸の主要部分が他のヨーロッパ諸国におさえられた後，わずかに手にしたのが，北アフリカのリビアと東アフリカのエチオピア，エリトリア，ソマリアであった。しかし，戦後これらの国々への影響力を残そうとした試みは，ソマリアの信託統治以外には成功せず，リビアは独立した。

戦後，リビアでも油田が発見されたことから，ENIを通じての石油外交がここでも始まった。リビアによるランペドゥーザ島のNATOレーダー基地へのミサイル攻撃（被害なし）などで一時イタリアとの関係が緊張する事態もあったが，イタリアはリビアの最大の貿易相手国となり，逆にリビアがイタリアの企業に資本参加するなど，経済的な関係は深まった。ベルルスコーニは首相在任時に，まずENIとの関係を深め，ついでカダフィ大佐との友好関係を深め

た。2008年には，過去の植民地支配を反省する文言を入れた声明の発表を経て，リビアとの間に友好条約が締結された。シチリア島には2004年からリビアからの海底パイプラインで天然ガスが供給されている。

　イタリアの，中東・アフリカの民主化への対応は鈍く，エジプトのムバラク元大統領に対しては失脚寸前までベルルスコーニが支持をやめず，NATOによるリビア空爆への参加は英仏に後れをとった。その後のリビア内戦では，トルコが支持する暫定政府とロシアが支持する民兵組織「リビア国民軍」の対立に有効な関与はできていない。さらに，チュニジアなどから密航業者に乗せられた船で地中海に出て，海上で救助されるなどして，国境付近のランペドゥーザ島などに到着する移民，難民への対応に苦慮している。

ユーロ圏におけるイタリア

　ユーロを導入した中道・左派政権は，その後プローディが欧州委員会委員長にもなったように，EUとの協調性を高め，それを国内の行財政改革に活かしてきた。実際に，1996年から2001年までと2006年から2008年までの2度の政権担当時に，中道・左派は財政赤字の削減に成功してきた。他方，中道・右派政権は，表向きにはヨーロッパ統合に反対しないものの，新自由主義的な「小さな政府」と旧来のインフラ投資を，「創造的財政」と称して，財源が不十分なまま同時に追求したので，財政赤字が拡大しただけでなく，ユーロ圏における信頼低下を招いた。EUからの圧力が強くなり，2011年になって世界金融危機の影響が表れると，モンティ首相が率いる実務家政権が財政危機を収束させることとなった。

　2018年に成立した五つ星運動と同盟によるポピュリスト政権もEUに財政赤字幅の緩和を求めたが，最終的には小幅な修正で妥協したように，イタリアは対EUで決定的な対立はできず，できるのは条件闘争だけである。2021年に成立したドラーギ内閣では，経済財務相のほか，デジタル・環境・インフラ分野の閣僚に実務家を配置し，EUの欧州復興基金「次世代EU」を活用したグリーン復興政策を推進している。

さらに読み進む人のために──────

コラリーツィ，シモーナ／村上信一郎監訳，橋本勝雄訳，2010 年『イタリア 20
世紀史──熱狂と恐怖と希望の 100 年』名古屋大学出版会。
　　＊信頼できるイタリア現代史の新しい通史。記述は題名の通り，2000 年まで。

馬場康雄・岡沢憲芙編，1999 年『イタリアの政治──「普通でない民主主義国」
の終り？』早稲田大学出版部。

同『イタリアの経済──「メイド・イン・イタリー」を生み出すもの』早稲田大
学出版部。
　　＊現代イタリア政治経済の基礎情報が集められた教科書。刊行から時代を経た
　　が，公共部門と民営化，財政政策と公債発行を扱う章は貴重。

トゥラーニ，ジュゼッペ／大木博巳訳，1992 年『デ・ベネデッティとフィアッ
ト──イタリア経済を演出した男』同友館。
　　＊ジャーナリスティックな描写だが，戦後のイタリア財界の裏面史を知ること
　　ができる。日本語ではめずらしい文献。

ファーヴァ，クラウディオ／中村浩子訳，1997 年『イタリア南部・傷ついた風
土』現代書館。
　　＊左派の欧州議会議員となったジャーナリストの南部政界ルポ。ベルルスコー
　　ニ時代になっても変わらなかった南部の地方ボスによる恩顧主義（クライエ
　　ンテリズム）政治を描く。

カリーゼ，マウロ／村上信一郎訳，2012 年『政党支配の終焉──カリスマなき
指導者の時代』法政大学出版局。
　　＊ベルルスコーニに見られる，リーダーに権限が集中し，有権者との関係を人
　　格化した「パーソナル・パーティー（個人政党）」現象の広がりを分析した
　　本。今日のポピュリズムの理解にも役立つ。

第 4 章

ベネルクス三国

❶ともにベルギー・ブリュッセル。ベネルクス経済同盟本部（左下，2011 年 8 月）と
ヨーロッパ地区にある EU ／欧州両理事会の建物「ヨーロッパ・ビル」（右上，2017
年 1 月）（ともに，筆者撮影）。

　ベネルクス三国は，いずれも小国でありながら EU の原加盟国としてヨーロッパ
統合の推進に大きな役割を果たしてきた。また，EU や国際司法裁判所など多くの
国際機関の本部が置かれ，国際協力の拠点にもなっている。経済的にも，グローバ
ル化の進展の中で，世界有数の豊かさを維持するための戦略を打ち出している。本
章では，ベルギー，オランダを中心にベネルクス三国のもつ政治・経済・外交の特
徴を把握し，国際社会，とりわけヨーロッパにおいて果たしている役割について見
ていく。

表 4-1　ベネルクス三国略年表

年　月	事　項
1944年 9 月	ベネルクス関税同盟，三国の亡命政府によりロンドンで調印（1948 年 1 月発効）。
45年 6 月	ベネルクス三国，国際連合憲章に原加盟国として調印。
49年 4 月	ベネルクス三国，北大西洋条約機構（NATO）に加盟。
12月	オランダ，インドネシアへの主権委譲。
50年 3 月	ベルギー，レオポルド 3 世の国王復位の賛否を問う国民投票。いったんは復位するが反対運動が起こり 51 年に退位。ボードゥアン 1 世が即位。
51年 4 月	欧州石炭鉄鋼共同体（ECSC）成立，ベネルクス三国は原加盟国として参加。
57年 3 月	欧州経済共同体（EEC），欧州原子力共同体（EURATOM）が成立，ベネルクス三国は原加盟国として参加。
61年 4 月	ベルギー，言語境界線を確定するジルソン法を制定，言語紛争が激化。
62年 7 月	ベルギーからルワンダ，ブルンジが独立。
63年 8 月	ベルギー，第二ジルソン法制定，地域別一言語主義に基づき各地域での使用言語を確定。言語紛争がさらに激化，67 年頃から主要政党や大学が言語ごとに分裂へ。
70年 2 月	ベルギー，憲法改正し分権化への制度改革が始まる。
75年11月	オランダからスリナムが独立。
80年 4 月	オランダ，ユリアナ女王退位，ベアトリクス女王即位。
81年11月	ベルギー，オランダで失業率上昇に対する激しいデモ。
84年 7 月	ルクセンブルク，総選挙でサンテール中道左派連立政権成立。
86年 9 月	ベルギーで言語対立をめぐるフーロン事件が起こり，翌年政権崩壊。
93年 5 月	ベルギー，改正憲法が施行され連邦制国家へと移行。
8 月	ベルギーでボードゥアン 1 世の死去によりアルベール 2 世が即位。
12月	ベルギー・オランダで安楽死が合法化。
95年 1 月	ルクセンブルク，ユンカー首相率いるキリスト教社会党連立政権成立。
99年 1 月	ベネルクス三国，ユーロ導入。
2000年10月	ルクセンブルク，ジャン大公の譲位によりアンリ大公が即位。
05年 6 月	欧州憲法条約の批准をオランダが国民投票で否決。
08年12月	ベルギー，金融危機で経営破綻したフォルティス社への対応をめぐり内閣総辞職。
09年11月	ベルギー首相ファン・ロンパイが初代欧州理事会常任議長に就任。
10年10月	オランダ，第 4 次バルケネンデ内閣崩壊。12 月に中道右派の少数連立政権発足。
11年 7 月	ベルギー，ブルカ禁止法が施行。9 月にはオランダでも閣議決定（施行は 2019 年 8 月）。
12月	ベルギー，1 年半の管理政権を経てディ・ルポ連立政権が発足。
13年 4 月	オランダ，ベアトリクス女王が退位し，ウィレム・アレキサンダーが新国王に即位。
7 月	ベルギー，アルベール 2 世の譲位により，フィリップが新国王に即位。
10月	ルクセンブルク，左派 3 党による連立政権が成立し，民主党のベッテルが首相に就任。
14年10月	ベルギー，フランス語系自由党（MR）のシャルル・ミシェルが首相就任。
15年11月	パリ同時多発テロ。ブリュッセルのモレンベーク地区が「テロの温床」とされる。
16年 3 月	ベルギー，ブリュッセル 2 カ所で同時テロが起こり，死者 32 人。
17年 3 月	オランダ，ルッテ首相率いる与党自由民主国民党（VVD）が勝利。
19年10月	ベルギー，ミシェル首相が退任し，その後（12 月）に欧州理事会常任議長に就任。
20年10月	ベルギー，19 年総選挙後 493 日にわたる交渉の末（この間ベルギー初の女性首相であるウィルメスが管理内閣），7 党連立のデ・クロー政権発足。
21年 7 月	欧州西部の豪雨による大洪水で，ドイツとならびベルギーでも大きな被害。

1 ベネルクス三国の政治制度

ベネルクス三国の歴史

　ベルギー，オランダ，ルクセンブルクを意味するベネルクスという表現が使われるようになったのは第二次世界大戦後である。狭義では，三国の間で1958年に成立し，1960年に発足した「**ベネルクス経済同盟（UEB）**」を指している。ベネルクス三国は地理的近接性のみならず，ブルゴーニュ公国，ハプスブルク帝国のもとで支配を受けたという点で歴史的にもつながりの深い関係にあり，一般的にはベネルクスとはこの三国を指すものとして定着している。

　低地地方（ネーデルラント地方，現在のベネルクスの位置）は15世紀後半ごろには，ハプスブルク帝国に支配されていたが，プロテスタント勢力への迫害が激しくなってくると，カトリックのスペイン・ハプスブルク家の支配に対する抵抗が強まり，独立への動きが活発化し，ネーデルラント北部は独立を宣言した。そこに加わらなかった南部は，そのままハプスブルクの支配を受け続けた。ナポレオン戦争が終結した1815年のウィーン会議において，再びネーデルラント王国として一まとまりとされたが，言語と宗教の差異などから1830年にベルギーが独立を宣言した。1839年にはオランダもベルギーの独立を認めた。ルクセンブルクも他国の支配や分割を経て，今日のベルギー，オランダ，ルクセンブルクへと分かれていくことになった。

　20世紀前半，ベネルクス三国はいずれも大国間の争いの中で中立政策を掲げていたのにもかかわらず，これを無視され，ドイツの支配下に置かれた。また仏独の思惑に存在を脅かされるという経験を通じて，中立政策による安全保障の確保に限界を感じてきた。程度の差はあれ**小国**であること，ヨーロッパの大国に囲まれた地理的条件を前提に，ヨーロッパの安定が自国の安全保障において不可欠な条件であることを認識させられることになった。仏独の良好な関係に基づくヨーロッパの平和が自国の国益につながるという前提と，小国としてより広い市場を確保することで経済的繁栄をめざすという，今日まで続くベネルクスの基本的な戦略が2度の世界大戦とその後の復興を通して形成されてきたのである。

図 4-1 現在のベネルクス三国

多極共存型政治モデルの成立と変容

　ベネルクス三国はいずれも立憲君主制をとる民主主義国家である。ベルギー
とオランダは，社会の亀裂を抱え，複数の「柱」が併存している社会，いわゆ
る柱状化社会である。柱状化社会においては，政党を頂点に，雇用団体から労
働組合，メディアや学校に至るまで社会の亀裂を反映した柱状化と分断がみら
れる。しかしながらこのような「柱」による分断があっても，エリートによる
協調や妥協と合意の姿勢などによって，政治的安定が保たれるとして，アング
ロサクソン型の二大政党制とは異なる「**多極共存型デモクラシー**」の機能して
いる事例として評価されてきた。

　しかし，1960 年代ごろまでに完成をみたこの多極共存型デモクラシーは，

表 4-2　ベネルクス三国基礎データ

	ベルギー	オランダ	ルクセンブルク
面積（k㎡）	30,528	41,864	2,586
人口（万人）	1,149.3	1,755	63.5
首都	ブリュッセル	アムステルダム	ルクセンブルク
言語	オランダ語，フランス語，ドイツ語	オランダ語	ルクセンブルク語，フランス語，ドイツ語
宗教	キリスト教（カトリック），イスラム教ほか	キリスト教（カトリック，プロテスタント），イスラム教ほか	キリスト教（カトリック）が大多数
通貨	ユーロ	ユーロ	ユーロ
1 人当たり GDP（ユーロ，2020 年）*	33,950 **	40,160 **	82,250
欧州理事会参加者	デ・クロー首相	ルッテ首相	ベッテル首相

［注］　＊実質 GDP。数値は Eurostat。　　＊＊ 暫定値
［出典］　外務省ウェブサイト「各国・地域情勢」を基に作成。

前提としてきた社会の「柱」の変化に直面する。オランダにおいてはキリスト教系の 3 党の合同や「新しい社会運動」と呼ばれる環境や女性などを重要視する政党が成立し，一定の影響力をもつようになる。ベルギーでも言語集団間の対立が激しくなり，主要政党がいずれも言語集団別で分裂するなど，いわゆる「脱柱状化」の傾向が顕著となった。エリート間での合意形成も機能しなくなりつつあり，オランダでもベルギーでも連立協議に膨大な時間がかかるようになっている。

ベルギー──言語対立の政治化と連邦化，そして混迷へ

　ベルギーは独立以来，南部のワロン地域に住むおよそ 3 割のフランス語系住民と北部のフランデレン地域に住むおよそ 6 割のオランダ語系住民の間で言語をめぐる対立と混乱が続いてきた。また，北部オランダ語圏にあって人口のおよそ 1 割が住む首都ブリュッセル地域は，2 言語地域でありながら，住民の 8 割はフランス語話者という複雑な言語状況にある。

　経済的発展を背景に社会的に圧倒的優位であったフランス語系に対して，オランダ語系の住民による平等な権利要求というかたちで 19 世紀に始まった対

Column④ 安楽死と同性婚，ベネルクス的価値観？

2001 年，世界で初めて安楽死を法律で認めたのはオランダであった。2002 年にはベルギーが，そして 08 年にはルクセンブルクもこれに続いた。スイスやアメリカのいくつかの州で医者が薬剤を渡すなどの手助けは認めていたが，他者による積極的安楽死を合法としているのはこの 3 カ国だけであり，最近になっていくつかの国が同様の動きをみせているのみである。オランダでは年間数千件，ベルギーでも 1000 件以上の安楽死が報告されている。

安楽死を選択できるのは大人だけではない。オランダでは 12 歳以上，ベルギーは当初の 18 歳以上から 2014 年の改正により引き下げられ，法律で定められた厳格な手続きをクリアできれば，適用対象に年齢制限はなくなった。実際，ベルギーでは 2016-17 年に，9 歳と 11 歳の子どもが安楽死を選択したことが明らかになっており，世界に衝撃を与えた。

また，オランダをはじめ，ベネルクス三国では LGBTQ の人たちへの権利の尊重が進んでいる。パートナーシップ制度ではなく異性同士の結婚と全く同じ権利を法律で初めて認めたのは，2001 年に施行されたオランダの「同性結婚法」であった。2003 年にベルギーがこれに続き，カトリック教徒が多数のルクセンブルクでも，15 年に「同性婚法」が施行された。さらに，これを積極的に支持してきたベッテル首相自らが同性パートナーと結婚して話題となった。

このような傾向は，大麻の合法化などにも当てはまる。「個人の権利」や「自己責任」を重視するいわゆる「ネオ・リベラルな価値観」の広がりともいえるが，その先駆性に「ベネルクス的な価値観」をみることができるだろう。

立は，徐々に激しさを増していく。とりわけ第二次世界大戦後の対独協力者問題や国王レオポルド 3 世の戦争責任問題などで言語集団によって大きく意見が異なることが鮮明になってくると，ベルギー国民が 2 つの言語集団に分裂していることが自覚されていく。この対立が最も先鋭化したのが 1960 年代である。州ごとに使用言語を決定する，いわゆる地域別一言語主義を主張するオランダ語系の要求に基づく新たな言語法の制定をめぐっては，**言語境界線**の確定と 2 言語地域である首都ブリュッセルの範囲の設定を中心に，とりわけ激しい対立が繰り広げられた。

そのような中で行われた 1965 年の選挙では，地域主義政党が急激に勢力を

図 4-2　ベルギーの連邦制

地域（ワロン地域，ブリュッセル首都圏地域，フランデレン地域）

■ ワロン地域　　　　■ ブリュッセル
　　　　　　　　　　　首都圏地域　　　　　　■ フランデレン地域

共同体（フランス語共同体，オランダ語共同体，ドイツ語共同体）

■ ■ ともにフラン　　■ ■ ともにオラン
ス語共同体が管轄　　　ダ語共同体が管轄　　　■ ドイツ語共同体が管轄

［出所］　ベルギー連邦政府ウェブサイトを基に作成。

拡大し，主要政党の言語別の分裂へとつながった。さらにオランダ語圏にあっ
たルーヴェン・カトリック大学からフランス語部門を分離し，フランス語圏に
移転する（ルーヴァン・ラ・ヌーヴ大学）など，従来の調停機能が働かないほど
対立は深刻化し，国家制度の再編というかたちでの対応へと進むことになる。
1970 年に新しい行政単位を設定することで始まった段階的な分権化への道の
りは，言語集団間関係の調停と両者の共存の道を探りながら，1993 年の連邦
制への移行で一段落したと思われた。

　ベルギーの**連邦制**は 2 種類の構成体からなっている点で，独自性の強い連邦
制度といえる。経済領域を主に管轄する「地域」と，言語・文化・教育にかか
わる事柄についての権限をもつ「共同体」である。図 4-2 にあるように，「地
域」にはワロン地域，ブリュッセル首都圏地域，フランデレン地域の 3 つがあ
り，各地域の領域内において経済や開発（領域に関する事項）の最終決定権をも
っている。また「共同体」にはフランス語共同体，オランダ語共同体，ドイツ
語共同体があり，各言語地域においてそれぞれの言語・文化・教育の問題（個
人に関する事項）について専管している。連邦政府の残余権限は，司法，金融，

社会保障などかなり限定的である。

　しかしながら連邦制へ移行後も，言語集団間の対立と連邦制度改革は，依然としてベルギー政治社会の最大の不安定要因となっている。多様性（遠心性）と国家としての統合（求心性）の両立をめざす連邦主義を制度化するにあたって，絶えず制度の修正が必要になるのは必然であるが，ベルギーの連邦制はその非対称な複雑性とEUへの国家主権の委譲と併行しての進行，そして首都ブリュッセルの独特な存在感ゆえに，合意形成は困難を極めている。

　言語問題の政治化による混乱は，連立交渉の混乱を招き，選挙から長期間にわたり新政権が発足しないことはもはや常態化している。2010年6月の総選挙後，一年半もの間，暫定の管理内閣が政策運営を行っている状況が続き，「（正式な）内閣不在日数の世界記録」を更新したとされたが，最近でも2019年5月の総選挙後に正式な連立政権が発足したのは，翌年の10月1日であった。

オランダ──リベラル政権への転換と右翼ポピュリスト政党の伸張

　オランダでは過半数をとって単独で政権を担う政党は未だなく，カトリック人民党を中心に，複数の政党による連立政権が組まれてきた。1994年の総選挙におけるキリスト教民主同盟の大敗と労働党の路線変更によって，76年ぶりにキリスト教民主主義政党を含まないかたちで，労働党主体のコック政権が成立した。この政権交代によって，リベラルな改革が進められ，福祉国家の再建や改革と雇用創出の両立に成果を上げると同時に，安楽死の合法化や同性愛者の結婚など，キリスト教民主主義政権とは異なる政策を採用していった。

　ヨーロッパでも移民への寛容度が比較的高く，多文化主義的な社会統合が試みられてきたオランダにおいても，景気の低迷を背景に増加する移民への対応が徐々に変化する。とりわけ2001年の9.11同時多発テロに始まる一連のイスラムフォビア（イスラム嫌い）や，2003年のイラク戦争をきっかけに**移民排斥**を主張する右翼政党が勢力を拡大する。2002年の下院総選挙では，移民排斥を主張し躍進が予想されたピム・フォルタイン党（LPE）の党首が選挙前に暗殺される事件が起こる中で，LPEは票を伸ばし，第2党になった。第1党に返り咲いたキリスト教民主同盟を中心とする連立政権（LPEは含まず）が樹立

されたが，翌年崩壊し，LPE も内紛で後退する。

　2010 年 2 月に第 4 次バルケネンデ内閣（キリスト教民主同盟）が崩壊し，総選挙を実施すると，野党の自由民主国民党（VVD）が最大政党となり，与党であったキリスト教民主同盟は第 4 位に転落した。労働党は第 2 位で，移民排除と反イスラムの過激な主張を掲げる新たな右翼政党である自由党が 24 議席を獲得し，第 3 の勢力に躍進した。長期間にわたる組閣交渉を経て，2010 年 10 月，ルッテ（VVD）を首班とする中道右派の少数連立政権が成立し，極右とされる自由党も当初は閣外協力の立場をとった。

　2012 年 4 月に閣外協力をしていた自由党が財政削減について連立与党と対立したことをきっかけに内閣が総辞職し，総選挙が実施された。その結果，与党の VVD は大幅に議席を増やし第 1 党を維持した一方で，自由党は議席を減らした。野党の労働党も議席を増やした結果，VVD と労働党からなる連立で，第 2 次ルッテ内閣が成立した。難民問題や移民排斥傾向の強まりの中で行われた 2017 年 3 月の総選挙でも，自由党が議席を増やしたものの，VVD は第 1 党を維持し，ルッテ内閣が継続して，財政再建と社会政策の改革に取り組もうとしている。

　近年では，移民排斥などを訴えるポピュリスト政党のわかりやすい言説が支持されると同時に，与党への不満票が流れやすい傾向も見られ，従来の政党政治のあり方は変容している。

ルクセンブルク──豊かさと安定から政党政治の変容

　ルクセンブルクは世界で一，二を争う豊かさを背景に，大公を元首に置く一院制の立憲君主制をとり，キリスト教社会党を中心に安定した政権を維持してきた。ユンカーは，サンテール前首相の欧州委員会委員長就任を受けて首相になった 1995 年以来，圧倒的な人気を背景に EU 内で最長在職者となっていたが，情報機関の不祥事により，社会労働党との連立政権が崩壊した。その結果，前倒しで実施された 2013 年選挙では，キリスト教社会党が第 1 党を維持したものの，第 2 党以下の三党（民主党，社会労働党，緑の党）によるベッテル連立政権が誕生した。2018 年の総選挙でも同様の結果となり，民主党を中心とした三党連立による第 2 次ベッテル政権として継続することになった。なお，首

相を退任したユンカーは，2014年から5年間欧州委員会委員長を務めた。

テロの衝撃とポピュリズムの伸長

2015年11月のパリ同時多発テロに続き，16年3月22日には，ブリュッセルの2カ所で同時テロが起きた。標的の一つとなった地下鉄の駅は，ヨーロッパの首都を自負するブリュッセルの，欧州委員会をはじめとする国際機関が集中するエリアに近接した場所であった。ブリュッセルでテロが起こったこと，その後の調べで実行犯たちがヨーロッパ域内を自由に移動していたことが明らかになったこと，そしてブリュッセル郊外の移民が多く住む地域でテロ準備活動がなされていたことが大きな衝撃をもって受け止められた。

中東地域の長引く不安定化の結果，ヨーロッパに逃れる大量の難民への対処がうまくできないことへの苛立ちやテロへの恐怖，金融危機後の困難な財政状況などの社会的ストレスを背景として，ベネルクス各国でも移民排斥や反イスラムを主張する集団や政党に勢いが見られるようになった。とりわけオランダの自由党は，フランスやドイツの極右ポピュリスト政党と連携しながら，反移民，反EUの主張で支持を拡大している。一方で，経済社会状況への不満やEUの恩恵を感じられないことが結果として極右支持につながっているという面も見られる。

このような状況を受けて，各国は移民・難民の受け入れの適正化や負担の均等化，受け入れた移民・難民の社会統合政策の強化とともに，周辺諸国と連携して不法移民対策や治安対策強化を行っている。

2 グローバル化の中のベネルクス経済

ベネルクス経済同盟

1921年に結ばれた「ベルギー・ルクセンブルク経済同盟（UEBL）」はヨーロッパにおける国家間協力の原型ともいえるもので，早い時期からベネルクスにおいて地域協力への志向性があったことを示している。ベネルクス三国での経済同盟へとつながるのは，ドイツ占領下にロンドンで進められた三国の亡命政府間の交渉であった。解放後を見据えて通貨協定や関税協定が結ばれ，1948

年にはベネルクス関税同盟が発足し，1958年にはベネルクス経済同盟が成立した（発足は1960年）。もともとは為替相場の固定化や三国間の関税の撤廃と域外への共通関税の設定を定めたものであったが，ヨーロッパ統合が進む中で当初の協力分野は吸収されている。設立条約から50年の有効期限を迎えた2008年には，新たな条約を締結し，ヨーロッパ統合を先導する実験場として，また変化する国際関係に対応する協力関係を推進することを目的として，新たな位置づけを模索しつつ，ベネルクス経済同盟は存続している。

ヨーロッパの中でのベルギー経済──地域間格差の拡大

歴史的にヨーロッパでも進んだ工業国であったベルギーは，特に鉄鋼業や石炭産業で栄えた南部のワロン地域が経済的にも優位であった。しかし，戦後石炭産業が衰退するにつれてワロン地域の経済は低迷し，北部フランデレン地域が逆転するに至る。現在も北部オランダ語圏の優位は続き，この地域間格差が言語集団間の対立の背景にもなっている。フランデレン地域の好調な経済で積み上げたプラスが，エノー州をはじめとする南部の衰退地域への補助金などで浪費されている，という不満がオランダ語系住民の間で年々強くなっている。より分権化を進め，北部が努力した結果は，北部のために使えるような制度変更を要求するというかたちで，連邦制度改革の強い動きへとつながっている。

ベルギー経済は貿易への依存度が高く，とりわけヨーロッパ域内での輸出入の割合が高い。さらにはヨーロッパの中心に位置し，フランス，ドイツ，イギリスにも近いことから物流の拠点としての役割も担っていて，日本をはじめ多くの外国企業がヨーロッパでの拠点をベルギーに置いている。

主要な産業としてはプラスチックなどの工業製品，工業用ダイヤモンド，造船，食品加工業などが挙げられる。チョコレートのゴディヴァ（GODIVA）や世界最大のビール会社インベヴ（inBev），製薬会社のヤンセン・ファーマなどが有名である。

ベルギー経済は，2014年頃から低迷期を脱しつつあり，失業率もベルギー平均では低下傾向を見せている。とはいえ，フランス語圏での経済状況はオランダ語圏と比べて総じて低く，移民や若年層の失業率の高さは深刻な状態である。言語地域間の経済格差は言語集団間の対立を激化させる要因ともなってい

て，競争力の向上を重視した財政再建に積極的に取り組んでいる。

「オランダ病」の克服から新たなモデルへ

　オランダは，1970年以降，景気の後退と失業率の上昇に直面し，「オランダ病」といわれるような長期の経済停滞にあえいでいた。これを打開するための手立てとして，政府の仲介による労働組合と企業代表の三者による合意「ワッセナー合意」が1982年に結ばれた。経営者側が雇用を保障し労働時間の短縮を約束することで，労働者側は賃金の削減に協力することを受け入れるもので，これを実現するためには働き方を大きく変える必要が出てきた。結果としてパートタイム労働者の雇用が大幅に増加し，4割以上という，ヨーロッパ内でも非常に高いレベルに達すると同時に，10％を超えていた失業率も一気に改善した。これらの取り組みを通して，ワークシェアリング（「仕事の分かちあい」を表し，1人当たりの労働時間を減らし雇用者数を増やすこと）が進み，失業率の抑制と景気の回復という「**オランダの奇跡**」を達成し，同様の問題を抱える他国のモデルとなってきた。

　一方でユーロ危機以降にあっては，ドイツとともに財政規律を重視し，緊縮財政によって財政状況を改善させ，失業率も低下させた。このため，南欧諸国など財政が悪化を極めるEU加盟国への対応としてのEU共同債など，財政統合や債務の共同化につながるような動きには消極的な姿勢をとってきた。このような姿勢の背後にあるオランダ社会の不満は，移民・難民の受け入れへの反発や排外主義といったポピュリズムの動きにもつながっている。

　オランダの主要産業としては石油精製，化学，電気，食品加工，天然ガスが挙げられ，ヨーロッパ域内での取引が多くを占めている。代表的なオランダ企業としては，世界第2位の石油エネルギー会社のロイヤル・ダッチシェル，家庭用品メーカーのユニリーバ，電機・家電メーカーのフィリップス，保険会社のING，ビール会社のハイネケン，オンライン宿泊予約のBooking.comなどがある。

　オランダはヨーロッパの交通，物流の拠点でもあり，ロッテルダム港はヨーロッパの海の玄関と位置づけられているほか，スキポール空港は世界中の都市と直行便で結ばれている。水路が網の目状に広がり，輸送ルートとしての役割

を果たすと同時に，世界一の自転車保有率を誇る自転車大国である。また欧州自動車道路が整備され，ヨーロッパ各地への主要な輸送ルートとなっているほか，鉄道網もパリからブリュッセルを経由するタリスやドイツ・フランクフルトからの高速鉄道（ICE）がアムステルダムへ乗り入れている。

ルクセンブルクのグローバル戦略──鉄鋼から金融，IT 産業

今日，世界で最も豊かな国の一つであるルクセンブルクが，遅れた農業国から現在の発展へと転換したのは，20 世紀に入ってからである。鉄鉱石の採掘量が飛躍的に増加するにつれて，ルクセンブルクの製鉄業は大いに繁栄し，工業国としての発展の道を進む。農業と伝統工業が衰退する一方で，製鉄業のみへの依存を避けるために，外国企業の誘致が盛んに進められ，多様な製造業がルクセンブルクに拠点を置くようになった。

同時に非常に安定した国内政治を背景に，国際金融の拠点として発展し，ヨーロッパの金融センターとして位置づけられるようになる。近年では，情報通信（IT）分野への進出も戦略的に進めている。税制上の優遇措置を強みに，ヨーロッパ最大のメディア・グループである RTL や，鉄鋼メーカー大手アルセロール・ミッタル，ヨーロッパ最大規模の航空貨物会社であるカーゴルックス航空などが本拠地としてきた。

世界金融危機後の巨大多国籍企業の税金逃れに対する取り締まりの強化と，パナマ文書をきっかけに租税回避地の問題が大きく取り上げられ，EU 加盟国をはじめとする国際社会からの圧力を受けた。このため重要な産業である金融業のみならず，情報通信，医療技術，宇宙などの新しい分野への支援を一層強化しており，産業の多角化をはかることで引き続き高い経済力と競争力を維持しようとしている。

3 国際社会の中でのベネルクス

外交政策の共通性と独自性

ベネルクス三国の国際関係における基本的立場は，ヨーロッパの安定の中で自国の安全保障を確保し，ヨーロッパの繁栄の中で自国の経済的利益を追求す

る，という点において共通している。他方で，三国それぞれの国益に応じた独自性もある。

　ベルギーは，言語集団間の対立による内政の混乱とは対照的に，対外政策においては，安定した国際関係の中で自国の利益を確保するために一致した現実的行動がとられてきた。ヨーロッパの安定と繁栄を最も重要な条件と位置づけ，ヨーロッパ統合の推進を外交上の最優先課題としている。国際関係全体として見ると，外交政策はフランスとの協力関係，行動の一致の傾向が強く，また国連平和維持活動（PKO）への積極的参加や，かつての植民地であるアフリカ諸国（コンゴ，ルワンダ，ブルンジ）への経済協力も重視している。

　他方で連邦化以後は，外交は基本的には連邦政府の専管事項でありながらも，問題領域によっては連邦構成主体（地域，共同体）との調整が必要になることが多く，対外的に一つの「ベルギー・ポジション」の形成に時間がかかる場面も見られる。

　オランダの外交政策の特徴は，大西洋主義ともいわれる米英との協力関係の重視である。イラク戦争時にはアメリカを強く支持し，派兵に踏み切るなど，自国の安全保障にとって北大西洋条約機構（NATO）を最重要と位置づけ，アメリカとの関係を重視する点が，ベルギーの外交姿勢と比べて際立っている。また法秩序に基づく国際社会の安定と発展をめざす志向が強く，国連を中心とした国際秩序の構築を強く支持し，国連を通じての平和構築や，途上国支援に積極的に関与している。

　ルクセンブルクは小国でありながらも一主権国家としての地位を確保すること，そして小国なりの影響力を行使することをめざしてきた。ベネルクスの枠組みにおいても，EU内においても，仲介役としての役割を果たすことが多く，ヨーロッパでは大国間の攻防の中で調停の役割を担ってきた。その結果として，国力に比して大きな影響力を行使できる局面もある。外交行動としては，フランス，ベルギーとの一致傾向が強い。

ヨーロッパ統合におけるベネルクスの役割

　ベネルクス三国は，現在のEUにつながる欧州石炭鉄鋼共同体（ECSC）の原加盟国であり，今日までのヨーロッパ統合の深化と拡大に大きく貢献してきた。

その背景には，ベネルクスが歴史的経緯からもヨーロッパの安定なくして自国の繁栄はなく，そのためにヨーロッパ統合が必要であるという前提を強く認識していることがある。また，フランス，ドイツという大国が主導するヨーロッパ統合の中で，いかにして自国の利益を確保するかたちでの制度設計を実現するか，という点においてベネルクスの思惑は一致しており，ベネルクスの枠組みを使うことで，一国では行使できない影響力をもつことに成功してきた。

1960年から90年代前半まで，**ベネルクス枠組み**は効果的に機能しており，ヨーロッパ統合に民主的性格と超国家的性格をもたせることが，大国，とりわけフランス主導の制度デザインを牽制し，小国としての利益を守ることにつながるという強い意志のもと，三国は協力態勢を造り上げた。次々と統合の深化に向けたプランを提示し（ダヴィニオン報告，ウェルナー報告，ティンデマンス報告，ベルギー・メモランダムなど），大国の利害に左右されにくい，超国家的な統合へ向けた模索を繰り返した。

EUの拡大とベネルクス枠組みの変容

EUの中でベネルクス枠組みが果たしてきた役割は，加盟国の増加と政策領域の多様化にともなって徐々に低下していった。発足時には原加盟国6カ国の半分を占めていたベネルクスの存在感も，15カ国となった1995年には5分の1となり，27カ国となった現在では9分の1である。また，閣僚理事会の票数で見ても，ベルギー（12），オランダ（13），ルクセンブルク（4）を合わせて29票にしかならず，ようやく大国一国分に当たる程度である。

さらにEUの統合が進み，より広範な政策領域についての協力を行うようになるにつれて，ベネルクスとしての結束が難しいイシューも増えてきている。とりわけ共通外交・安全保障政策（CFSP）が重要な位置を占めるようになると，ベルギー・ルクセンブルクとオランダの間の隔たりは大きくなる。それが顕著なかたちで現れたのが，イラク戦争時の対応であった。

オランダのヨーロッパ統合への姿勢の変化は，例えば2005年の欧州憲法条約の批准をめぐる国民投票での否決や，ギリシャをはじめとする財政赤字問題，ユーロ危機をめぐって，「義務を果たさない国のユーロ圏離脱」というこれまでタブー視されてきた議論を提起した点にもよく表れている。背景には，急速

に拡大を遂げた EU への不安と，他の加盟国の負担を負わされることへの警戒感がある。この姿勢の変化は大量に流入する移民労働者への対応とともに，オランダが必ずしもヨーロッパ統合推進の旗振り役ではなくなってきたこと，この点でベルギー・ルクセンブルクと隔たりができはじめたことを表している。

またベルギーは連邦化によって，対外政策の決定過程が変わり，ドイツやオーストリア，スペインなどの分権度の高い加盟国と協力して EU における下位国家主体の権限向上に取り組む場面も多くなった。加えて政策領域の多様化は，環境や福祉といった新しい分野に EU が力を注ぐことにつながるが，これらの新たな分野において先進的な取り組みを行う加盟国である北欧諸国がその役割を増し，これまでベネルクスが果たしてきた EU 内での大国間の調停を行う場面も見られるようになってきた。

拡大を遂げた EU の中で，大国主導の阻止，小国としての影響力の確保はますます重要になるため，依然としてベネルクス枠組みが一定の有効性をもつことに変わりはない。しかし，ベネルクス枠組みは今後，政策領域に応じた選択肢の一つになっていくことが予想され，それによってベネルクス三国の関係も変化していくといえるだろう。

国際機関の拠点としてのベネルクス

ベネルクス三国には，中立的なイメージや大国間の対立の狭間で小国であることを逆に強みにして，国際機関や EU 組織の本部が多く置かれている。「ヨーロッパの首都」とも称されるブリュッセルには欧州委員会，欧州連合理事会に加え，NATO 本部も置かれている。また国際法の中心ともいうべきオランダのハーグには，国際司法裁判所（ICJ），国際刑事裁判所（ICC），化学兵器禁止機関（OPCW）がある。ルクセンブルクに置かれている国際機関としては，欧州投資銀行（EIB）や欧州司法裁判所（ECJ）が挙げられる。

さらに，ベネルクス出身の政治家が EU の重要なポストを占めてきたという実績もある。欧州委員長を務めたマンスフォルト（オランダ）やサンテール（ルクセンブルク），ユンカー（ルクセンブルク），そして初代の欧州理事会常任議長のファン・ロンパイ（元ベルギー首相）やミシェル（元ベルギー首相）らが，その代表的な例である。

ベネルクス三国のもつ中立的で国際協調を推進するイメージと，それを担保する国際機関の本部の存在やヨーロッパ・レベルの政治家の存在が，グローバル化の進展する国際関係の中での強みでもあり，存在感をアピールし，影響力を行使するための戦略にもなっているのである。

 さらに読み進む人のために────

森田安一編，1998年『スイス・ベネルクス史』（新版 世界各国史14）山川出版社。
　＊スイスおよびベネルクス三国を通史的に概説している。現代につながるベネルクスの歴史を理解するのに適している。
トラウシュ，G.／岩崎允彦訳，1999年『ルクセンブルクの歴史──小さな国の大きな歴史』刀水書房。
　＊ルクセンブルク人の研究者がフランス語で書いたルクセンブルク通史の翻訳。小国が歴史の中でどのように生き残り，今日の繁栄を築いたのか，読み物としても興味深い。
津田由美子・松尾秀哉・正躰朝香・日野愛郎編，2018年『現代ベルギー政治──連邦化後の20年』ミネルヴァ書房。
　＊ベルギーの政治制度と政治力学，主要政策を幅広く扱っている。移民政策，言語・教育政策，安楽死，社会保障，エネルギー政策など，各分野の分析としても非常に有用である。
Deschouwer, Kris, 2012, *The Politics of Belgium: Governing a Divided Society*, 2nd edition, Palgrave Macmillan.
　＊オランダ語系ベルギー研究者によるベルギー政治の概説。歴史から政党政治，連邦制度や政策決定，そして最近の政治的混迷まで比較的平易に整理されている。
Andeweg, Rudy B., Galen A. Irwin & Tom Louwerse, 2020, *Governance and Politics of the Netherlands*, 5th edition, Red Globe Press.
　＊英語で読めるオランダ政治のテキスト。オランダの社会構造，政党政治システム，政策決定などについてよく整理されている。

第 **5** 章

南　欧

❶ カタルーニャの「独立」の是非を問う住民投票を前にして，投票を妨害する治安部隊と衝突する住民（2017 年 10 月 1 日，San Julia de Ramis，AFP＝時事）。

　　ヨーロッパの中で「遅れた国」であったイベリア半島の 2 国（スペイン，ポルトガル）は，1970 年代から劇的に変化した。民主制への転換とその定着，経済の近代化，そして悲願であった EU への参加などである。名実ともにヨーロッパへの仲間入りを果たし，中位国となりながらも，21 世紀に入り，政治的・経済的に大きく変容しつつある克服途上の課題も抱えた両国の現在の姿を見ていこう。

表 5-1　南欧諸国略年表

年　　月	事　　項
1932年7月	サラザール内閣成立（P）。
36年7月	スペイン内戦勃発（E）。
39年4月	スペイン内戦終結，フランコ体制成立（E）。
49年	北大西洋条約機構（NATO）加盟（P）。
74年4月	カーネーション革命（P）。
75年11月	フランコ死去，ブルボン家のフアン・カルロスが国王に即位（E）。
76年4月	共和国憲法発布。総選挙で社会党（PS）勝利（P）。
7月	スアレス，首相に就任（E）。
12月	政治改革法，国民投票で承認・成立（E）。
77年6月	制憲議会選挙（E）。
10月	モンクロア協定（E）。
78年12月	新憲法，国民投票で承認の上成立（E）。
79年3月	民主化後初の総選挙で民主中道連合（UCD）勝利（E）。
81年2月	治安警備隊によるクーデタ未遂事件（23-F）（E）。
82年5月	NATO加盟（E）。
10月	総選挙で社会労働党（PSOE）勝利，ゴンサレス政権成立（E）。
85年10月	総選挙で社会民主党（PSD）勝利，カヴァコ・シルヴァ政権成立（P）。
86年1月	欧州共同体（EC）に正式加盟（E, P）。
2月	大統領選挙でソアレスが当選（P）。
3月	NATO残留に関する国民投票。残留派辛勝（E）。
92年4月	セビーリャ万博（～10月），バルセロナ五輪（7～8月）（E）。
95年10月	総選挙でPS勝利，グテーレス政権成立（P）。
96年3月	総選挙で国民党（PP）勝利，アスナール政権成立（5月）（E）。
98年5月	リスボン万博（～9月）（P）。
99年1月	単一通貨ユーロ導入（E, P）。
2002年3月	総選挙でPSD勝利，バローゾ政権成立（P）。
04年3月	マドリードで爆弾テロ。総選挙でPSOE勝利，サパテロ政権成立（E）。
05年2月	総選挙でPS勝利，ソクラテス政権成立（P）。
06年6月	カタルーニャ自治憲章改正をめぐる住民投票，賛成多数で承認（E）。
11年3月	緊縮財政策否決，ソクラテス首相辞任。欧州連合（EU）へ金融支援要請（4月）（P）。
6月	総選挙でPSD勝利，コエーリョ政権成立（P）。
11月	総選挙でPP勝利。翌月，ラホイ政権成立（E）。
14年6月	国王フアン・カルロス1世が退位を表明。新国王フェリペ6世が即位（E）。
11月	カタルーニャ州で独立の是非を問う住民投票（E）。
15年10月	総選挙。PSDが第1党ながら，左派を糾合したPSのコスタが翌月首相に就任（P）。
17年10月	カタルーニャ州で再び独立の是非を問う住民投票（E）。
18年6月	ラホイ首相に対する不信任決議案可決，PSOEのサンチェスが首相に就任（E）。
19年10月	総選挙。コスタ政権続投（P）。
11月	総選挙。PSOEとUPによる連立政権（サンチェス首相）成立（E）。

［注］　（E）はスペイン，（P）はポルトガル。

1 ヨーロッパの「普通の国」へ──民主化以降の南欧政治

民主化までの道のり

　本章で扱うスペインとポルトガルは，欧州連合（EU）の原加盟国である。また，ポルトガル首相を務めた後，2016年から国連事務総長の職にあるグテーレスなど，ヨーロッパ・世界を牽引する政治家も輩出している。こうした事実を見ると，ヨーロッパの「普通の国」に思える両国だが，1986年にEUの前身である欧州共同体（EC）に加盟する10年あまり前まで，スペインでは**フランコ**，ポルトガルでは**サラザール**という独裁者が，それぞれ30年以上にわたって君臨していた。

　スペインとポルトガルは，1970年代に相次いで民主制へ移行した。ポルトガルでは，独裁末期から，植民地戦争で多くの犠牲者を出した軍が，独裁へ不満を強めていった。1974年4月25日，軍の若手将校らが結成した「国軍運動（MFA）」はクーデタを決行し，40年以上にわたる独裁は終 焉した（「**カーネーション革命**」）。MFA左派やポルトガル共産党（PCP）は社会主義国家の建設をめざしたが，クーデタから1年後に実施された制憲議会選挙では，より穏健な社会党（PS）が第1党となった。翌1976年には議会選挙（4月）でPSが第1党を獲得し，大統領選挙（6月）では陸軍のエアネスが当選した。エアネスはPSのソアレスを首相に任命し，ポルトガルは民主制の歩みを始めた。

　他方スペインでは，民主化の直接的契機はフランコの死（1975年11月20日）であった。フランコの死後，ブルボン家の**フアン・カルロス**王子が国王に即位し，1976年7月にはフランコ体制の政治組織出身のスアレスが首相に就任した。同年11月には，上下両院からなる立法府の設立，直接秘密選挙の実施を定めた「政治改革法」が可決された（翌月の国民投票で承認・成立）。同時に，共産党（PCE）の合法化，ストライキ権の承認，政治犯の釈放などの措置がとられた。

　1977年6月の制憲議会選挙では，スアレス率いる民主中道連合（UCD）が第1党となり，社会労働党（PSOE）がそれに続いた。PCEと，フランコ体制派の流れを汲む国民同盟（AP）は振るわず，ポルトガル同様，穏健な勢力に支持が集まった。その後，さまざまな争点を解決した新憲法案は，1978年10月に

図 5-1　現在の南欧諸国

議会で，12月には国民投票で承認された。翌年3月には初の総選挙が実施され，再びUCDとPSOEが第1党，第2党を占めた。

　独裁と民主制との間に明確な断絶があったポルトガルに対し，スペインは体制派・反体制派双方の合意による，平和裏な民主化と評されることが多い。しかしスアレスは，フランコ死後の政治の主導権を握るために改革を断行し，体制派主導の政治改革には反体制派が強く反対するなど，必ずしも「合意による穏健な民主化」とはいえない面もある。

政治システムと政治の現状

　民主主義の後発国である両国は，20世紀前半の民主制が不安定・混乱の中で息絶えた経験をふまえ，安定性を重視した政治システムの構築をめざした。

　スペイン　　スペインでは立憲君主制が採用されている。現行憲法で国王は，国家元首・軍の最高司令官と規定されているが，その役割は限定的である。

　行政府内では首相の権限が強大である。首相は議会の承認なしに閣僚を任免でき，議会による授権や不信任は，首相個人に対して行われる。さらに近年，「大統領制化」とも呼ばれる，首相の実質的権限強化が起こっているという指

表 5-2　南欧諸国の基礎データ

	スペイン	ポルトガル
面積（万km²）	50.6	9.2
人口 （万人）	約 4,708 （2020 年 1 月）	約 1,029 （2019 年，国立統計院）
首都	マドリード	リスボン
言語	スペイン（カスティーリャ）語 （地方によってはバスク語， カタルーニャ語，ガリシア語）	ポルトガル語
宗教	キリスト教（カトリック）	キリスト教（カトリック）
通貨	ユーロ	ユーロ
1 人当たり GDP （ユーロ，2020 年）	23,350	17,070
欧州理事会出席者	サンチェス首相	コスタ首相

［出典］　1 人当たり GDP は Eurostat（実質 GDP），他は外務省ウェブサイト「各
　　　国・地域情勢」を基に作成。

摘もある。

　議会は二院制である。上院（定数256）は各県から4名ずつ，また自治州
（***Column***⑤ 参照）議会からも代表が選出されるが，実質的権限は弱い。他方，
下院（定数350）は，各県に対し人口に応じて議席が配分される。

　政党に目を向けると，1980 年代初頭に UCD が消滅した後は，フランコ体制
の残党というイメージを払拭した AP が中道右派層の受け皿になった（AP は
1989 年に「国民党〈PP〉」と改称）。PP と PSOE が実質的な二大政党として，民
主化以降の政治の中核を担ってきた。

　また，**地域主義**政党（「カタルーニャ共和左派〈ERC〉」，「バスク・ナショナリスト
党〈PNV〉」など）も存在するが，国政では以前ほどの勢力を有していない。代
わって，2010 年代から登場した新興政党が，政治の新たな動因となっている。

　1982 年の総選挙で民主化後初めて PSOE が勝利した。以降 14 年間の長期政
権を担った**ゴンサレス**は経済近代化に取り組み，1986 年に EC 加盟を果たした。

　だがゴンサレス政権末期の汚職や，長期政権に対する倦怠感から，1996 年
にはアスナール率いる PP が政権を奪取した。「小さな政府」路線を打ち出し

　スペイン政治において，国家と地域との関係はきわめて重要である。サッカーの
スペイン代表がワールドカップでなかなか優勝できないのは，地域意識が強くチー
ムがまとまれないからだ，などとまことしやかに語られてきた（もっともこれは，
2010年ワールドカップで見事に「反証」され，今やこうした見解を聞くことはな
い）。また，かつて北部バスク地方の分離独立を主張したテロ組織ETA（バスク祖
国と自由）の活動は，日本でも幅広く報道された。

　スペインには，標準スペイン語（カスティーリャ語）以外にも，さまざまな言語
が存在する（カタルーニャ語，バスク語など）。人気観光地のバルセロナを旅し，
駅などの案内が複数の言語で表記・アナウンスされることに戸惑った人もいるだろ
う。実はカタルーニャやバスクは，政治的中心の首都マドリードに対し，長らく経
済的中心であった。政治・経済の中心のズレに，言語的差異が重なるという複雑な
構造が，近現代のスペインを大きく揺るがしてきた。

　新憲法では，各地域の言語に標準スペイン語と同等の，公用語の地位が与えられ，
さらに「**自治州国家**（el estado de las autonómias）」という制度がつくられた。自
治州は国と県（provincia）との間に位置する行政単位で，各自の首長や議会を有し，
法令の制定や財政に関し大きな権限をもつ。ただしスペインでは，各自治州の権限
に差があるのが特徴である。理由の一つは民主化後，地域主義が強いカタルーニャ
やバスクなど（「歴史的地域」）に対し，先行して自治権が付与されたためである。
もう一つは，自治権の内容・程度は憲法であらかじめ規定されたものではなく，各
州と中央政府との個別交渉によって定められたためである。これは，各州の自治権
が今後も変更されうるということで，実際に2006年には27年ぶりにカタルーニャ
自治憲章が改正された。

　しかし，まさにこの2006年の自治憲章の改正が，カタルーニャの「独立」問題
を再燃させ，スペインを二分する政治的争点となった。自治憲章の前文において，

た同政権は，好況の追い風もあり，2000年の総選挙で単独過半数を獲得したが，
イラク戦争への派兵を強行し，国民から強い反対を受けた。

　2004年の総選挙では，PSOEが8年ぶりに政権に復帰した。新首相サパテ
ロは，イラクからの撤兵を実現したほか，2007年の「歴史的記憶法」や，同
性婚を認める法律など，大胆な政策を打ち出した。

　2008年に発生した**世界金融危機**は，特に南欧諸国を直撃した（第2節参照）。

カタルーニャが「民族（naciò）」と規定されていたことが、「スペインは複数の民族体（nacionalidad）からなる」という 1978 年憲法に違反すると，PP から批判されたことが，そのきっかけである。PP はこの問題に関して違憲審査請求を行い，結果的に 2010 年，憲法裁判所は（争点となった前文ではないものの）改正自治憲章の一部に関して違憲と判断した。

　2010 年に州首相に就任したマスは，より現実的な要求として財政自主権の拡大を主張した。しかし，当時の PP・ラホイ政権は上記の通りカタルーニャの自治権拡大要求に対しきわめて否定的であり，この要求も一蹴した。こうした中央政府の冷淡な態度に業を煮やしたカタルーニャでは，徐々に独立をめざす機運が高まった。世界の注目を集めた，スコットランドの独立をめぐる住民投票から約 2 か月後の 2014 年 11 月，カタルーニャでも住民投票が実施された（もっとも，スコットランドと違い，この住民投票に法的拘束力はなかった）。

　2016 年，マスの後継として州首相に就任したプッチダモンは，より強硬に独立を主張し，カタルーニャと中央政府との関係はより遠心化する。2017 年 10 月には再び住民投票が実施され，これに対しラホイ政権は実力部隊を派遣して投票を妨害し（とびら写真参照），さらに憲法 155 条（自治州がスペイン全体の利益を損なう行為をしたときは，内閣は上院の承認を得たうえで，必要な措置を講じることができるという規定）を根拠に，カタルーニャの自治権停止・州政府の解任を決定した（プッチダモンは事実上の亡命を余儀なくされ，住民投票を主導した州の幹部は後に有罪を宣告される）。それに対し，カタルーニャ州議会はスペインからの独立を宣言するに至った。

　しかし，こうしたカタルーニャ州の動向に対しては，PP や Vox（後述）といった右派政党だけではなく，他の自治州からの批判も少なくない。2021 年 6 月，サンチェス首相は州幹部の恩赦を決定し，カタルーニャ州との関係修復を図っているが，極度に高まった両者の対立関係はどのような着地点を見出すのだろうか。

未曽有の危機にあえぐ各国に対し「トロイカ」（国際通貨基金〈IMF〉，欧州委員会，欧州中央銀行〈ECB〉）は支援と引き換えに厳しい緊縮政策を求め，スペインは高い失業率に苦しむ。1 年前倒しされた 2011 年の総選挙では，ラホイ率いる PP が政権を奪還した。だが政権が交代しても，緊縮政策が唯一の選択肢であるという現実を前に，国民は既存政党，あるいは政治自体への不信・不満を強めた。ラホイ政権期に頻発した汚職事件も，こうした傾向に拍車をかけた。

このような中，2010年代に入り相次いで登場したのが新興政党である。経済・社会的困窮に対する抗議運動（15-M）を源流とするポデモス，反汚職を掲げた市民党，反移民やスペインの伝統的価値観の擁護を打ち出したVoxなどが代表的である。それらは反既成政党という点で一致しており，世界的に注目を集めるポピュリズム（政党）の一種とも位置づけられる。

ポデモスと市民党が下院の議席を初めて獲得した2015年から19年までの4年間で4度もの総選挙が実施されるなど，政治は急速に不安定化した。しかし2019年の総選挙後，サンチェス率いるPSOEと，統一ポデモス（ポデモスと統一左派〈IU〉などとの選挙連合〈UP〉）との連立政権が成立した。これは，民主化以降初めての連立政権である。

ポルトガル　　カーネーション革命の中で作成され，1976年に発布された憲法は，現在まで7度改正されている。

国家元首である大統領は，国民の直接選挙によって選出され，任期は5年である（連続3選は禁止）。大統領は首相・閣僚の任免権をもつが，首相は大統領・議会双方に対して責任をもつ。大統領権限は1982年の改憲によって弱められたが，3軍の司令官であり，組閣に対する拒否権などを有している。また，党派の異なる大統領と首相が並存する状態（「コアビタシオン」）も見られるが，政治的混乱につながることはあまりない。

ポルトガル議会は一院制を採用している（定数230）。議員の任期は4年で，各県を単位とした比例代表制により選出される。

民主化後の議会では，4つの政党がほぼすべての議席を独占してきた。だが実際は，PSと中道右派の社会民主党（PSD）が政権を交互に担当してきた。唯一民主化以前からの歴史をもつPCPは，1987年以降，緑の党（PEV）（1982年結党）と選挙連合を組んでいる。その他PSDより右寄りに民主社会センター・人民党（CDS-PP），PCPからの離党者らが結成したBE（左翼ブロック）が存在し，一定の支持を得ている。

1976年から82年までの間，軍の参謀総長も務める大統領エアネスは，後見的立場からしばしば組閣を先導したが，これは文民統制という観点から見ると，少なからぬ問題を孕んでいた。

1985年10月の総選挙で，PSDのカヴァコ・シルヴァ内閣が成立した。同内

閣は8年ぶりの単独政党内閣であり，1987年7月の総選挙で単独過半数を獲得し，以降10年の長期政権となった。また1986年10月の大統領選挙でソアレスが当選し，カーネーション革命以降，初めての文民大統領が誕生したことで，軍の政治的役割は決定的に減少した。

ヨーロッパ統合（1986年1月のEC加盟，1992年の**マーストリヒト条約**批准）への参画を成し遂げたカヴァコ・シルヴァ政権だが，1990年代前半の景気後退などへの不満から，1995年10月の総選挙でPSに政権を奪われた。代わったグテーレス政権は，福祉政策，教育予算の拡充などを推進する一方，リスボン万博（1998年）と通貨統合への参加を成功させ，1999年10月の総選挙でも国民の信を受けた。だが2000年以降の経済停滞により，2002年3月の総選挙でPSDに政権を譲り渡した。PSDはPPと連立を組み，バローゾ，サンタナ・ロペス両首相の下で2年半政権を担当したものの，スペインのアスナール政権同様，イラク戦争への派兵が躓きの石となった。2005年2月の総選挙ではソクラテス率いるPSが政権に復帰した。だが世界金融危機の直撃を受けた第2次ソクラテス政権は，2期目の2011年3月，緊縮財政策が議会で否決され，辞任に追い込まれた。

同年の総選挙後，PSDとPSによる大連立政権が成立し，コエーリョ首相（PSD）は2015年までの任期を満了した。その後の選挙で勝利したコスタ率いるPSは，少数与党ながらPCP-PEV，BEという左派2党の閣外協力を得て，安定した政権運営を実現した（この枠組みは2019年の総選挙後も継続している）。

民主制と政治社会の変容

以上，両国の政治を概観したが，2010年代の2つの変化を指摘したい。1つ目は政治的安定性をめぐるジレンマである。スペインでは，1977年から2008年までの間，政権の平均持続期間は100カ月以上，ポルトガルでも1985年から2009年までの平均持続期間は約33カ月と，高い安定性が見られた。

しかし，2010年以降の両国の政治は対照的な展開を見せている。スペインの新興政党は，反既成政党という立場をとっているので，既成政党との連立は容易ではない。そのうえ新興政党は選挙ごとの浮沈が激しいので，政党システムの破片化と，議会政治の不安定化が進んだ。しかし，新興政党は既存政党に

対する不満の受け皿となり，議会政治の刷新につながったという側面もある。

　他方ポルトガルは，2011年，15年に成立した政権がいずれも4年の任期を満了した。だが，投票率は低下の一途をたどっており（2019年の総選挙では，ついに50%を切った），表面的な政治的安定の裏で深刻な政治不信が進むという，スペインとは逆の現象が起こっている。

　2つ目は，特にスペインにおける対立的な政治への変化である。民主化以降のスペインは，与党が単独過半数を有していても，できるだけ多くの政党から合意を得ようとする傾向が見られた。また，二大政党とその支持者のイデオロギー的立場も，穏健な方向へと収斂（しゅうれん）してきた。

　しかし2000年以降，デリケートな政治的争点（国家と宗教との関係，ETAへの対応など）がたびたび浮上し，両者の関係はより対立的になっている。

　その典型が，人権侵害や虐殺の真相究明など，内戦・独裁期の歴史に関する論争である。フランコ時代に建設されたモニュメント「戦没者の谷」をめぐっては，サパテロ政権期から閉鎖の是非をめぐる議論が続き，2019年10月には，この施設に埋葬されていたフランコの遺体がマドリード郊外に移送された。

　他方，2006年の自治憲章改定を契機に起こったカタルーニャの独立をめぐる動向（*Column*⑤参照）も，スペインを二分する争点となっている。

　内戦・独裁期をめぐる議論は，それまでタブー視されてきた問題に，スペインの政治・社会が真正面から向き合ったと評価することもできる。しかし，二大政党の下での穏健な政治，地域主義と国家の一体性を両立させてきた自治州国家体制，さらには立憲君主制（前国王フアン・カルロス1世は，自身の汚職疑惑に対する捜査が迫る中，2020年8月に事実上亡命した）という，民主化後のスペインを支えてきた制度や象徴を揺るがす事態が起きていることは，この国の政治が一つの転換点を迎えていることを示しているのではないだろうか。

コロナ危機への対応

　2020年初頭から世界を襲った新型コロナウイルス感染症（COVID-19）の感染拡大による危機は，両国にも深刻な被害をもたらした。スペインでは，ロックダウン（都市封鎖）をともなう非常警戒体制が発令された当初，党派を超えて政府の措置を支持する機運があった（同様の動きは，ポルトガルでも見られた）。

だが，この措置が議会での十分な審議を経ないで延長されていくにつれ，野党から強い懸念が示された。また，ロックダウンの緩和などをめぐり，中央政府と各自治州との間で対立も見られた。

　コロナ危機が金融危機をはるかに上回る影響をもたらすことは間違いない。危機からの回復をめざす両国の政治に，どのような変動が見られるのかが注目される。

2　ヨーロッパの「中位国」へ——南欧経済の発展と課題

　スペインやポルトガルの経済と聞いても，具体的なイメージが湧く人は少ないのではないだろうか。日本で目にする両国の産品といえば，ワインやオリーブオイルなどの農産物・食料品が主流である。しかし，例えば，日本でもよく目にする ZARA というファッション・ブランドを傘下に置く Inditex 社は，スペイン北部ガリシア地方に拠点を置き，カジュアル衣料の売り上げで世界第2位を誇る世界的アパレル企業である。その他，電信会社テレフォニカ，石油会社レプソルなど，日本ではあまりなじみがないながらも，世界的に事業を展開する企業も少なくない。

　かつてスペイン，ポルトガルは，EC/EU 圏内でも最貧国の1つと位置づけられていた。また，第1次産業（農漁業など）に従事する人の割合が高い，典型的な「周辺型」の産業構造であった。スペインでは 1960 年時点で，第1次産業人口が約 40％，国内総生産（GDP）に占める割合も 20％強であったが，1970 年代以降，その割合は大きく減少し，現在では全労働者に占める農業従事者の割合は 5％以下である。また，民主化直後には約 340 万人（全労働者の4分の1以上）が工業セクターに属していたが，2018 年には約 270 万人（労働者の 14％）に減少し，代わって第3次産業（サービス業）が大きく成長した。ポルトガルも同様に，1960 年に 43％だった第1次産業従事者は現在約6％にまで減少しており，第3次産業人口は 27.5％から 60％以上へと大きく変化した。

スペイン経済の長い危機
　スペインは 1960 年代以降，経済自由化・対外開放へと大きく転換すると，

安い賃金を目当てに西欧・アメリカの資本が次々に進出した。1960年代には年平均7.3％の高い経済成長を実現し，「スペインの奇跡」とも謳われた（経済協力開発機構〈OECD〉加盟国では日本に次ぐ値）。だが，1973年の第1次石油危機によって状況は一変する。

石油危機後の経済危機に対処するために幅広い政治・経済勢力が結んだのが，1977年10月の「**モンクロア協定**」である。その経済的主眼は，短期的な安定化政策（公的支出削減，累進課税強化，賃金抑制策など）と，中長期的な構造改革（労働市場改革，産業再編）であった。

同協定は一定の短期的成果を呼んだが，スペインはその後も約10年間，インフレ，対外債務，失業などに苦しむ。とりわけ失業率は1980年代以降悪化の一途を辿り，1980-85年は年平均16.6％，1985-90年も18.7％と，同時期のヨーロッパでも突出して高かった。その背景には，1960年代のベビーブーム期に生まれた層と多くの女性が労働市場に参入したこと，またスペインの労働市場に固有の構造的問題があった（後述）。

スペイン経済を大きく近代化させたのはゴンサレス政権（第1節参照）である。同政権は「産業再編計画」を発表し，経済の効率性を阻害していた国営・公営企業に対し大胆な合理化を実行した。特に，当時すでに国際競争力を失っていた製鉄・造船業の従業員数万人を一時解雇し，インフレに対処するために賃金抑制政策を実施した。こうした政策は与党PSOEからも批判を受け，同党が長年歩みを共にしてきた労働組合の労働者総同盟（UGT）とも袂を分かつ結果になった。

スペインの長期成長期

こうした改革が功を奏し，1985-2000年の期間，スペインの年平均GDP成長率はEC/EU平均を上回る3.28％を記録した。人口1人当たりのGDPも，1985年にはEC/EU平均の71.5％にとどまっていたが，2000年には81.8％に成長した。この長期成長を支えた要因は，雇用・可処分所得の増加による内需拡大と，経済の対外開放による外国からの投資増加，通貨ペセタの切り下げによる国際競争力の向上などが挙げられる。

とりわけこの時期の経済に大きな影響を与えたのは，EC/EUからの巨額の

補助金である。EC に加盟した 1986 年から 2013 年まで，スペインは EC/EU から総額 1514 億ユーロの補助金を受けた。その内訳は，おおむね農業補助金（農産物の価格保証と農業構造改革に充当）と構造改革基金が半分ずつである。

EC/EU から大量の資金が流入したことで，社会資本予算も拡充し，各種インフラストラクチャーの整備が進んだ。バルセロナ五輪とセビーリャ万博が開催された 1992 年に，マドリード―セビーリャ間に開通した高速鉄道 AVE がその象徴である。AVE はその後もマドリード―バルセロナ間など多くの路線が整備された。1986 年には延べ 483km しか整備されていなかった高速道路網も，2016 年には約 1 万 4000km にまで拡大した（そのうち約 40％が EU からの補助金によるものである）。

1980 年代後半からの経済成長は，スペインの経済・社会構造を近代化すると同時に，所得再分配・福祉国家化も促した。例えば GDP に占める税収の割合は，1980 年には 23.1％で，OECD 平均（32.1％）より約 10 ポイントも低かったが，2005 年には 35.8％と，同平均（36.2％）とほぼ同じである。対 GDP 比の公的支出の割合も，1994 年には OECD 平均にほぼ追いついた。

1996 年に成立したアスナール政権は，前政権以上に経済自由化・合理化路線を推進した。テレフォニカ（1997 年），イベリア航空（1999 年）など，国営企業の**民営化**が代表的な政策である。また，インフラ整備への投資は治水と高速道路網整備に限定され，1995 年に対 GDP 比 20.4％であった社会保障関連予算も，2001 年には 18.9％と微減している。所得税減税も実施され，税収に占める所得税の割合は，1995 年の 23.6％から 2000 年の 18.7％へと減少した。

他方，1999 年に通貨統合に参加したことは，スペイン経済の成長を促進するもう 1 つの要因となった。同年から世界金融危機（後述）が発生した 2008 年までの期間，スペインの GDP は年平均 4％の伸びを示し，さらに失業率は 2007 年には 7.95％と，民主化以降最も低い水準まで改善した。

スペイン経済の課題

こうしてスペイン経済は長い時間をかけ，西ヨーロッパ主要国に近い水準へと到達した。2007 年には国民 1 人当たりの GDP が EU 平均の 105％となり，イタリア（103％）をわずかながら上回るまでになり，スペインは経済的に完全

にヨーロッパの中位国になった。だが，そこには課題もある。

　1つ目は1980年代以降，高止まりを続ける失業率である。2010年7月には約20％というユーロ圏でも最高水準の値を示した。とりわけ深刻なのは若年層・女性で，若年層の失業率は40％近くに上る。スペインでは正規雇用労働者を解雇する際，企業に多大な退職手当の支払いを義務づけており，その結果，非正規労働者が増えることとなった。さらに，観光や農業の収穫など，季節・景気に左右されやすいセクターや，地下経済に従事する人数の多さなど，スペインの経済の構造も，短期的な好不況を超えた失業率の高さの要因である。

　こうした構造的課題に対処するために，ラホイ政権は2012年に，解雇補償金の大幅引き下げなどを柱とした大規模な労働市場改革を断行した（ただし，労働市場改革はサパテロ政権期の2010年に，すでに部分的に着手されていた）。だが，この改革も失業率の改善には結びつかず，労働条件の悪化をもたらした。

　2つ目は地域間の格差・不均衡である。第1節で述べた通り，スペイン経済の中心は伝統的にバルセロナを中心としたカタルーニャ地方と，北部のバスク地方であった。カタルーニャ地方は繊維など軽工業が，バスク地方は製鉄など重工業が主力であった。他方，南部アンダルシア地方や西部エストレマドゥーラ地方などは，長年，伝統的・粗放的な農業生産のみに依存してきた。その後，1970年代末の産業構造転換や，「地域間格差補填基金」などにより，状況に多少の変化が見られるものの，地域間には依然として歴然たる差がある。

ポルトガル経済の発展と課題

　ポルトガルも，カーネーション革命期の国有化・農地改革をめぐる混乱が収まった後は，経済近代化への道筋が整っていった。1983年に第3次ソアレス政権が実施した緊縮財政政策は，短期的には投資額や実質賃金の低下などをもたらしたものの，中長期的にはポルトガル経済を輸出指向型へと転換させる効果を生んだ（1985年には民主化後初めて，対外収支が黒字となった）。ソアレスの後を継いだPSDのカヴァコ・シルヴァ政権は，「統制された進歩」というスローガンの下，GDPの高成長，失業率の低下，インフレの抑制，投資の促進，公共部門の債務縮小などを掲げた。また，単一市場と通貨統合への参加に先立ち，規制緩和・民営化も実施された。

そして何よりポルトガル経済を飛躍的に拡大させたのは，スペイン同様，EC/EU からの補助金であった。ポルトガルは「**共同体構造基金（CSF）**」から，1988 年には対 GDP 比 2.4％，93 年には 3.7％に及ぶ支援を受けている（スペインの 5 倍弱）。この補助金の 50％は経済構造の近代化に，30％は人的資本の育成に，そして残りの 20％は地方の経済開発に充てられた。特に，生産性が低かった農業の近代化には多くの資本が向けられた。

　また，1998 年のリスボン万博は，スペインにとってのバルセロナ五輪／セビーリャ万博と同様，インフラ整備を大きく進める起爆剤となった。リスボン郊外に架かる巨大な「ヴァスコ・ダ・ガマ橋」や，リスボンと第 2 の都市ポルトを結ぶ高速道路などは，こうした飛躍を象徴する存在である。

　こうしてポルトガルは，1980 年代後半には年平均約 5％，90 年代には同じく 4.1％という，同時期の EC/EU 圏でも最高水準の経済成長率を示した。2000 年代に入ると経済成長のペースは鈍化したものの，2009 年の 1 人当たり国民所得は 1960 年と比べて 5 倍以上に拡大した。だが 2020 年の 1 人当たり GDP は，EU 平均の 65.0％と，未だに大きな差がある。

　1990 年代は，輸出指向型の経済から国内消費に根差した経済へと転換した時代でもあった。また低利率と信用供与の増加によって建設ブームが起こったが，2000 年代に入るとポルトガル経済は停滞期に入った。世界金融危機前に空前の好景気に沸いていたスペインとは対照的である。

　ポルトガル経済の構造的弱さとして，伝統的セクターへの依存とその競争力低下が指摘できる。例えば 1999 年時点で，繊維・衣料品・靴製造業は，全製造業人口の 3 人に 1 人が従事し，製造業における全生産額の約 2 割を占めていた。これらの産品は，ポルトガルの全輸出額の 3 割を占める。しかし，この業種の多くは従業員 500 人以下の中小企業であり，近年は中国や東アジア，新たに EU に加盟した中東欧諸国との競争に晒されている（先に述べたブランド ZARA にも，中国製などに交じって，ポルトガル製の品物も多い）。

世界金融危機による打撃

　2008 年の世界金融危機がギリシャに波及すると，「次はスペイン，ポルトガルではないか」という懸念が広がった。イタリアとアイルランドを加えた 5 カ

国の頭文字をとって「PIIGS」という呼称を与えられ，ユーロ圏経済の懸念材料と位置づけられた。実際に，スペインの経済成長率は 2006 年の 4 ％，07 年の 3 ％から，09 年にはマイナス 3.7 ％と急落した。同年，ポルトガルもマイナス成長（2.6 ％）へと転落し，2011 年には EU ならびに IMF からの財政支援要請に追い込まれた。2001 年から 07 年まで年平均約 3.4 ％の成長率を維持したスペイン経済も，金融危機後の失速から，住宅・建設バブルに支えられた，実態の乏しいものであったことが明らかになった。

　トロイカの要請を受けて実施された緊縮政策によって，スペインは深刻な不況に陥った。2009 年から 13 年までの期間，GDP は約 5 ％，内需は約 8 ％減少した一方，失業率も 13 年には 26.1 ％にまで上昇した。2014 年以降は再び成長に転じ，失業率などは改善したものの，実質賃金の下落，非正規雇用のさらなる増加，経済格差の拡大など，危機の爪痕は深く刻まれた。

　ポルトガルは先述の通り，2000 年代以降，経済の停滞期にあった。さらに 2007 年まで公的債務が GDP 総額の 60 ％を超えたことがないなど，スペインやギリシャとは大きく異なる状況で金融危機を迎えた。ポルトガルも厳しい緊縮政策を迫られたが，コスタ政権（2015 年〜）の下，賃金・年金・社会保障のカットから減税への政策転換によって，スペインよりも高い成長率を実現した。

　スペインとポルトガルが世界金融危機によって深刻なダメージを受けたことは，ヨーロッパの中位国となった両国の経済が，未だに脆弱性を残していることを浮き彫りにした。そして世界金融危機をようやく払拭したところに訪れたコロナ危機は，両国経済，特に重要な観光セクターに対して，長期的かつ深刻な打撃を与えることは確実である。

3　ヨーロッパと中南米との狭間で──南欧の国際関係

　スペインとポルトガルの国際関係というと，大航海時代のアメリカ大陸への進出，あるいは戦国時代の日本への宣教師来訪といったイメージを思い浮かべる人もいるだろうか。19 世紀初めにラテンアメリカ諸国の多くが独立したものの，言語を共有することもあり，現在でもこの地域は両国にとって国際関係の重要な軸である。

他方，ヨーロッパ諸国（特に EC/EU）との関係も，当然もう一つの軸として存在してきた。歴史的に見ても，両国の外交／国際関係が常にヨーロッパ志向であったことは疑いえない。

　スペインのフランコ体制は，第二次世界大戦後に「ファシズムの残党」とみなされ，国際的孤立の憂き目を見る。だが東西冷戦が激化する中，反共産主義を喧伝してきたスペインは，西側諸国の一員へと迎えられた（1953 年の米西協定など）。国際的孤立から西側諸国の一員への転換はサラザール体制にも共通しており，ポルトガルは早くも 1949 年に NATO 加盟を果たしている（スペインの加盟は民主化後の 1982 年）。西側陣営への取り込みにより，図らずも両独裁政権が生き長らえる結果となった面は否定できない。しかし他方で，1960 年代以降進みつつあったヨーロッパ統合への参加を，独裁政権であるがゆえに拒絶されたという経験は，両国に民主化の必要性を痛感させることとなった。そして統合への参加によって，両国の政治・経済が影響を受けてきた面も多い。

　このように，スペイン・ポルトガルの国際関係は，ラテンアメリカ，ヨーロッパという 2 つの軸を中心に展開してきた。さらに，スペインでは北アフリカ（マグレブ）諸国を含む地中海地域，ポルトガルでは 1960 年代まで維持していたアフリカの旧植民地（アンゴラ、モザンビークなど）との関係も無視できない。だが，とりわけ民主化以降，その重要性は明らかにヨーロッパ（EC/EU）へと移動した。

EC 加盟──ヨーロッパの一員へ

　では両国はなぜ，常にヨーロッパに目を向けてきたのであろうか。最大の要因は，両国とヨーロッパとの緊密な経済的結びつきであろう。スペインでは 1960 年代以降，西欧からの観光客が貴重な外資獲得源となっていたし，同国の安い賃金を目当てに外国企業の工場が次々と進出した。ポルトガルも，GDP の半数以上を対外貿易に依存するという極端な経済構造を有していた。特に伝統的な主要貿易相手国であったイギリスが 1973 年に EC に加盟すると，必然的にポルトガルもヨーロッパ経済に深く組み込まれていった。スペインは 1962 年一度 EC の前身の欧州経済共同体（EEC）へ加盟を申請したが，却下された。

民主化後，両国はただちに EC への加盟を申請した（ポルトガルは 1976 年，スペインは 77 年）。申請自体は受理されたものの，そこから加盟承認までは長い道のりであった。交渉が難航した理由の一つは，農業国であるフランスやイタリアが，より安いスペイン・ポルトガルの農産物との競争を警戒したことなどがあろう。だが粘り強い交渉の結果，1985 年 6 月に両国の悲願であった EC 加盟が正式に決定した（実際の加盟は翌 1986 年 1 月）。加盟に際しては EC の各種規定（域内関税の撤廃，域外共通関税など）の遵守が求められたが，国内経済への急激な衝撃を和らげるために，加盟後 7 年（一部は 10 年）の移行期間を設定し，漸進的に規定を実現していく方式がとられた。

EU・通貨統合の中で

　1992 年のマーストリヒト条約調印による政治統合の進展，単一通貨ユーロの導入は，EC 加盟よりもさらに大きな影響を両国にもたらすこととなった。

　周知の通り，ユーロ導入に際しては各国に厳しい条件が課せられたが，両国にとって状況は決して楽観できなかった（表 5-3 参照）。こうした中，スペインでは 1992，94，97 年の 3 度にわたって「経済収斂計画」が策定され，特にアスナール政権は通貨統合への参加を外交面での最重要課題と位置づけた。また，ポルトガルではグテーレス政権による財政赤字縮小・インフレ抑制政策が功を奏し，何とか条件を満たした。こうして両国とも，1999 年 1 月 1 日のユーロ導入に，原加盟国として参加することに成功した。

　スペインの場合，EU 化はさらに国家―地域関係にも大きな変容を迫った。2004 年にサパテロ政権は，いくつかの政策分野（農業，漁業，環境，文化・教育など）に関して，自治州政府がヨーロッパ・レベルでの交渉に代表を送る権限を認めた。これにより，各地域が中央政府を飛び越えて EU と関係することが可能になった。

ヨーロッパ統合に対する姿勢の違い

　スペインでは PCE を含むほぼすべての政治勢力が EC 加盟を歓迎した。継続的に実施されている世論調査においても，EC/EU への加盟・関与に否定的な回答は常に 10-15％にとどまっている。また，「欧州憲法条約」がフランス

表 5-3　1991 年時点での経済状況　　　　（単位：%）

	インフレ率	財政赤字 （対 GDP 比）	累積債務 （対 GDP 比）	長期金利利率
スペイン	5.8	3.9	45.6	12.4
ポルトガル	11.7	5.4	64.7	17.1

［出典］　筆者作成。

とオランダの国民投票で否決されたのに対し，スペインでは 2005 年 2 月の国民投票で 77％の国民が賛成した。スペインではおおむね政党と世論の双方において，ヨーロッパ統合に対する幅広く一貫した合意が存在するといえる。

　だが，特に 2000 年代以降，中央政治レベルにおける，EU/ヨーロッパに対する党派を超えた合意は揺らぎつつある。イラク戦争において，「古いヨーロッパ」と呼ばれた独仏と距離を置き，アメリカ・ブッシュ政権に密接に協力したアスナール政権と，こうした姿勢を批判し，ヨーロッパへの回帰を打ち出したサパテロ政権との姿勢の違いは象徴的である。

　ポルトガルにおいても 1980 年代半ば，EC 加盟が具体的な日程に上った際には，PCP を除くほぼすべての政治勢力はこれを歓迎した。しかしその後は，政党・世論の双方において賛否両論が見られる。例えば，1990 年代に「EU は（ポルトガルにとって）好ましい存在である」と回答した国民は平均 61％だったのに対し，2000 年代には 55％に減少した。こうした世論に呼応し，EC 加盟当初から反対を示していた PCP の他にも，PP などはマーストリヒト条約以降，反 EU へと舵を切った。

　とりわけ 2000 年代以降は，ヨーロッパ統合に対する冷淡・懐疑的な見方が強まっていった。**欧州議会選挙**での投票率も，1999 年の 40％から，2004 年には 38.6％，09 年には 36.8％へと漸減している。これは EU 平均，また隣国スペインと比較しても常に低い値である。同じく EC/EU からの支援で経済近代化を進めたスペインと比較すると，ポルトガルのこうした雰囲気は奇妙に映る。

　一方，2010 年代に入ると，ヨーロッパ各国で反 EU 的傾向がより顕在化した（イギリスの EU 離脱，反 EU を掲げる政党の台頭など）。第 1 節で論じたように，スペインではこの時期複数の新興政党が登場した。しかしそれらは離脱を正面から掲げるのではなく，スペインと EU との関係，あるいは EU 自体の改善を

表 5-4　近年の主な出身国別移民数　　（単位：人）

	2008 年	2010 年	2015 年	2018 年	2020 年
モロッコ	① 71,660	② 30,231	② 24,208	② 61,715	② 45,241
ルーマニア	② 61,027	① 51,819	① 28,382	⑤ 28,030	⑦ 14,981
ベネズエラ	⑭ 12,969	⑤ 10,623	③ 19,652	① 71,666	④ 32,696
コロンビア	③ 36,416	④ 14,122	⑦ 10,928	③ 56,253	① 52,637

　［注］　丸数字は順位。
　［出典］　スペイン国立統計局（INE）のウェブサイトを基に筆者作
　　　成。

謳っている点に特徴がある。

ヨーロッパ以外との関係

　両国とも，旧植民地であるラテンアメリカ諸国とは，政治的のみならず経済・社会・文化的にもきわめて密接な関係を維持している。スペイン・ポルトガルとラテンアメリカ諸国は，1991 年以降「**イベロアメリカ首脳会議**」を開催している（2014 年までは毎年，その後はほぼ隔年）。また 1996 年には，ポルトガル語を公用語とする各国が「ポルトガル語諸国共同体（CPLP）」を結成した。

　経済面では，1980 年代前半にスペインの対外直接投資先の約 30％をラテンアメリカ諸国が占めながらも，その後 80 年代後半にはその割合は 10％以下にまで落ち込んだ（代わって EC/EU 諸国が 50％以上となる）。1990 年代以降は再び 30％以上にまで投資額が回復したが，これはラテンアメリカ各国の経済開放によるところが大きい。

　また，両国はかつて移民流出国であったが，EC 加盟とその後の経済発展などにより，1990 年代以降，移民流入国へと変貌した。住民登録を済ませた「正規の」移民に限っても，96 年のスペインでは全人口の 1.4％にすぎなかったが，2020 年には 11.4％と，約 8 倍に増加した。出身地域別の割合を見ると，南米が最大である（2010 年代前半には EU 圏内からの移民が最大であったが，2016 年以降，南米からの移民が再び急増した）。国別では，2000 年代末まで長年モロッコがトップの座を占めていたが，その後はルーマニア，コロンビアなどに取って代わられている（ただし，モロッコの割合は依然として高い）（表 5-4 参照）。

また，言語を一にする中南米からの移民がスペインに定住する場合が多いのに対し，アフリカ出身の移民はスペインに入国後，他の EU 諸国へと転出する場合が多い。とりわけ近年，アフリカ諸国からスペインに入国する不法移民・難民の急増が問題になっている。

　両国の外交政策は明確なヨーロッパ志向をもちつつも，政治的のみならず，経済的・文化的にも結びつきのある地域とヨーロッパとをつなぐ架け橋として，独自の存在感・影響力を追求してきたものといえるだろう。

 さらに読み進む人のために───

池上岑夫監修，2001 年『スペイン・ポルトガルを知る事典〔新訂増補〕』平凡社。
　＊政治・経済のみならず，社会，歴史，文化まで，幅広い項目を網羅。学習を進めるうえで手元にあると便利。
金七紀男，2010 年『ポルトガル史〔増補新版〕』彩流社。
　＊日本語で書かれた随一の通史。幾度か増補されており，近年の情勢までフォローしている。
関哲行・立石博高・中塚次郎編，2008 年『スペイン史』1（古代 - 近世）・2（近現代・地域からの視座）（世界歴史体系）山川出版社。
　＊現時点で最も詳細かつ高水準の通史。2 巻の後半では，各地域別の歴史も書かれており，類書の中でもユニーク。
立石博高編，2000 年『スペイン・ポルトガル史』（新版世界各国史 16）山川出版社。
　＊先に挙げた『スペイン史』よりコンパクトにまとまっているので，初学者向き。
立石博高・中塚次郎編，2002 年『スペインにおける国家と地域──ナショナリズムの相克』国際書院。
　＊スペインにおける地域主義の歴史・現状を，各地域の専門家が論じている。国民国家やナショナリズムを考えるうえでも有益。
永田智成、2016 年『フランコ体制からの民主化──スアレスの政治手法』木鐸社。
　＊スペインにおける民主化は，体制派と反体制派との協定に基づくスムーズなものであった，という通説に真っ向から挑戦した本格的な研究書。

Close up ①

ギリシャ

　ギリシャは，スペインやポルトガルに先駆けて，1981 年，欧州連合（EU）の前身である欧州共同体（EC）の 10 番目の加盟国となった。軍事政権が崩壊し民主制に復帰した 1974 年の翌年，ギリシャは EC に加盟申請をした。当時，経済は十分に発展しておらず，10 年間の準備期間が必要であるとみなされた。しかし，当時の南欧諸国の不安定な政治状況が，ギリシャに幸いした。

　この時期，スペインのフランコ将軍の独裁が終わりを告げようとしていた。ポルトガルでも独裁政権が倒れ，共産主義に賛同する軍人が政権を握った。すでに EC に加盟していたイタリアでも，共産党が政権を掌握する勢いだった。この南欧諸国の政治の動きは，冷戦時代の EC にとって，真の脅威と映った。このとき，ヨーロッパの政治アイデンティティは，民主主義の理念にあることがあらためて確認された。民主主義揺籃の地ギリシャを EC に加盟させることこそ，EC の安全弁になるという判断が働いた。民主主義の擁護というヨーロッパの政治的アイデンティティを明確にすることで，他の南欧諸国の左傾化が阻止できると考えられたのである。こうして，ギリシャは EC 加盟を果たした。EC 加盟は，第二次世界大戦以降，外交も内政もアメリカに依存してきたギリシャにとって，国家の将来を左右する一つの賭けであった。

　総じて，EC/EU 加盟はギリシャにとってプラスに働いたといってよいだろう。民主制復帰後のギリシャは，EC/EU を通して具体的な統治機構としてのヨーロッパに組み込まれていった。ヨーロッパへの統合のプロセスは，ギリシャ近現代史上初めて民主的な政治体制をギリシャに根づかせた。EC/EU の加盟国であることが政治的安定装置として働き，議会制民主主義が長期にわたって継続した。さらに，EU からの潤沢な補助金によって，国内のインフラ整備が進み，産業が発展した。国民の生活水準も向上した。その結果，国の経済も一定程度の成長を遂げた。

　しかしながら，他の EU 諸国にとって，ギリシャは常に「劣等生」であり「EU のお荷物」だった。そのような EU とギリシャとの関係を示す最も顕著な例は，ギリシャ財政危機に端を発するユーロ危機であろう。2009 年秋に政権交代があった際，ギリシャが莫大な財政赤字を抱えていることが明らかにされた。これをきっかけに通貨ユーロの信頼は大きく揺らぎ，世界経済に大きな影響を及ぼした。ギリシャは，EU，欧州中央銀行（ECB），国際通貨基金（IMF）の三者から金融支援を受けることで，かろうじて「国家破産」を免れた。支援の条件とされたのが，厳しい財政緊縮策だっ

た。緊縮策は思うような効果をあげず景気は冷え込んだ。ギリシャ人は耐乏を強いられ，EU に対する不満が高まった。緊縮策に反対する国民のデモが全国に拡大し，EU，中でもドイツに対する非難の声があがった。ギリシャの EU 離脱を意味する Grexit という言葉も頻繁に聞かれるようになった。

　国民の不満はギリシャの政治的変動をもたらした。2015 年の総選挙で急進左派連合（SYRIZA）が第 1 党となり，ユーロ圏で反緊縮政策を掲げる政党として初めて勝利を収めた。SYRIZA は既存の緊縮策の撤回と債務の大幅な減免措置の要求という公約の実現をめざし，EU との対決姿勢を鮮明にして交渉に臨んだ。

　ちょうどこの頃，ギリシャに流入する難民が激増した。背景には中東情勢の悪化があった。ギリシャは，キプロスを除くと，難民発生国に最も近い EU 加盟国である。押し寄せる難民は，ギリシャだけの問題にとどまらなかった。大量の難民がギリシャを通過して，より豊かな EU 諸国をめざしたからである。難民は全ヨーロッパの問題となった。受け入れ難民数の配分をめぐって EU 諸国内に亀裂が生じた。

　SYRIZA は，難民問題と財政危機の問題を同じ交渉のテーブルにのせた。緊縮策撤回と債務減免の要求をのまなければ，ギリシャ国境を開放して，難民を豊かな EU 諸国に向かわせる，と「脅し」にも似た要求を行う戦略をとった（Tsourapas and Zartaloudis, 2021）。EU はこれに応じなかった。SYRIZA は屈服し，資金援助を受けつつ，緊縮策を継続することを余儀なくされた。このとき，貧しさのゆえに EU の言いなりになり，国家主権を奪われたかのように感じた国民は少なくなかった。国民の期待を裏切った SYRIZA は選挙で大敗し，2019 年には政権の座を新民主主義党（ND）に譲った。

　2018 年夏，ギリシャへの金融支援は終了した。ギリシャ人の EU に対する思いは複雑なものとなった。通貨ユーロを手放したくはない。しかし，ユーロ危機のさなか，EU がギリシャに課した政策はあまりに厳しい。ギリシャはいまだ莫大な債務を抱えている。ギリシャの経済問題は急性期から慢性期に移行したに過ぎない。2021 年 2-3 月に EU 加盟国民を対象に実施された世論調査に，ギリシャ国民の EU への不信感がみてとれる。調査では，EU を信頼しないとの回答がギリシャで 63％にのぼったのである（*Standard Eurobarometer 94 Winter 2020–2021 Public in the European Union*, 102）。これは，27 の EU 加盟国中で突出して高い数字である。

　ギリシャ人が，他の EU 加盟国の国民と EU 市民としての自覚を共有する日は，まだ当分先のことになると予想せざるをえない。

第6章

北　欧

❶ノーベル平和賞の授賞式が行われる「オスロ市庁舎」（左下，2015 年 9 月，筆者撮影）
とスウェーデンで選挙期間中に街中に設置された各党の選挙小屋（2018 年 9 月，筆
者撮影）。

　　北欧諸国は，社会福祉，男女平等，紛争調停，途上国援助などの政策に力を入れ，
国際的に注目される成果を上げてきた。最近では，世界的に活動を展開して成功し
ている企業や，環境保護に積極的な政策と再生可能エネルギー関連の産業の発達に
も注目が集まっている。本章では北欧 5 カ国のうち，EU 加盟国のデンマーク，ス
ウェーデン，フィンランドを中心に，北欧諸国の政治経済の共通点や相違点を概観
しながら，その特徴を見ていく。

表 6-1　北欧諸国略年表

年　月	事　項
1945年 5 月	デンマークで社会民主党挙国内閣が成立し，ドイツの占領が終了。
10月	デンマークが国際連合の創設に参加。11 月にノルウェーが国際連合に加盟。
46年11月	スウェーデン，アイスランドが国際連合に加盟。
48年 4 月	フィン・ソ友好協力相互援助条約締結（92 年に失効。同年ロシアと基本条約を締結）。
49年 4 月	デンマーク，アイスランド，ノルウェーが北大西洋条約機構（NATO）の創設に参加。
52年 8 月	フィンランドが対ソ賠償支払いを完了。
53年 2 月	第 1 回北欧会議の開催（フィンランドは 56 年 10 月から参加）。
6 月	デンマーク議会が一院制に。
55年12月	フィンランドが国際連合に加盟。
56年11月	スエズ戦争停戦後，デンマーク，スウェーデン，フィンランド，ノルウェーが平和維持部隊を派遣。
60年 5 月	欧州自由貿易連合（EFTA）の創設にデンマーク，スウェーデン，ノルウェーが参加。
61年 9 月	国連事務総長ハマーショルド（スウェーデン）が航空機事故死。
71年 9 月	スウェーデン議会が一院制に。
72年 9 月	ノルウェーの国民投票で欧州共同体（EC）加盟を否決。
73年 1 月	デンマークがイギリス，アイルランドとともに EC に加盟。
76年10月	スウェーデンでパルメ内閣が総辞職し，社民党政権の継続は 44 年で終了。
79年 5 月	デンマーク領のグリーンランドで自治政府成立。
80年 1 月	スウェーデンで王位継承法の改正により，男女問わず王位の継承は第一子優先に。
85年 2 月	デンマーク領のグリーンランドが EC から脱退。
86年 2 月	スウェーデンで首相のパルメが暗殺され，カールソン副首相が首相に就任。
	フィンランドが EFTA に正式加盟。
88年 6 月	スウェーデンは 2010 年までにすべての原子力発電所を廃止することを決定（2006 年に原発継続に政策転換）。
92年 6 月	デンマークの国民投票でマーストリヒト条約の批准を否決。
93年 5 月	通貨統合参加などに留保をつけて，デンマークの国民投票でマーストリヒト条約批准に賛成。
94年11月	ノルウェーの国民投票で欧州連合（EU）加盟を否決。
95年 1 月	スウェーデンとフィンランドがオーストリアとともに EU 加盟。
97年 6 月	スウェーデンが EU の通貨統合への不参加を表明。
99年 1 月	EU でのユーロ導入に北欧諸国ではフィンランドのみ参加。
2000年 9 月	デンマークの国民投票でユーロの導入を否決。
03年 4 月	フィンランドで首相・大統領の両ポストが女性に（〜 6 月。2010 年 6 月から約 1 年間も同様）。
9 月	スウェーデンの国民投票でユーロの導入を否決。投票日前日にリンド外相が刺殺。
06年 9 月	スウェーデンで 12 年ぶりに社民党単独政権から右派・中道 4 党の連立政権に交代。
09年 6 月	デンマークで国民投票により，男女問わず王位継承を第一子優先とする法改正を承認。
7 月	アイスランドが EU に加盟申請（2015 年 3 月に申請の取り下げ発表）。
10年 7 月	スウェーデンで徴兵制から志願兵制へ移行（2018 年 1 月に徴兵制復活。女性も対象）。
14年 9 月	スウェーデンで社民党と環境党の少数連立政権が成立（環境党は初の政権参加）。
15年 1 月	ノルウェーが女性の徴兵制を導入（NATO 加盟国として初）。
5 月	フィンランドで右派・中道 3 党の連立政権が成立（「真のフィンランド人」が初入閣）。

1 社会民主主義政党中心の政治から左・右の政権選択へ

「北欧」のイメージ

　「北欧」という言葉から多くの人がイメージする政治経済の特徴は，社会福祉，環境保護，男女平等などに力を入れている国，であろう。また，税金は高いが国民の生活満足度は高く，教育に力を入れているといった印象がもたれていることもある。世界的に注目され，時に大きな話題となるノーベル賞の授賞式が，毎年 12 月にスウェーデンとノルウェーで行われていることを思い起こす人もいるかもしれない。

　一般的に「北欧」に含まれる国はデンマーク，スウェーデン，フィンランド，ノルウェー，アイスランドの 5 カ国であり，最も人口が多いスウェーデンで約 1044 万人，最も少ないアイスランドは約 37 万人と，大きな国々ではない。しかし，国内政策，対外政策ともに，他国から高い関心を寄せられることもしばしばである。近年は再生可能エネルギーを積極的に導入していることで，マスメディアに取り上げられる機会も多い。

　一口に「北欧」といっても，歴史的背景や地理的要因から，各国の政治経済にはそれぞれの特色が見られる。18 世紀までは北欧諸国間で幾度もの戦争が繰り広げられ，征服・被征服の関係もあった。第二次世界大戦においてデンマークとノルウェーはドイツに占領され，スウェーデンは「中立政策」をとり戦場となることを回避し，フィンランドは枢軸国側に立って連合国側と戦った。そのような歴史的背景から，各国には政治体制や各種政策に共通点とともに相違点もある。以下では，まず各国の政治の特徴から見ていきたい。

北欧諸国の政治制度

　立憲君主制であるのはデンマーク，スウェーデン，ノルウェーであり，共和制はフィンランドとアイスランドである。デンマークでは 1953 年の法改正により女性の王位継承権が認められており，1972 年に現在の女王が即位している。スウェーデンは 1980 年から法改正により王位継承権は性別にかかわらず第一子が優先されており，次期国王は女王となる予定である。ノルウェーも 1990

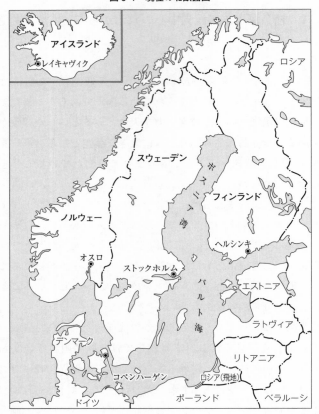

図6-1 現在の北欧諸国

年から王位継承は第一子優先となり，デンマークも2009年に同様の法改正を
行った。フィンランドの大統領は任期6年で，1988年から直接選挙制となっ
ている。アイスランドの大統領は任期4年で，直接選挙制である。各国とも実
質的な政治は，首相を中心とした内閣が遂行している。

　各国の議会は**一院制**であり，フィンランドは1906年，デンマークは1953年，
スウェーデンは1971年，アイスランドは1991年，ノルウェーは2009年に，
完全に一院制となった。選挙制度は比例代表制を基本とし，任期は4年で議会
の選挙権・被選挙権はともに18歳以上の者がもつ。投票率は比較的高く，

表6-2　北欧諸国（EU加盟）の基礎データ

	デンマーク	フィンランド	スウェーデン
面積 （万km²）	約4.3 （フェロー諸島およびグリーンランドを除く）	約33.8	約45
人口 （万人，2021年）	約587	約555	約1,044
首都	コペンハーゲン	ヘルシンキ	ストックホルム
言語	デンマーク語	フィンランド語， スウェーデン語	スウェーデン語
宗教	福音ルーテル派	福音ルーテル派， 正教会	福音ルーテル派が多数
通貨	デンマーク・クローネ	ユーロ	スウェーデン・クローナ
1人当たりGDP （ユーロ，2020年）	48,150	36,070	42,570
欧州理事会出席者	フレデリクセン首相	マリン首相	アンデション首相

［出典］　人口は各国政府統計局，1人当たりGDPはEurostat（実質GDP），他は，外務省ウェブサイト「各国・地域情勢」を基に作成。

2018年のスウェーデンの総選挙で87.2％，2019年のデンマークの総選挙で84.6％であった。市民と政治家の距離が近いといわれており，市民の政治参加が積極的に行われている。スウェーデンでは選挙や国民投票の際には，街中の広場，公園，大学などに選挙小屋が設置され，各党のパンフレットなどを貰ったり，各党の党員や支持者に直接その政党の政策について質問や議論を投げかけたりできる（とびら写真参照）。近年は，インターネットやSNSも選挙運動に活用されている。学校において模擬選挙が行われ，その結果が実際の選挙に先駆けて報道されることもある。北欧諸国では一般に各党の青年部の活動が活発で，マスメディアでの意見の表明なども行われている。若者の投票率も高い。

　北欧諸国の政治には，「クリーンな政治」というイメージもある。政治家の不貞行為スキャンダルや金銭にまつわる疑惑などがないわけではないが，政治家と公務員がどの程度腐敗していると認識されているかを比較した調査では，2020年の腐敗が少ない順のランキングにおいて調査対象の180の国・地域の中で，デンマークが1位，フィンランドとスウェーデンが3位，ノルウェーが

7位，という結果であった。「開かれた社会」をめざす政策がとられており，さまざまな分野での情報公開にも積極的である。

政党政治と政権構成の特徴

　第二次世界大戦後の北欧諸国の政党政治においては，主要5党（社会民主主義政党，左翼政党，保守政党，自由主義政党，農民政党）による多党制という特徴が見られた。前2党が左派，後3党が右派と認識され，左—右という社会経済的な対立軸が北欧の政党政治においては重視されてきた。特に，**社会民主主義**の政党が政権に就くことが多く，その政権の下で北欧型の福祉国家の建設が進められた。他のヨーロッパ諸国に見られない特徴としては，農民政党の存在がある。他国では農業従事者の利益は保守政党やキリスト教民主主義政党のような右派政党を通じて政治的に代表されることが多いが，北欧においては1980年代初めまでは農民政党が一定の勢力を保っていた。農民政党への支持者は農業従事者だけではなく，近年では地方の利益，環境保護，地方分権，反欧州連合（EU）といった点で，新たな有権者を獲得する例などがある。

　他の共通点としては，保守政党が1970年代末から80年代初めにかけて支持者を増加させたことが挙げられる。保守政党はデンマーク，スウェーデン，フィンランドで第1党または第2党という大きな政党になっていた。近年獲得した票の最も大きな部分は，他の右派政党（特に中道政党）からである。自由主義政党は，北欧においては概して政党帰属意識の強い有権者の割合が高くない傾向にあり，比較的弱い立場にある。

　各国の相違としては，デンマークでは左右ともに連立政権が多く，スウェーデンは社会民主主義政党の単独政権の期間が最も長く，右派政党が政権に就く場合は連立政権が多く，フィンランドは農民政党（現在の党名は「中央党」）が単独政権を担ってきた時期も長いという特徴が挙げられる。全体として北欧では，組織率の高い労働組合からの支持を背景に，長年にわたって与党であった社会民主主義政党の政策路線に沿って，高い税金を払うが一般市民も充実した社会福祉を享受できるシステムが構築されてきたといえるであろう。充実した社会福祉を維持するために，間接税（付加価値税）は24〜25％（軽減税率は11〜15％），所得税も平均で30％程度であるなど税率は高いといえるが，世論調査

表6-3　ナショナリスト政党・右翼ポピュリスト政党の議会（国政レベル）での議席獲得

	選挙実施年・得票率・獲得議席数			
デンマーク（総議席数179） 　デンマーク国民党 　1995年結成	2007年11月 13.9% 25	2011年9月 12.3% 22	2015年6月 21.1% 37	2019年6月 8.7% 16
スウェーデン（総議席数349） 　スウェーデン民主党 　1988年結成	2006年9月 2.9% 0	2010年9月 5.7% 20	2014年9月 12.9% 49	2018年9月 17.5% 62
フィンランド（総議席数200） 　真のフィンランド人 　1995年結成	2007年3月 4.1% 5	2011年4月 19.1% 39	2015年4月 17.7% 38	2019年4月 17.5% 39
ノルウェー（総議席数169） 　進歩党 　1977年改称	2009年9月 22.9% 41	2013年9月 16.3% 29	2017年9月 15.2% 27	2021年9月 11.6% 21

［出典］　Inter-parliamentary Union（https://www.ipu.org），Danmarks Statistik（https://www.dst. dk/da/），Valmyndigheten（https://www.val.se/），Statistics Finland（https://tilastokeskus. fi/index_en.html），Ministry of Justice, Finland（https://tulospalvelu.vaalit.fi/indexe.html），Government.no（http://www.regjeringen.no），Valgdirektoratet（https://valgresultat.no/）のデータを基に筆者作成。

によれば国民の政府に対する信頼や生活の満足度は高い。

　しかし，近年は北欧諸国の政党政治に変容が現れている。左派政党の力が相対的に弱くなり，選挙において左派政党と右派政党との勢力が拮抗（きっこう）することが増加し，右派・中道政党による連立政権もめずらしくなくなった。右派政党が充実した社会福祉の政策路線を踏襲（とうしゅう）する場合もあれば，減税や公共部門の民営化などによる「小さな政府」を掲げて選挙に勝利する場合もある。いずれにせよ，多党制の中で選挙が左右の政権選択になるという特徴を帯びつつある。

　また，近年は**ナショナリスト政党・右翼ポピュリスト政党**が国政レベルの議会でも議席を獲得するようになってきている（表6-3）。そして，伝統的な左右いずれかの政党が連立政権の形成によっても議会の過半数を獲得できない場合，ナショナリスト政党・右翼ポピュリスト政党が閣外協力という形態で政治に大きな影響を及ぼしたり，個別の法案の議決の際にキャスティング・ヴォートを握ったりする場面も出てきている。北欧諸国では，従来は移民問題が大きな政治的争点になることは少なかった。しかし，移民の数の増加や他のEU加盟国における経済危機から受ける影響という背景もあってか，さらなるヨーロッパ

統合よりも自国の国益を優先することを声高に主張する政党や，移民排斥を唱える政党の得票率が上昇する傾向が見られた。

　難民への対応は北欧各国で分かれており，2015年前後の欧州難民危機において，スウェーデンは人口当たりでEU加盟国中では多くの難民申請を受けた。デンマークは難民受け入れに厳しい政策をとっており，EUや国連難民高等弁務官事務所（UNHCR）から批判されることがある。新型コロナウイルス感染症（COVID-19）に対しても各国の対応に違いが見られ，デンマーク，フィンランド，ノルウェーはロックダウン（都市封鎖）を実施したが，スウェーデンは比較的緩やかな規制を選択し，国際的にその独自路線が注目された。

若い政治家や女性の活躍

　北欧諸国の政治のもう一つの特徴は，比較的若い政治家や女性の活躍が見られることである。被選挙権が18歳以上であるため，18歳の議員が誕生することもあり，スウェーデンやデンマークでは20代後半の議員が党首に就任している。フィンランドでは，2019年12月に34歳の首相が誕生した。他の北欧諸国でも，首相が就任時に40代前半であることはめずらしくなく，これまでにも北欧諸国では大臣・副大臣の職に30代の人物が就いてきた。2011年9月には，スウェーデンの内閣改造で28歳の党首が大臣に就任し，デンマークでも同年10月に26歳の議員が大臣となった。国政レベルの議会（一院制または下院）における30歳以下の議員の割合の国際ランキングにおいて，2021年12月時点でノルウェーが1位（13.61%），デンマークが8位（9.50%），スウェーデンが9位（9.42%）であった。

　議会における**女性議員の割合**は2021年12月時点で，アイスランドが47.6%，スウェーデンが47.0%，フィンランドが46.0%，ノルウェーが45.0%，デンマークが39.7%である。首相，大統領，大臣，党首といった要職に女性が就くことも特別ではなく，すべての北欧諸国で女性が首相に就任している。2021年12月時点でノルウェー以外は女性が首相であり，閣僚における女性の割合はフィンランドが57.9%，ノルウェーが52.6%，スウェーデンが52.2%，アイスランドが41.7%，デンマークが35.0%である。このような女性の政界での活躍は，北欧諸国において社会福祉政策が進展した要因の一つとして挙げられるこ

とがある。

2 グローバル化する市場への対応

市場主義の重視

　社会福祉政策が充実し，労働者を保護するために企業に厳しい政策がとられているという印象をもたれる北欧諸国であるが，税制面で見れば企業への課税率は高くない。金融機関以外の大企業が破綻（はたん）の危機に直面しても政府が救済することはほとんどなく，企業の倒産や工場の閉鎖により失業者が発生した場合には，職業訓練などに力を入れて，他の職種で就職できるように支援する政策をとっている。

　このような政策は，1990年代以降にデンマークがめざした雇用の流動化と社会保障を両立させる方策として注目されるようになり，柔軟性（flexibility）と安全性（security）を合成してつくられた「**フレキシキュリティー**」（flexicurity）という言葉で表されるようになった。単に失業者にお金を給付するのではなく，労働市場の流動性を高め，失業者には職業訓練などで再就職を促すという政策がとられている。労働市場の流動性が高いということは，基本的に終身雇用制度はなく，企業は労働者を比較的簡単に解雇することが可能であり，労働者は頻繁に転職できる。失業者は失業保険給付を受けながら，職業訓練・研修・企業実習などによって再雇用に必要な資格などを取得し，新たな職種に就いて働ける可能性を高めることが求められる。

　EU諸国の中でもデンマーク，スウェーデン，フィンランドは転職率が高く，他のEU諸国と比較して転職が肯定的にとらえられている。デンマーク式労働市場モデルは，①手厚い失業保険制度，②柔軟な労働市場（緩やかな解雇規制，雇用の流動性），③積極的労働市場政策（職業教育・訓練の充実），の3要素で構成されるといわれている。この「**ゴールデン・トライアングル**」で形成されるフレキシキュリティーは，EUや経済協力開発機構（OECD）も高く評価している。このような政策をとる北欧諸国では，他のEU諸国と比較して失業率が低く抑えられるようになった。

多国籍企業の世界的展開

　北欧諸国は自国内の市場があまり大きくないことから，経済成長をめざすためには他のヨーロッパ諸国やアメリカ，アジアの国々への輸出を拡大することが必要となる。北欧諸国には国際的に事業を展開し，世界の厳しい市場で生き残る戦略をとる大企業が多い。各国は競争力強化のための技術向上や研究開発に力を入れており，世界経済フォーラム（WEF）が毎年発表している国際競争力に関する報告書の2020年版で，北欧諸国はICT（情報通信技術）導入やデジタル技能などの評価で上位に位置づけられている。

　個別の企業では，シンプルで機能的でありながらデザイン性に富み価格が手ごろな商品を販売している北欧の企業が，世界的な展開を成功させている。日本でもよく目にするブロック玩具のレゴ（LEGO）や，陶磁器で有名なロイヤル・コペンハーゲンは，デンマークの企業である。他に，デンマークは豚肉や乳製品などの畜産物の輸出品も多い。

　組み立て式の家具などを大規模店舗で販売する方式で世界中に店舗を展開しているイケア（IKEA），ファストファッションのH&M，洗濯機や掃除機などの家電を世界的に販売しているエレクトロラックス（Electrolux）は，いずれもスウェーデンの企業である。また，食品用紙容器（牛乳パックなど）の開発・製造を行っているテトラパック（Tetrapak）もスウェーデン企業である。ボルボ（Volvo）やサーブ（SAAB）は，乗用車部門は他国の企業に売却されているが，前者はトラック・バス・建設機械・船舶用エンジン，後者は航空機・軍需品といった事業を展開している。

　フィンランドは製紙・パルプと金属が伝統的な主要産業であったが，近年では電気機器産業が発展し，世界で携帯電話のシェア1位になったことがあるノキア（NOKIA）は同国の企業である。テキスタイルのマリメッコ（marimekko）や食器のイッタラ（iittala）も，商品販売を世界中に展開しているフィンランドの企業である。

　シンプルで機能的な家具や照明器具，カラフルなデザインのキッチン用品なども注目され，日本でも街中でこれらの商品を目にすることが多くなり，「**北欧デザイン**」という名で雑誌での特集が組まれることもある。また，ユニバーサル・デザインという視点からあらゆる人が使いやすい商品の開発にも積極的

であり，介護や福祉関連の用品でも北欧諸国の企業の製品に対する評価は高い。北欧諸国は大きな国ではないが，普段私たちが目にする日用品をつくっている企業が意外と多いことに気づくのではないだろうか。

新たな産業部門への進出

欧州委員会の協力の下に発表されている EU 加盟国の中でイノベーティブ（革新的）な国家の順位では，2021 年はスウェーデンが 1 位，フィンランドが 2 位，デンマークが 3 位であった。北欧 3 カ国はこの評価において，EU の中でのリーダー・グループとの位置づけがなされている。

先に述べた企業以外にも，環境分野の産業にも力が入れられており，**再生可能エネルギー**分野の産業が成長している。デンマークは 1985 年に，予定していた原子力発電所を建設せず，風力発電を促進する道を選んだ。風力発電用の風車の製造・販売を国際的に展開している企業もあり，国内では職業訓練で管理やメンテナンスに必要な人材の育成を行うことによって，失業者の再就職に活用されている。交通分野では，バイオエタノールやバイオガスで走り，歩道との段差が少ないノーステップの路線バスをスウェーデン企業のスカニア（Scania）が製造している。スウェーデンでは，公共のバスやタクシーの燃料を再生可能エネルギー（バイオエタノール，バイオガス）に変えていく政策を進めており，首都のストックホルムでこれらの燃料によって走るバスやタクシーを頻繁に見かける。アイスランドには火力・原子力発電は存在せず，水力発電と地熱発電が主な電力エネルギー源である。

他にも北欧諸国では，木材のチップなどを原料としたバイオマスもエネルギーとして利用されている。北欧諸国では，これらの再生可能エネルギー分野の産業の発展を推し進めていくことは，二酸化炭素（CO_2）の排出量を削減するだけでなく，新たな雇用を生み出す方策としても期待されている。

3 国際社会における存在感の模索

EU への加盟

北欧 5 カ国は欧州経済共同体（EEC）の設立時には参加せず，イギリスなど

とともにデンマーク，スウェーデン，ノルウェーは7カ国で1960年5月に欧州自由貿易連合（EFTA）を創設した。フィンランドは1961年にEFTAの準加盟国となり，86年に正式に加盟した。イギリスがEEC加盟をめざすようになると，北欧諸国でもより広い市場を求めてEECへの加盟を模索する動きが見られるようになった。デンマークとノルウェーはイギリスとともにEECへの加盟をめざしたが，フランスがイギリスの加盟を拒否していた影響でなかなか加盟できずにいた。1973年1月にようやく，デンマークがイギリス，アイルランドと同時に欧州共同体（EC）への加盟を果たした。

デンマークは1992年6月にEU条約（もしくはマーストリヒト条約）の批准を国民投票で否決し，「デンマーク・ショック」をEUに与えた。翌年5月に国内で反対が根強い4分野（経済通貨統合，共同防衛，欧州市民権，司法・内務協力〈JHA〉）への参加に対する適用除外を条件として再び国民投票が実施され，同条約批准賛成が過半数となった。2015年12月にEUの司法・内務協力分野に対する留保の撤廃を問う国民投票が実施されたが，結果は否決であった。

冷戦終結後にヨーロッパの非EU加盟国は，ますます国際的に影響力をもちつつあったEUに加盟することで，経済的により広い市場に参入するだけでなく，政治的影響力を高めることも考えるようになった。その結果，スウェーデンとフィンランドが1995年1月にオーストリアとともに，EUに加盟した。

EUに加盟している北欧諸国は，EU内においては，特に環境対策や人道援助などに力を入れている。国際的な平和維持や危機管理の活動においては，軍事分野のみでなく，警察，行政，司法などの文民分野を組み合わせて支援にあたることを重視している。また，特にスウェーデンとフィンランドは，ロシアを含むバルト海沿岸諸国による**環バルト海協力**に積極的であり，フィンランドはEUとロシアの戦略的関係強化を掲げる「ノーザン・ダイメンション」構想を提唱するなど，ロシアとの関係を重視している。経済面でも，北欧諸国は特にバルト三国（エストニア，ラトヴィア，リトアニア）との関係を深めている。

1999年1月に導入され，2002年1月に紙幣・硬貨の流通が始まったユーロに対しては，フィンランドのみが1999年の開始時から参加した。デンマークは通貨統合への参加に留保を付けてマーストリヒト条約を批准した経緯があり，2000年9月にユーロ導入の是非を問う国民投票を行った結果，反対が過半数

Column⑥　EU と EFTA による EEA

　ノルウェー，アイスランド，スイス，リヒテンシュタインの EFTA 構成国は，1994 年 1 月に EU と EFTA（スイスを除く）で形成された欧州経済地域（EEA）によって，EU との経済協力を深めている。EEA において EFTA 3 カ国は，ヒト，モノ，カネ，サービスの移動の自由（「4 つの自由」）を保証されたうえで，EU の域内市場に参入している。

　EU が域内市場に関する新たな規則を採択すれば，EEA を構成する EFTA 3 カ国の国内法に取り入れられることになる。手続きとしては，EFTA 3 カ国，欧州委員会，EU 加盟国が代表を出している EEA 合同委員会で EU の新たな規則を採択して EEA 協定に追加し，EFTA 3 カ国の国内法に組み入れられる。

　また，EEA 協定では，競争に関する共通の規則や研究・開発，教育，社会政策，環境，消費者保護，観光，文化などでの EU との協力も規定されており，EFTA 3 カ国ではこれらの政策領域で EU と類似する国内法を制定している。EFTA 諸国は EU の政策決定に関与することはほとんどできないが，域内市場に関する支出以外は EU に関する財政負担はない。

　EEA 協定で EFTA 3 カ国の参加が規定されていない EU の政策は，共通農業政策（CAP），共通漁業政策，関税同盟，EEA 協定非加盟国に対する通商政策，共通外交・安全保障政策（CFSP），JHA，通貨同盟である。

　なお，スイスは 1992 年に EC に加盟申請を行ったが，国民投票で EEA への参加が否決されたため，EU にも EEA にも加盟しておらず，EU と個別の協定を締結している。また，2008 年 12 月にシェンゲン協定に参加したため，他の同協定参加国との間で人の移動が自由化されている。しかし，EU と継続してきた枠組み条約の締結交渉からの離脱を 2021 年 5 月に発表するなど，スイスと EU の関係は不安定な側面もある。

となった。スウェーデンは通貨統合への参加を免除されているわけではないが，1997 年 6 月に政府は 99 年 1 月からのユーロ導入は行わないことを表明し，2003 年 9 月に国民投票を実施した。結果は反対が過半数となり，ユーロの導入は見送られることになった。

　2008 年の世界金融危機でデンマークは大打撃を受け，国内でユーロ導入を再び考える機運が高まった。しかし，ギリシャ発のユーロ危機が生じるとデン

マーク世論はユーロ導入反対に傾き，今のところユーロは導入されていない。スウェーデンも経済・通貨危機の影響を受けたものの，早い時期に回復基調となったこともあり，数年内にユーロを導入する予定は示されていない。

なお，ノルウェーは1960年代にデンマーク，イギリス，アイルランドと，1990年代にはスウェーデン，フィンランド，オーストリアとともにECに加盟申請を行ったが，両方とも国民投票で加盟反対が過半数となったため，加盟することはなかった。アイスランドは2008年の世界金融危機の際に深刻な経済危機に陥り，政府はEU加盟とユーロ導入をめざす方針を示し，2009年7月にEUに正式に加盟を申請した。2010年6月に加盟候補国となり，EUとの加盟交渉が開始されたが，主要産業の漁業に対するEUの規制を懸念し，2015年3月に加盟交渉の打ち切りと加盟申請の取り下げを発表した。ノルウェーとアイスランドは2001年3月にシェンゲン協定に参加しており，他の同協定参加国との間で人の移動が自由化されている。

安全保障組織との距離

北欧諸国は欧州審議会に初めから参加し，軍事を除いた分野におけるヨーロッパでの協力には積極的にかかわってきた。冷戦下で西側諸国と東側諸国が対話する場となった欧州安全保障協力会議（CSCE）の開催においては，フィンランドが重要な役割を果たし，後に欧州安全保障協力機構（OSCE）への機構化につながった。

北欧諸国の中ではデンマーク，ノルウェー，アイスランドが北大西洋条約機構（NATO）に加盟している。しかし，冷戦期からデンマークとノルウェーは，平時に外国軍隊の実戦部隊を自国領土内に配置せず（デンマーク領グリーンランドを除く），平時の核兵器の受け入れも認めない政策をとってきた。冷戦終結後は，アメリカおよびNATOとの関係を強化しつつある。

スウェーデンとフィンランドは対外政策として「**中立・非同盟政策**」をとってきたが，歴史的背景には相違がある。スウェーデンは19世紀のナポレオン戦争以来，戦争に参加せず，「戦時の中立を目的とした平時の非同盟」という政策をとってきた。冷戦終結後は，「周辺地域の有事の際に中立を可能とすることを目的とした**軍事的非同盟**」という政策に転換し，1994年にNATOとの

「平和のためのパートナーシップ（PfP）」枠組み文書に署名した。その後，NATO主導の国際平和維持活動に参加するとともに，軍事合同演習なども行っている。スウェーデンの安全保障政策の原則は，2002年に政府の政治的自由裁量の余地をさらに広げた内容に修正された。

　フィンランドは地理的に国境が長距離にわたってソ連に接し，冷戦時には西側諸国と東側諸国の間に挟まれていた立場もあって，「中立・非同盟政策」をとっていた。スウェーデンにとっては，「中立・非同盟政策」はアイデンティティとしての意味合いが強いが，フィンランドにとっては外交手段・戦略としての側面が強いといわれている。冷戦終結後は，「信頼に足る防衛力を基盤とした軍事的非同盟」という政策の下，1994年にNATOとのPfP枠組み文書に署名し，NATO主導の国際平和維持活動に参加している。

発展途上国への開発援助や国際紛争に対する仲介外交

　北欧諸国は発展途上国への政府開発援助（ODA）に積極的である。支出額はアメリカ，ヨーロッパの大国，日本より少ないが，国民総所得（GNI）の0.7%を発展途上国へのODAに充てるという国連の目標を達成しようとする努力がうかがえる。OECDの開発協力委員会（DAC）加盟国の中の順位において，年によって変動はあるが，デンマーク，スウェーデン，ノルウェーは，ODAの対GNI比で1990年代半ば以降，上位5位に入っている（表6-4）。

　北欧諸国は国連との協力を重視し，**国連の平和維持活動（PKO）**に初期から積極的に参加している。PKOは，ノルウェー人のリーが国連の事務総長であった1940年代後半に，中東および南アジアでの紛争に対して派遣された軍事監視団が始まりとなった。そして，スウェーデン人のハマーショルドが事務総長であったとき，1956年のスエズ戦争停戦後に初の平和維持軍が派遣された。PKOは現在に至るまで世界各地で大きな役割を果たしており，北欧諸国はこれまでに多くの要員を派遣してきた。

　紛争調停においても，北欧諸国の政治家は活躍してきた。スウェーデンの首相を務めたパルメは，イラン・イラク戦争（1980-88年）の調停を行うなど，政治・軍事同盟に加盟していなかった立場を活かして，「積極的外交政策」と呼ばれる外交を行った。フィンランドの大統領を務めたアハティサーリは，国連

表 6-4　DAC 加盟国の ODA の順位

		2005 年	2010 年	2015 年	2020 年
デンマーク	ODA 実績	12 位 （21.1）	14 位 （28.7）	13 位 （25.7）	13 位 （26.5）
	対 GNI 比	5 位 （0.81）	4 位 （0.91）	4 位 （0.85）	4 位 （0.73）
スウェーデン	ODA 実績	9 位 （33.6）	9 位 （45.3）	6 位 （70.9）	6 位 （63.5）
	対 GNI 比	1 位 （0.94）	3 位 （0.97）	1 位 （1.40）	1 位 （1.14）
フィンランド	ODA 実績	17 位 （9.0）	16 位 （13.3）	18 位 （12.9）	17 位 （12.7）
	対 GNI 比	10 位 （0.46）	8 位 （0.55）	7 位 （0.55）	11 位 （0.47）
ノルウェー	ODA 実績	11 位 （27.9）	10 位 （43.7）	8 位 （42.8）	9 位 （42.0）
	対 GNI 比	1 位 （0.94）	1 位 （1.05）	2 位 （1.05）	2 位 （1.11）
アメリカ	ODA 実績	1 位 （279.3）	1 位 （296.6）	1 位 （309.9）	1 位 （354.7）
	対 GNI 比	20 位 （0.23）	19 位 （0.21）	20 位 （0.17）	24 位 （0.17）
日本	ODA 実績	2 位 （131.3）	5 位 （110.6）	4 位 （92.0）	4 位 （162.7）
	対 GNI 比	16 位 （0.28）	20 位 （0.20）	19 位 （0.21）	12 位 （0.31）

［注］　カッコ内の単位は，ODA 実績：億ドル，対 GNI 比：％（2015 年までは支出純額ベース，2020 年は贈与相当額ベース）。2020 年は暫定値。

［出典］　外務省「ODA 実績」（https://www.mofa.go.jp/mofaj/gaiko/oda/shiryo/jisseki.html）より筆者作成。

や EU の特別代表・特使として，ナミビア，旧ユーゴスラヴィア，北アイルランド，アンゴラ，インドネシアのアチェでの紛争などにおいて調停を行い，2008 年にノーベル平和賞を受賞した。ノルウェーも中東和平合意やスリランカでの紛争調停などで，仲介役として大きな役割を果たした。

環境問題への取り組み

　北欧諸国は環境問題に対して早い時期から積極的な姿勢を見せていた。1972 年にスウェーデンのストックホルムで開催された国連人間環境会議は，国連の経済社会理事会でのスウェーデンによる提案が賛同を受けたことで実現したものであった。会議では，環境問題に対して国連および国連専門機関が組織的に対応するという国際的合意が形成された。1987 年に開発と環境問題の関係に関して「**持続可能な開発**」という言葉を用い，国際的な協力の必要性を提唱したのは，当時ノルウェー首相であったブルントラントを委員長とする委員会の「ブルントラント報告」であった。

スウェーデンでは 1991 年に二酸化炭素税が導入され，バイオエタノールな
どを使用するエコカーへの優遇制度（駐車料金や渋滞税の免除）や，自動車の停
車時のアイドリングを禁止する規制などもある。また，北欧諸国でも道路の自
転車専用レーンを充実させるなど，他のヨーロッパ諸国の都市部と同様に，移
動手段として自転車を使用することを促す施策が進められている。使用するエ
ネルギーのほとんどすべてを再生可能エネルギーでまかなうエコ・タウンの建
設も，一部の地区で実施されている。フィンランドのフィンエアーはバイオ燃
料での長距離フライトを運航し，デンマークでは世界で初めて軍として小型の
電動航空機を導入するなど，さまざまな分野で「脱炭素」が試みられている。
　1994 年に EU に創設された欧州環境機関（EEA）はデンマークの首都コペン
ハーゲンに設置され，EU に加盟していないノルウェーとアイスランドも参加
している。EU の中には経済成長との兼ね合いから環境問題への取り組みに積
極的ではない国もあるが，北欧諸国は EU レベルで環境保護のための政策を発
展させるよう協力を促している。

北欧協力

　北欧諸国はヨーロッパ地域や世界レベルでの国際協力に参加すると同時に，
北欧地域での協力も進めてきた。1952 年には**北欧会議**（Nordic Council: 北欧理事
会，北欧審議会と訳される場合もある）という地域協力組織を創設し，社会，文化，
法律，労働市場，域内移動・移住，交通通信などの分野で協力実績を残してき
た。1971 年には閣僚レベルでの協力組織である北欧閣僚会議を創設し，地域
協力を実現する際の政府側の手続きの簡略化がめざされた。現在は，社会，文
化，経済，交通通信，環境などの分野での協力を，バルト三国，ロシア，ポー
ランド，ドイツなどのバルト海沿岸諸国へと広げている。
　また，北欧諸国は数々の PKO への参加体験をもっていたことから，1964 年
には自国軍をもたないアイスランドを除いた 4 カ国で常設の国連待機軍を設置
し，国連からの要員派遣要請に迅速に対応することがめざされた。2009 年に
は軍事分野で北欧防衛協力（NORDEFCO）という協力体制が発足している。他
にも，効率的に途上国援助を行うために，北欧諸国間での協力が進められた。
航空分野でも，事実上のナショナル・フラッグとなっているスカンジナビア航

空を，デンマーク，スウェーデン，ノルウェーの 3 カ国が共同で設立し運営し
ているなど，北欧諸国間の協力はさまざまな分野で見られる。

　北欧諸国は軍縮，人権，環境問題，平和維持の活動などに積極的な姿勢を見
せている点で共通点があり，これらの分野で国際的に貢献するよう協力してい
る。そして，5 カ国間での緊密な協力関係を維持しつつ，バルト海沿岸諸国と
の協力の強化もめざしている。EU 諸国との協力とともに EU に加盟していな
いヨーロッパ諸国との関係も重視しながら，対外政策を展開している。

　各国の政治体制，政党政治，産業構造，エネルギー政策，安全保障政策など
に相違は存在するが，社会福祉政策，経済政策，対外政策，環境政策には共通
点も多く存在しており，「北欧」というまとまりは今後も維持されると考えら
れる。北欧諸国のよい面が注目されることが多いが，もちろん各国ともさまざ
まな課題を抱えている。それらを個人の問題とするのではなく，国や社会とし
て解決していこうとするところに，北欧諸国の特徴があるといえよう。

さらに読み進む人のために──────

五月女律子，2004 年『北欧協力の展開』木鐸社。
　＊北欧 5 カ国間で進められた地域協力について，第二次世界大戦後から 1970
　　年代までを中心に分析した書。
津田由美子・吉武信彦編，2011 年『北欧・南欧・ベネルクス』（世界政治叢書 3）
　ミネルヴァ書房。
　＊北欧諸国の政治のしくみ，歴史，現在直面している課題について，ヨーロッ
　　パの中小国の特徴という視点から解説している。
岡澤憲芙編著，2015 年『北欧学のフロンティア──その成果と可能性』ミネル
　ヴァ書房。
　＊北欧諸国に関して，思想，社会，文学，政治，行政，経済など多方面からス
　　ウェーデンの事例を中心に考察している。
東海大学文化社会学部北欧学科編，2020 年『北欧学のすすめ〔新版〕』東海大学
　出版部。
　＊北欧諸国の歴史，社会，文化，言語，文学の特徴について解説している。

第 7 章

中 東 欧

❶独立 100 周年を祝する，リトアニアの大統領府（2018 年 8 月，筆
者撮影）。中東欧諸国ではポーランド，エストニア，ラトヴィア，
チェコおよびスロヴァキア（独立時はチェコスロヴァキア）も同じ
1918 年に独立を果たしている。

　社会主義体制が解体した後，中東欧諸国は民主主義の確立と市場経済への移行，
そして EU への加盟を追求して変革を進め，それらの目標を達成することができた
かにみえた。だが世界金融危機と欧州難民危機を経て，この諸国にはさまざまなか
たちの変動が生じている。本章では，政治と経済の関係を軸として，この地域の状
況を整理していく。

表 7-1　中東欧諸国略年表（1989 年の体制転換以降）

年　月	事　項
1989年 2 月	ポーランドで体制転換の契機となる「円卓会議」が開催される。
5 月	オーストリアとハンガリーの国境の鉄条網が撤去される。
6 月	ポーランドで議会の部分的な自由選挙が実施され，統一労働者党（共産党）が敗北する。
9 月	ポーランドでマゾヴィエツキが首相に就任し，非共産党系の内閣が成立する。
11月	ベルリンの壁が崩壊。チェコスロヴァキアで「ビロード革命」が発生する。
90年 3 月	中東欧諸国の中で最初の議会の自由選挙が，ハンガリーで実施される。
	以後，中東欧の各国において自由選挙が行われる。
10月	東西ドイツが統一される。
91年 6 月	スロヴェニアとクロアチアが，旧ユーゴスラヴィアからの独立を宣言する。
9 月	旧ソ連の国家評議会が，バルト諸国の独立に関する決定を採択する。
93年 1 月	チェコスロヴァキアがチェコとスロヴァキアに分離する。
97年 7 月	「アジェンダ 2000」が公表され，欧州連合（EU）加盟交渉開始の準備が進んでいるとみなされたチェコ，エストニア，ハンガリー，ポーランド，およびスロヴェニアとの間で EU 加盟交渉を開始することが確認される。
98年 3 月	チェコ，エストニア，ハンガリー，ポーランド，スロヴェニアの EU 加盟交渉開始。
99年 3 月	チェコ，ハンガリー，ポーランドが北大西洋条約機構（NATO）に加盟する。
2000年 2 月	ブルガリア，ラトヴィア，リトアニア，ルーマニア，スロヴァキアの EU 加盟交渉開始。
04年 3 月	ブルガリア，エストニア，ラトヴィア，リトアニア，ルーマニア，スロヴァキア，スロヴェニアが NATO に加盟する。
5 月	チェコ，エストニア，ハンガリー，ラトヴィア，リトアニア，ポーランド，スロヴァキア，スロヴェニアが EU に加盟する。
05年10月	クロアチアの EU 加盟交渉開始。
07年 1 月	ブルガリアとルーマニアが EU に加盟する。
	スロヴェニアが中東欧諸国で初めてユーロを導入する。以後中東欧諸国ではスロヴァキア，エストニア，ラトヴィア，リトアニアがユーロを導入する。
12月	2004 年に EU に加盟した 8 カ国がシェンゲン協定に加盟し，加盟国間の国境の自由な往来が可能となる。
09年 4 月	クロアチアが NATO に加盟する。
10年 4 月	ハンガリーでフィデスが政権を獲得。以後法の手続きを軽視する変革を立て続けに実施し，EU との対立を深める。
13年 7 月	クロアチアが EU に加盟する。
15年 9 月	欧州難民危機に際して，ポーランド・ハンガリー・チェコ・スロヴァキアの 4 カ国が EU による移民・難民割当に懸念を表明し，ポーランド以外の 3 カ国は欧州司法・内務理事会の臨時総会において割当案に反対票を投じる。
10月	ポーランドで法と正義が政権を獲得。以後ハンガリーと同様に法の手続きを軽視する変革を実施し，EU との対立を深める。
18年	バルト諸国とポーランド，チェコおよびスロヴァキア（独立時はチェコスロヴァキア）が独立 100 周年を迎える。
20年 3 月	新型コロナウイルス感染症（COVID-19）の感染拡大により，シェンゲン協定に加盟している中東欧諸国も国境を一時封鎖する。

1 ポスト社会主義の中東欧諸国
——多様な「体制転換」のかたち

「中東欧」とはどこか

　ヨーロッパの中で1990年前後まで社会主義体制が存在していた国を総称する際に，「東欧」または「中・東欧」という呼称を用いることが多い。この地域は主としてかつてドイツ，ハプスブルク，ロシアの各帝国の支配のもとにあった地域と，オスマン帝国の支配のもとにあった地域とに分けることができるが，その際に前者の地域を「中東欧」，後者の地域を「南東欧」または「バルカン」と称することがある。本章では前者の中東欧諸国のうち，2004年に欧州連合（EU）加盟を実現したチェコ，エストニア，ハンガリー，ラトヴィア，リトアニア，ポーランド，スロヴァキア，スロヴェニアの8カ国について議論していくこととする（同じく中東欧に含まれるクロアチアについてはClose up②で扱う）。だが，これらの国の名前を聞いてイメージがすぐに出てくるという人は，そう多くはないであろう。ポーランドであればショパンやアウシュヴィッツ（ポーランド語ではオシフェンチム）収容所，チェコであればビールやもぐらのクルテクなどを思い浮かべることはできても，実際にどのような国なのかということを調べようとしたら，日本語で得られる情報は意外に限られた（偏った？）範囲のものしかないことに気がつくはずである。

　だが日本での情報が少ないということが，これらの諸国と日本との関係が弱いということを意味するわけではない。経済面では，中東欧諸国の経済発展にともない国内の市場が活性化していることや，EU拡大を通してこの諸国から西欧諸国への輸出が増える可能性が高まったことから，トヨタやスズキ，シャープ，日立などの大手企業を含む500社以上の日本企業が，チェコやハンガリー，あるいはポーランドを中心とする中東欧諸国に進出している。政治面でも，例えば外務省のホームページを見ると，中東欧諸国と日本の間ではしばしば要人の往来や協議があることを確認することができる。さらに新型コロナウイルス感染症（COVID-19）が広まる前には，日本での世界遺産ブームの影響もあり，世界遺産の宝庫でもある中東欧諸国に日本から訪問する人も増えつつあった。

図7-1　現在の中東欧諸国

　中東欧の国々が注目されるようになった理由の一つには，これらの国々が社会主義体制の解体からわずか20年の間に急速に政治・経済の制度を変革し，困難であると考えられたEU加盟までをも実現したことで，これらの諸国がもつ将来の可能性が認識されるようになったということがある。だが他方で，世界金融危機と欧州難民危機を経たのちの中東欧諸国では，さまざまなかたちの変化があらわれつつある。本章ではこの中東欧諸国の変化について，政治と経済の連関という視点から考えてみることにしたい。

表 7-2　中東欧諸国の基礎データ

	チェコ	エストニア	ハンガリー	ラトヴィア	リトアニア	ポーランド	スロヴァキア	スロヴェニア
面積 （万km²）	7.9	4.5	9.3	6.8	6.5	31.3	4.9	2.0
人口 （万人， 2020 年）	1069.4	132.9	977.0	190.8	279.4	3795.8	552.5	209.6
首都	プラハ	タリン	ブダペスト	リーガ	ヴィルニュス	ワルシャワ	ブラチスラバ	リュブリャナ
主要言語	チェコ語	エストニア語	ハンガリー語	ラトヴィア語	リトアニア語	ポーランド語	スロヴァキア語	スロヴェニア語
宗教	無宗教が約6割，カトリックが3割弱	プロテスタント（ルター派）およびロシア正教など	カトリックが約半数，他にプロテスタント（カルヴァン派)など	プロテスタント（ルター派），カトリックなど	カトリックが中心	カトリックが約9割	カトリックが約7割	カトリックが約6割
通貨 （レートは2021年8月現在）	チェコ・コルナ（1コルナ=5.1円）	ユーロ（1ユーロ=129円）	フォリント（1フォリント=0.37円）	ユーロ	ユーロ	ズウォティ（1ズウォティ=28.6円）	ユーロ	ユーロ
1人当たりGDP（ユーロ実質，2020年）	17,340	15,010	12,680	12,150	14,030	12,700	15,180	19,720
欧州理事会参加者	フィアラ首相	カッラス首相	オルバーン首相	カリンシュ首相	シモニーテ首相	モラヴィエツキ首相	ヘゲル首相	ヤンシャ首相

　［出典］　人口と1人当たりGDPは Eurostat，他は外務省ウェブサイト「各国・地域情勢」を基に
　　　作成。

体制転換と EU 加盟

　中東欧諸国には 1940 年代の後半から 1990 年の前後まで，「**社会主義**」と呼ばれる政治経済のシステムが存在していた。このシステムは，政治面における共産党（正式な名称は国によって異なっていた）の一党独裁と，経済面における中央管理・計画経済の2つが結び付いて，共産党が決定した方針に基づいて，国家が一元的に経済運営を行うことをその特色としていた。

　この共産党が一元的な経済管理を行うシステムは，経済開発が遅れていた諸

国が近代化・工業化を進めるうえでは，一定の成果があったとされる。だが経済開発がある程度進むと，人々はより高いレベルの消費を求めるようになったが，計画経済ではそのような人々の嗜好の変化には対応することができなかった。さらには経済水準の上昇にともない，人々の教育程度や生活水準も上昇してくると，共産党が国民を統制して独裁的な政治を行うことへの反発も強まってきたが，共産党がすべてを管理する社会主義のしくみでは，党の支配に対する抵抗を受け入れることはできなかった。このような理由から社会主義のシステムを維持していくことは次第に難しくなり，最終的には 1989 年初めのポーランドにおける，共産党（ポーランドの場合「統一労働者党」）と反体制派を代表する自主管理労働組合「連帯」との間での円卓会議の開催をきっかけとして，各国で社会主義体制が崩壊していくこととなる。

　一党独裁と計画経済に基づく社会主義システムの解体から，現在の民主主義と市場経済に依拠する新しいシステムの構築に至るまでの過程は，一般に「**体制転換**」と呼ばれている。この体制転換の過程で中東欧の諸国は，政治面で秩序を維持しながら複数政党の選挙による競合を軸とした政治の枠組みを定着させること，および経済面で混乱を最小限に抑えながら市場経済の枠組みを導入することという，いずれも困難な変革を，しかも同時にかつ短期間で実施する必要に迫られた。だが他方で，少なくとも体制転換の初期には，社会主義体制への反発が強かったこともあり，変革にともなう経済状況の悪化などの「痛み」もやむをえないものとして受け入れた人が多かったことや，体制転換にともなう混乱が国際的な影響をもたらすことを回避するために，欧米諸国や日本が中東欧諸国に対してさまざまなかたちでの支援を行ったことが幸いして，中東欧諸国は（1991 年から 95 年まで紛争が続いたクロアチアを除いて）比較的安定したかたちで体制転換を進めることができた。

　その後，中東欧諸国の情勢が安定した 1990 年代の後半からは，中東欧諸国の「EU 加盟」が現実の問題として議論されることとなった。ここで中東欧の側は早期から EU への加盟を求めていたものの，EU の側は経済水準が低く，かつ政治面でもまだ十分に安定していなかった中東欧諸国の加盟に関しては，慎重な態度を示していた。拡大に関する最初の本格的な討議が EU の側でなされたのは，1995 年のマドリード欧州理事会においてであった。ここでの合意

に従い 1997 年 7 月には，加盟交渉の開始準備が進んでいたとみなされたチェコ，エストニア，ハンガリー，ポーランド，およびスロヴェニアとの間で加盟交渉を開始するという「アジェンダ 2000」が公表された。ついで 1999 年末にはヘルシンキ欧州理事会においてラトヴィア，リトアニア，およびスロヴァキアとも加盟交渉を行うことが決定され，数年の交渉過程を経て 2004 年 5 月に，これらの諸国は EU に正式加盟するに至った。なおクロアチアの EU 加盟は，1990 年代に大統領の座にあったトゥジマンの民族主義的な政治運営に対する国際的な反発や，領海をめぐるスロヴェニアとの対立のために大幅に遅れ，2013 年 7 月にようやく加盟が実現した（**Close up**②参照）。

　この中東欧諸国の EU 加盟に際して基準とされたものが，いわゆる「**コペンハーゲン基準**」である。これは 1993 年に開催された，コペンハーゲン欧州理事会において決定されたもので，EU に加盟しようとする国に要求される政治基準，経済基準，および「アキ・コミュノテール（*acquis communautaire*）」と称される EU 法の受容にかかわる基準の 3 つからなる（具体的な内容は，第 12 章の表 12-2 を参照）。ここで EU の側が中東欧諸国の加盟に際して，明確かつ具体的な基準を提起したこと，特に法制度の整備に関してはかなり詳細な要求を行ったことで，EU 加盟後の中東欧諸国では同じような制度が形成され，その結果として同じような政策が実施されるのではないかという議論が，一時は提起されていた。だが現実には，ここで取り上げる中東欧の 8 カ国においては，EU への加盟に際して各種の制度の改編が実施されたのは事実であるが，そのことが 8 カ国の間における制度や政策の「収斂」へと結び付いたわけではなかった。むしろ民主主義と市場経済を確立し，また EU 加盟のための条件を満たす必要があるという点では同じような環境の下に置かれていたはずの中東欧諸国の間には，EU 加盟から 20 年近くが経過した現在でも，制度や政策に明確な違いが存在している。ここではまず，現在の中東欧諸国の間で見られる違いについて，簡単に見ておくこととしたい。

経済政策の 2 つの潮流

　同じ社会主義の枠組みが存在していた中東欧諸国の間で，体制転換の後で違いが生じたのには，体制転換の時期において，国により異なる経済政策がとら

れたことが関係している。社会主義期の旧ソ連や中東欧諸国に関しては，急速な工業化を進めるために，国内の消費を抑制してその分の資源を生産部門に重点的に投入するという経済運営が行われていたという点は，ほぼ共通していた。だが体制転換後の現在では，中東欧諸国の経済政策は大きく2つの潮流に分かれていて，これが経済や福祉などの制度の違いと密接に連関している。

　①チェコ，ハンガリー，スロヴァキア，スロヴェニアのパターン　　体制転換後も製造業を中心とする産業構造を維持しつつ，外資の導入によりその近代化を進めた諸国。製造業では一般に，大規模な工場での組織労働が必要となるので労働者の組織化が進みやすく，また技術を有する労働力が求められるために労働者の「置き換え」が難しいこともあり，労働者の影響力が相対的に強くなる傾向がある。そこからこの諸国では，国により形や程度に違いはあるものの，労働者と経営者，および時には政府も参加する協議を通した経済運営が行われ，その結果として労働者の意向を反映した制度が導入されるようになる。

　②ポーランドとバルト諸国のパターン　　体制転換後において社会主義期の製造業中心の産業構造を維持することが困難となり，そこからアパレルや食品などの軽工業，情報技術（IT）・エレクトロニクス関連産業，もしくは金融やサービス産業など，大規模な設備や多額の投資を必要としない産業への転換を進めた諸国。軽工業やIT，もしくはサービス業では一般に，中小企業が多いため労働者の組織化が進みにくく，また求められる労働力も単純作業が中心となるため人材の「置き換え」が比較的容易になることから，労働者の立場は弱くなる傾向がある。そこからこの諸国では，労働者の福祉よりも企業の経済活動の自由を重視する，いわゆる新自由主義的（ネオリベラル的）な経済政策が実施されるようになる。

　この2つのグループの違いをデータで表したのが，表7-3および7-4である。表7-3はハンガリーの経済学者グレスコヴィッツの基準（Greskovits, 2008）に従い，各国の輸出品を生産に必要な要素で分類したものであるが，このデータからは各国が他国に輸出することができる産業，つまりは各国で国際的な競争力のある産業がどの分野になるかを，確認することができる。

　グレスコヴィッツは産業の分類に際して，資本の必要の程度の違い（多額の資本を必要とする「ヘビー」産業と，多額の資本を必要としない「ライト」産業）およ

表7-3　生産要素からみた中東欧諸国の輸出構成 (2020 年)　　　　　　　　単位：%

	ヘビー・コンプレックス産業の比率	ライト・コンプレックス産業の比率	ヘビー・ベイシック産業の比率	ライト・ベイシック産業の比率
チェコ	43.4	29.3	19.4	7.7
ハンガリー	45.2	26.7	22.2	5.2
スロヴァキア	54.6	17.6	20.9	6.8
スロヴェニア	32.3	33.1	24.8	9.8
ポーランド	30.8	24.4	32.4	12.4
エストニア	30.1	18.6	34.3	17.0
ラトヴィア	22.2	15.4	38.8	23.4
リトアニア	25.1	11.1	41.8	21.9

［注］　グレスコヴィッツが提起した分類基準は次の通り：
　　　ヘビー・コンプレックス：化学製品（薬品を除く），運輸，重工業製品，鉄道，飛行機など
　　　ヘビー・ベイシック：農業，石油，ガス，電気，石炭，金属，皮革，プラスティックなど
　　　ライト・コンプレックス：薬品，電気・IT 製品，軽工業製品など
　　　ライト・ベイシック：木材加工，被服，繊維，靴，家具など
［出典］　国際貿易センター（International Trade Center〈ITC〉）の貿易データベース（https://www.intracen.org/itc/market-info-tools/trade-statistics/）の各国の輸出品データを基に，Greskovits (2008, p.22) の基準に基づいた分類で，各国の輸出品を筆者が分類して計算。ただし分類ができなかった「その他」をどの項目にも含めていないため，合計は 100％とはならない。

び必要とされる労働力の性質の違い（技術を有する労働力や専門知識を有する人材など人的な要素が重視される「コンプレックス」産業と，単純労働が主に求められる「ベイシック」産業）に注目し，この２つの要素の組み合わせから各国の産業を「ヘビー・コンプレックス」「ライト・コンプレックス」「ヘビー・ベイシック」「ライト・ベイシック」という４種類に分類した。そしてこの分類から見ると，① グループの４カ国は労働者に一定の技術が要求される「ヘビー・コンプレックス」部門もしくは「ライト・コンプレックス」部門の比率が相対的に高いのに対して，② グループの４カ国は，労働者には高度な技術が求められない「ベイシック」部門の比重が相対的に高くなっていることがわかる。

　ついで表7-4 は各国の産業の違いと，それにともなう労働組合の影響力，ならびに福祉のあり方の違いを整理したものである。これを見ると，労働組合の組織率に関してはスロヴァキアとスロヴェニアを除いて現在では低迷しているものの，それでも製造業の比率がサービス業などの比率よりも相対的に高い

表7-4　中東欧諸国における産業・労働・福祉の現況

	GDPに占める製造業の比率（%）	GDPに占めるサービス・IT・金融業の比率（%）	労働組合の組織率（%）	団体交渉のカバー率（%）	ジニ係数	所得格差	社会移転支出後貧困率（%）
製造業中心の諸国							
チェコ	29.0	27.8	10.5＊	46.3	24.0	3.3	10.1
ハンガリー	24.8	26.4	8.5＊	22.8＊＊	28.0	4.2	12.3
スロヴァキア	24.3	25.6	26.9	24.4	22.8	3.3	11.9
スロヴェニア	26.2	27.5	30.4＊	70.9＊＊	23.9	3.4	12.0
新自由主義的経済の諸国							
エストニア	19.3	34.3	4.5	18.6	30.5	5.1	21.7
ラトヴィア	15.0	31.5	12.6	13.8＊	35.2	6.5	22.9
リトアニア	20.0	36.8	7.7＊	7.1	35.4	6.4	20.6
ポーランド	23.7	33.6	12.1＊	17.2	28.5	4.4	15.4

［注］　所得格差は，ここでは所得の「下位20%」の層が得た所得に対して，「上位20%」の層が何倍の所得を得ているかを表した比率。貧困率は所得の「中間値」の60%以下の所得しか得られていない層の比率。

［出典］　労働組合の組織率と団体交渉のカバー率はILOの労働に関する統計ILOSAT（https://ilostat.ilo.org/topics/union-membership/）に掲載されている2015年（＊をつけた国は2016年，＊＊をつけた国は2014年）のデータ，その他はEurostat（https://ec.europa.eu/eurostat）の，GDP関連は2020年，それ以外は2019年のデータ。

①グループの4カ国は，②グループの4カ国と比べて労使の団体交渉によって賃金などが決定される労働者の比率が高くなっている。そしてそのために，①グループの諸国では労働者の生活を安定させるように，労働法制や社会福祉を通して労働者の生活を保護するしくみが導入されていて，そこから国内における格差や貧困の程度も，②グループの諸国と比べると低くなっていることがわかる。

　このように現在の中東欧諸国においては，製造業中心の諸国と，サービスやIT，金融産業の比重が高い諸国との間で，明確な違いが存在していることがわかる。このことをふまえたうえで次節以降では，この経済の相違が政治に与えた影響について整理していく。なお各国の産業のあり方については，EU内での他の国との結び付きとも密接な関係があることが確認されている。この点に

ついては，第11章の「EUの経済政策」で議論がなされているので，そちらも参照してほしい。

2 製造業を軸とした経済発展
──チェコ，スロヴァキア，ハンガリー，スロヴェニア

4カ国の共通点

　前節で述べたように，ここで取り上げる4カ国は，社会主義体制が解体した後も製造業を主体とする経済構造を基本的に維持し，またそれによって市場経済への移行を進めてきたという点で共通している。ではなぜこの4カ国では，社会主義期以来の製造業を体制転換後も維持することが可能であったのか。これについては，以下のような要因が作用している。

　(1) この4カ国は社会主義期ないしそれ以前から高いレベルの工業・技術水準があり，国際市場への輸出も可能な製品を生産することが可能であった。

　(2) 西欧との距離が近いことで製品の輸出，あるいは企業内分業を行いやすいことから，早期から多国籍企業による直接投資を利用することができた。

　ここで特に重視されているのは，欧米や日本の多国籍企業による直接投資の役割の大きさである。多国籍企業の側は，上の (1) および (2) で挙げた理由に加えて，一定の技術を有する労働者を西欧よりも安く雇用することができることや，市場の拡大を見込める中東欧および旧ソ連諸国の市場へのアクセスを確保する必要があったことから，大陸の中東欧諸国への積極的な投資を進めてきた。他方で特にハンガリーやチェコは，多国籍企業の投資により自国の経済を回復させてきたのみならず，賃金や労働条件の改善，あるいは職業訓練の実施などでも，多国籍企業を利用してきた。このような多国籍企業を利用した経済運営については，「**海外直接投資基盤の市場経済** (FDI-based market economies)」と称されることもある (Myant and Drahokoupil, 2011)。

　加えて製造業中心の経済を維持したことは，労働者の利益を重視する社会民主主義系の政党の政治への影響力を強める作用を果たした。一般に製造業部門では，労働者が工場において集団で働く場合が多いことから，労働者の間の利害が共通のものとなることが多い。そのため労働者は，協力して労働組合を組

織し，経営者に対して集団で給与や労働条件の改善を求める可能性が高くなるとされる。そしてこのことが，労働組合の支持を背景とした社会民主主義系の政党の拡大に一定の役割を果たしていた。

　だが近年では，これらの諸国においても労働組合の組織率は低下し，各国における社会民主主義系の政党の影響力が弱くなってきている。またこのことも作用して，特に2010年代に入ると各国の政治にも変化が生じてきた。

　以下では，この政治の変化について整理していく。

チェコとスロヴァキア

　この両国においては，チェコでは1990年代の半ばから，スロヴァキアでも21世紀に入ると，「労働組合の支援を受けた社会民主主義系の（諸）政党」と「中間層の支持に依拠するリベラルないし保守的な（諸）政党」というかたちの政治対立が基本となり，かつこの2つの勢力の間で選挙を通して政権交代が行われるのが通例となっていた。

　だが2008年のリーマン・ショックに端を発する世界金融危機，および15年の中東・アフリカからの100万人を超える難民の流入による欧州難民危機の発生は，この両国を含む中東欧諸国の政治に大きな影響を与えた。まずチェコでは，金融危機の前は社会民主党とリベラル系の市民民主党が2大政党として交互に政権を担当していたが，金融危機にともなって生じた経済状況の悪化により，この両党に対する支持は大きく低下し，以後は新党が次々と議会に参入するようになった。そして2017年の選挙では，実業家のバビシュが設立した反既存政治・既存政党を強調する「アノ」（「不満をもつ市民の行動」というチェコ語の略称）が第1党となるに至る。またアノ以外にも，排外主義的な傾向の強い政党や直接民主主義の導入を主張する政党などが議会に議席を獲得し，チェコの政党政治は大きく変化した。

　他方のスロヴァキアでは，2000年代に社会民主主義政党としての地位を確立した「方向‐社会民主主義（以下「方向」）」が，他の国と比べて相対的に組織率の高い労働組合の支持を受けて，2006年から20年まで（2010～12年の間を除いて）政権を担当していた。だが方向はスロヴァキアの労働者を重視するという立場をとることから，民族主義的な政党と連立を形成することもあった。

また 2016 年の選挙においては，方向は低迷しつつあった支持を回復させるために排外的な主張を強めたが，そのことは難民問題を選挙の争点とすることとなり，その結果民族主義的な傾向の強い複数の政党が議席を獲得することとなった。

　この両国は，中東欧諸国の中でも政党間の関係が安定している国と考えられていた。だが 2010 年代に入ると，それまで政権を担当してきた政党を自分たちの「敵」とみなし，直接民主主義の導入や外国人の排斥など，さまざまなかたちで「自分たちのため」の政治を求める，いわゆる「**ポピュリスト政党**」が政治の表舞台に参入するようになった。ただポピュリスト政党は新党とは別に，それまで存在していた政党が支持を広げるためにポピュリスト化する場合もある。そのような事態が生じた例として次項でハンガリー，第 3 節においてポーランドの状況を検討する。

ハンガリー

　ハンガリーでは 1990 年代の中ごろから，ナショナリズムと宗教（カトリック）を強調する保守政党のフィデスと，かつての支配政党であった社会主義労働者党の実質的な後継政党だが，経済路線としてはネオリベラルに近い社会党が交互に政権を担当してきた。だがこの状況は，2010 年以降に大きく変化することとなった。

　2000 年代後半において社会党は，財政赤字削減のために緊縮財政策を実施したことや汚職が頻発したこと，および世界金融危機のさなかの 2009 年 3 月に当時のジュルチャーニ首相が突然辞任し危機への対応を放棄したことで，信頼を喪失していた。これに対してフィデスは，自分たちが正しい「国民」であり社会党やリベラル勢力を自分たちに対する「敵」であるとするポピュリスト的な主張を通して攻勢を強め，2010 年の選挙において憲法改正が可能となる 3 分の 2 の議席を獲得することに成功した。そしてこの状況を利用してフィデスは，憲法裁判所の権限削減や司法の独立の制約，メディアに対する規制の強化，あるいは反 LGBTQ 法の制定などの施策を実施し，EU との対立を深めている（平田，2014）。

　フィデスは経済政策においても，独自の路線を採用している。一方では銀行

*Column*⑦　**ヴィシェグラード4カ国**

　本章で取り上げた国のうち，ポーランド，ハンガリー，チェコ，スロヴァキアの4カ国の総称として，「ヴィシェグラード4カ国（V4）」という表現を用いることがある。この名称は，社会主義体制が解体したのちの1991年2月にポーランドのヴァウェンサ大統領（以下いずれも当時），ハンガリーのアンタル首相，および解体する前のチェコスロヴァキアのハヴェル大統領が，ハンガリー北部のドナウ川流域の町ヴィシェグラードにおいて，今後の友好および相互協力を促進することを目的とした会談を行ったことに由来している（ただしこの3カ国の最初の会合は，前年の1990年12月にブラチスラヴァで行われている）。

　当初はEU加盟に向けた協力が中心であったが，現在では文化，環境，防衛，教育，観光，エネルギーなど多面的な協力を実施している。またこの諸国の協力はヨーロッパ統合に対抗するものではなく，周辺諸国やヨーロッパ全体と協力して民主主義のもとでの発展を進めるということが強調されていて，そこから周辺諸国や他のヨーロッパ諸国との協力も推進し，またバルカン諸国や東方パートナーシップ（アルメニア，アゼルバイジャン，ベラルーシ，グルジア，モルドヴァ，ウクライナの6カ国を対象としたEUの関係強化の枠組み）諸国への支援も実施している。このような事情もあり，この4カ国はEUの中でヴィシェグラード・グループとして共通の行動をとることも多い。ただしその中には，欧州難民危機に際してEUからの加盟国への難民の割当に反対したというものも含まれるが。

　日本との関係では，2003年に小泉純一郎首相がチェコとポーランドを訪問した際にV4+Japanという相互協力のための枠組みを形成したのが，最初の公式な協力の取り組みとなる。ただしこの枠組みが実効的に用いられるようになるのは，2013年に安倍晋三首相がワルシャワを訪問し，最初のV4と日本との首脳会議を開催して以降のことである。その後は2018年，2019年にも首脳会議を実施したほか，観光や経済面での相互協力も進めている。

や外国資本の比重の高い産業に意図的に重点的な課税を行う，1998年に導入された，年金の保険料の運用を民間の基金会社に委ねる上乗せ分の年金制度を実質的に廃止して国の年金に一元化するなど，市場経済の機能を妨げるような変革を実施してきた。その一方で，所得に関係なく税率を一律16％とするフラット・タックスの導入や，富裕層に対する税負担の軽減，低所得世帯への手当の削減，失業給付の削減と給付期間における就労プログラムへの参加の義務

化など，市民に対してはネオリベラル的な施策を実施している。

　このような政策をとる背景には，フィデスは政治的な敵対勢力以外にも国民の敵となる存在を想定し，そのような層に対して「正しい国民」を優遇するという方向を示しているということがある。この「正しい国民」には，カトリックの価値観に依拠し，自らの労働により家族を支える純粋なハンガリーの人々という存在が想定されていて，そこから外国資本や移民，福祉に依存するとされた低所得層およびロマの人々，あるいは LGBTQ などがフィデスの攻撃の対象とされることとなった。また欧州難民危機の際には，難民の流入を妨げるためのフェンスをセルビアとの国境に設置したりもした。このような路線には海外からの批判も多くあるものの，国内ではフィデスに対する支持は盤石で，2014 年，18 年の選挙でもフィデスは引き続き 3 分の 2 の議席を獲得して政権を維持している。

スロヴェニア

　スロヴェニアでは旧ユーゴスラヴィア時代には，労働組合や経営者団体，あるいは地域代表などの多様な勢力が参加して政策決定を行う「自主管理」という枠組みが存在していた。この枠組みが体制転換ののちもスロヴェニアでは機能していて，経済政策や福祉も含めた多様な領域の政策が，さまざまな勢力の間の協議を経て形成されてきた。政党間の政策対立がないわけではなかったが，それでも世界金融危機の前には主要な政治勢力の間での合意に基づく政策運営が続けられ，そこからスロヴェニアは経済開発と，手厚い福祉の提供を通しての労働者の生活の保護を両立させてきた。

　そのような経済運営が続けられてきた背景には，スロヴェニアが高い技術力に基づく工業製品を EU 諸国に輸出できていたことと，特に EU 加盟後にユーロ圏から資金を調達できていたことによる。だが世界金融危機にともないこの 2 つの条件が失われるとスロヴェニアは経済危機に陥り，そこからスロヴェニアでも経済政策の方向性をめぐり政党間の対立が先鋭化することとなった。そして 2013 年に，経済危機の影響を受け国内の複数の主要銀行が倒産するという事態が生じると，当時の社会民主主義系の政党も参加した連立政権が公務員の人数および給与の削減や社会給付の削減，付加価値税の引き上げなどの緊縮

財政策を実施するにいたる。その後の政権も，政党の方向性を問わず緊縮財政策を継続し，また福祉の削減や非効率な国営企業の民営化などを実施してきた。近年はその成果もあり経済は回復基調にあるが，その分以前と比較して福祉の水準は低下している。

3 新自由主義的経済路線の採用——ポーランドとバルト諸国

4カ国の共通点

ここで取り上げるポーランドとバルト諸国は，次の2つの点で，第2節で取り上げた4カ国とは異なっている。一つは社会主義体制の解体後において，従来の重化学・製造業中心の産業構造を，アパレルや食品産業などの軽工業やエレクトロニクス・情報産業，金融業，あるいはサービス産業を中心とする構造へと転換させた点，もう一つはその過程において，規制緩和や自由化を軸とする**新自由主義的経済政策**を積極的に推進することで市場経済への適合を進めてきた点である。

ただしここで取り上げる4カ国の間では，ポーランドとバルト諸国の間の状況には違いがあり，これを一括して扱うことが難しいため，以下ではポーランドとバルト諸国とを分けて議論することとしたい。

ポーランド

ポーランドは，社会主義期の主要な産業が，製鉄や造船を主体とする重工業部門や石炭を中心とする鉱業部門など，現在ではその役割が縮小している斜陽産業であり，これらの産業を市場化の中で維持することは難しい状態にあった。そのため社会主義期につくられた製鉄所や造船所，あるいは鉱山の多くは体制転換の後には閉鎖され，そこで働いていた労働者も職を失うこととなった。そしてそのために，1990年代には一定の影響力を有していた，かつての反体制運動の系譜を引き継ぐ労働組合「連帯」と，体制転換後は最大の労働組合となっていた，社会主義期の官制労働組合を受け継ぐ労働組合はいずれも組織率が低下し，それぞれの支援を得ていた保守系および社会民主主義系の政党も勢力を弱めることとなった。

このような流れから 2000 年代半ば以降のポーランドでは，さらなる EU と
の統合を追求するリベラル系の「市民プラットフォーム」と，EU に懐疑的な
保守ナショナリスト系の「法と正義」が対抗するという状況が現れた。2007
年に政権を獲得した市民プラットフォームは基本的に市場経済指向だが，世界
金融危機の際には次に述べるバルト諸国とは異なり，当時の首相トゥスクが公
共事業支出や企業支援などに積極的な支出を行い，その結果としてポーランド
は，2009 年において EU 加盟国で唯一プラスの経済成長率を達成することが
できた。だがこの施策は同時に政府の債務と財政赤字を増やすこととなり，こ
れに対して EU からの是正勧告を受けたことから，2011 年からのトゥスクの 2
期目の政権の際には，財政再建のための各種の緊縮策を実施した。これは財政
状況の改善には貢献したものの，他方では国民の生活に関する支出を削減した
市民プラットフォームへの不満を広げることとなった。加えて欧州難民危機に
際して，市民プラットフォームは EU からの難民割当を引き受けると表明した
ことで国内の反発も強まったこともあり，2015 年の選挙では法と正義が過半
数の議席を得て政権を獲得することとなった。
　このときの法と正義の手法も，EU と結び付いて腐敗したエリートに対して
ポーランドの国家と人々を守るといった，ハンガリーのフィデス同様のポピュ
リスト的な主張により支持を広げようとするものであった。ただし法と正義は，
農村部や国の東部，あるいは高齢者層といった経済的に弱い立場にある層の支
持を主に受けていることもあり，フィデスとは異なり弱者支援的な経済政策を
重視し，政権獲得後は家族手当の拡大や高齢者の医療費無償化といったバラマ
キ的な政策を多く実施してきた。法と正義は，一方では民主的な手続きを軽視
しているために多くの批判を受け，またこれに抵抗する層の支持も広がってい
るが，他方で直接的な恩恵を受ける層からの支持も根強いという状態にあった。
そこから 2019 年の選挙では，法と正義に対立する諸政党が支持を回復しつつ
も，法と正義は支持層の票を固めて第 1 党となり，引き続き政権を維持してい
る。

バルト諸国

バルト諸国に関しては以下のような理由で，旧ソ連からの独立にともない経

済構造の転換を余儀なくされた。

(1) この諸国の製造業は，社会主義期には旧ソ連の国内における分業体制に組み込まれていたことで，主として旧ソ連内の他の共和国向けに製品を「輸出」する体制を整えていた。そのため，旧ソ連が解体するとこの分業体制も崩壊し，それにともない製造業の輸出市場も失われた。

(2) あわせて旧ソ連との関係が途絶えたことで，従来は旧ソ連の他の共和国から安い価格で入手できた石油や工業用の原材料を，国際価格で購入せざるをえなくなった。

(3) 旧ソ連から独立して新しい国家を形成したことにともない，自国独自の通貨を新たに導入しなければならなくなったことから，通貨の信頼性を確保するために，経済を早期に安定させることが不可欠となった。

このような理由からバルト諸国では，独立の直後から緊縮財政や通貨流通の抑制，あるいは企業への補助金廃止などの施策を通して，インフレを抑制し経済を安定化させる方針がとられることとなり，その結果として独立ののちには大幅な経済の落ち込みを経験した。他方でバルト諸国においては，苦痛をともなう経済改革が新しい国のためには不可欠であるという認識が広まっていたことから，経済面での苦境が政治的な対立や反発をもたらすということはほとんどなかった。また1990年代の後半以降，エストニアはIT産業への重点的支援と金融・サービス部門における外資導入により，ラトヴィアとリトアニアは一次産品およびその加工品の西側への輸出，およびロシアと西欧諸国の間の中継貿易により，それぞれ経済状況を好転させることに成功した。その結果として各国とも，一時期は年率で10％を超える経済成長を達成することとなる。

だがスロヴェニアと同様に，小国で貿易に依存する経済構造を有するバルト諸国も，世界金融危機で経済に打撃を受けることとなった。2008年にはエストニアとラトヴィアがマイナス成長となり，09年には3カ国ともマイナス15％近くの経済の落ち込みを経験した。この際にラトヴィアは，EUおよびIMFからの金融支援も受けている。だが翌年の2010年にはエストニアとリトアニアはプラス成長に回復し，ラトヴィアも2011年にはプラス成長に転じた。

このような早期の回復が可能となった理由としては，バルト諸国は世界金融危機の間でも緊縮財政策を継続したことで，南欧諸国のような財政赤字の拡大

による危機の長期化を回避できたということがある。経済面での状況が厳しい中であえて緊縮財政策を継続したのは，この諸国においてはいずれも，経済を安定させてできるだけ早い時期にユーロを導入するという点で，主要な政治勢力が合意していたということがある。バルト諸国は独立直後から，自国の通貨とユーロをリンクさせる「カレンシーボード」制を採用していた。経済的に苦況にある際にはこれを放棄し通貨レートの切り下げを行う（それにより輸出力を維持する）という手段もあったが，バルト諸国はこれを放棄することなく緊縮策により危機に対応した。この諸国がユーロ導入に固執したのは，ユーロを導入することにより国際経済との関係を安定化することが可能となるのみならず，ユーロの枠内に入ることで他のユーロ諸国と同じ扱いを受けることができ，また安全保障の面でもより安定した地位を確保することが可能になるというメリットがあることによる（Mälksoo and Šešelgytė, 2013: 404）。そして経済状況が回復したのち，2011 年にはエストニア，14 年にラトヴィア，そして 15 年にリトアニアが，それぞれユーロを導入することとなる。

　バルト諸国においては，先に述べたように実施可能な経済政策が限定されていたこともあり，新自由主義的な経済政策の継続とそれによる EU 加盟という点では主要勢力の間での合意が存在していた。そしてそのために，大陸の諸国のように，世界金融危機後の経済のあり方で対立が生じて，そこからポピュリスト的な政党が台頭するということもなかった。その中でエストニアにおいては，2015 年の選挙でエストニア・ナショナリズムと反移民を強調する保守人民党が議席を獲得し，2019 年からは一時連立政権にも参加した。ただしこの政党も経済政策に関しては他の主要政党と方向性に違いはなく，そのためエストニアの経済政策も従来の路線がそのまま引き継がれている。

　最後に，新型コロナウイルス感染症の世界的な広がりは中東欧諸国にも影響を与え，2020 年にはいずれの国も経済の停滞を経験した。ただその中でも，製造業が中心で西欧諸国，特にドイツとのつながりの強い第 2 節で取り上げた諸国は GDP の低下率が大きかったのに対して（チェコ：−5.8%，スロヴァキア：−4.4%，ハンガリー：−4.7%，スロヴェニア：−4.2%），国内需要が大きいポーランド（−2.5%），および比較的経済が安定していた北欧諸国との経済的なつながり

があるバルト諸国（エストニア：−3.0%, ラトヴィア：−3.6%, リトアニア：−0.1%）は GDP の落ち込みをある程度おさえることができた。このことが各国の政治経済にいかなる影響を与えるかも，今後の中東欧諸国の政治をみる際の一つの軸となるであろう。

 さらに読み進む人のために―――

仙石学，2021 年『中東欧の政治』東京大学出版会。
　　＊クロアチア，スロヴェニアをのぞく中東欧諸国の体制転換後の政治について，政党政治を軸にして説明することを試みた書。本章の記述の多くはこの本に依拠しているので、本章の内容をより詳しく知りたい場合に参照してほしい。

盛田常夫，2020 年『体制転換の政治経済社会学――中・東欧 30 年の社会変動を分析する』日本評論社。
　　＊社会主義体制とその転換について，政治・経済・社会と多面的な角度から包括的な分析を行っている。読みこなすには相応の知識が必要だが，この地域に関してより深い理解を得ることができる。

オスルンド，アンデルス／家本博一・吉井昌彦・池本修一監訳，2020 年『資本主義はいかに築かれたか――ロシア・中央アジア・中東欧での 30 年の経験から』文眞堂。
　　＊中東欧に限らず，ポスト社会主義国における体制転換後の経済改革を包括的に検討した書。ただ本書の刊行は 2020 年で，副題にも「30 年の経験から」とあるが，原書は 2013 年に刊行されたものであるため，2010 年代の変容にはあまりふれられていないことに注意。

ボーレ，ドロテー＝ベーラ・グレシュコヴィッチ／堀林功・田中宏・林裕明・柳原剛司・高田公訳，2017 年『欧州周辺資本主義の多様性――東欧革命後の軌跡』ナカニシヤ出版。
　　＊中東欧諸国の資本主義の形を 3 つに類型化し，その相違が生じた背景について分析を行っている。本章でふれた中東欧諸国の経済の形の相違に関する議論も，この研究をもとにしている。

中井遼，2015 年『デモクラシーと民族問題――中東欧・バルト諸国の比較政治分析』勁草書房。
　　＊民主的選挙と民族紛争の発生との連関について、計量分析とラトヴィア・エストニアの事例比較分析を通して実証的に研究することを試みた書。比較政治の分析手法を知るうえでも参考になる。

Close up ②

クロアチア，ブルガリア，ルーマニア

　ここでは EU に加盟した東欧諸国の中で，第7章では取り上げなかった中東欧のクロアチアと，バルカンのブルガリアおよびルーマニアについて，簡単に状況を整理しておく。

　まずクロアチアに関しては，独立前の 1990 年 4 月から 5 月にかけて実施された選挙においてクロアチア民族主義を強調するトゥジマンが指導者の座に就いたことで，国内のクロアチア人とセルビア人との間の緊張が高まっていた。その後 1991 年 6 月にスロヴェニアとクロアチアの議会が独立を宣言すると，当時のユーゴスラヴィア連邦はこれを阻止するために両国に軍を派遣した。スロヴェニアはこれを「10 日間戦争」と称される短期間の紛争で克服したのに対して，クロアチアでは連邦軍と国内のセルビア人が結び付くことで紛争が長期化し，1995 年にクロアチアがセルビア人の支配地域であったクライナ・セルビア人共和国を壊滅させるまで混乱が続いた。

　紛争後もトゥジマンは民族主義的，権威主義的な政治を続け，またそのために国際社会の批判を受けていたが，1999 年にトゥジマンが大統領に在職したままで死去するとその後は民主化が進み，また経済も少しずつ回復してきた。そうした中でクロアチアの EU 加盟も現実的な問題となってきたが，紛争時の「戦犯」の旧ユーゴスラヴィア国際戦犯法廷（ICTY）への引き渡しをめぐる対立もあり，実際に交渉が開始されたのは 2005 年 10 月のことであった。加えてピラン湾の境界をめぐる対立から，スロヴェニアが 2008 年から 09 年にかけてクロアチアの EU 加盟交渉を引き延ばしたことでクロアチアの加盟はさらに遅れ，ようやく 2013 年 7 月に加盟が実現することとなる（ここまで柴・石田，2013 の各章による）。

　その後は経済も安定し，また GDP の 20％近くを占める観光業が堅調だったこともあり，1 人当たりの実質 GDP は 1 万 1720 ユーロ（2020 年。ただしこの年は新型コロナウイルス感染症（COVID-19）の影響で前年より GDP は減少している）となっている。これは EU の中では 3 番目に低い値だが，それでも先に EU に加盟したハンガリー（1 万 2680 ユーロ）に近い水準まで経済力を高めてきた。2020 年には為替相場メカニズムへの参加も認められ，ユーロを導入するための準備も進めている。

　次にバルカンに属するブルガリアとルーマニアであるが，両国はいずれも第7章で取り上げた中東欧の諸国よりも早く，19 世紀の後期（ルーマニアが 1878 年，ブルガリアが 1879 年）には独立を果たしていたものの，政治的には混乱の時期が長く続い

ていた。また経済面でも農業中心の経済構造が維持されていて，工業化の試みもそのほとんどが失敗に終わっていた。

　社会主義期の両国では，国内の資源や市場，あるいは技術水準などを無視して，重工業部門の拡大を優先的に進めるという「社会主義的工業化（あるいは「いびつな工業化」〈上垣，2011〉）」が進められた。だがこの時期に両国で生産された工業製品は，西側の市場に輸出できる水準のものではなかった。加えて 1970 年代の石油危機は両国の経済にも影響を与え，80 年代には両国とも経済の大幅な落ち込みを経験することとなった。他方で社会主義期の工業化は，労働力を農業部門から工業部門に移行させ，あわせて労働者の教育水準や生活環境を改善することに寄与したという意味では一定の成果もあった。そのため第 7 章で取り上げた中東欧の諸国とは異なり，人々は社会主義体制に否定的な見方だけをしていたわけではなかった（1989 年の体制転換の際にルーマニアは東欧で唯一流血をともなう変動を経験したが，これは社会主義体制への抵抗というよりは，チャウシェスクの独裁に対する抵抗という側面の方が強かった）。このような事情もあり両国では，体制転換の直後に実施された自由選挙において社会主義期の支配政党の流れを汲む政党が勝利し，その政権のもとで政治・経済の変革が進められることとなる。

　体制転換直後の 1990 年代前半には，両国とも政治的な混乱，および経済における深刻な不況を経験した。だが 1990 年代後半以降，特に両国の EU 加盟が現実的なものとして考えられるようになると，事態は少しずつではあるが好転していった。政治面では公正選挙に基づく政権交代が機能するようになり，また経済面でも通貨や物価の安定化政策の成功，あるいは安価な労働力や将来の市場への期待を有する外資の流入などから，一定の回復の兆しが見られるようになった。その結果 2007 年 1 月には，両国は EU への加盟を実現するにいたる。

　世界金融危機の際には両国の経済も打撃を受け，経済成長率も大きく低下したものの，2010 年代の後半には海外からの投資の増加や国内の需要の高まりもあり，一定の経済成長を達成した。ただしそれでも，両国は EU 加盟国の中で最も経済水準が低い地域であることに変わりはなく（1 人当たりの実質 GDP はブルガリアが 27 位で最下位〈2020 年の 1 人当たり GDP は 6380 ユーロ〉，ルーマニアが 26 位〈同 8818 ユーロ〉），汚職の多さも引き続き問題となっている（両国の政治経済の変容について詳しくは，藤嶋〈2019〉を参照）。

第8章

イギリス

↑ロンドンで行われた EU 離脱反対・親 EU のデモ行進の後で国会議事堂
前に集まった人々が掲げる EU 旗と英国旗。翌週にイギリス政府による
リスボン条約第 50 条に基づく EU への離脱通告が予定されていた
（2017 年 3 月 25 日，AFP = 時事）。

　イギリスは，世界的に知られた王室をもつとともに，議会制民主主義の母国でも
ある。近年では，スコットランドやウェールズへの権限移譲など新たな政治的試み
も行われてきた。経済面では，第二次世界大戦後，福祉国家の形成で世界をリード
したが，1970 年代末以降は一転して大胆な新自由主義改革を行った。また，かつ
て世界最大の帝国を誇ったイギリスは，戦後，帝国が急速に縮小する中で，アメリ
カとの「特殊関係」を重視しつつ，帝国からヨーロッパへの困難に満ちた方向転換
を進めた。だが，イギリスは，2016 年の国民投票を経て，EU から離脱した初め
ての国となった。本章では，そうした戦後イギリスの模索を，政治，経済，国際関
係の順にそれぞれの側面から見ていく。

表 8-1 イギリス略年表

年 月	事 項
1945年7月	総選挙で労働党が勝利し，アトリー政権が成立。
46年3月	チャーチルがミズーリ州フルトンで「鉄のカーテン」演説。
47年8月	インドとパキスタンがイギリスから独立。
48年7月	国民保健サービス（NHS）が発足。
49年4月	アイルランドが共和国に移行し，コモンウェルス（英連邦）から脱退。
51年10月	総選挙で保守党が勝利し，チャーチル政権が成立。
52年2月	ジョージ6世の死去により，エリザベス2世が即位（53年6月に戴冠式）。
55年4月	チャーチルが首相を引退。イーデン保守党政権が発足。
57年1月	イーデンが首相を辞任し，マクミランが後継首相に。
3月	ガーナがイギリスから独立。
7月	マクミラン首相が演説で「こんなによい時代はなかった」と述べる。
61年8月	マクミラン政権による第1次欧州経済共同体（EEC）加盟申請。
63年1月	フランス大統領ド・ゴールがイギリスのEEC加盟を拒否。
64年10月	総選挙で労働党が勝利し，ウィルソン政権が成立。
67年5月	ウィルソン政権による第2次EEC加盟申請。
11月	ド・ゴールがイギリスのEEC加盟を再び拒否。
68年1月	ウィルソン首相が「スエズ以東」からのイギリス軍の撤退方針を発表。
70年6月	総選挙で保守党が勝利し，ヒース政権が発足。
73年1月	イギリス，アイルランドが，デンマークとともに欧州共同体（EC）に加盟。
76年4月	ウィルソンの首相辞任を受けて，キャラハンが後継首相に。
79年3月	住民投票の結果，スコットランド，ウェールズへの権限移譲が挫折。
5月	総選挙で保守党が勝利し，サッチャー政権が成立。
81年7月	チャールズ皇太子とダイアナ妃の結婚式。
90年10月	ポンドの為替相場メカニズム（ERM）参加。
11月	サッチャーが首相を辞任。メージャー保守党政権が発足。
92年4月	総選挙で保守党が勝利し，メージャー政権が継続。
97年5月	総選挙で労働党が勝利し，ブレア政権が成立。
8月	ダイアナ元皇太子妃のパリでの交通事故死。
9月	住民投票でスコットランド，ウェールズへの権限移譲が承認。
98年4月	北アイルランド和平に関する「聖金曜日協定」。
12月	ブレアとシラク仏大統領による「サンマロ宣言」。
99年1月	欧州連合（EU）でのユーロ導入にアイルランドが参加（イギリスは不参加）。
2003年3月	イラク戦争の開戦。
05年7月	ロンドンの地下鉄・バスでのテロ事件。
07年6月	ブレア首相が辞任し，ブラウンが後継首相に。
10年5月	総選挙で保守党が第一党となり，キャメロン政権が成立。
11年5月	国民投票で選挙制度改革案が否決される。
14年9月	スコットランドでの住民投票で，イギリスからの独立が否決される。
16年6月	国民投票でEU離脱派が勝利。
20年1月	イギリスがEUから離脱。
12月	EU離脱後の移行期間終了。EUとの経済関係は自由貿易協定（FTA）に移行。

1 議会制民主主義の母国の模索

「開かれた王室」

　2011 年 4 月，イギリス王室のウィリアム王子とキャサリン妃のロイヤル・ウェディングが行われた。それより 30 年前の 1981 年に行われ，60 万人もの人が沿道を埋めたチャールズ皇太子と故ダイアナ元皇太子妃の結婚式に続き，イギリス国内のみならず，世界中の注目を集める一大イベントとなった。2011 年は，イギリス前国王ジョージ 6 世が子どもの頃から悩まされた吃音症の克服に努め，ナチス・ドイツに対する戦いで人々に団結を呼びかけた歴史的な演説を行うまでを描いた「英国王のスピーチ」が，アカデミー賞で作品賞をはじめ最多 4 部門を受賞し注目を浴びた年でもあった。

　現代のイギリス王室は，良くも悪くも「開かれた王室」である。特にマスメディアで王室の動向が頻繁に取り上げられることは，一面で王室への関心や愛着を生んでいる。しかし，「開かれた王室」は，ときにマスメディアを通して王室メンバーのスキャンダルが大々的に報じられることにもつながり，王室のイメージを損なってきた。特に 1990 年代以降のチャールズ皇太子とダイアナ妃の不仲と別居，離婚，そしてダイアナのパリでの交通事故死は，事故直後の女王エリザベス 2 世の抑制的な（それは「冷たい」とも受け止められた）対応とともに，格好のゴシップの対象となった。ダイアナの事故死をめぐるイギリス王室の内幕もまた，2006 年公開の映画「クィーン」の題材となっている。2018 年 5 月に結婚式を挙げたヘンリー王子とメーガン妃が，その後，王室の公務を引退し，アメリカに移住したことも大きなスキャンダルとなった（アフリカ系の母親をもつメーガン妃に対して，王室内で人種差別があったという報道もなされた）。

　こうしてさまざまに注目を浴びるイギリス王室であるが，その政治的，社会的役割に関しても，いくつかの特徴を指摘することができる。まず，イギリス君主は，イギリス国教会の世俗の長を兼ねる点で，宗教面での役割をもつ。イギリス君主はさまざまな「国王大権」をもち，今日ではもはや形式的ではあるが，陸海空 3 軍の長である。また，イギリス君主は，イギリスのみならずオーストラリア，カナダ，ニュージーランドなど計 15 カ国の国家元首を兼ね，旧

図8-1　現在のイギリス

イギリス	
面積　24.3万㎢	**宗教**　英国国教など
人口　6708万人（2020年）	**通貨**　スターリング・ポンド
首都　ロンドン	**1人当たりGDP**　3万2910ユーロ（2019年）
言語　英語（ウェールズ語, ゲール語等使用地域あり）	**欧州理事会出席者**　なし

［出典］　1人当たりGDPはEurostat（実質GDP），他は外務省ウェブサイト「各国・地域情勢」を基に作成。

　イギリス領諸国を中心に54カ国で構成されるコモンウェルス（英連邦）の「自由な連合の象徴」に位置づけられるなど，国際的な役割も有している。

議会主権と二大政党制の揺らぎ

　イギリスはこうした特徴的な王室をもつと同時に，**議会制民主主義**の母国で

ある。イギリスの政治体制は立憲君主制であり，それは歴史的に，ロンドンのウェストミンスターに置かれた議会が王権を制限する力を獲得することで確立されてきた。すでに見たように，イギリスの君主は依然として一定の政治的役割をもつが，現代にいたるイギリス政治全体について考えた場合，むしろ歴史的に，王権が大きく制限されてきたことの方が重要である。17世紀末の名誉革命を経て，ウェストミンスターの議会のみが法律を作り，また改正する力をもつという「議会主権」の原則が確立されてきた。それこそがイギリスの民主主義を支える基盤となったのである。

その後，イギリス政治では，2つの主要政党が競い合い，政権交代を繰り返す**二大政党制**が伝統となった。19世紀半ば以降に成立した二大政党制では，当初，保守党と自由党がその担い手となった。さらに，20世紀前半の自由党の分裂・衰退と労働党の台頭を経て，第二次世界大戦後は保守党と労働党による二大政党制が定着し，1945年から2010年まで，一貫して保守党，労働党のいずれかが単独で政権を担ってきた。下院議員選挙がすべて小選挙区で行われ，それぞれの選挙区で得票数が最も多い候補者のみが下院議員に選出される選挙制度（First Past The Post: FPTP）も，二大政党に有利に働き，全国的な第三党の成長を阻害する制度的要因となってきた。

ところが近年，イギリスの二大政党制にも揺らぎが見られる。例えば，1950年代の3回の総選挙（51年，55年，59年）では，保守党，労働党は合わせて90％を超える票を得ていたが，2005年，10年，15年の総選挙では両党を合わせて60％台まで低下した。得票率の面で，二大政党の求心力の低下が目立っている。また，近年イギリス首相に権力が集中し，ときに強引なリーダーシップが行使される中で，議会でも，政党執行部に対して「造反」する議員が目立ち，その面でも二大政党の求心力には揺らぎが見られるといえる。

他方で勢力を伸ばしてきたのが，自由民主党である。自由民主党は，20世紀初頭まで二大政党の一翼を担った自由党と，1981年に労働党の左傾化に反発し離脱した議員らによって設立された社会民主党が合流して，88年に結成された。自由民主党として初めて臨んだ1992年の総選挙以降，2005年の総選挙まで着実に議席を伸ばし，保守党，労働党の二大政党の間に割って入る勢力となった。2010年5月の総選挙の結果は，そうした変化を如実に反映したも

のとなった。それまで13年間政権の座にあった労働党が議席を大きく減らしたのに対し，保守党も単独で下院の過半数を獲得できない「ハング・パーラメント（宙ぶらりんの議会）」の状態になり，保守党党首キャメロンを首相とする保守党・自由民主党の連立政権が発足したのである。それは，第二次世界大戦中のチャーチルを首相とする保守党・労働党・自由党の連立政権以来，戦後初の連立政権であった。

　今後も，イギリスの二大政党制は持続するのだろうか。それとも，多くのヨーロッパ諸国のように連立政治が一般的となるのだろうか。早急に判断を下すことは難しいが（実際，2017年と19年の総選挙では，保守党と労働党と合わせた得票率はそれぞれ82.4%，75.7%と回復を見せた），少なくとも保守党，労働党が戦後初期のような盤石の地位を失ったことは，近年の選挙結果から明確に見てとれる傾向である。

　しかし，その一方で，2011年5月には，従来の選挙制度（FPTP）を「対案投票制（Alternative Vote: AV）」に変更するかどうかを問う国民投票が行われ，大差で否決された（AVとは有権者が投票の際に候補者に順位を付ける投票方式である。投票者の過半数が1位とした候補者がいた場合，その候補者が当選する。過半数の1位票を獲得した候補者がいない場合，1位票が最も少ない候補者を除外し，その候補者に1位を付けた投票者が2位とした候補者にそれぞれの票数を配分する。こうした計算を，過半数の票を得る候補者が出るまで繰り返す）。このことは，この選挙制度改革を推進してきた自由民主党にとって，前年の保守党との連立以来，大幅な緊縮財政など保守党の政策に引きずられて支持率を大きく下げ，国民投票と同時に行われた統一地方選挙で大敗したことと並ぶ，深刻な後退であった。

　2011年5月の国民投票の結果，選挙制度改革の機運は，大きく失速することを余儀なくされた。とはいえ，有権者の政治意識が多様化する中で，FPTPの下で多くの当選者が選挙区で過半数の票を得ておらず，多数の票が死票となっている状況は，基本的には変わっていない。議会制民主主義の母国でも，望ましい政治制度をめぐる模索は今後も続いていくと考えられる。

「大統領型」首相の登場か

　現代のイギリス政治で議会と並んで重要なのは，首相と内閣である。イギリ

スでは**議院内閣制**がとられ，原則として下院の過半数を制した政党の党首が，君主から組閣を依頼され，首相に就任する。その際，首相は内閣構成員の任免権を独占する。総選挙の結果，単独で下院の過半数を制した政党がない場合は，明確な規定はないものの，戦後に生じた3度のケースはいずれも，最も多い議席を得た党の党首が首相に就任した。つまり，1974年2月の総選挙では，僅差ながら第1党となった労働党が党首のウィルソンを首相とする単独政権（ただし議会で過半数をもたない少数政権）を発足させた。すでに見たように，2010年5月の総選挙では，第1党の保守党党首キャメロンが首相となり，自由民主党との連立政権を形成した。そして，2017年6月の総選挙後には，北アイルランドの地域政党の民主統一党（DUP）が閣外協力するかたちで，第1党の保守党党首のメイが首相を務める保守党少数政権が成立した。そのほか，2度の世界大戦中のように，主に戦時に連立政権がつくられることがある。

　イギリスの首相官邸は，ロンドン中心部のダウニング街10番地に置かれている。首相官邸には閣議が行われる内閣室もあり，議会開会期間中の火曜日に，首相や各省庁の閣僚が集まり閣議が開催される。そのほか，特別な案件がある場合は緊急に閣議が開かれる。すべての閣僚が出席する閣議の他に，経済や安全保障など具体的な政策分野ごとの関係閣僚で構成される**内閣委員会**も重要である（内閣委員会には，常設のものと首相の権限で特定の目的のために一時的に設置されるものがある）。現在では，膨大で複雑化した政策課題に機動的に対応するために，内閣委員会の重要性が高まり，その決定には，内閣の決定と同等の効力が与えられるようになっている。

　イギリス首相は，従来，合議制の政策決定機関である内閣の「同輩中の第一人者」として位置づけられ，その権力も他の閣僚によって制限されると考えられてきた。しかし，近年では，特に1979-90年のサッチャー保守党政権や1997-2007年のブレア労働党政権，2019年以降のジョンソン政権で見られたように，首相と首相官邸スタッフの権限が強化される傾向が強まっている。それゆえに，イギリス首相の権力は，広汎な閣僚任免権や内閣委員会の設置権限，さらに首相官邸の機能強化を基盤に強固になっているという見方が強まってきた。また，イギリス首相が，あたかも大統領（特にアメリカ大統領が念頭に置かれる）であるかのように強い行政権を執行するという意味で，「大統領型」首

相が出現したといった議論も，しばしば行われるようになった。

　イギリス首相の権力強化の背景には，政治におけるマスメディアの重要性の高まりもある。テレビや新聞，インターネットを通した首相のイメージの重要度が高まるにつれて，首相がメディアを通して有権者に直接訴えかけ，またメディアの後押しを受けて強力なリーダーシップを発揮することが可能になってきた。そうした際，ブレア政権が誕生した1997年の総選挙で，労働党がアメリカの民主党の選挙キャンペーンを参考にしたように，メディア戦術における「アメリカ化」が目立つようになってきている。ここでは，イギリスの政治学者ゲディスが指摘するように，近年のヨーロッパ諸国の政治のさまざまな面で進む「ヨーロッパ化」よりも，むしろ「アメリカ化」の方が顕著といえる。

　もちろん，首相の権力強化に問題がないわけではない。強力なリーダーシップは，しばしば独断的で拙速な決定と裏腹である。特に近年では，テロの脅威への対応などを名目に首相に権力が集中し，閣僚や官僚の助言は脇に追いやられる傾向が目立っている。2003年のイラク戦争（詳しくは後述）では，ブレア首相やその側近が中心となり，内閣や外務省を通さずに武力行使にいたる決定がなされたが，その結果は，ブレア政権への国内外の支持を大きく損なうものであった。また，サッチャー，ブレアがともに，総選挙での敗北ではなく，内閣・与党内部の反発で辞任に追い込まれたように，依然としてイギリスの首相の権力には，「同輩性」によって規定される面が残っていることも見逃すべきではないだろう。

権限移譲と多文化社会の行方

　現在のイギリスの正式国名は「グレートブリテンおよび北アイルランド連合王国」である。それは，イングランド，スコットランド，ウェールズ，北アイルランドの「連合（ユニオン）」によって形成される。それら4地域は，イングランドとその他の「**ケルト周辺地域** (Celtic fringe)」に大きく分けてとらえられる。歴史的には，ウェールズが1536年にイングランドに編入され，1707年にはイングランドとスコットランドの「連合王国」が形成され（その際にスコットランド議会が廃止され，ウェストミンスターの議会に統合された），アイルランドも1801年にいったん全島がイギリスの一部に「合同」された。

そうした過程で，首都ロンドンを中心とするイングランドは，他の地域に対して政治的，経済的，文化的に優越した立場に立ってきた。「ケルト周辺地域」とは，国民国家の典型とみなされ，近代世界の「中心」に位置してきたイギリスの内部で，中心—周辺構造が存在することを鋭く指摘する概念である。そのことは，イングランド人の言語であった英語が，ケルト地域の諸言語（スコティッシュ・ゲール語，ウェールズ語，アイリッシュ・ゲール語）を周辺的な地位に追いやってきたことからも見てとることができる。

　しかし，近年，スコットランドとウェールズで**権限移譲**（devolution）が進み，連合王国からの自立の動きが強まっている。1960 年代から 70 年代にかけて，「エスニック・リバイバル」と呼ばれた世界各地の既存の国家内部での民族意識の高揚と波長を合わせるように，スコットランド，ウェールズでも，イギリスからの自治拡大や独立をめざす機運が高まった。両地域ともに，1979 年に行われた住民投票の結果，一度は権限移譲の試みの挫折を経験している。しかし，1997 年のブレア政権発足直後に再度行われた住民投票の結果，両地域に独自の議会を設置することを中心とする権限移譲が成立した。スコットランド議会は独自の課税権も手に入れた。

　さらに 2014 年 9 月，スコットランドでイギリスからの独立の是非を問う住民投票が行われた。この住民投票が行われる大きな契機となったのは，2011 年 5 月のスコットランド議会選挙で，独立派のサモンドが党首を務めるスコットランド国民党（SNP）が初めて単独過半数を獲得したことである。そして，2012 年 10 月，キャメロン首相とスコットランド自治政府首相のサモンドが，14 年末までに住民投票を実施するという合意書に署名した。2014 年 9 月に行われた住民投票では，投票直前の世論調査で賛成派が多数となることもあったものの，最終的に独立賛成が 44.7％，反対が 55.3％で独立は否決された。

　スコットランドの住民投票で独立が否決された理由には，主に以下の 3 つがあると考えられる。つまり，①（2014 年当時の）イギリスの総人口約 6400 万人のうち 85％近くの約 5400 万人を占めるイングランドとの経済関係が損なわれることへの懸念が強かったこと，②イギリスの中にとどまりつつ，さらなる権限移譲を求める声が強く，完全独立への支持が十分に高まらなかったこと，③国政レベルの主要三政党（保守党，労働党，自由民主党）が一致してスコットラ

ンド独立に反対するとともに，上記のような投票直前の世論調査の結果を懸念し，住民投票で独立が否決された場合にはさらなる権限移譲を行うと公約したこと，である。

　19世紀から強烈なナショナリズムが発達していたアイルランドは，1920年のアイルランド統治法により，南北に分断された。プロテスタントが人口の多数を占めるアイルランド島の北部6州を連合王国に残したうえで，カトリックが人口の9割以上を占める南部26州がアイルランド自由国（1949年以降はアイルランド共和国）として，イギリスから切り離されたのである。だが，それで問題は解決しなかった。北アイルランド内部には（南北分断の時点で）人口の約3分の1を占めるカトリック住民が存在し，特に1960年代以降，プロテスタント優位体制に抗議するカトリック住民らの公民権運動が強まり，連合王国からの分離とアイルランド統一を主張するナショナリストの勢いが増した。1960年代末以降，**北アイルランド紛争**によって，30年間で約3600人もの命が失われた。それは，安定的な民主主義国のモデルとみなされてきたイギリスの評価にも影を落とすものとなった。

　しかし，北アイルランドでも，1998年春の「聖金曜日協定（Good Friday Agreement）」と呼ばれた和平合意を経て，かつてのような深刻な暴力の応酬は沈静化しつつある。ただし，依然としてプロテスタント，カトリック両コミュニティ間の分断は続いており，本質的な「和解」にはまだ道半ばといわざるをえない。とはいえ，直接的な暴力が封じ込められてきたことは，重要な進展と考えるべきであろう。

　第二次世界大戦後，イギリスには，インド，パキスタン，ジャマイカなどの旧植民地から多くの移民が流入し，都市部を中心に民族的な多様性が大きく拡大した。2004年以降に欧州連合（EU）に加盟した旧社会主義体制の中東欧諸国からの移民も大幅に増加した。それらの移民の存在は，イギリスの社会や文化（文学や音楽，スポーツなど）を多様で豊かにし，経済面での貢献も大きい一方で，人種や宗教をめぐる摩擦の要因にもなってきた。中東欧諸国からの移民急増への反発は，イギリスのEUからの離脱（詳しくは後述）の一因にもなった。イギリス政治は，「ケルト周辺地域」をめぐる古くからの民族問題と，旧植民地や中東欧諸国からの移民の流入という新しい民族問題を抱えつつ，より望ま

しい社会のあり方をめぐって模索を続けているといえる。

2　戦後イギリス経済の盛衰

グローバル化と「ウィンブルドン現象」

　2012 年，ロンドンで第 30 回夏季オリンピック競技大会が開催された。ロンドンでは 64 年ぶり 3 度目の開催となるオリンピック大会は，国際オリンピック委員会のロゲ会長（当時）によれば，「サッカー，テニス，ゴルフなど近代スポーツ発祥の地に立ち戻る大会」となった。実際にイギリスには，サッカー（イギリスではフットボールと呼ばれる）のウェンブリー，テニスのウィンブルドン，ゴルフのセントアンドリュースなど近代スポーツの「聖地」が数多く存在する。

　それに対して，「ウィンブルドン現象」という言葉がある。テニス発祥の国であるイギリスのロンドン郊外にあるウィンブルドンでは，毎年 6-7 月にウィンブルドン選手権が行われる。ウィンブルドン選手権は，テニスの世界 4 大大会の中でも最も権威がある大会で，多くの選手にとって，そこでの勝利は最大の目標となっている。しかし，このテニスの「聖地」では，外国人選手の活躍が著しく，イギリス人選手は男女ともに長年優勝できず，2013 年にスコットランド出身のマレーが男子シングルスで優勝したのは実に 77 年ぶりのことであった。こうして，その競技の中心地で開催国の選手がなかなか主役になれない状況は，「ウィンブルドン現象」と皮肉を込めて呼ばれるようになった。

　フットボールのイングランド 1 部リーグであるプレミアリーグも，スペインのリーガ・エスパニョーラなどと並ぶ世界最高峰のレベルと人気を誇るリーグだが，やはり外国人選手の活躍が目立ち，強豪チームのオーナーやスポンサーにも外国人投資家や外国企業が名を連ねている。こうした現代イギリスのスポーツをめぐる状況は，グローバル化の中でのイギリス経済の繁栄と苦悩をよく映し出すものであるといえる。

　そうしたイギリス経済の状況は，1980 年代，サッチャー政権下での大幅な金融自由化政策（いわゆるビッグバン）によって大きく促された。そもそも，イギリスには，帝国史研究者のケインやホプキンズが「ジェントルマン資本主

義」と表現したように，貴族などのジェントルマン階級と結び付いた金融界に連なる人脈が政治経済の中枢を占める特徴があった。第二次世界大戦後，イギリスの製造業は不振に陥り，外資系企業に取って代わられるか，海外からの輸入に押されて衰退したが，バークレイズ，ロイズ TSB，香港上海銀行（HSBC），ロイヤル・バンク・オブ・スコットランド（RBS）などの銀行や保険の大企業は，特に**金融ビッグバン**を追い風に業績を伸ばした。技術革新と資源価格の上昇を背景に，北海海底からの原油・天然ガスの産出が進んだことも，1980 年代以降のイギリス経済を支える要因となった。

　ロンドンの伝統的な金融街シティやテムズ川沿いの再開発地区のドックランズには，世界の名だたる銀行や投資会社が進出し，ロンドン郊外のヒースロー空港は世界有数の利用旅客数をもつ国際的なハブ空港となるなど，イギリスは金融や情報・メディアなどの高度サービス産業，人の移動の世界的な一大中心地となった。イギリスは経済を自由化し，国際競争に対して市場を開放することで，世界中から資金や人材を引き付け，1990 年代前半以降，約 15 年間にわたる長期の好景気を享受した。国際言語としての英語の力も，こうした動きを後押しした。こうして，好景気に沸くイギリスに外国企業・資本や世界各地の人材がひしめきあう状況は，ある意味で，経済の「ウィンブルドン現象」とも呼べるものであった。

福祉国家の経験

　こうして，近年では**新自由主義**の典型のようにとらえられるイギリスだが，かつては**福祉国家**の形成で世界をリードした国でもあった。ケインズ経済学や「社会保険および関連サービス」に関するベヴァリッジ報告書（1942 年）を基盤に，戦後イギリスでは，社会保障や完全雇用政策を通して国民の福祉を積極的に増進しようとする福祉国家が成立した。無料の医療制度である国民保健サービス（NHS）や基幹産業の国有化など，福祉国家の根幹はアトリー労働党政権期（1945-51 年）に形成されたが，それらの多くをその後の歴代保守党政権（1951-64 年）が引き継いだことで，福祉国家が定着していった。

　二大政党間で福祉国家の形成をめぐりおおむね合意（コンセンサス）が存在した様子は，「戦後の合意」「合意の政治」などと表現される。研究者の間では

Column⑧　「こんなによい時代はなかった」の神話

　マクミランによる「こんなによい時代はなかった」という言葉は，戦後イギリス
政治史で最もよく知られたものの一つである。ところが，1950年代後半のイギリ
ス経済の繁栄を誇らしげに語ったこの言葉には，いくつかの「神話」がつきまとっ
ている。まず，イギリスの歴史学者クラークによれば，一般に，マクミランが
1959年10月の総選挙でこの表現を用いて選挙運動をしたと思われているが，それ
は人々の間に流布している神話にすぎない（クラーク，2004）。実際にマクミラン
がこの言葉を使ったのは，1957年7月の保守党員向けの演説においてであった。
そして，その演説で，マクミランは，「わが国民の大半にとってこんなによい時代
はなかった」と保守党政権下の経済的繁栄をアピールする一方で，戦後のイギリス
にとってインフレこそが最も重大な問題であるとも述べて，インフレへの警戒も促
していた。この表現は，単に当時の経済状況を手放しで称賛するものでもなかった
のである。印象的な表現は，それが用いられた状況や前後の文脈から切り離されて
一人歩きしがちだが，「こんなによい時代はなかった」をめぐる神話は，そのこと
を示す好例といえよう。

「合意」の存在に疑問を呈する見方もある。1951年に発足したチャーチル保守
党政権が鉄鋼業の国有化を撤回したように，労働党と保守党の間には政策の相
違も見られたからである。しかし，そうした相違が一定程度存在したのは確か
とはいえ，むしろこの時期には，二大政党間で（表向きの主張にはしばしば隔た
りがあり，公の場の議論でも非難の応酬がなされるのが一般的であったものの）実際に
とられた経済社会政策に関して多くの共通点が見られたことの方が，より重要
であったと考えられる。

　戦後の福祉国家が徐々に深刻な困難に直面するのは，1960年代に入るころ
からである。それは，現実の経済状況が悪化したことが大きな原因であった。
1959年10月の総選挙で保守党が圧勝を収めたころまでは，イギリスの経済状
況はおおむね好調であった。当時の保守党政権のマクミラン首相は，1957年
の演説で，「こんなによい時代はなかった」と，保守党政権下の経済的繁栄を
誇示した（*Column⑧*参照）。しかし，マクミランが同じ演説でインフレの危険
について述べたように，この時期の過熱気味の好景気は深刻なインフレや国際

収支の赤字を生み，1959-60 年には失業問題も再び頭をもたげてきた。その後，イギリスの経済状況にはかなりの上下動があったが，全般的に見て，1960 年代から 70 年代にかけて，「**イギリス病**」といわれたような深刻な停滞に陥っていった。

　そして，石油危機などの経済難が続いた後，1978-79 年には，いわゆる「不満の冬」が到来した。1974 年には 60 万人だった失業者数は，1979 年には 150 万人にまで増加した。さらに，政府がインフレ抑制の必要から賃金抑制策にこだわったのに対し，150 万人規模の公共サービス部門の労働者がストライキに入ったため，イギリス社会は大混乱に陥った。学校は閉鎖され，公園にはごみが山積みとなり，国民の不満と当時のキャラハン労働党政権への反発が急激に高まった。1960 年代以降の「イギリス病」は，「不満の冬」における労働争議とストライキの嵐の中で頂点に達しようとしていた。

サッチャリズムから世界金融危機へ

　そうした中で，「イギリス病」からの脱却を掲げて登場したのが，イギリス初の女性首相サッチャーが率いる保守党政権（1979-90 年）である。サッチャー政権は，インフレ抑制を最優先課題とし，いわゆる新自由主義改革に乗り出した。そこでは，福祉国家の下で肥大化した公共支出を抑制する「小さな政府」がめざされ，所得税や法人税の減税によって経済を活性化し，労働組合を抑え込む政策が推進された。ケインズ主義に基づく積極的な財政出動がインフレや成長鈍化を招いたという認識から，通貨供給量や利率の調整などの金融政策を軸に経済運営を図るマネタリズムが採用された。これらの政策は**サッチャリズム**と総称された。

　ところが，不況時の公共支出の抑制や公定歩合の引き上げは，短期的には失業率の上昇など強い痛みをともなった。しかし，「鉄の女」の異名をもつサッチャーは，保守党内の反対派を「軟弱（ウェット）」と切り捨て，強いリーダーシップで改革を断行していった（ただし，失業率の上昇や生活保護家庭の増加にともない社会保障費が増大したため，結局，全体としての公共支出の削減は思うように進まなかった）。さらに，国有企業の再民営化も推進された。そして，インフレ抑制と金融ビッグバンをはじめとする経済自由化や規制緩和は，徐々にその効果

を見せていった。1980年代半ば以降，インフレは穏やかなレベルに収束し，1986年1月に最大規模の340万人に達した失業者数も，その後は着実に減少し，90年6月には160万人に低下した。1990年代初めには，国際的な経済の落ち込みもあり，再び深刻な景気の悪化が見られたが，おおむね1992年以降，イギリスは約15年間の長期の好景気を享受する。株価は上昇し，ロンドンを中心に土地や住宅の価格も高騰した。

　しかし他方で，サッチャー政権期には，貧富の差の拡大など新自由主義改革の弊害も見られた。イギリスの著名なジャーナリストであるトインビーは，1980年代の人々の生活や社会の雰囲気を，次のように批判的に描写した。「株式市場が崇拝の的になり，貪欲なのはいいことで，ビッグバンがポルシェに乗った若き証券マンたちを英雄に祭り上げたあの10年間，貧富の差は開いていくばかりだった。持てる個人はいっそう豊かに，持たざる大衆はいっそうみじめになっていったが，抗議の声は，やかましく鳴りつづけるレジの音にかき消された」。こうした経済・社会状況の中で，労働党は「迷走のあげく言葉を失い」，1980年代から90年代初頭にかけて保守党が総選挙で勝利を重ねたのである（トインビー，2005，9-10頁）。

　それに対して，1997年に18年ぶりに成立した労働党のブレア政権は，「第三の道」を掲げ，サッチャリズム的な市場原理を原則として受け入れつつ，社会的弱者にも配慮する政策を打ち出した。ブレア政権の福祉政策は「福祉から仕事へ」のスローガンで語られ，国家が個人の自立を支援することがめざされた。しかし，ブレア政権の政策は，そのレトリックと一定の成果にもかかわらず，規制緩和，民営化維持，増税回避など，多くの点でサッチャリズムを継承するものとなった。労働党は，ブレアとその後を継いだブラウンの下で13年間与党の座を維持し，政権担当能力を有する政党として復活を遂げたとはいえる。しかし，その一方で，経済運営における保守党との違いは薄れ，ブレアらの政策はしばしば労働党内の左派議員や市民運動などから批判を受けた。

　そして，サッチャー政権以来の新自由主義改革，特に金融ビッグバン以降の経済自由化は，1990年代前半からの長期の好景気の後，深刻な行き詰まりに直面した。とりわけ2007年以降のアメリカのサブプライムローン問題（低所得者向け住宅ローンの大規模な焦げ付き）に端を発する世界金融危機の影響は，金

融産業への依存度を増していたイギリス経済に大きな影響を及ぼした。2008年2月には，前年から経営難に陥っていたイングランド北部に拠点をもつ中堅銀行ノーザン・ロックを完全国有化することが発表された。その後，2008年9月のアメリカの大手投資銀行リーマン・ブラザーズの経営破綻（リーマン・ショック）と世界金融危機の拡大を受けて，RBSとロイズTSBが政府から大規模な資本支援を受けるなど，イギリスの金融界も大きな打撃を受けた。2008年以降，イギリスの株価は急落し，失業者数も約10年ぶりに200万人を突破した。

また，政府の財政は大幅な赤字に陥り，財政再建が大きな課題となった。経済危機が続く中で2010年に成立したキャメロン政権は，歳出削減を最大の課題に掲げ，公務員の定数削減や年金の実質減額，大学の授業料引き上げなど，市民に大きな負担を強いる改革にとりかかった。その後，イギリス経済はかなりの程度まで回復を見せたが，2020年春以降，新型コロナウイルス感染症（COVID-19）の深刻な感染拡大の下，再び急激な景気悪化と財政赤字の拡大を経験する。戦後，福祉国家の形成やサッチャー政権以降の新自由主義改革で世界をリードしたイギリスだが，財政再建を進めつつ経済の立て直しを図るという困難な課題を達成することはできるだろうか。あらためて難しい局面を迎えているといえる。

3　世界の中のイギリスとヨーロッパ

「英米特殊関係」

1946年3月，当時，野党保守党の党首であったチャーチルが，アメリカ合衆国ミズーリ州のフルトンを訪れて演説を行った。そこでチャーチルは，「バルト海のシュテッティンからアドリア海のトリエステまで，大陸を縦断して鉄のカーテンが降ろされた」としてソ連の拡張主義に警鐘を鳴らした。そして彼は，アメリカとイギリス帝国およびコモンウェルスの間の「特殊関係」という表現を持ち出し，両者が手を携えて強力な安全保障体制を構築すべきであるという考えを披露した。この演説でチャーチルは，「鉄のカーテン」と「**英米特殊関係**」という2つの表現を世間に広めたが，それらは東西冷戦下での緊密な

英米間の提携という戦後イギリス外交の大きな軸を指し示すものとなった。

英米関係史の研究で知られるレイノルズは，英米関係の特殊性の判断基準として，①他の2国間関係と比較した場合の質（緊密さ），②英米両国と国際秩序全体にとっての重要性の2点を挙げた。もちろん，英米両国の国力には大きな格差があり，「英米特殊関係」という表現自体，アメリカよりもイギリスで頻繁に用いられる傾向にあるのは確かである。しかし，それにもかかわらず自由，民主主義などの理念や価値を共有し，開放的な国際経済体制の推進などの利益も共有してきた英米両国は，第二次世界大戦中から戦後にかけて，多くの点で「特殊」と表現できるような関係を築いてきた。英語という共通の言語や文化，さまざまなレベルの公式，非公式の関係，さらには安全保障や情報（インテリジェンス）の分野で互いに代わりとなる国が容易に見つからない状況も，「英米特殊関係」を支えてきたといえる。

とはいえ，1960年代〜70年代には「英米特殊関係」が揺らいだ時期もあった。この時期には，イギリスの経済的停滞，ヴェトナム戦争へのイギリス軍の派兵拒否，「スエズ以東」（主に中東と東南アジア）からのイギリス軍撤退などが，両国関係を揺るがし，従来の英米関係を支えてきた首脳間の緊密な関係にも翳りが見られた。しかし，1979年以降のサッチャー政権期になると，東西間の緊張が再び高まる「新冷戦」の状況下で，英米両国が足並みをそろえてソ連・社会主義陣営と対峙する構図が再現され，サッチャーとアメリカ大統領レーガンの間でも緊密な個人的関係が築かれた。サッチャー政権とレーガン政権は，経済面で新自由主義改革を行う点でも共通性をもっていた。

英米の協力関係は，冷戦終結後も，1991年の湾岸戦争や99年のコソヴォ危機などで見られ，2001年の9.11同時多発テロ以降の「テロとの戦争」でさらに際立つこととなった。2003年，ブレア政権は，国内外の批判にもかかわらず，アメリカのG. W.ブッシュ政権とともに，イラク軍の大量破壊兵器の保有を理由としたイラク攻撃を断行し，良かれ悪しかれ英米関係の「緊密さ」と「重要性」を見せつけた。**イラク戦争**の結果，フセイン政権の打倒と体制転換は達成されたが，戦争終了後も大量破壊兵器保有の明確な証拠は見つからず，イラク国内の治安情勢の混乱も続いた。さらに，そうした過程で，ブレア政権は，イラク攻撃に批判的な立場をとったフランス，ドイツなど複数のヨーロッパ諸国

との関係も悪化させることになった。

帝国からヨーロッパへ

　チャーチルがフルトン演説で述べた英米間の「特殊関係」とは，そもそもアメリカと「イギリス帝国およびコモンウェルス」の間のものであった。チャーチルは，人口，経済規模，軍事費など，ほとんどあらゆる面でアメリカに大きく劣るイギリスが単独でアメリカと関係を築くのではなく，当時イギリスが世界各地にもっていた植民地や保護領，さらにイギリスの植民地から独立した国々（カナダやオーストラリアなど）で構成されるコモンウェルスも合わせた「イギリス帝国およびコモンウェルス」の枠組みで，アメリカと「特殊関係」を築くことを提唱したのである。

　実際，第二次世界大戦後，少なくとも1950年代までは，帝国およびコモンウェルスは，英米関係と並ぶイギリス対外政策の主軸であった。戦後，イギリス帝国各地で独立国家の誕生が相次いだとはいえ，1950年代まではイギリスは依然として世界各地に植民地や保護領をもち，カナダ，オーストラリア，ニュージーランドなどの「旧自治領」諸国とともに，独立後のインドやパキスタン，ガーナなども加盟国に加えたコモンウェルスは，「帝国後」のイギリス対外政策を支えるものとして期待された。経済面でも，1930年代前半，世界大恐慌下で帝国特恵制度が構築され，イギリスと自治領・植民地を包摂する保護主義的ブロックが形成されて以来，第二次世界大戦を経ても，1950年代まではイギリスの帝国およびコモンウェルスへの依存は続いていた。

　それに対して，1950年代には，ヨーロッパ大陸6カ国（フランス，西ドイツ，イタリア，ベルギー，オランダ，ルクセンブルク）の間で欧州石炭鉄鋼共同体（ECSC），欧州経済共同体（EEC），欧州原子力共同体（EURATOM）が結成され，ヨーロッパ統合の動きが本格化した。特にEECは経済面のみならず，政治面でも国際的な存在感を高め，イギリス政府内では，EEC諸国に西ヨーロッパ内でのリーダーシップを奪われることへの懸念が強まった。当時のアメリカ政府が6カ国のヨーロッパ統合を強く支持していたこともあり，EEC諸国にアメリカの主要なパートナーとしての地位を奪われかねないという懸念も生じた。また，1950年代から60年代の高度成長期にアメリカや西ヨーロッパ諸国，日

本など先進工業国の経済成長が著しくなる一方で、多くの途上国・地域を抱える帝国やコモンウェルスの経済は停滞傾向を強めていった。

そうした状況で、イギリス政府は、1961年、67年に2度にわたりEECに加盟を申請し、帝国・コモンウェルスから距離を置き、ヨーロッパ統合に接近する動きを見せた。これら2度のEEC加盟申請は、いずれもフランス大統領ド・ゴールによって拒否されたが、1973年には、親ヨーロッパ的なヒース首相が率いる保守党政権の下で、イギリスは欧州共同体（EC）——ECSC、EEC、EURATOMの3共同体が67年に合併したもの——に加盟を果たす。1973年には、イギリスとの経済関係が深かったアイルランドも、イギリス、デンマークと同時にEC加盟国となった。そして、アイルランドは、EC加盟後、特に1990年代以降「ケルトの虎」と表現された著しい経済成長を遂げる。

「消極的なヨーロッパ人」

ところが、それに対して、1973年のEC加盟後も、イギリスは、ヨーロッパ統合の中でしばしば「消極的なヨーロッパ人」にとどまった。確かに、歴代イギリス政府は、ヨーロッパ統合の枠組みで貿易など経済活動を自由化することには、おおむね賛成の立場をとってきた。そうした立場は、第1次EEC加盟申請を行う前の1950年代半ばにイギリス政府が提案した西ヨーロッパ17カ国間の自由貿易地域（FTA）構想にすでに見られ、80年代にサッチャー政権が域内市場（単一市場とも呼ばれ、EC諸国間でヒト、モノ、カネ、サービスの自由移動をめざすもの）を積極的に推進したことにもよく表れていた（ただし、サッチャーはヒトの移動の自由化には反対した）。1993年に成立したEUの下でも、より広い地域でより自由な市場を実現しようとするイギリス政府の態度には、大きな変化は見られていなかった。

それに対して、歴代イギリス政府は、加盟国の国家主権をヨーロッパ・レベルに委譲することをめざす超国家主義には、ほぼ一貫して否定的な立場をとってきた。確かに一方で、「議会主権」の原則は、ヨーロッパ統合の深化とイギリス国内法制度の「ヨーロッパ化」によって制約を受けるようになった。しかし、例えば、EU加盟国であった間も、イギリスが欧州単一通貨ユーロを導入せず、独自通貨のポンドを維持していたことからも（ユーロの導入は紙幣や硬貨

の統一だけでなく，金融政策を超国家機関の欧州中央銀行〈ECB〉に委譲することを意味する），イギリス人の国家主権に固執する態度をうかがうことができる。

　ブレア政権期には，イギリス政府は，それまで拒んできた EU の社会憲章に参加し，また 1998 年の英仏首脳会談でのサンマロ宣言に見られたように，防衛統合の面でも EU 諸国間でリーダーシップを発揮した。しかし，ブレア政権下でも，イラク戦争の際の対米協力や仏独などの EU 諸国との関係悪化に加えて，国家主権に固執する傾向も大きくは変化せず，ブレア政権のヨーロッパ統合政策は徐々に消極的なものになっていった。ブレア自身は，EU 内で指導的地位を得るためにもユーロ導入に積極的であったが，世論や労働党内の消極性から，結局断念せざるをえなかった。世界金融危機を経て，ユーロもまた，ギリシャ財政危機に代表されるように通貨価値の低下や信用問題に直面した。1999 年の発足時からユーロを導入したアイルランドも（従来の通貨のアイリッシュ・ポンドからユーロへの移行は，アイルランドのさらなる「脱イギリス化」ととらえることができるが），世界金融危機の影響で，「ケルトの虎」と呼ばれた経済成長から一転して急速な景気・財政の悪化に直面し，2011 年の総選挙では，与党がそれまでの経済運営への批判を受けて大敗した。

ブレグジットへの道

　イギリスでは，2013 年 1 月，キャメロン首相が，15 年に予定される次期総選挙で保守党が勝利した場合，他の EU 加盟国との間で EU に委ねている権限の一部返還を迫るなど加盟条件の再交渉を行ったうえで，17 年末までに EU に残留するか，離脱するかを問う国民投票を実施する方針を表明した。キャメロンはさらに，EU が抱える課題として，ユーロ危機，EU の規制による競争力低下などを挙げ，このままでは「ヨーロッパは失敗し，イギリス国民は離脱に向けて流される危険がある」と指摘した（なお，キャメロン自身は EU 離脱派ではなく，イギリスに有利な条件での EU 残留をめざす立場であった）。キャメロンが条件付きながらも EU への残留か離脱かを問う国民投票を実施する方針を表明した背景には，次の 3 つの要因があったと考えられる。① 保守党内の欧州懐疑派議員からの圧力，② 国内の右派メディアによる反 EU の強い論調，③ EU 脱退を主目標に掲げるイギリス独立党（UKIP）の伸張などである。

2015年5月に行われた総選挙では，保守党が過半数を獲得し，キャメロンが首相を務める保守党単独政権が発足した。これにより，EUへの残留か離脱かを問う国民投票が実施されることが確定的となる。その後，イギリスとEUの間でEU加盟条件の再交渉が行われ，その結果を受けて，2016年6月にEU残留の是非を問う国民投票が行われた。

　国民投票では，離脱派51.9%，残留派48.1%と僅差であったが，離脱派が勝利し，**EU離脱（ブレグジット）**が選択された。僅差での離脱派の勝利という結果自体は，投票直前まで繰り返し実施された世論調査の結果から予想できる範囲の出来事であったが，それでもその衝撃は大きく，結果が判明すると同時に，世界中をこのニュースが駆けめぐった。国民投票がこうした結果になった理由には，次のことが挙げられる。①EU諸国（特に2004年以降に加盟した中東欧諸国）からの移民急増への反発，②統合の深化によってEUの権限が拡大し，EUからの規制が強まったことへの批判，③グローバル化とヨーロッパ統合に「置き去りにされた」人々（主に地方の地盤沈下が進む工業地帯で暮らす中間層以下の人々）の反発，④排外主義とポピュリズム，などである。特に，元ロンドン市長のジョンソンや当時のUKIP党首ファラージら離脱派による虚偽や誇張を含んだプロパガンダ（宣伝）は，残留派による離脱時の経済的損失を強調する訴え——離脱派からは「恐怖計画」と揶揄・批判された——よりも効果的であった。

　イギリスは最終的に，2020年1月にEUから離脱した。ブレグジット後のイギリスとEUとの経済関係は，モノの貿易を中心とする自由貿易協定（FTA）——正式名称は貿易・協力協定（TCA）——へと大きく縮小した。それに対して，ジョンソン政権は「グローバル・ブリテン」を掲げ，EU加盟国以外（特にコモンウェルス諸国）との関係強化の方針を打ち出している。「グローバル・ブリテン」が，EU離脱にともなう政治的，経済的不利益を緩和することに，どの程度役立つかは控えめにいっても未知数だが，少なくとも短期的には，イギリスの対外政策が進む方向を指し示しているとは考えられる。

さらに読み進む人のために―――

クラーク，ピーター／西沢保・市橋秀夫・椿建也・長谷川淳一ほか訳，2004 年
『イギリス現代史 1900-2000』名古屋大学出版会。
　　＊イギリスを代表する現代史家による 20 世紀全体を扱った研究書。政治，社
　　　会，経済だけでなく，文化やジェンダーにも目を向け，イングランド以外の
　　　諸地域も積極的に扱われている。

梅川正美・阪野智一・力久昌幸編，2016 年『イギリス現代政治史〔第 2 版〕』ミ
ネルヴァ書房。
　　＊第二次世界大戦後のイギリス政治外交史について，ほぼ政権ごとに章を区切
　　　り，首相の政治的リーダーシップのあり方に焦点を当てて論じた通史として
　　　の論文集。

トインビー，ポリー／椋田直子訳，2005 年『ハードワーク――低賃金で働くと
いうこと』東洋経済新報社。
　　＊イギリスの著名な女性ジャーナリストが，素性を隠して低賃金労働の仕事に
　　　就き，新自由主義改革のしわ寄せを受けた人々の労働や生活の実態を記した
　　　ルポルタージュ。

細谷雄一編，2009 年『イギリスとヨーロッパ――孤立と統合の二百年』勁草書房。
　　＊19 世紀初頭のウィーン会議以降のヨーロッパ協調から，戦間期の「新しい
　　　ヨーロッパ協調」構想を経て，第二次世界大戦後のヨーロッパ統合の試みま
　　　で，約 200 年間のイギリスとヨーロッパの関係を扱った論文集。

鶴岡路人，2020 年『EU 離脱――イギリスとヨーロッパの地殻変動』ちくま新書。
　　＊イギリスの大学で博士号を取得した EU 研究者によるブレグジット論。イギ
　　　リスと EU の双方に目配りがきいており，イギリスの EU 離脱交渉や北アイ
　　　ルランドとアイルランド共和国の国境問題についても詳しく論じられている。

第 **II** 部

ヨーロッパ統合と
EU

表A　EU 関連略年表

年　月	事　項
1949年4月	北大西洋条約機構（NATO）調印。
49年5月	欧州評議会（CE）発足。
50年5月	シューマン・プラン発表。
51年4月	欧州石炭鉄鋼共同体（ECSC）条約調印（フランス，ドイツ，イタリア，ベルギー，オランダ，ルクセンブルク）。
52年5月	欧州防衛共同体条約（EDC）署名（→発効せず）。
7月	欧州石炭鉄鋼共同体（ECSC）条約（パリ条約）発効。
58年1月	欧州経済共同体（EEC）条約（ローマ条約），欧州原子力共同体（EURATOM）発効。
66年1月	「ルクセンブルクの妥協」。
67年7月	3共同体融合条約発効，欧州共同体（EC）発足。
73年1月	イギリス，アイルランド，デンマークがEC加盟（第1次拡大）。
79年3月	欧州通貨制度（EMS）発足。
6月	欧州議会直接選挙実施（以後5年ごと）。
81年1月	ギリシャがEC加盟（第2次拡大）。
86年1月	スペイン，ポルトガルがEC加盟（第3次拡大）。
87年7月	単一欧州議定書（SEA）発効。
90年10月	ドイツ統一。
93年11月	欧州連合（EU）条約（もしくはマーストリヒト条約）発効。
95年1月	オーストリア，スウェーデン，フィンランドがEU加盟（第4次拡大）。
99年1月	ユーロ導入（11 カ国体制，現金通貨の流通は 2002 年1月から）。
5月	アムステルダム条約（EU 条約を改正する条約）発効。
2002年7月	ECSC条約50年を経て終了（機能はECへ移行）。
03年2月	ニース条約（EU 条約を改正する条約）発効。
12月	欧州安全保障戦略（ソラナ・ペーパー）発表。
04年5月	エストニア，ラトヴィア，リトアニア，ポーランド，チェコ，スロヴァキア，ハンガリー，スロヴェニア，マルタ，キプロスがEU加盟（25 カ国体制）。
10月	欧州憲法条約署名（ローマ）（→発効せず）。
05年10月	トルコとクロアチアがEU加盟交渉開始。
07年1月	ルーマニアとブルガリアがEU加盟（27 カ国体制。2004 年の拡大とあわせて，第5次拡大）。
09年12月	リスボン条約（EU 条約を改正する条約）発効。
10年12月	欧州対外行動庁（EEAS）発足。
12年10月	欧州安定メカニズム（ESM）発足。
13年1月	EU財政条約（TSCG）発効。
7月	クロアチアがEU加盟（第6次拡大）
14年3月	ロシアによるクリミア併合
15年8月	難民危機（EU に入る難民の急激な増加と EU 諸国の混乱）。
16年6月	イギリスが国民投票で EU 離脱を選択。
20年1月	イギリスが EU から離脱（同年 12 月離脱後の移行期間も終了）。
3月	新型コロナウイルス感染症（COVID-19）危機の始まり。
7月	EU 復興基金（次世代 EU）の設立を欧州理事会で合意。

表 B　EU 構成諸国の基本データ（政治編）

国名	人口（万人）	EU 内人口比（％）	GDP（10億ユーロ）	欧州議会議席配分数（2020年）	欧州議会1議席当たり人口（万人）
ドイツ	8,316	18.6	3,336	96	86.6
フランス	6,744	15.09	2,303	79	85.4
イタリア	5,926	13.26	1,652	76	78
スペイン	4,739	10.6	1,122	59	80.3
ポーランド	3,784	8.46	523	52	72.7
ルーマニア	1,919	4.29	218	33	58.1
オランダ	1,748	3.91	800	29	60.3
ギリシャ	1,157	2.59	451	21	55.1
ベルギー	1,070	2.39	215	21	51
ポルトガル	1,068	2.39	166	21	50.9
チェコ	1,038	2.32	475	21	49.4
ハンガリー	1,030	2.3	202	21	49
スウェーデン	973	2.18	136	21	46.3
オーストリア	893	2	377	19	47
ブルガリア	692	1.55	61	17	40.7
デンマーク	584	1.31	313	14	41.7
スロヴァキア	553	1.24	236	14	39.5
フィンランド	546	1.22	92	14	39
アイルランド	501	1.12	373	13	38.5
クロアチア	404	1	49	12	33.7
リトアニア	280	0.63	49	11	25.5
ラトヴィア	211	0.47	46	8	26.3
スロヴェニア	189	0.42	29	8	23.6
エストニア	133	0.3	27	7	19
キプロス	90	0.2	21	6	15
ルクセンブルク	63	0.14	64	6	10.5
マルタ	52	0.12	13	6	8.7
合計	44,703	100	13,349	705	―

［出典］　人口・GDP は第 11 章（表 11-1）のデータを利用。

図A　ヨーロッパ統合と通貨統合の現状（2022年3月現在）

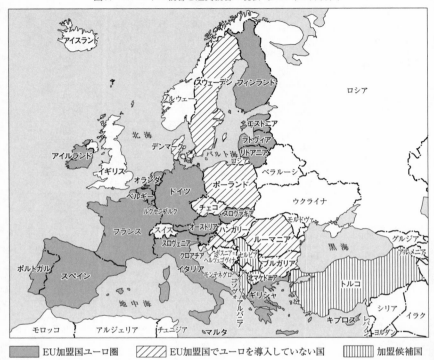

第 9 章

ヨーロッパ統合の歴史

❶1950 年 5 月 9 日，フランス外務省の時計の間でフランスと西ドイツの石炭と鉄鋼産業を国際共同管理下に置く提案を声明するシューマン仏外相。この「シューマン宣言」に基づき，ECSC が創設され，現在の EU へと発展するきっかけとなった（5 月 9 日は「ヨーロッパ・デー」として祝われている）。(dpa/ 時事通信フォト)

　中世にまで遡るヨーロッパ統合の思想は，第一次世界大戦以後に現実政治の動きとなり，20 世紀後半には EU を中心に世界政治上の注目すべき事象として展開した。だが，現在の EU が困難に直面していることが如実に示すように，主権国家からEU へという単線的な制度発展の見方は妥当しないようである。この章では，さまざまなヨーロッパ統合の流れが輻輳して EU を中心とする独特の政体へと向かっていくダイナミズムを歴史的に叙述する。

1 前　史

「ヨーロッパ」と「統合」

　ユーラシア大陸の西端である「ヨーロッパ」が，ギリシャ神話の女神エウロペの誘拐にその地名の語源をもつという説は広く知られている。しかし，ムスリス（イスラム教徒）に侵攻を受けた8世紀ごろの短い時期を除けば，「ヨーロッパ」という地名が人口に膾炙<ruby>膾炙<rt>かいしゃ</rt></ruby>するようになったのは，ようやく14世紀頃のことだという。

　同じ時期に「統合」という言葉の初期の使用も見られた。「統合」は，ラテン語で「完全」を意味する integrare に語源をもち，「完全」とは「キリスト教世界の統一」を意味した。近代国家が成立した14世紀に，その完全なるもの（全きもの）の回復をめざす思想としてヨーロッパ統合思想が芽生えた。フランスの法曹家デュボワは，教皇の権威の下での諸侯の結束と十字軍の再興を望み，また『神曲』で名高いダンテは，世俗権力に重心を置きながらも，教皇と皇帝の連帯の必要性を説いた。

　その後，中世キリスト教世界の崩壊と世俗権力である近代国家の興隆が進展するにつれ，幾多の思想家がヨーロッパ統合を夢見るようになった。その動機にもさまざまなものがあり，例えばボヘミア王ポディエブラートはオスマン（トルコ）などの外敵への対抗に重点を置いたのに対し，ペンやベラーズといったクエーカー教徒は宗教迫害に戦争の主要因を見出し宗派間の和解に重点を置く統合構想を打ち出した点で，両者は好対照をなしている。また，アンリ4世の側近シュリー公によるヨーロッパ統一の「大計画」は自国の覇権追求をその隠れた動機としていたこともよく知られている。

　さらに，18世紀になると，「統合」という言葉には，数学の積分記号 $\int$（インテグラル）の用法のように，機能的な意味合いが加わった。より大きな経済空間を求めるサン゠シモンの思想は，この時代の産物である。

　フランス革命とナポレオン戦争によって，19世紀初めにはナショナリズムがヨーロッパ全土に広がった。現在の視点からは，ナショナリズムとヨーロッパ統合は矛盾するもののようにとらえられがちであるが，この時代には両者の

共存を模索する構想の方がむしろ主流であった。例えば，青年イタリア運動を興してイタリア統一に力を尽くしたマッツィーニは，同時に「青年ヨーロッパ」を結成しヨーロッパ諸国民の連帯によってメッテルニヒの神聖同盟（君主連合）に対抗することをめざしていた。

　こうした多様な動機は現在のヨーロッパ統合においても受け継がれており，統合思想の淵源は，話者の意図や機会に応じて異なるかたちで呼び覚まされるものである。

　しかし，そうしたヨーロッパ統合の構想は知識人の書斎を出ないものであり，現実にヨーロッパ統一への動きが起こったときには，ルイ14世やナポレオンらが試みたように軍事力による帝国形成の形態をとった。自発的かつ平和的な手段による統合が現実政治の課題になるには，第一次世界大戦によってヨーロッパ人の精神世界が根本から覆されるのを待たなければならなかった。

第一次世界大戦の惨禍──ヨーロッパの「自殺」と再生への試み

　第一次世界大戦は「ヨーロッパの自殺」とも評される。

　当初，短期の局地戦で終わるだろうと誰もが思っていた戦いは，レマルクの小説『西部戦線異状なし』が描くようないつ果てるともしれない悲惨な塹壕戦に陥った。機関銃や毒ガス，装甲車などの新たなテクノロジーは戦争の性格を一変させ，「古き良き時代」の騎士道精神は過去の遺物と化していった。

　この大戦によりドイツ，オーストリア＝ハンガリー，ロシア，オスマンという4つの帝国が滅びた。また，アメリカの参戦によって決着がついたことは，ヨーロッパが世界の中心であった時代の終焉を雄弁に物語っていた。さらに，ロシア革命によるソヴィエト連邦の成立とその後のコミンテルンの結成によって，共産主義革命の脅威がいっそう強まっていた。

　こうして第一次大戦は，ヨーロッパ人の精神にフランス革命以来の大きな衝撃を与え，文明論の形態をとったシュペングラーの『西洋の没落』が貪るように読まれた。「失われた世代」は反戦を訴え，大戦の惨禍の生々しい記憶は厭戦気分を充満させるに十分であった。

　だが，第一次大戦の戦後処理は多くの禍根を残すものであった。「中央ヨーロッパの民族的な複雑さをほとんど理解していない政治家」というレッテルす

Column⑨　クーデンホーフ=カレルギー伯爵とパン・ヨーロッパ運動

　ヨーロッパ統合の「建国の父たち」の中で，日本で最も有名な人物はクーデンホーフ=カレルギーであろう。その思想は鳩山一郎の友愛運動に引き継がれ，2009 年に成立した鳩山由紀夫政権でも再び脚光が当たることとなった。

　リヒャルト・クーデンホーフ=カレルギー伯爵（1894-1972）は，オーストリアの外交官だったハインリッヒと日本人の青山光子（MITSUKO）との間に生まれた。MITSUKO が大衆文化で取り上げられてきた影響もあり日本ではよく知られている。対照的に今日のヨーロッパでは「忘却」された観があるが，その理由を考えると EU の本質を考えるうえでも興味深い。

　パン・ヨーロッパ運動の最盛期は 1920 年代だったが，ナチスに追われ亡命していたアメリカから第二次世界大戦後に戻ったクーデンホーフ=カレルギーは苦難の道を歩んだ。それでもなお，戦後も一定の影響力は保ち，EU のシンボルともなった「ヨーロッパの旗」や「ヨーロッパの歌」（『歓喜の歌』）は，もともとはクーデンホーフ=カレルギーの尽力により欧州評議会（CE）の場で生まれたものであった。しかし，1972 年の死去後には EU の文脈からその功績は次第に「忘却」され，その再評価は冷戦の終焉によって，中東欧地域の統合の伝統が氷室から解凍され再浮上する時期を待たなければならなかったのである。

　なお，最近では，SNS 上を中心に「カレルギー計画」と呼ばれる陰謀論の立案者と糾弾される場合もある。その内容は「アジアやアフリカから大量の移民を流入させることで，ヨーロッパの人種を抹消するエリートたちの計画」という荒唐無稽なものだが，クーデンホーフ=カレルギーの出自と世界大の「統合」を視野に入れた独特の思想が異彩を放っていることの証左ともいえるだろう。

ら貼られるウィルソン米大統領の 14 カ条，とりわけ「民族自決」の原則と国境線の引き直しは，大陸ヨーロッパに緊張をもたらした。それまでの有機的な社会・経済的つながりを政治的に分断するかたちでハプスブルク帝国を解体し新興国を独立させた結果，その多くが政治・経済的に不安定な状況に陥った。敗戦国に対して懲罰的な内容をもつヴェルサイユ条約による賠償の負担もあり，ドイツやオーストリアでは国内政治の緊張が特に高まった。

　こうした大陸ヨーロッパの国際・国内政治上の危機を克服する処方箋の一つとして，ヨーロッパ広域秩序再編構想が現れた。早くも大戦中の 1915 年には

ドイツの政治家ナウマンがその著作『**中欧論（*Mitteleuropa*）**』によってドイツを中心とする広域経済圏構想を打ち出し，ドイツ語圏を中心に大きな影響を与えた。こうした広域秩序再編構想には，「民族自決」によって寸断された中東欧地域の社会・経済関係の「再統合」を図り，それによって域内の平和とヨーロッパの世界的地位の維持を模索する方向性が共通していた。

　ヨーロッパ統合運動を現実外交の場に上らせることに初めて成功したクーデンホーフ＝カレルギーの思想も，こうした時代精神によって形作られたものである。クーデンホーフ＝カレルギーは1923年に出版された『パン・ヨーロッパ』によって華々しくヨーロッパ文壇にデビューすると，自ら**パン・ヨーロッパ運動**を組織した。1929年9月には同運動の名誉総裁に推戴されていた仏首相ブリアンが国際連盟総会の場で「欧州連邦秩序構想」の演説を行い，その実現も遠からぬ日のこととすら思われたのである。

　だが，ブリアンの良き理解者であったドイツ外相シュトレーゼマンが折り悪しく死去し，ニューヨーク証券取引所での株価大暴落に端を発する世界大恐慌の影響から各国の保護主義が強まったこともあって，このブリアン提案は頓挫した。

　その後，大恐慌の影響に喘いだ列強はブロック経済化への道を歩んだ。ヴェルサイユ体制に対する修正主義が高まったドイツでヒトラー率いるナチスが政権に就くと，ヨーロッパでは第二次世界大戦への突入が不可避となった。

第二次世界大戦からアメリカ主導の「統合」へ（1943-50年）

　国民国家の最小限の義務が対内的・対外的な安全保障を国民に対して提供することだとすれば，**第二次世界大戦**の勃発とその戦争による被害は，あまりに明白にヨーロッパの国民国家の限界を露呈するものだった。また，主権国家体系を前提とするかぎり，三国協商や三国同盟といった従前の同盟体制を形成しても，戦争の抑止には限界をもつことも明らかとなった。

　レジスタンス運動や亡命者の間では，多くの連邦主義的な欧州戦後体制の構想が検討され，すでに戦中から各国の欧州主義者の間にはつながりが生まれていた。例えば，スピネッリやロッシらイタリアの政治犯が1941年7月に獄中で発した「ヴェントテーネ宣言」は，1943年8月に欧州連邦主義運動（MFE）

の結成をもたらした。

　ナチスの記憶が生々しかった戦争直後には，そうした連邦ヨーロッパを一挙に実現する可能性が皆無だったとはいえない。だが，獄中や亡命先にあった戦前の指導者が復帰し，戦後復興を最優先に，まずは実際の行政を担う国家再建に取り組んだことから，連邦ヨーロッパは中長期的な課題とされた。

　とはいえ，第二次大戦後の西欧政治には，国際的・国内的環境の変化から，それ以前の主権国家体系には存在しなかった質的な変化が生じていた。国際的変化としては，イギリスの世界的地位が低下し，代わってアメリカが覇権国として登場した。この「アメリカによる平和（Pax Americana）」とも称される西側の戦後秩序は，国際通貨基金（IMF）と関税及び貿易に関する一般協定（GATT）を中心とする自由貿易体制が象徴するように，アメリカの描く理想像に基づくものであった。

　また，米ソの冷戦が激化する中で，西欧は国内外の共産主義の脅威に対峙する必要があったが，戦争で疲弊し，そのうえ国王や政治家の責任問題や戦犯問題など，体制の正統性に弱点を抱える各国は，一国の力ではこの共産主義の脅威に対処できなかった。

　そこで，軍事・政治・経済における西欧の主権国家体系の再編が起こった（論者によっては，これを戦後第1期の「統合」と呼ぶ）。この時期の「統合」の特徴は，①（西欧に限らず）全ヨーロッパを包含するかたちであったこと，②政府間主義（intergovernmentalism）に基づいていたこと，③アングロサクソン（米英）主導であったこと，の3つが挙げられる。

　経済面では，アメリカが欧州復興のために供与したマーシャル・プランの施行に際してヨーロッパ側の援助受け入れ機関として欧州経済協力機構（OEEC：1961年よりOECD）が1948年4月にパリに本部を置いて設立され，援助額の配分を調整するために各国の統計収集や経済データの標準化を行い，これが後の経済統合の基盤を形作った。軍事面では，この当時ソ連からの脅威のみではなくドイツの復活に対する恐怖が大きく，1948年には英仏ベネルクスの5カ国によりブリュッセル条約機構が設立され，これが後に東側陣営に対抗する「大西洋共同体」である**北大西洋条約機構（NATO）**へと展開することとなった。

政治面の「統合」に関してはヨーロッパ独自の動きが見られた。チューリッヒ演説（1946年）で「欧州合衆国」を打ち出したチャーチル英首相は，娘婿サンズに独自のヨーロッパ統合運動を組織させ，そのイニシアティブに基づき1949年5月にストラスブールに本部を置く欧州評議会（CE）が創設された。CEは，現在でも人権擁護や文化交流の分野で独特の存在感を示し，統合ヨーロッパの理念的・規範的な枠組みを提供している。

2 「ヨーロッパ建設」から EC へ（1950年代〜）

モネらの「ヨーロッパ建設」（1950年代）

1950年代以降，それ以前の「統合」とは質の異なるフランス主導の「ヨーロッパ建設」が進んだ。その中心となったのはコニャック商人出身で，経済官僚として戦時行政や第二次大戦後のフランスの近代化を推進した**モネ**である。

1950年5月9日，シューマン仏外相はモネの起草した石炭・鉄鋼生産の欧州プール化構想（シューマン・プラン）を公表した。このプランから生まれた**欧州石炭鉄鋼共同体（ECSC）**は，歴史上初めての**超国家性**をもつ組織となり，現在の欧州連合（EU）の直接の前身となった。

1940年代には実現しなかった超国家的な統合が，この時点で可能になった理由としては，①プランの起草者であるモネの存在，②シューマン，アデナウアー，デ・ガスペリという政治的な志向の似た保守派の指導者が仏独伊の外交をリードしたこと，③大陸諸国が，イギリスを切り離すかたちで統合の進展に踏み切ったこと，の3点がよく指摘される。

この3点に加えて，各国それぞれの国益をECSCという主権のプール化という方法によってより良く追求しうる環境であった，ということが大きい。フランスは自国の近代化計画（モネ・プラン）のために安価で良質な西ドイツのルール地方産出の石炭の確保を必要とし，西ドイツにとっては国際社会への一刻も早い復帰（アデナウアー外交は「平等権」を悲願としていた）が至上命題であった。こうした国益と超国家性の共存を，経済史家のミルウォードは「国民国家のヨーロッパ的救済」と定式化しているが，この視点は以後の統合の深化に際しても常に有効なものである。

このフランス主導の「ヨーロッパ建設」は，テクノクラティック（技術官僚的）な性格にも特徴があった。モネの統合構想には実は目新しいところはなく，時勢に応じて具体的な方策をタイミングよく打ち出すところに彼の真骨頂があった。石炭・鉄鋼，原子力，共同市場……と実務的に成果を積み上げていくモネの手法（「モネ・メソッド」）は，現在の EU にまで受け継がれるものだが，他方で民意との乖離（かいり）という問題を孕む（はらむ）ものでもあった。

　ECSC は，史上初めての超国家機関とされ，これ以後，「統合」の制度が構想される際には，そのモデルとされるようになった。伝統的な国際機関は総会・理事会・事務局の三者構成をとるが，ECSC では加盟国の石炭・鉄鋼生産を指導・調整・監督する高等機関と，これに対する異議申し立ての可能性を有する機関として閣僚理事会，共同総会，法院の３つが置かれる形式となった。

　閣僚理事会は各国代表によるコントロールという考え方に基づくもので，共同総会は共同体全体の代表によるコントロールという異なる原理に基づくものである。その後，この四者構成は現在の EU にいたるまで継承されているが，数多くの試行錯誤をともないながら徐々に変化を遂げることとなる（詳細については，第10章参照）。

　1950 年代の「ヨーロッパ建設」を時系列に沿ってたどろう。

　ECSC 条約の交渉時からすでに安全保障（防衛）の領域での「統合」は議論されていた。特に 1950 年6月の朝鮮戦争の勃発は，東西冷戦の激化がついに「熱い戦争」を引き起こしたとも認識され，西側陣営では西ドイツの軍事的な寄与が必要という認識が強まった。こうして，西ドイツがなんらかのかたちで再軍備をすることが不可避となっていく情勢を眼前に，フランスは，安全保障分野においても ECSC と同様の超国家的な統合によってドイツ再軍備を拘束する構想を提示した。「欧州軍」創設を目的としたプレヴァン・プランである。

　だが，この構想は，時間に追われた現実性に乏しいもので，部隊編成や指揮命令系統における同郷者による組織化の必要性や言語の違いを考慮しないものだったことから，軍事関係者には「冗句（じょうく）」と侮蔑（ぶべつ）された。プレヴァン・プランは欧州防衛共同体（EDC）条約として何とか結実したものの，第二次大戦後，10 年と経っていない当時，ドイツ再軍備に対するフランス国民の拒否反応は著しく，結局，1954 年8月30日にフランス国民議会によって EDC 条約の批

准は否決された。EDC条約には，「連邦主義」に熱意を見せるイタリアの強い意向を受けて，欧州政治共同体（EPC）条約が連動していたが，批准の失敗によって，EPCも流産した。これに失望したヨーロッパの連邦主義者らは，フランスによるEDC条約の批准否決を，可決の見通しのないまま投票に付したマンデス＝フランス首相による「8月30日の犯罪」と誹謗した。

　しかし，EPCの方はともかく，EDC条約自体はNATOという基盤的な枠組みの中で他の同盟国の警戒心を呼ぶことなく東西冷戦下で西ドイツに応分の軍事的寄与を果たさせる構想（「欧州軍」はNATO指揮下に入ることになっていた）であるから，対独脅威に対する保証さえ与えられれば，その目的を達成するためにNATO以外の機関を必要とするわけではなかった。そうした了解が広く存在していたからこそ，EDC条約の流産によって暗礁に乗り上げた西欧の防衛問題は，イギリスが示した新たな解決策に基づき1年を経ずして，1955年5月に西ドイツがNATOに加盟し，同時にブリュッセル条約機構を**西欧同盟（WEU）**に改組するというかたちで決着した。アメリカのヨーロッパにおける軍事的関与を保証するNATOと，潜在的な対独脅威をコントロールするためのWEUをセットにするかたちで西欧安全保障体制が成立したわけである。

　他方，EDCおよびEPCの挫折に危機感を抱いた欧州主義者，とりわけベルギー外相のスパークをはじめとするベネルクスの指導者がイニシアティブをとり，1955年6月にメッシーナでECSC 6カ国外相会議が開かれた。このメッシーナ会議での合意により設立されたスパーク委員会の報告に基づき，1957年3月に**欧州経済共同体（EEC）**と**欧州原子力共同体（EAECもしくはEURATOM）**を設立する**ローマ条約**が調印された。

　メッシーナ会議からローマ条約締結に至るプロセスはのちに「ヨーロッパの再始動（relance européenne）」と評価されたが，その背景にはヨーロッパをめぐる国際情勢の変化があった。第1に，植民地の独立の動きが強まり，宗主国たる西欧諸国には自らの経済圏を再編成する必要が生じてきたことがあった。第2に，米ソ超大国に対してヨーロッパの地位の低下が痛感されたことである。特に，1956年にエジプトのナセル大統領がスエズ運河国有化を一方的に宣言し，これに反発して介入した英仏両国軍が米ソの圧力で撤兵を余儀なくされたことは屈辱的であった。また同年のハンガリー動乱も，米ソ冷戦構造によってヨー

ロッパが単なる「客体」となっていることを強く意識させる事件であった。そこで，ヨーロッパの自立性を強めるために「小欧州」でのいっそうの統合が推進されたのである。

　当時の連邦主義者は，このECSC・EEC・EURATOMという一連の統合の進展を，一挙に連邦を実現するのではなく一歩一歩近づいていく「アラカルト連邦主義」と自賛していた。同じ事象を分析してハースは，セクター別の超国家的統合が他の政策領域にまで「波及（spill-over）」し，漸進的に統合を深化させていくという「**新機能主義**（Neo-functionalism）」を唱えた。この新機能主義は，後世の統合の理論的研究に大きな影響を与えた。特に，「波及」によって統合が深化する，という予言性が最大の魅力であった。

　しかし，現実の欧州政治のネットワーク化は，超国家的統合に限られたわけではなかった。例えば，運輸政策の領域では，1950年代初頭に構想された欧州運輸共同体が実現せず，1953年にOEECに併設された欧州運輸大臣会議（ECMT）が西欧の最高調整機関となった。その後のスパーク委員会でも統合構想は結実せず，ローマ条約には共通運輸政策が規定されたものの，実際の（E）ECでは長らく不毛な政策領域となった。

　他方で，フランス主導の「小欧州」の進展に対して，イギリスは政府間主義に基づく異なった「統合」オプションを唱え続けた。1956年10月には，①重複している諸機構を統一するような新機構の設立，②自由貿易圏（FTA）の創設，の2点を骨子とする統合案（Plan G）を提案した。このイギリス提案に基づいて，OEECの閣僚理事会は1957年10月にモードリングを長とする政府間委員会を設置し，EEC条約と自由貿易圏構想の調和を図ることになった。

　イギリスがEECのような関税同盟ではなく自由貿易圏を提唱した背景には，①域外諸国に対する共通関税を避けコモンウェルス（英連邦）の緊密な関係を維持する（特に農産物についてはFTAから除外することでコモンウェルスからの安い農産物の輸入を続けること），②自国の工業製品については西ドイツをはじめEECの域内関税引き下げの恩恵を享受したい，③ヨーロッパ統合のイニシアティブをフランスから取り戻す，という思惑があった。イギリスの構想に対しては，北欧諸国はもとより，オランダや西ドイツからも賛成の意向が示された。しかし，政権復帰したド・ゴール仏大統領は，イギリスの構想を「共同体を自

由貿易圏に吸収し，その結果として解消するもの」と拒否し，1958 年 11 月に
モードリング委員会での交渉は決裂した。

　イギリス，デンマーク，ノルウェー，スウェーデン，オーストリア，スイス，
ポルトガルの 7 カ国は 1960 年 1 月にストックホルム条約を結び，同年 5 月，
欧州自由貿易連合（EFTA） が発足した。ストックホルム条約は，44 の条文と
7 つの付則から成る簡素な条約であり，その組織も，① 1 年前の通知で脱退可
能，②年に 2，3 回の閣僚理事会を開く，③日常業務としては小さな事務局を
置くジュネーヴにて常駐代表が週 1 回会合を開く，といった緩やかなものであ
った（*Column⑥* も参照のこと）。

ド・ゴールの登場から「静かなる革命」へ（1958-69 年）

　1950 年代に史上初めて成立した超国家的な欧州諸機関では，加盟国との実
際の権限配分の問題がかなり曖昧なまま残されていた。1960 年代は，EEC を
中心とする経済統合の進展と同時に，加盟国の主権との緊張関係から次第に
「超国家性」の内実が確定され，統合のネットワーク（超国家・国家・地方間の
権限のバランス）に一定の均衡がもたらされた時期である。そして，フーシ
ェ・プラン，イギリスの加盟申請に対する「ノン」，マラソン政治危機から
「ルクセンブルクの妥協」へ……と続く 1960 年代のヨーロッパ統合をめぐる事
件の主役は，常に**ド・ゴール**仏大統領であった。

　ド・ゴールに対しては，後の時代の評価で「ヨーロッパ統合の敵」という烙
印を押されたことも多い。しかし，彼は独自の「統合」像をもった強固な「欧
州主義者」であり，その点で欧州連邦主義者の多くとも共鳴する部分をもって
いた。EEC の意思決定をめぐりハルシュタイン EEC 委員長と激しい争いを繰
り広げた印象からすると意外な感じを受ける向きも多いが，ド・ゴールは，
EEC の共同市場自体は推進していた（第 1 章の関連項目を参照）。

　ド・ゴール流の異なるヨーロッパ統合像が如実に示されたのが，「政治同盟」
をめざす 1961-62 年のフーシェ・プランである。これは，政府間主義に基づく
統合プランであり，全会一致制による定期首脳および外相協議，外交・防衛・
通商・文化問題を扱う 4 つの常設委員会の設置などの内容をもつ「政治同盟」
を目的としていた。

しかし，特にベネルクス諸国（小国）が，「諸祖国のヨーロッパ（Europe des Patries)」を唱えるド・ゴールの大国中心の欧州秩序構想（端的には「フランス的なヨーロッパ」）を警戒したことから，このプランは流れた。だが，仏独間ではフーシェ・プランの骨子を2国間で実現すべく，1963年に**エリゼ条約（仏独友好条約）**が調印された。このエリゼ条約が，その後のヨーロッパ統合の推進力となった仏独枢軸の制度的枠組みを提供している。

　1960年代の第2の争点は，**イギリスのEEC加盟問題**である。1961年7月に，マクミラン保守党内閣が，シューマン・プラン以来のイギリスのヨーロッパ統合への方針を転換し，EEC加盟申請を表明した。自らイニシアティブをとったEFTAが発足して2年と経たない時期に，イギリスがEEC加盟を申請したことは，他国に驚きをもって迎えられた。このイギリスの政策転換の要因としては，コモンウェルス内の植民地独立にともなう経済圏再編の必要性，イギリス経済の相対的な不振，EECの着実な成果などもさることながら，とりわけ，ケネディ米政権がイギリスとの「特別な関係」を見直し，EECをヨーロッパの柱として重視する姿勢を打ち出したことが大きかった。

　このイギリスのEEC加盟申請を受けて，イギリス経済との結び付きの強いデンマークとアイルランドは，同時にEECへの加盟申請の手続きをとった。また，他のEFTA諸国も追随の姿勢を見せ，EECの拡大が欧州外交の焦点となった。

　当時のEEC委員会に多くの新規加盟交渉を並行して進める余力はなく，まずイギリスとの加盟交渉に全力が注がれた。しかし，交渉にあたったヒース英外相は国内の反対派を顧慮して，コモンウェルスに対する例外的な取り扱い等を求めて強硬な交渉姿勢を見せた。

　コモンウェルスの結び付きを享受し，かつアメリカとの「特別な関係」を維持したままEEC加盟の恩恵をも受けようというイギリスに好都合な方針は，結局のところド・ゴールの統合像とは相容れないものであった。1963年1月14日の「ド・ゴールの拒否権発動」として知られる有名な記者会見で，ド・ゴールはイギリスのEEC加盟を「時期尚早」として拒否した。この会見の直前に英米間で締結されたナッソー協定により，イギリスはNATO加盟国の中で唯一アメリカの核兵器の供与を受ける特権的な立場を享受することとなった。

ド・ゴールの「ノン」は，このナッソー協定への応答でもあった。

その後，1967 年に，今度はウィルソン労働党内閣が，EEC 加盟申請を行った。この 2 度目の加盟申請もド・ゴールの拒否に遭い，ド・ゴール在職中はイギリスの加盟（さらには，その後に続く他国への EEC 拡大）は不可能であることが確実になった。イギリス外交は，EFTA や NATO/WEU という別の枠組みの活用に比重を移した。

1960 年代のヨーロッパ統合をめぐる事件のハイライトは，1965 年に起きた「**マラソン政治危機**」と翌年にこの非常事態を収拾した「**ルクセンブルクの妥協**」である。

EEC 初代委員長ハルシュタインは，熱心な連邦主義者であり，経過措置の終わる 1965 年に EEC の権限強化を図り，「ハルシュタイン・プラン」と呼ばれる野心的な提案を行った。このプランは，EEC 委員会の財源の自立化，その民主的コントロールとして欧州議会による予算審議権，さらに**共通農業政策 (CAP)** の 3 つをパッケージ・ディール（いくつかの問題を一括交渉して妥協を得やすくする方式）にしていた。それまで EEC の財源は（通常の国際機関と同様に）加盟国の拠出金によるもので，予算は閣僚理事会によりコントロールされていた。ハルシュタイン・プランは，EEC 委員会と欧州議会をセットにして加盟国に対する EEC の権限強化を図るものであり，CAP を「人質」にとったかたちとなっていた。

これに反発したフランスは，1965 年 6 月から翌 66 年 1 月までの間，閣僚理事会をボイコットした。この 8 カ月にも及ぶ「マラソン政治危機」は，結果として，死活的な国益に関する事実上の拒否権を加盟国に認める「ルクセンブルクの妥協」をもたらした。

こうして政治的には，超国家（国際レベル）と国家との間の権限関係に均衡がもたらされた。1967 年には併合条約により，ECSC・EEC・EURATOM の 3 機関が一本化され**欧州共同体（EC）**となった。EC は，EEC 条約に定められた予定よりも 1 年半早く 68 年 7 月 1 日に関税同盟を完成させ，同時に共通農業政策も始動した。この併合条約により，加盟国大使級から成る常駐代表委員会（COREPER）が初めて正式な存在と位置づけられた。EC の制度が相当程度固まり，業務が量的に増大かつルーティン化していったこともあり，この加盟国

と EC を日常的に結ぶ COREPER というチャンネルの役割は次第に強まること
となった。

　他方，経済統合はこの時期に着実に深化し，共同市場の成立は域内貿易の高
率の拡大をもたらした。また，大衆消費社会の到来により，観光・移住・留学
など人の移動やラジオ・テレビなどを通じた情報の流通が劇的に増加した。こ
うした域内交流の増大は，統合の基盤となる EC 加盟国間の社会経済的な関係
を次第に変容させることになった。

　そうしたヨーロッパ社会の基層的な変化が表面化した「1968」は，時代を
画する象徴的な年号となった。この年の学生の反乱は，戦後世代が世界的に新
しい価値観を共有し始めていることを示していた。特に西欧の思想や運動はリ
アルタイムで相互に影響を与え，各国でそのエネルギーを増幅した。この
「1968」の年号を挟むように，前年には西ドイツで首相の座を去っていたアデ
ナウアーが死去し，翌69年4月にはド・ゴールがエリゼ宮を去った。旧時代
の指導者が去り，西欧は新たな時代に入った。

危機の70年代──ヨーロッパ・デタント，通貨体制の動揺（1969-79年）

　国民投票に敗れ辞任したド・ゴールの後を受けて，1969年6月にフランス
の大統領に就任したポンピドゥーは，EC の沈滞を打破するために首脳会議の
開催を提案した。1969年12月にハーグで開催された首脳会議は，EEC の12
年間の過渡期が終了したことを宣言するとともに，1970年代の目標として「完
成」「深化」「拡大」「政治協力」を打ち出した。この**ハーグ首脳会議**が最初の
欧州理事会（EC サミット）となり，1974年からは EC の公式機関とされた。

　この時期に首脳会議が制度化した背景には，ブラント西ドイツ首相が推進し
ていた**東方政策**（Ostpolitik）があった。新東方政策は「接近による変化」
（Wandel durch Annäherung）と定式化され，それ以前のハルシュタイン・ドクト
リン（東ドイツを承認した国家とは外交関係を締結しないというハルシュタインが外務
次官時に決定された西ドイツの外交方針）に代わり，外交関係を結ぶことによって
東側の変化を促す方針であった。しかし，フランスをはじめ他の西欧諸国の間
には，ドイツの独行への危惧も生じていた。そこで西ドイツを西欧統合の網の
目にしっかり縛り付けておこうという動機が大きく作用し，首脳会議という新

たな制度化へと進展したのである（制度化の質は異なるものの，ドイツ統一に際してマーストリヒト条約によって一気に超国家性が強まったときにも同様の論理が作用することになる）。

　他方，EC は 1973 年には**第 1 次拡大**によりイギリス，アイルランド，デンマークが新たに加盟し 9 カ国となり，79 年には欧州議会議員の直接選挙の開始によって，その民主的正統性を高める努力がなされていた。とはいえ，1973 年の第 1 次石油危機以降の不況に喘ぐ各国は，統合のさらなる深化よりも，ネオ・コーポラティズム（政労使の協調体制により賃金抑制を行い良好な経済パフォーマンスの維持を図るもの）などの一国的解決策を選好していた。1975 年 12 月に提出された「ティンデマンス報告」（政治統合推進の必要性を説き，EC 市民権などの概念を打ち出す内容）が棚上げされたのは，象徴的な事例である。

　このように，「超国家性」への進展が見られず「停滞」した 1970 年代のヨーロッパ統合は，連邦主義者などにとっては「暗黒の時代」であった。別の言い方をすれば，70 年代は，超国家—国家—地方の権限関係という統合のネットワークの観点から見れば，国家に権限が再集中した時代であった。

　しかし，この時期の西欧政治は，各国の国内において，政治・経済システムの重要な質的変化を経験しつつあった。経済成長を前提とした戦後型福祉国家が次第に行き詰まり，また脱物質主義社会の到来は伝統的な政治的対立軸を変化させ「新しい政治」を各国に生み出し始めた。オランダでの「脱柱状化（Ontverzuiling）」（第 4 章参照），ドイツでの緑の党（Die Grünen）の進出（第 2 章参照）などは，そうした「新しい政治」の例である。このような，国内政治・経済の変容が，60 年代に均衡した統合ネットワークの再編成を促すのは 80 年代半ばになってからである。

　欧州政治協力（EPC）に見られるように，緩やかな「政府間主義」という「統合」の形態が選好された 70 年代は，EC 拡大にとっては敷居の低い時代でもあった。1970 年代後半になると，「南」への拡大が具体化してきた。ギリシャ，スペイン，ポルトガルの南欧諸国は，それぞれ軍部による独裁を経験した国であったが，第 1 次石油危機を迎える前の良好な経済パフォーマンスもプラスに作用し，民主化への移行を果たしていた。EC に対する貿易依存度の高まりという経済的な理由の他に，独裁政治への逆戻りを防止しようという政治的

な動機も強く作用し，「南」への拡大が実現に向けて動き出した（ECへの正式加盟は，ギリシャが1981年，スペイン，ポルトガルが1986年となった。特に農産物問題をめぐり交渉が難航したためである。詳しくは第5章を参照）。

さらに，国際政治をその根底から覆すような巨大な地殻変動が生まれようとしていた。この時期，東欧諸国においても静かに変化が進行した。**デタント（緊張緩和）**による東西交流の増大は，限定的とはいえ西側の消費社会の影響を東側に浸透させることになった。また，公害・環境問題といった国境線が意味をもたない問題群に対する意識の高まりは，東西に分断されない「ヨーロッパ」の存在を意識させるものであった。

3　単一欧州市場から EU への飛躍（1980 年代〜）

ヨーロッパ統合の再活性化（1979-89 年）

1980 年代前半，西欧は第 2 次石油危機後の構造不況に喘ぎ，また日米に比してハイテク技術開発の遅れを意識し始めた。これが，新たな「ヨーロッパ的救済」へのダイナミズムをもたらした。1980 年代半ばからの「欧州再始動」には，構造的な高失業率に喘ぎ始めたヨーロッパ諸国が，域内市場の活性化を梃子に不況を克服し，かつ先端分野で雇用創出産業を生み出そうとする動機が一貫している。

1985 年 1 月に EC 委員長に就任した**ドロール**は，そうした新たな「統合」への道筋をつけた。1985 年 6 月のミラノ欧州理事会において，共同市場完成の障害となっていた物理的，技術的および税制上という 3 分野の非関税障壁の除去を内容とする『域内市場白書』を提出し，同時に欧州先端技術研究開発（EUREKA）計画を打ち出した。

翌 86 年 2 月に調印された**単一欧州議定書（SEA）**は，域内市場の活性化と加盟国共同の研究・開発（R&D）政策，さらに特定多数決制の導入によって共同体立法の迅速化を図ることをその骨子としていた。具体的には「ヒト，モノ，カネ，サービスの自由な移動が保証された域内国境のない領域」としての「単一欧州市場」を 1992 年末までに完成させるという期限を設定し，この期限内に加盟国内の関連法を整備することが目標とされた。

この「単一欧州市場」自体は，原理的には EEC 条約が定める「共同市場」と同じものに過ぎなかったが，その高い経済的効果を予測した「チェッキーニ報告」の影響もあって，「1992 年ブーム」が巻き起こりヨーロッパへの投資が増大した。1980 年代初頭までの欧州硬化症（Eurosclerosis）の沈滞ムードは一掃され，経済統合によるヨーロッパの再活性化への期待が高まった。

ドロール EC 委員長は，この統合への追い風を巧みに利用し，さらに**経済通貨同盟（EMU）**を推進した。1989 年 4 月にドロールを議長とする専門家委員会は，EMU を 3 段階に分けて段階的に達成しようという最終報告書（通称「ドロール報告」）を公表した。

その後の現実の経済通貨統合への動きは，多少の紆余曲折を経たものの，比較的順調に進んだ。1994 年 1 月には，欧州通貨機構（EMI）がフランクフルトに設置された。1998 年 5 月には，11 カ国が経済収斂基準を達成したものとして，99 年 1 月から EMU 第 3 段階に参加することが決定された。

こうした EMU への順調な動きの背景には，ヨーロッパ経済の一体化と金融のグローバル化が進展し，1980 年代初めごろから西欧各国が自国通貨をドイツ・マルクに「自主的に」連動させるようになっていたことがある。各国通貨当局は，欧州為替相場メカニズム（ERM）での変動幅を一定に抑えるためにブンデスバンク（Bundesbank: ドイツ連邦銀行）の金融政策に半強制的に追随せざるをえなくなっていた。この点をとらえ，EMU が推進されたのは，各国が通貨主権を超国家機関に移譲したのではなく，むしろブンデスバンクに事実上決定されていた金融政策について各国が応分の発言権を取り戻すためであった，という有力な指摘もある。

冷戦終結後のヨーロッパ統合（1989-2004 年）

1989 年のベルリンの壁崩壊とこれに続くドイツ統一は，統合ネットワークの再編の動きを加速させた。統一ドイツが独行することのないようヨーロッパの枠組みにしっかりと結び付けようというヨーロッパ諸国の意図が，一気に超国家性を深化させる 1991 年 12 月の**マーストリヒト条約**を生んだ。

1990 年 2 月ごろから模索され，最終的にマーストリヒト首脳会議で合意された新条約の交渉に際しては，"F-word"（Federation「連邦化」という文言を条約

中に含めるかどうか）をめぐる対立ばかりがメディアの耳目を引いたが，その陰でより本質的に重要な「神殿構造（Temple）」（もしくは「列柱構造〈pillars〉」）対「樹構造（Tree）」という EU の基本骨格をめぐる対立が進行していた。「神殿構造」は，もともとは 1990 年 4 月に議長国ルクセンブルクが非公式文書で提案した EC，共通外交・安全保障，司法・内務の 3 本の柱からなるものである。これに対抗する構想が「樹構造」といわれるもので，別々の 3 本の柱ではなく，あたかも 1 本の樹の幹と枝との関係で EU の基本骨格を想定すべきであるという見解であった。この「樹構造」は，全体として単一の共同体に統合されることを前提とするもので，「連邦化」を見据えた立場であった。

　結局，加盟国間および EC 内部の対立と妥協を経て生まれた EU の基本骨格は，3 本の柱をもつ「神殿構造」となった（第 10 章も参照）。第 1 の柱であるローマ条約以来の EC は高度に共同体化されている領域であり，これに対して第 2 の柱である共通外交・安全保障政策（CFSP）および第 3 の柱である司法・内務協力（JHA）については各加盟国に権限留保を認めて基本的には政府間協力にとどめるものであった。しかし，実際に生まれたマーストリヒト条約の「神殿構造」には，交渉時の紆余曲折を反映するかのように，甚だしく複雑な規定が含まれていた。また，長期的な目標をめぐる対立についての決着を避けつつ，「絶えずいっそう緊密化する連合（an ever closer Union）」という曖昧な定義で「欧州連合（European Union）」へ発展したことを宣言する文書であった。

　ECSC 設立から EC へと続く一連の「統合」は，本来，経済統合として構想されたものであった。EC の公式文書において「市民権」について言及されたのは，1975 年の「ティンデマンス報告」が最初である。その後，1979 年の欧州議会選挙から直接選挙制が導入され，さらに欧州議会の権限を次第に強めるといったかたちで，その民主的コントロールを強める努力がなされた。だが，EC の正統性の究極の根拠は，閣僚理事会において決定権をもつ各国政府がそれぞれの国内で民主的な手続きにより選ばれているところにあった。一国政治の正統性に比して EC の正統性は間接的なものにすぎず，また個々の政策の当否までは争えない包括委任的なものでもあった。

　そうしたヨーロッパ統合の抱える「民主主義」の問題が一気にクローズアップされたのが，1992 年 6 月のデンマークによるマーストリヒト条約の批准否

決であった。この「**デンマーク・ショック**」の後，ミッテラン仏大統領はあえて同条約の批准を国民投票に付した。同年9月の投票結果は，かろうじて賛成多数（賛成51%，反対49%）だったものの，エリート主導で展開してきたヨーロッパ統合がその民主的正統性に問題を内包していることを浮き彫りにした。こうして「**民主主義の赤字**（democratic deficit）」は，その後のEUにとって難問として残った。また，ECからEUになってますます複雑化し，一般の市民にはほとんど理解できなくなった意思決定の過程は「**透明性**（transparency）」の問題提起を誘発することになった。

　1993年5月，デンマークにおいても，いくつかの付帯条件を得た後に2度目の国民投票でマーストリヒト条約が批准された。さらに，同年11月のドイツ連邦憲法裁判所での合憲判決により，加盟国すべての批准手続きが完了し，マーストリヒト条約が発効した。ただし，この連邦憲法裁の判決は，国家主権の根源性を認め，統合の成果に厳しい条件をつけたものであり，その政治的反響は小さくなかった。2度の大戦を引き起こした「特有の途（Sonderweg）」を歩むことへの警戒感から，戦後の（西）ドイツは「ヨーロッパ統合」を「国是」として推進してきた。いわば自らの存在をかけて統合を推進してきたドイツにおいてすら，EUへの完全な主権委譲は何らプログラムされたものではない——これは，国家が消滅してEUに収斂する，というような単純なヨーロッパ統合の未来像をあらためて否定する象徴的な出来事でもあった。

　ポスト冷戦期に入ってから，旧東側諸国は猛烈なスピードで「ヨーロッパ」への回帰をめざした。西欧の基準に自国の政治・経済体制を適合させるべく急速な民主化・市場経済化を推し進め，またNATOおよびEUへの加盟を異口同音に第一の外交目標に掲げた。

　そうしたEU拡大への動きと相まって，マーストリヒト条約を補完する政府間会議（IGC）と基本条約の改正が続いた。EU拡大にともない，加盟申請国側のみならず，EU側の改革も課題となったからである。欧州委員会の構成や特定多数決の加重票決数といった加盟国数の増加にともなって不可避となる機構改革をはじめ，農業政策や構造政策等の見直しが焦点となった。だが，アムステルダム条約（1999年発効）やニース条約（2003年発効）は，本質的には「見直し」が必要とされていた問題点を先送りにした内容のものであり，本格的な条

約見直しには**欧州憲法条約**（2004年6月調印）を待たなければならなかった。

1999年1月にはEMUの第3段階（最終段階）への移行によって，欧州中央銀行（ECB）による統一通貨政策と単一通貨**ユーロ**（Euro）が導入された。このユーロ導入の直前まで，エコノミストを中心に，その実現に懐疑的な見方をする者も少なくなかった。だが，現実に通貨統合が抱える問題が危機的に顕在化するまでの約10年間は，意外なほど順調な歩みを続けた。2002年1月には紙幣・硬貨の流通が開始され，欧州経済の一体感も現実の重みとして実感されることとなった。

4 再編期のヨーロッパ統合？（2005年〜現在）

欧州憲法条約の頓挫と経済通貨同盟の動揺（2004-09年）

2004年5月の第5次拡大によって中東欧諸国の大半がEUに加盟し，ヨーロッパ統合における旧東側諸国の「吸収合併」が一応の完成を見た（その後，ブルガリアとルーマニアが遅れて2007年1月に加盟，13年7月にはクロアチアが加盟し，28カ国体制となった）。世界の政治・経済上で重みを増した2004年のEUには「多幸症（Euphoria）」という表現すら用いられることもしばしばであった。

そのわずか1年後にEUをめぐる状況は暗転する。2005年5月から6月にかけて欧州憲法条約の批准がフランスとオランダの国民投票で否決されたことにより，拡大EUの見通しは一気に不透明なものとなった。欧州憲法条約の実質のほとんどは**リスボン条約**（2009年12月発効）に受け継がれたものの，EUは停滞期に入り，ヨーロッパ統合が一面的・単線的に発展する可能性は当分の間，閉ざされた。

さらに，ユーロを中心とするヨーロッパ経済体制も動揺した。ポルトガル，イタリア，ギリシャ，スペインの南欧4カ国にアイルランドを加えてPIIGSという侮蔑的な頭字語で呼ばれた国々は，2008年9月のリーマン・ショック以降に一気にその財政危機の深刻度を増した。単一通貨導入によって独自の金融政策を放棄したユーロ圏では，国ごとに異なる経済情勢に対処するには財政政策しか手段がなく，PIIGSの国々は「安定・成長協定」（財政赤字が対GDP 3％を超えた場合に罰則を適用など）の条件を満たしつつ経済情勢に対処すること

が難しかった。特に，2009年10月の政権交代でカラマンリス前政権の財政赤字の粉飾が暴露されたギリシャをめぐる危機的状況は，ユーロ圏ひいては世界経済を揺るがす事態へと発展した。

単一市場と経済通貨同盟は，EU経済の中心であるドイツの競争力をさらに強め，中小国，とりわけ急激な社会経済構造の改革を余儀なくされた中東欧諸国の間で不満が醸成されるにいたった。こうして，EU加盟国間での利害対立が深まりつつあった中，問題解決能力を減じたEUはさらに危機的な状況に見舞われることとなる。

複合危機からブレグジットへ（2010-19年）

1990年代半ばからの情報通信技術（ICT）の技術革新を核とする「グローバル化」は，世界をリアルタイムに連動化させ，「グローバル資本主義」の浸透による社会経済構造の変容は世界各地を動揺させるようになった。中東・北アフリカでは，2010年から12年にかけて「アラブの春」と呼ばれる一連の民主化運動が起こり，特にシリア内戦の勃発は，大量の難民の発生と「イスラム国（IS）」によるテロの多発というかたちで，ヨーロッパに脅威をもたらした。

2015年に入ると，地中海やバルカン半島を経由してEU諸国をめざす中東や北アフリカからの難民（庇護申請者）の数は急増し，特にメルケル首相が積極的な受け入れ姿勢を見せたドイツには100万人近くが押し寄せた。そうした庇護申請者の中には，「偽装難民」あるいは「経済移民」と見られる者も少なくなく，EU諸国は受け入れに苦慮した。

国境検査なしで人の自由移動を許可するシェンゲン協定は「一つのヨーロッパ」のシンボルでもあったが，大量の難民流入による負担に耐えかねた加盟国の中には一時的に国境検査を復活させるところもあった。さらに，中長期的な移民・難民の受け入れ負担（と不均衡）をめぐる軋轢は，ユーロ危機により顕在化した加盟国間の利害対立をいっそう悪化させ，EUの問題対応能力を著しく低下させた。

さらに，同年11月のパリ同時多発テロや12月のケルン大晦日集団性暴行事件などテロや事件の多発は，EU市民に治安への不安を惹起し，反移民・反難民や反イスラムを訴える政党やポピュリズム勢力の台頭をもたらした。

そうした EU への不満や国内政治の緊張が最も尖鋭に現れたのが，イギリスである。イギリス独立党（UKIP）が得票率を伸ばし，保守党内部でも EU 離脱派が勢力を強める状況に業を煮やしたキャメロン首相は，EU 離脱の是非を国民投票に付した。結果は僅差で EU 離脱派が勝利を収め，イギリスは EU と脱退交渉を行い，紆余曲折を経て 2020 年 1 月に EU から脱退した（第 8 章参照）。

　こうしてイギリスの国民投票の衝撃が生々しかった時期には，「離脱ドミノ」が他の加盟国にも広がることが本気で危惧されていた。だが，EU の主流から外れ「いいとこ取り」を重ねてきたイギリスが離脱のプロセスでのたうち回り，域外の大企業や金融機関が「イギリス脱出」を図る現実を眼前にして，大陸ヨーロッパ諸国では EU 離脱が現実の選択肢としてとらえられなくなっていった。「難民危機」も，トルコなどの近隣諸国との協力による非正規移民の送還や欧州国境沿岸警備機関（FRONTEX）の強化によって，ひとまず危機的状況を脱した。

　もっとも，経済金融上の域内格差，移民・難民問題，ウクライナ問題や中東情勢，ポピュリズム勢力の伸長や権威主義的傾向の強まり……といった 2010 年代の「複合危機」をもたらした基底的な要因は残存したままで，その解決は EU にとって難問のままである。

パンデミックによる世界の変容？（2020 年 -）

　2020 年初頭から世界各国に拡大しパンデミックとなった新型コロナウイルス感染症（COVID-19）は，イタリアやベルギーなどヨーロッパ諸国にも甚大な影響を与え，その収束はまだ見通せない状況が続いている。ポストコロナの世界がどのように変化するのか，さまざまな議論がなされているが，ワクチン確保をめぐって鮮明となった「自国ファースト」や米中対立の激化などは，コロナ禍以前からの問題が尖鋭化したものでもある。

　イスラエルの歴史学者ユヴァル・ノア・ハラリは，『サピエンス全史』（2014年）や『ホモ・デウス』（2016 年）などの全世界的なベストセラーとなった著作で，現在が人類史における転換点に差し掛かっている可能性を指摘した。バイオテクノロジーや AI の発展によって人類が生物学的に定められた限界を突破し，大量の無用な人間と少数のアップグレードされた超人エリート層に分割さ

れるハラリの「予言」したディストピアは，コロナ禍に世界が結束して対処しなければ，さらに深刻なものとなり現実のものとなってしまうかもしれない。

「自国ファースト」の姿勢は EU でも顕著ではあるが，他方でブレグジットの際に危惧されたような「離脱ドミノ」による EU 解体の可能性は非現実的なものとなり，加盟国では EU という枠組みへの肯定が多数の支持を得ている。EU は，炭素税の導入や GAFA（Google, Apple, Facebook, Amazon）をはじめとするグローバル企業への課税など，グローバルな課題の解決策も積極的に打ち出しており，その役割はポストコロナの世界でも重要性を増すであろう。

EU の「多様性の中の統一」というスローガンは，2010 年代以降，リベラリズムの危機的状況とも相まって，色褪せている観もある。だが，ハンガリー人の生化学者カリコと，ビオンテック社（ドイツのバイオ医薬品企業）を創業したトルコ系ドイツ人であるシャヒンとテュレジの夫妻なくして COVID-19 に対する mRNA ワクチンは開発されなかったであろうことが如実に示す通り，多様性はよりよい世界への原動力ともなる。

「危機」は改革や変容の好機でもある。拡大によって大きく広がった内部の格差をゆっくりと解消しつつ EU が「再始動」し，国家間協力の魅力的なモデルを世界政治に提供する日が来ることを筆者は望んでいる。

さらに読み進む人のために───

遠藤乾編，2008 年『原典ヨーロッパ統合史──史料と解説』名古屋大学出版会。

遠藤乾編，2014 年『ヨーロッパ統合史〔増補版〕』名古屋大学出版会。
　＊前者は，政治・経済，軍事・安全保障，規範・社会イメージにわたる複合的なヨーロッパ統合の形成過程を，膨大な原典から精選した史料集。ヨーロッパ統合史を見る際の最もスタンダードな著作である。後者は，史料集を編纂した研究会による通史。

益田実・山本健編，2019 年『欧州統合史──二つの世界大戦からブレグジットまで』ミネルヴァ書房。
　＊制度の発展，共通政策分野の広がり，加盟国拡大という「三つの統合史の流れ」を軸に，最近の問題に至るまでをカバーしている通史。

谷川稔編，2003 年『歴史としてのヨーロッパ・アイデンティティ』山川出版社。

＊古代から現代までの西洋史の蓄積の延長上で，境界域の記憶を手がかりにヨ
　　ーロッパの自己認識を検証し，ヨーロッパ統合を見直す試み。
ケルブレ，ハルトムート／雨宮昭彦ほか訳，1997 年『ひとつのヨーロッパへの
道――その社会史的考察』日本経済評論社。
　＊社会史の観点から，第二次大戦後のヨーロッパ社会の質的な変化を検証した
　　金字塔的な著作。

第 **10** 章

EUのしくみ

❶ 欧州委員会本部棟「Berlaymont」（2010年9月，ブリュッセル，
筆者撮影）。

　EUの制度は国家の制度をヨーロッパ・レベルに移したものではなく，また国家
間協力に基づく国際組織とも大きく異なるものである。2009年12月に発効した
リスボン条約に基づく制度は，EUの効率的かつ効果的な運営のために設計された
が，国家の権限との関係で複雑な規定が多い。その後，EUは存在を揺るがす大き
な危機をたびたび経験しながら，制度の基本的な骨格は変えずに，漸進的に現実的
な対応をしてきた。

1 リスボン条約の構造と EU

　欧州連合（EU）は国際条約に基づく機関なので，EU の機関とその役割についてもすべて条約内で規定されている。その条約とは EU 条約と EU 機能条約という 2 つの条約である。2009 年に発効したリスボン条約は EU のあり方にかかわる大きな原則を EU 条約で規定し，EU の具体的な政策分野における機能や制度の詳細などについては，別途 EU 機能条約で定めている。EU の制度や機能について疑問をもった場合には，まず条約の規定に立ち戻って考えることが重要なので，ここで簡単に EU 条約とその構成について見ておこう。

リスボン条約による三柱構造の廃止
　2009 年に発効したリスボン条約は，実際には 1993 年の欧州連合条約（EU 条約もしくは一般に「マーストリヒト条約」）を継承して，EU の制度改正を行った条約である。従来の EU 条約は，3 本の制度的な柱，つまり欧州共同体（EC）という統合の柱と，2 つの**政府間協力**の柱，共通外交・安全保障政策（CFSP）と司法・内務協力（JHA）の上に，EU という屋根をかけるかたちで存在していた。EC は域内市場統合を中心として，それに関連したさまざまな統合政策を実施してきた。次節で説明する現在の EU の諸機関は，特にこの領域で法律を制定したり，予算を執行したりして政策を遂行する役割を担ってきた。これとは対照的に，CFSP（第 14 章参照）と JHA は EU 構成国が協力し合うことをめざす政策領域であった。JHA の領域は 1999 年のアムステルダム条約による改正で，移民などの政策領域を第 1 の EC の柱に移行して刑事警察協力の政策領域のみが残ったため PJCC と表記されることもある。
　リスボン条約はこれらの制度を抜本的に再編成して三柱構造を廃止し，すべてを EU という一つの法人格をもった組織の中に組み込んでいる。条約上は，経済統合を行う EC が長年，EU という屋根の下に存在し，法的に見ると欧州連合司法裁判所が管轄対象とするのは正確には EC 法であり，EU 法ではない，という状態が続いていた。リスボン条約はすべてを EU の下にまとめて（正確には欧州原子力共同体〈EURATOM〉は残っているが），よりわかりやすく一貫した

Column⑩ **EU 法**

　EU 法とはごく簡単に表現すれば，EU を設立する基本条約，修正条約と付随する議定書などのすべて（一次法）と，これらに基づいて EU が制定してきた法律，さらに欧州連合司法裁判所が出した判決などの判例（二次法）から構成される。

　EU が制定する二次法に位置づけられる法律には，機能条約 288 条でその機能に応じて独特の名称が付けられている。「規則（regulation）」は，すべての EU 構成国に自動的に適用され，構成国の国内でも直接的に適用される法律である。つまり「規則」が EU で制定されると，国内で制定された法と同様に，すべての構成国の法律として機能するのである。「指令（directive）」は，EU レベルで達成されるべき目的を定めるが，その目的を実現するための形式や手段は構成国に委ねられている法律である。つまり「指令」が EU で採択された場合には，EU 構成国はその「指令」の目的を実現するために国内法を制定することを義務づけられるのである。

　EU 構成国は多様であり，それぞれ独自の法文化をもっている。このような多様性を許容しながら EU レベルで同等の法的な効果を実現することをめざすものである。「決定（decision）」は，「指令」のように国内立法なしに直接適用されるが，広く EU 全体に一般適用されるのではなく，特定の対象に当てられており，国家，企業など対象を限定して採択される。

　具体例を挙げてみよう。日本の企業活動にも大きな影響を与え，一般に「REACH」として知られている化学物質規制は「規則」（EC1907/2006）として制定されている。同じ化学物質に関する EU 法でも，鉛や水銀など電子・電気機器における特定有害物質の利用を規制するいわゆる「RoHS」は「指令」である（2002/95/EC）。そのため REACH では規制対象とされる特定有害物質は EU 内ですべて一律に規定され，国内立法措置は必要ない。RoHS の場合には，特定有害物質の使用規制のために EU 構成国それぞれによる具体的な国内法が必要となっている。そして，規制に違反した場合の罰則などは，国ごとの国内立法によって異なる結果となっている。

　EU 法については，以下のサイトで原資料（条約，二次法，判決）をすべての EU の公用語で手に入れることが可能である。

　EUR-Lex Access to the European Union Law　　https://eur-lex.europa.eu/

制度作りをめざしたのである。

　ただし，本書の第 14 章で扱われている CFSP 領域は，リスボン条約のシス

テム下でも，独立した柱とはされていないものの，特別な扱いを受けており，EU 条約第 5 編で他の政策領域とは異なった規定がされている。異なった規定とは具体的には，EU の立法行為がこの領域では排除されており，あくまで構成国間の協力強化がめざされていること，司法裁判所の管轄権が及ばず，欧州議会も関与しないことなどである。こうして見ると，リスボン条約は EU の三柱構造を廃止したものの，かつての第 2 の柱の領域では政府間協力の枠組みが残されたことがわかるだろう。

EU 条約と EU 機能条約

　EU 条約の構造は比較的シンプルで，共通規定（EU が基盤とする基本的な価値と原則の規定など），民主主義の原則に関する規定（代議制，加盟国議会との関係の規定など），機関に関する規定，より緊密な協力に関する規定（EU 内の政策協力を一部の構成国が参加しない場合でも先行して進める制度に関する規定），対外行動と CFSP に関する規定，最終規定（EU の法人格，条約の改正手続き，加盟と脱退などの規定）の 6 編，全 55 条から構成されている。

　EU 機能条約は EU 条約と比べると大部になっており，7 つの大きなくくり，第 1 部「原則」，第 2 部「差別撤廃，連合市民権」，第 3 部「連合の政策と域内行動」，第 4 部「海外地域と海外領土」，第 5 部「対外行動」，第 6 部「制度および財政規定」，第 7 部「一般規定」，全 358 条から構成されている。

　次に EU 条約の第 3 編と EU 機能条約の第 6 部で主に規定されている EU の機関について検討していこう。

2　EU の機関

　EU の機関は複雑だ。それは主にベルギーの首都ブリュッセルとフランスのストラスブール，ルクセンブルクに分散している EU の諸機関にさまざまな役割があり，どれも国家にある政府や議会と似た名前を使いながらも，EU 独特の機能をもっているからだ。複雑な制度ではあるが，その制度の背景にある基本的な考え方を押さえておけば，必要に応じて詳しく調べていく手がかりを得ることができる。以下では，EU を構成している 4 つの主要機関を取り上げて

説明しよう。4つの主要機関とは①欧州委員会，②欧州連合理事会，③欧州議会，④欧州連合司法裁判所である。一般的な国家の司法，立法，行政という三権分立の考え方には必ずしもぴったりと当てはまらないところがEUの難しいところだが，欧州連合司法裁判所はもちろん司法にあたり，欧州委員会は主に行政機関，欧州連合理事会と欧州議会は主に立法機関と考えてよいだろう。EUは条約で規定された諸機関と構成国が協力することで機能するが，両者の間の権限のバランスをとりながら効率的な運営をすることが必要である。構成国の利害を調整しながら，効率的で迅速な政策の展開を行っていくことは27カ国の多様な国家を抱える組織にとっては決して容易なことではない。そのため，これまでの数多くの条約改正によって，さまざまな制度的な修正が加えられ，現在のリスボン条約体制下のしくみに落ち着いている。

①欧州委員会

欧州委員会は，英語ではEuropean Commissionであり，日本語ではCommissionが委員会と訳されてきた。しかし，委員会は一般名詞でありEU内にはコミッション以外にも諮問や執行のための数多くのさまざまなレベルの委員会（Committee）が存在しているので，混乱を避けるためコミッションと略すか欧州委員会と表記するのがよいだろう。欧州委員会は狭い意味ではEU条約17条が定める手続きに従って選出される27名の委員（2021年時点）から構成される組織であるが，実際には欧州委員会といった場合，この委員会を補佐する官僚機構，政策領域を担当する省庁に相当する総局（Directorates-General: DGs）と呼ばれる組織を含めて意味することが多い。

欧州委員会は，EU条約に定められている目的を実現するために予算を執行する行政組織である。しかし非常に重要な機能として，欧州委員会はEU法の法案提出権限をもっていることが挙げられる。日本の国会では政府提出法案と議員立法という2つの法律制定の道筋があるが，EU法の法案を提案できるのは欧州委員会のみであり，後に説明する欧州議会は法案提出権をもっていない。

欧州委員会の委員は内閣に相当する組織であるが，所属する委員の任期は5年と定められている。そのトップの委員長は，いわば首相に相当する立場となる。欧州委員会委員長は，構成国の首脳によって欧州理事会で選出され欧州議

会に提案される。委員長の選出は政治的なプロセスで，所属する国，政党など
を含めて構成国の政府が駆け引きを行いながら決定される。欧州議会の承認が
得られた場合に委員長は理事会と合意を形成し，欧州議会に欧州委員会全体と
しての承認を受けることになっている。EU 条約 17 条 7 項は欧州委員会委員
長の選出について，欧州議会の選挙結果を考慮して欧州理事会が特定多数決で
決定し，欧州議会に対して提案することを規定している。この「欧州議会の選
挙結果を考慮して」という曖昧（あいまい）な規定の解釈が政治問題となった。

　2014 年 5 月の欧州議会選挙では，最大勢力となった政治グループが推す候
補者が自動的に次期欧州委員会委員長となるべきであると欧州議会が主張した。
これに対して，欧州理事会は自らの決定裁量権を縮小することになる次期欧州
委員会委員長の決定方式に，多くの首脳が慎重な姿勢を保っていた。選挙で最
大のグループとなったのは中道保守系の人民党グループ（EPP）であったが，
EPP の欧州委員会委員長候補者であったユンカー元ルクセンブルク首相が欧
州理事会でもそのまま次期委員長候補者として認められ，欧州委員会委員長に
就任した。しかし，2019 年の欧州議会選挙後の人事では欧州理事会は欧州議
会の意向とは異なる候補を推薦し，その結果フォンデアライエン独国防相が欧
州委員会委員長となった。

　他の委員は構成国から各 1 名が派遣されることになっているが，委員はあく
までも構成国の利益代表ではなく，EU の目的のために働くことになっている。
このそれぞれの委員の選出も政治的なプロセスであり，それぞれの構成国政府
が国内政治のさまざまな状況を勘案して選出する。このため提案された人物が
欧州議会の承認を得るプロセスで不適格となる場合もあり，その際には委員会
全体の承認と発足を妨げないように提案人事の差し替えが行われる。

　EU の拡大によって構成国数が増加すると自動的に委員会委員の数が増え，
効率性が落ちる。リスボン条約はこれに対処するために，新しい委員会を組織
する時点から委員数を構成国数の 3 分の 2 に削減し，ローテーションによって
委員を派遣する制度を規定していた。しかし，2008 年 6 月のアイルランドに
おける国民投票でリスボン条約が一度批准を否決されてしまったので，この規
定を条約発効後に改正し，従来通り委員会委員は構成国から各 1 名ずつとする
という決定が欧州理事会でなされた。欧州委員は国の利益代表ではないとして

も，自国籍の委員を送り出せないことがアイルランドでは小国軽視の姿勢として政治的に問題視されたためであった。

②欧州連合理事会

欧州連合理事会（Council of the European Union：理事会もしくはカウンシル）はEU構成国の政府の代表者が集い審議を行う機関である。EU条約上は15条で規定されている欧州理事会（European Council）と16条で規定されている理事会（Council）によって構成されている。

欧州理事会は構成国の首脳，つまり大統領や首相で構成される理事会であり，一般にはEUサミットまたはEU首脳会議とも呼ばれる。EUの政治的な目標を示したり，重要な問題で最終的な政治決着をつけたりする機関となっている。リスボン条約では半年に2回会合することになっているが，国際政治経済の状況に応じて臨時会議もしばしば開催される。

欧州理事会議長　　リスボン条約は欧州理事会に常任の議長職を新たに設けた。欧州理事会（常任）議長（President）は，日本のメディアではEU大統領と訳されることもある。欧州理事会議長は任期2年半で欧州理事会によって選出され，一度限り再選が可能である。リスボン条約が発効するまでは理事会の議長職は構成国による持ち回り制度であった。半年に一度，議長国が交代するので，理事会の代表も半年ごとに交代していた。したがってEUを対外的に代表するのも，半年ごとに交代する構成国の政治家（大統領や首相）ということになり，継続性の点でかねてから問題が指摘されてきた。

EUの対外的な代表を一人の常任の理事会議長が2年半継続して務めることによりEUを代表し，合意形成につとめ，EUを対外的に代表する顔が決められるようになった。

理事会　　それぞれの政策分野で日々の政策決定を行う任務は，閣僚から構成される理事会で遂行される。理事会は構成国の大臣，閣僚が出席するので，しばしば閣僚理事会とも呼ばれる。EU条約16条は，理事会を欧州理事会と共同の法律制定者として位置づけている。ECの時代には理事会は長年にわたってEC法の実質的な制定機関であった。EUの制度が成熟するにつれて，欧州議会の権限が強化され，今日では理事会と欧州議会はほぼ対等の決定機関と

なっている。

　理事会は政策分野ごとに構成されており，10 の理事会が存在している（2021年現在）。総務理事会と外務理事会はいずれも構成国の外務大臣によって構成されているが，総務理事会が EU 全般の運営にかかわる問題，複数の理事会領域にかかわる問題，欧州理事会の準備などを行うのに対して，外務理事会はEU の対外政策を扱っている。他に，経済財務理事会，司法内務理事会，雇用・社会政策・健康・消費者問題理事会，競争理事会，運輸・通信・エネルギー理事会，農業・漁業理事会，環境理事会，教育・青少年・文化・スポーツ理事会が存在している。なお，これらの理事会では議長国ローテーション制度が（後述する外務理事会を除いて）引き続き使われている。そのため政策領域ごとの議長は半年ごとに交代することになり，議長を務める国の意向によって議題設定や議事の進め方は影響を受ける。

　大臣レベルで構成されているこれらの理事会は，常駐代表委員会（COREPER）という構成国から派遣されている常駐代表（大使）によって補佐されている。EU 構成国はブリュッセルに常駐代表部を設置しており，外務省のみならずEU の政策領域に関連したあらゆる省庁から専門家を派遣している。これらの専門家が，数多くの準備委員会を構成し，欧州連合委員会のスタッフや欧州議会議員と意見交換や調整を行っている。実際には常駐代表委員会のレベルで，ほとんどの立法についてコンセンサスが形成されて合意される。このレベルで解決できなかった案件のみが，理事会で議論されることになる。

　理事会の決定方式　　　理事会では決定にあたって採決が行われるが，リスボン条約は特段の定めのないかぎり特定多数決（QMV）を通常の採決方法と定めた。リスボン条約は 2014 年 10 月末までの経過措置が終了した後，決定方式を旧来の複雑な方式から大幅に簡素化した。

　理事会では一国一票とし，欧州委員会提案法案の場合には，少なくとも 15票以上で，全体票数の 55％以上（15 ヵ国）の賛成が第 1 条件となり，さらに賛成した国の人口の合計が EU の人口の 65％を超えていることを多数決成立の条件としている。投票規定には他にも詳細な条件があるものの，構成国数の増加にも対応しやすい方式の導入は大きな成果である。もっとも，理事会でもコンセンサスを形成して全会一致で採択することが原則であり，規定上多数決採

決の対象であっても多数決が濫用されることはない。

　さて，欧州理事会に常任議長が設置されたことは，リスボン条約における代表的な変化の一つであることをすでに説明したが，理事会においても同様の大きな制度上の変化が見られる。それは外務・安全保障政策上級代表職の設置だ。

　外務・安全保障政策上級代表　　EUは長年にわたって，対外政策において「一つの声」にまとまって行動することをめざしてきた。ところが実際に外交政策の領域では国ごとの政策が大きく異なることが頻繁にあり，外交主権の観点からその調整は容易ではなかった。その結果，外交・安全保障の領域はEU条約においても統合ではなく，政府間協力の枠組みにとどめられていたのである。しかし，それでもCFSPが発展してゆくと，EUを可能なかぎり一つにまとめて代表する必要性が高まり，1999年のアムステルダム条約で初めて外交・安全保障政策上級代表が理事会の下に設置された。スペインの外相を務め北大西洋条約機構（NATO）事務局長も務めたソラナは，外交・安全保障政策上級代表として高い評価を受けてきた。リスボン条約はこのポストを発展させ，さらに強化した。外務・安全保障政策上級代表は欧州委員会の副委員長として対外関係を司ると同時に，理事会の外務理事会議長として理事会にも参加する。これまで理事会と欧州委員会はそれぞれ独立した機関であり，役割が重複する部分はなかったが，外務・安全保障政策上級代表はEUの重要な2つの機関のどちらにも所属し，EUの対外政策に携わることになったのである。以上のような点で，外務・安全保障政策上級代表は欧州委員会委員ではあるものの，リスボン条約には特別な規定が置かれており，政治的な役割も他の委員とは大きく異なる。

　外務・安全保障政策上級代表は時に「EU外相」などともいわれるが，上級代表の下にはリスボン条約27条の規定によって欧州対外行動庁（EEAS）が設置された。これはいわばEUの外務省に相当する機関である。EEASは従来理事会の対外政策を扱っていた部署と欧州委員会で対外政策を扱っていた部署，さらに構成国から送られた職員によって構成されている。EEASは理事会からも欧州委員会からも組織的に独立している。

③ 欧州議会

　欧州議会（European Parliament: EP）は，理事会と共同で立法する機関であり，EU の政策決定にあたって大きな影響力をもつ機関である。EU の市民から直接に選挙で選ばれた議員で構成されている。

　しかし EU において議会は長年にわたって権限の弱い機関であった。初期には欧州議会は立法過程で拘束力のない諮問機関に過ぎなかった。また，所属議員は市民から直接に選挙で選ばれるのではなく，構成国の国会を代表して派遣された議員たちであった。そのため，経済統合が進展して EC/EU の政策権限が拡大し，強化されると，それを民主的にコントロールすべきはずの議会の権限が弱いことが問題となった。このことは「**民主主義の赤字**」と表現された。

　1979 年にようやく市民が直接に欧州議会議員を選挙する直接選挙制が導入された。しかし欧州議会の直接選挙は，議席数と任期（5 年）は EU レベルで規定されているが，選挙のシステム（選挙区のあり方や票の配分原理など）はそれぞれの構成国に任されており，各国の選挙法が適用されている。EU 市民が市民の代表を選ぶ選挙であるため，EU 市民であれば国籍地以外の EU 構成国に居住していても選挙権と被選挙権をもつことが可能になっている。

　1993 年の EU 条約では，立法する過程で，理事会と議会がほぼ対等なかたちで審議し決定することが可能な共同決定手続きが導入された。この手続きの導入によって議会の権限は大幅に強化されたが，その後この手続きが対象とする政策領域が条約改正とともに次第に拡大された。リスボン条約では，この共同手続きが「通常立法手続き」（EU 機能条約 298 条）となり，別途「特別立法手続き」として定められていないかぎり，特に域内市場に関連する政策分野ではほとんど議会と理事会が対等の権限をもって決定できるようになっている。欧州議会は立法以外でも欧州委員会の承認など人事，予算，条約の締結などにおいてきわめて重要な役割を果たしている。このため，すでにシンプルな「民主主義の赤字」の議論は過去のものとなっている。

　議会は，ブリュッセルに本会議場などの建物をもっており，委員会活動を中心としてブリュッセルで活動している。ところが，かつて本会議場がストラスブールにあった経緯から，フランスとの協定で 1 カ月に一度はストラスブールで本会議が開催されている。

欧州議会の議席は，人口の大きさに大まかに比例して国ごとに定められている（第Ⅱ部とびら表B参照）。しかし，欧州議会議員は国別に行動しているわけではない。議員たちは主に自国での政党所属に基づいて欧州議会内の政治グループ（会派）に所属しており，保守キリスト教政党系の欧州人民グループと社会民主党系の社会民主進歩同盟が大きなグループを構成している。これらの欧州議会内グループは選挙のたびに構成や名称が変わることも多い。

④欧州連合司法裁判所

欧州連合司法裁判所（Court of Justice of the European Union）は，リスボン条約によりEU全体の裁判所と位置づけられた。この欧州連合司法裁判所は複数の裁判所を総称している名称である。この中には司法裁判所（Court of Justice），一般裁判所（General Court）がある。

司法裁判所は初期から存在する裁判所で，EU法の解釈を最終的に行う裁判所である。EU法の解釈が構成国ごとに異ならないよう，EU法に関する判断は最終的には司法裁判所が行っている。また一般裁判所は，EUの活動領域の拡大にともない訴訟案件が大きく増加したので，司法裁判所の負担を軽減するために設けられた裁判所であり，自然人や法人による訴訟を扱う。以前は第一審裁判所とも呼ばれた。裁判所はルクセンブルクに位置し，キルシュベルクの丘に巨大な建物群を構成している。

司法裁判所と一般裁判所には，EUにのみ見られる重要な制度がある。これは通常の判決とは別に，「先決裁定」もしくは「先行判決」と訳される"Preliminary Ruling"という制度である。EU市民は，EU法がかかわっている案件でも国内の裁判所で訴訟を起こすことが多い。訴訟を取り扱う国内の裁判所も，EU法の解釈について先行する判例がない場合などは判断に迷うことがある。このような場合に，EU法の解釈を一元的に行うために先決裁定手続きが存在している。国内の裁判所は司法裁判所に対してEU法解釈を問い合わせ，その判断（先決裁定）に基づいて，判決を下すのである。EU法に関しては，EU構成国のすべての裁判所が判断を仰ぐのはルクセンブルクにあるただ一つの司法裁判所なので，統一的なEU法解釈が積み上げられることになる。

司法裁判所は，政治的にEU法を制定することが容易でなかった1970年代

前後のいわゆる統合の停滞期に，経済統合を進めるために積極的な EU 法解釈を判決や先決裁定によって示し，**法による統合**とも呼ばれるほど，EU の発展に重要な役割を果たした時期もある。

⑤その他

EU には以上のような機関の他にも，さまざまな機関が存在している。その中には，欧州中央銀行（ECB）や会計検査院，欧州兵器調達庁（EDA）のように EU 条約で規定されているものがある。また，経済社会委員会や地域委員会のように EU の政策執行や立法にあたって，社会や経済，地域の視点から意見をとりまとめて諮問する EU 機能条約に規定されている機関も存在している。

さらに EU のさまざまな政策分野ごとに重要な役割を果たしているエージェンシー（専門機関）も存在している。例えば，2005 年に欧州対外国境管理協力機関（FRONTEX）が設立され，構成国の対外国境管理を支援していた。しかし，小規模な機関であり，2015 年の難民危機では十分な活動ができなかったことから，16 年 10 月に新たな欧州国境沿岸警備機関として再発足した。俗称は FRONTEX が引き継がれている。今日では FRONTEX のように，新たに設置された EU の専門機関は多数存在しており，EU における専門的，技術的な政策の執行・調整にあたっている。新型コロナウイルス感染症（COVID-19）の感染拡大において EU レベルでワクチンの認可を行った欧州医薬品庁（EMA）もその一つである。

3 EU と構成国

補完性原則

EU は条約に基づく組織であるので，通常の業務はこの条約によって規定された権限の範囲内で行われることになる。しかし，EU は立法によって，その権限，政策領域を拡大することも可能である。歴史を振り返ってみれば，通貨協力や地域開発政策など，もともと条約に規定されていなくても，理事会の全会一致によって条約の目的に合致するかぎり新しい政策をとることも可能であった（EC 条約 308 条）。リスボン条約でも EU 機能条約 352 条に同様の規定が

置かれているが，現在は理事会の全会一致によるのみでなく，欧州議会の同意も必要となっている。さらに同条は補完性原則にも言及しており，これまで以上にEUが新たな政策権限を拡大することに慎重になることを求めている。

この**補完性原則**（principle of subsidiarity）とは，EUの行動範囲をEUの排他的政策権限に属さない政策領域で，EU構成国やその地方の行政では十分な施策ができず，EUレベルの方が政策目的をよりよく達成できる場合に限る，という原則である（EU条約5条）。簡単にいえば，市民から見てできるかぎり身近な自治体や地方，自分の国で政策は実行されるのが原則だが，EUレベルで問題解決に当たった方がよい場合にのみEUは行動してもよい，という考え方である。

このような考え方は1980年代に域内市場計画が登場し，市場統合のために国家や地方がもっていた権限が急速にEUに奪われていくのではないかという懸念が起きたころから議論されるようになった。そして，1993年のEU条約に初めて規定された。当時EUは必ずしも民主的なコントロールが十分に利いていない非効率で無能な官僚機構で，これまでの長い歴史の中で培われてきた国別の法制度や慣行がEUによって破壊される，と多くのEU市民が危惧していた。その結果，1992年にはデンマーク国民が国民投票でEU条約の批准を一度拒否したし，94年にはノルウェー国民がEUへの加盟を国民投票で拒絶した。

国内議会の役割強化

その後，EUのシステムを市民に開かれたより民主的で効率的なものにするために多くの努力が重ねられてきたが，十分な成果があったとEU市民に認識されているとは言い難い。権限が拡大され，市民から直接選挙される欧州議会であっても決して市民に身近な存在とはいえないであろう。欧州議会選挙の投票率は，多くの場合，国政選挙の投票率を大きく下回り，どのような議員が送り出されているかを知らないEU市民がほとんどである。リスボン条約はこのような状況の下で，これまでの補完性原則の保証をさらに有効にするために，新たに構成国の国内の議会の役割を強化するシステムを組み込んだ。EU条約5条と「国内議会の役割に関する議定書」によって，EU立法に関して補完性

原則に合致しているか否かを審査することが可能になったのである。

　EU と構成国の関係で問題となるのは，EU のみが政策権限を有している排他的政策権限領域（EU 機能条約 3 条に規定された関税同盟，競争政策，通貨政策，共通通商政策など）ではなく，特に混合政策権限領域（EU 条約 4 条）である。域内市場，社会政策，環境政策など非常に幅広い領域が含まれる。つまり EU と構成国との間には，常に権限をめぐって緊張関係が存在しているのである。

　EU の民主主義を強化するために，欧州議会の強化，構成国議会の関与の強化に加えて，市民の声を立法に反映させるために EU 条約 11 条 4 項で市民イニシアティブ（ECI）も導入されている。EU が権限をもつ政策分野において，7 カ国から 100 万人以上の署名を集め，欧州委員会に立法を促すことができる。実際の制度運用のハードルは高く，市民と EU の結び付きがこれで強まったとは評価できないものの，EU の制度は民主的運用を強化するために，さまざまな努力をしている証左ともいえよう。

条約改正と新たな手続き

　リスボン条約は，ほぼ 10 年にわたる長期の議論と政治プロセスを経てようやく発効した。リスボン条約の前の EU のしくみを規定していたニース条約は 2000 年に合意されており，すでにその時点から次の条約改正が議論されていた。しかも当時は単なる条約改正ではなく，欧州憲法のようなまったく新しい制度を再構築することが議論された。しかし欧州憲法条約は発効せず，長い困難なプロセスを経てリスボン条約が発効した。そのため，リスボン条約はある意味で条約改正疲れが頂点に達した EU の到達点である。1985 年の域内市場計画の発表，87 年の単一欧州議定書（SEA）の発効からずっと続いてきた条約の改正による EU の制度的な発展と拡大のプロセスは，ユーロ危機をはじめとする「複合危機」を経て，異なる次元に入ったともいえよう。2013 年 7 月にクロアチアが加盟し，さらに西バルカン諸国との加盟交渉は続くが，小国の加盟は EU の運営に大きな影響はなく，リスボン条約を改正する必要もない。イギリスの EU 離脱も EU の基本構造には何ら影響は与えない。

　EU 条約 48 条 2 項の「通常改正手続き（Ordinary Revision Procedure）」に基づく条約改正は行われていないが，EU 条約 48 条 6 項に規定されている「簡易

改正手続き」は利用されてきた。「簡易改正手続き」は，EU 機能条約第 3 部
の EU の域内政策領域における改正に関する規定である。

　こうして理事会が全会一致で決定し，構成国が国内の批准規定によって承認
することによって機能条約の一部改正が可能になった。このような改正が実現
した例としては，2011 年 3 月 25 日の理事会決定（2011/199/EU）がある。これ
は機能条約 136 条を改正し，ユーロ圏構成国が「安定化メカニズム」を設立す
ることを認める規定を定めたものである。実際には，ユーロ危機に対応するた
めに緊急に設置された「欧州金融安定ファシリティ（EFSF）」の後継となる
「欧州安定メカニズム（ESM）」は関係国の間で多国間条約を根拠とする国際機
関として EU の制度の外側に設立されたが，この 136 条の改正によって EU の
機関として位置づけることも可能になっている。

 さらに読み進む人のために───

庄司克宏，2007 年『欧州連合──統治の論理とゆくえ』岩波新書。
　＊EU のしくみについて簡潔ではあるが，非常に含意に富むかたちでまとめら
　　れた解説書。第 4 刷以降では，リスボン条約の内容が盛り込まれている。
中村民雄，2019 年『EU とは何か──国家ではない未来の形〔第 3 版〕』信山社。
　＊手際よく短くまとめられており短時間での全体像の把握に役立つが，一方で
　　深い洞察に基づく EU の入門書。
鷲江義勝編，2009 年『リスボン条約による欧州統合の新展開──EU の新基本条
　約』ミネルヴァ書房。
　＊リスボン条約の翻訳書。条約についての解説も付属しており，日本語でオリ
　　ジナルの EU 条約を読むことができる。なお，原語の EU 条約の全文は
　　EUR-Lex でダウンロード可能。

第 ⓫ 章

EU の経済政策

↑ユーロ紙幣（2019 年 5 月 28 日，AFP ＝時事）。

　本章では，EU 経済の現状を概観したうえで，広義の経済政策として経済統合を取り上げ単一市場と単一通貨の利益について考える。そのうえで単一市場について概観し，世界金融危機やイギリスの EU 離脱（ブレグジット）の影響について考える。次に，単一通貨ユーロとそこでの金融・財政政策について概観し，ユーロ危機とその後のユーロ制度改革について学ぶ。最後に，コロナ禍からの復興と欧州グリーンディールを実現するための EU の新しい経済政策について学ぶ。

1　EU 経済の現状──「収斂の共同体」とその行方

世界経済の中の EU

　2020 年の世界の国内総生産（GDP）は 84.7 兆ドルで，国・地域別に見ると，アメリカ 20.9 兆ドル，EU 27 カ国 15.3 兆ドル（ユーロ圏 19 カ国 13.0 兆ドル），中国 14.7 兆ドル，日本 5.0 兆ドルとなっている（World Bank, *World Development Indicators*）。

　このように EU 経済はアメリカに次ぐ経済規模を誇る。しかしそれは，歴史や経済構造の異なる 30 弱の「国民経済」がその権限の一部を EU に移譲することで初めて実現している。この点が，アメリカや日本などと比較した場合の EU 経済の大きな特徴となっている。EU 構成 27 カ国のうち，最大の経済規模を誇るドイツでさえ GDP は日本より小さい。ヨーロッパは EU という地域的統合体を作り出すことで，アメリカと肩を並べる経済圏となり，中国などの新興市場諸国の台頭の中，国際社会で独自の発言力を強めている。

　表 11-1 は，EU 構成 27 カ国の EU 加盟年，ユーロ導入状況，経済規模などを概観したものである。大国と小国（人口・GDP で比較），先進国と新興市場諸国（1 人当たり GDP や GDP 成長率で比較）など，EU 構成国の経済を分析する切り口はさまざまあるが，経済産業上の結び付きや政策スタンスの近似性から EU 域内を 3 つのグループに区分することで適切に把握できる経済事象は多い。

　第 1 は，ドイツ・ベネルクス三国・オーストリアなどのコア諸国と，EU に新規に加盟した中東欧諸国である。これら諸国では，ドイツの製造業を起点として中東欧へと広がる生産ネットワークが構築されている。高い生産力を有し，両大戦間期に天文学的インフレを経験したドイツを軸とする経済政策の基本スタンスは「物価安定」である。第 2 は，フランスと南欧・地中海諸国で，EU の地中海政策を通じてマグレブ諸国との経済的結び付きも強い。これらの諸国では，ドイツ等にキャッチアップするための「成長」志向が根強く，財政支出やインフレに比較的寛容な経済政策スタンスをとってきた。第 3 に，アイルランドと北欧・バルト三国は，経済のデジタル化が進み，生活水準も高い。戦後ソ連圏にあったバルト三国の北欧への再統合とキャッチアップも進んでいる。

表 11-1　EU 構成諸国の基本データ（経済編）

国名	EU加盟年	Euro導入年	人口[1] (万人)	GDP[2] (10億ユーロ)	1人当たりGDP[3] (EU27=100)	実質 GDP 成長率（%）[4]			
						2009	10-14平均	15-19平均	20
ドイツ	1957	1999	**8,316**	**3,336**	121	-5.7	2.2	1.6	-4.8p
オーストリア	1995	1999	893	377	124	-3.8	1.2	1.9	-6.3
オランダ	1957	1999	1,748	800	133	-3.7	0.6	2.3	-3.8p
ベルギー	1957	1999	1,157	451	117	-2.0	1.5	1.7	-6.3p
ルクセンブルク	1957	1999	63	64	266	-4.4	3.0	3.2	-1.3
ポーランド	2004	未	**3,784**	523	76	2.8	2.9	4.4	-2.7p
チェコ	2004	未	1,070	215	94	-4.7	1.1	3.9	-5.8
スロヴァキア	2004	2009	546	92	71	-5.5	2.8	3.2	-4.8
ハンガリー	2004	未	973	136	74	-6.7	1.5	4.0	-5.0p
スロヴェニア	2004	2007	211	46	89	-7.5	0.3	3.6	-5.5
クロアチア	2013	未	404	49	64	-7.3	-0.9	3.0	-8.0p
ルーマニア	2007	未	1,919	218	72	-5.5	1.5	4.7	-3.9p
ブルガリア	2007	未	692	61	55	-3.4	1.1	3.6	-4.2
フランス	1957	1999	**6,744**	**2,303**	103	-2.9	1.2	1.6	-7.9p
イタリア	1957	1999	**5,926**	**1,652**	94	-5.3	-0.5	1.0	-8.9p
スペイン	1986	1999	**4,739**	**1,122**	86	-3.8	-0.7	2.8	-10.8p
ポルトガル	1986	1999	1,030	202	77	-3.1	-0.8	2.5	-7.6e
ギリシャ	1981	2001	1,068	166	64	-4.3	-4.9b	0.8	-8.2p
キプロス	2004	2008	90	21	87	-2.0	-1.9	4.6	-5.1p
マルタ	2004	2008	52	13	97	-1.1	4.6	6.5	-7.8
アイルランド	1973	1999	501	373	211	-5.1	2.6	10.0	5.9
スウェーデン	1995	未	1,038	475	123	-4.3	2.5	2.6	-2.8
デンマーク	1973	適用除外	584	313	136	-4.9	1.2	2.5	-2.1
フィンランド	1995	1999	553	236	115	-8.1	0.6	1.8	-2.9
エストニア	2004	2011	133	27	86	-14.4	3.5	4.0	-2.9
ラトヴィア	2004	2014	189	29	72	-14.3	2.0	3.1	-3.6
リトアニア	2004	2015	280	49	87	-14.8	3.7	3.4	-0.9
ユーロ圏 19	——	——	34,238	11,359	105	-4.5	0.8	2.0	-6.4
EU27 合計	——	——	44,703	13,349	100	-4.3	1.0	2.2	-6.0
イギリス	1973-20	適用除外	6,703*	2,527*	102	-4.1	2.0	1.7	-9.8
EU28 合計	——	——	51,435*	16,510*	—	-4.3	1.1	2.1	—
アメリカ	——	——	32,846	18,389	136	-2.8	2.1	2.3	-3.3
日本	——	——	12,626	4,448	91	-5.5	1.6	0.9	-4.7

［注］　1)　人口：2021 年 1 月 1 日現在。太字は 3000 万人以上の国。
　　　　2)　GDP：欧州諸国は 2020 年。一部暫定値・推計値を含む。太字は 1 兆ユーロ以上の国。
　　　　3)　1 人当たり GDP：2020 年。EU27=100。購買力標準（PPS）データ。
　　　　4)　実質 GDP 成長率：2021 年 7 月更新データ。p は暫定値，e は推計値，b はデータの断絶有。
［出所］　「人口」「GDP」「1 人当たり GDP」「実質 GDP 成長率」は Eurostat（https://ec.europa.eu/eurostat)。ただし，日本とアメリカの「人口」「GDP」は IMF *World Economic Outlook Database*（GDP は自国通貨建てを当該年の平均為替相場でユーロ建てに換算）。

図 11-1　1 人当たり GDP の推移

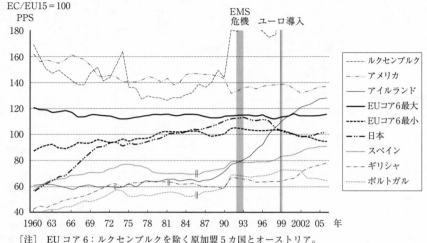

［注］　EU コア 6：ルクセンブルクを除く原加盟 5 カ国とオーストリア。
　　　　PPS（購買力標準）で計算。
　　　　‖ は当該国の EC/EU 加盟を表す。
［出所］　European Economy より作成。

EU 域内経済──構成国間の収斂と一時的乖離

　各国の経済発展のレベルは，1 人当たり GDP にほぼ反映される。ここでは，
EU 構成国の 1 人当たり GDP の推移について見てみよう。

　第 1 に，1999 年の通貨統合開始前まで，欧州経済共同体（EEC）/ 欧州共同
体（EC）/EU は明確に「収斂(しゅうれん)の共同体」として機能していた（図 11-1 参照）。
域内においてコアの先進国に位置づけられる原加盟 5 カ国（金融立国のルクセン
ブルクを除く）とオーストリア（以下，「コア諸国」）の 1 人当たり GDP の最大値
と最小値の幅は 1960 年代から 90 年代にかけて一貫して狭くなっている。

　第 2 に，EC の第 1-3 次拡大の際に 1 人当たり GDP が EC/EU15（当時）の
6 割前後の状態で新規加盟した諸国も，1990 年代にかけて EC/EU 平均へと生
活水準を向上させてきた。他方，2004-07 年の第 5-6 次東方拡大で新規加盟し
た諸国のうちバルト三国およびルーマニア・ブルガリアなどは，加盟時の 1 人
当たり GDP が EU 27 カ国平均の 4, 5 割台であったが，その後キャッチアップ
を続け，現在ではほとんどの国が 7, 8 割台になっている（表 11-1 参照）。

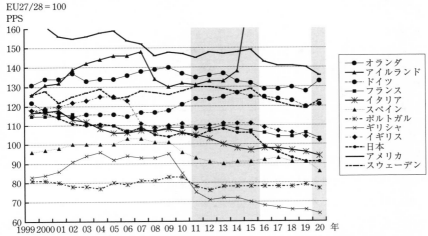

図 11-2　1 人当たり GDP の推移
（1999 年以降のユーロ圏主要国とスウェーデン・イギリス・アメリカ・日本）

EU27/28 ＝ 100
PPS

凡例：
- オランダ
- アイルランド
- ドイツ
- フランス
- イタリア
- スペイン
- ポルトガル
- ギリシャ
- イギリス
- 日本
- アメリカ
- スウェーデン

［注］　EU27＝100（〜 2001, 2020 年），EU28 ＝ 100（2002 〜 19 年），PPS（購買力標準）で計算。
［出所］　Eurostat（GDP per capita in PPS）より作成。

　このように，戦後のヨーロッパ統合の歴史においては，すでに高度な経済水準を実現していたコア諸国同士が収斂し，収斂しつつあるコア諸国の水準に新規加盟国の経済水準が収斂するという，二重の収斂過程が存在していた。

　ところが，ユーロが導入された 1999 年以降，EU コア諸国の 1 人当たりGDP が次第に乖離し始める（図 11-2 参照）。とりわけドイツとイタリアの乖離は顕著で，イタリアの 1 人当たり GDP は 2020 年にはチェコに追い付かれた。いまや「収斂の共同体」は機能しておらず，EU は解決されなければならない課題を抱え込んでいることがうかがえる（第 3 節参照）。

EU 経済統合と経済政策

　地域的経済統合を進める EU にとって「経済政策」は，2 つの意味を有する。
　第 1 は，「経済政策としての統合」である。これについては，1960 年代にバラッサが『経済統合の理論』において示した**経済統合の 5 段階論**が参考になる（表 11-2 参照）。

表 11-2　バラッサの統合 5 段階論と EU 経済統合

時期	段階	内容	EC/EU の具体例
単一市場形成期	1. 自由貿易地域	域内関税の撤廃	1968年〜　関税同盟 + CAP（共通農業政策）
	2. 関税同盟	対外共通関税	
	3. 共同市場	生産要素の自由移動	1985-92年　域内市場
単一通貨導入期	4. 経済同盟	経済政策の協調	1979-98年　EMS（欧州通貨制度）
	5. 完全な経済統合	金融・財政政策の統一 超国家機関の創設	1999年〜　EMU（経済・通貨同盟）

［出所］　バラッサ，1963 などを基に筆者作成。

　第 1 段階は「自由貿易地域」で，域内の関税や輸入数量制限を撤廃する。第 2 段階は「関税同盟」で，対外共通関税を導入する。第 3 段階の「共同市場」では，貿易だけではなく，資本や労働などの生産要素の域内移動制限も撤廃される。ここでは以上の 3 段階を「単一市場」形成期としよう。バラッサの第 4 段階は「経済同盟」で，加盟国間の経済政策を調整する。第 5 段階の「完全な経済統合」が最後の段階で金融・財政政策が統一され，加盟国を拘束する超国家機関が創設される（バラッサ，1963）。ここでは後半の 2 段階を「単一通貨」導入期としよう。ヨーロッパの場合，第 1 段階と第 2 段階を同時に達成し，第 3 段階と第 4 段階をほぼ並行して進め，現在第 5 段階の半ばにあると考えられる。

　統合の段階を進めるたびに，統合に参加する諸国の企業や産業，さらにはマクロ経済に構造変化がもたらされ（その一部は費用〈cost〉となって表れる），統合の「利益（benefit）」がミクロ・マクロ両面でもたらされることになる。しかし「単一市場」と「単一通貨」とでは，統合のコスト・ベネフィットの構造が本質的に異なる。「単一市場」の利益は，(1)関税同盟による価格低下，(2)市場統合による①非関税障壁除去によるコスト削減，②域内の企業間競争を通じた「規模の経済」の実現，などからなる。そのためのコストは，統合の利益にあずかれない劣位産業や地域に対する手当てなどである。他方，「単一通貨」の導入によって，域内での投機筋による通貨攻撃はなくなり，為替相場の不透明性や通貨交換コストも除去されるものの，参加国は自国の金融政策を放棄せねばならず，為替相場による対外調整手段も失うことになる。

EU にとっての「経済政策」の第 2 の意味は，以上で見た統合の「深化」によって特定分野で構成国政府の既存の政策権限が EU に移譲された結果，当該分野で EU が構成国政府に代わって実施する「EU による経済政策」である。2009 年 12 月に発効したリスボン条約において，加盟国政府ではなく EU が排他的権限を有するとされる分野は，①関税同盟，②競争法（域内市場関連），③通貨政策，④海洋生物資源保護（共通漁業政策関連），⑤共通通商政策，の 5 つの分野である（EU 機能条約 3 条）。また，EU と加盟国が権限を共有する分野としては，以下に見る単一市場や農業・漁業政策のほか，社会政策，経済的・社会的・地域的結束，環境，エネルギー，消費者保護，運輸など多岐にわたっている。

　以下では，コスト・ベネフィット構造を異にする「単一市場」（第 2 節）と「単一通貨」（第 3 節）とを明確に分けて，「経済政策としての統合」と統合後の「EU による経済政策」について，考えていくことにしたい。

2　EU 経済統合の展開と単一市場

　20 世紀後半の EEC/EC/EU の経済統合は，1960 年代の関税同盟・共通農業政策（バラッサの統合第 1-2 段階に相当）と，1980-90 年代の市場統合（同第 3 段階に相当）という，大きく 2 つのステップで進展した。それぞれのステップで，統合の利益を享受しつつ，EU は世界最大の規模を有する域内単一市場を実現した。

関税同盟・共通農業政策（CAP）と共通通商政策

　1958 年の創設後 EEC は，68 年に**関税同盟**を完成させた。EEC 創設前の 1957 年に平均 12.8％であった関税率は，関税同盟形成後，域内は無関税，対外共通関税率の平均も 7.5％となった。関税同盟ができると，関税が撤廃された域内での貿易は増加し（貿易創出効果），消費者は安価な製品を購入できるようになる（生産者は価格低下で損失を被る）。他方で，より競争力のある安価な製品を供給できる国が域外にあったとしても，対外関税によってそうした安価な域外製品ではなく，より高価格だが関税がかからない域内製品が輸入されるケ

ースも出てくる（貿易転換効果）。この場合，関税同盟参加国政府は関税収入を失うことになる。消費者・生産者・政府のこうした利益と損失を合算すると，関税同盟は年率で0.05％程度の利益をもたらしたとされる。

関税同盟は，ECの貿易構造に大きな変化をもたらした。1960年代後半以降，域内貿易が急増し，第4次拡大前のEC12カ国の輸出について見た場合，58年に37.2％であった域内貿易比率は94年には58.4％へと，ほぼ6割近くにまで拡大した。

関税同盟の形成にともない，対外共通関税の関税率の変更，関税および貿易協定の締結などの対外通商政策も，「共通通商政策」としてEUに排他的権限が与えられている（EU機能条約3条および207条）。

農業分野でも**共通農業政策（CAP）**が，1968年の関税同盟の完成と同時に導入され，工業製品にかかる関税同盟と並び，農産物に関して共同市場が実現した。CAPを通じて，域内の農産物自給率は格段に高まり，ECは1980年代には世界第2位の輸出国となった。EU条約では「域内市場は，農業，漁業および農産物貿易に及ぶ」（EU機能条約38条）とされ，「農産物の域内市場の運営と発展はCAPの創設を伴う」（同条）と規定されている。CAPは，農業・漁業分野で，次に見るEU単一市場を支えているのである。

単一市場

1980年代に入ると，日本製品の追い上げや，アメリカ・レーガン政権下の新たな経済政策の展開の陰で，ヨーロッパ経済は大きく停滞した。停滞の原因を，関税同盟形成後も域内に広範囲に残る「非関税障壁」の存在に見出した欧州委員会は，1985年に『域内市場白書』を公表し，**市場統合**計画を打ち出した。「非関税障壁」は，①通関などの物理的障壁，②製品規格や規制の相違などの技術的障壁，③付加価値税（VAT）の相違などの税障壁，という3つのカテゴリーに区分され特定された。それらの障壁を域内から撤廃し，**ヒト，モノ，カネ，サービスの4つの自由移動**を域内に実現することで，当面「障壁除去の利益」（GDPの2.2-2.7％と試算）が生じる。さらに，より積極的な利益として，EUレベルで企業間競争が促進され，各国の主要企業がヨーロッパ規模での事業展開を行うことで「規模の経済」が実現し，効率が高まることによって，

GDP 比で 2.1-3.7％の「市場統合の利益」がもたらされると試算された（チェッキーニ，1988）。こうして市場統合による単一市場（single market）形成は，1980 年代後半の欧州経済を復活させる鍵となった。

　1987 年には「単一欧州議定書（SEA）」によりローマ条約が改定され，270 を超える EC 規則・指令が次々に採択され，施行されていった（それを可能とした EC の新アプローチについては第 9 章を参照）。その結果，1992 年末までに EU 域内市場はおおむね計画通りに完成した。1996 年に，市場統合の経済効果をシミュレートした「モンティ報告」によれば，市場統合を実施しなかった場合に比べ，EU 域内投資は 1.5％増，産出は 1％以上の増，雇用は 30 万-90 万人増となり，インフレ率は 1.0-1.5％低下したとされる（モンティ，1998）。何よりも，グローバル化が進む 1990 年代に巨大な単一市場がヨーロッパに誕生した意義は大きいといえよう。

　こうして，その創設によって欧州経済に大きな経済効果をもたらした単一市場であるが，その機能を維持発展させていくためには，EU による継続的な政策展開が必要となる。最近ではコロナ禍で破断した単一市場の再興に向けて，2021 年 5 月，欧州委員会が通達「2020 年の新産業戦略のアップデート——欧州の復興のためのより強力な単一市場の構築」を出し，単一市場の強靭化などの諸施策を打ち出している。

リーマン・ショックと金融サービス単一市場の修復

　2000 年代の低金利と過剰流動性の中で，世界の不動産価格は上昇を続けた。中でもアメリカの住宅市場では，住宅向け貸出の証券化や再証券化によって生まれた商品をもとに，規制が及びにくい「影の銀行制度」が形成され，ヨーロッパの大規模金融機関もそれに深く関与した。2007 年以降，資産市場のバブルが崩壊すると，米欧の金融市場は大きく揺らぎ始める。とりわけ 2008 年 9 月のリーマン・ショックによって，EU 単一市場は金融サービス分野で大きく損傷し，09 年には EU 経済は戦後最大のマイナス成長を記録した（表 11-1 参照）。

　ECB（欧州中央銀行）は，ヨーロッパ全域を一気に襲った未曾有の金融危機に対して，①市場で不足したドルを含む流動性供給，②政策金利の大幅で急速な利下げ，③資産買い取りを中心とする**非伝統的金融政策**の実施を通じて機

動的に対応した。

　EU も 2009 年 3 月に「**ドラロジェール報告**」を出して，金融サービス分野の
EU 単一市場の改革を進めた。金融規制面では，①世界金融危機の起点となっ
たアメリカのいわゆる「影の銀行制度」に関連する金融商品や金融機関などに
関する EU 規制導入，②銀行の破綻処理や預金保険などの危機後対応策の拡
充・強化が進められた。金融監督面では，2011 年 1 月に，域内の個別金融機
関を監視するミクロ・プルーデンス監督当局として，**欧州監督機構（ESA）**が
創設された。また，経済全体のリスクを特定し早期に対応するためのマクロ・
プルーデンス監督機関を設けることが提案され，同年 1 月に ECB 総裁を長と
する**欧州システミック・リスク理事会（ESRB）**が創設されている。

ブレグジット（Brexit）と EU 経済

　2016 年 6 月 23 日，イギリスは国民投票で EU からの離脱を決めた（脱退
51.9％に対し残留 48.1％）。その後，リスボン条約 50 条に従い 17 年 3 月にイギリ
ス政府は EU に対して正式に離脱を通知し，離脱交渉を開始した。北アイルラ
ンドとアイルランドとの間の国境管理の問題などで交渉は難航し，イギリス・
EU 双方の批准手続きを経て正式な離脱が実現したのは，2020 年 1 月 31 日に
なってからであった。その後の「移行期間」において，イギリスは EU の関税
同盟と単一市場にとどまったまま，離脱後の英 EU 通商関係をめぐる交渉を行
い，20 年 12 月 31 日の移行期間終了間際に TCA（英 EU 通商協力協定）合意を
成立させ，「合意なき離脱」の大混乱は回避された。

　イギリスは，単一通貨を導入しない権利（オプトアウト）を行使してユーロ
圏外にとどまってきたので，同国の EU 離脱は単一市場（含関税同盟）からの
離脱を意味する。第 1 に，関税同盟（域内関税ゼロ＋対外共通関税）については，
自由貿易協定（FTA）を旨とする TCA により，①EU との貿易については無関
税が維持され，WTO（世界貿易機関）ルールに基づく関税の復活は回避された。
他方で，②EU 以外の諸国との関税は，EU が世界各国・地域と締結している
FTA を，イギリスがほぼ同じ条件で引き継ぐ「継続協定」を矢継ぎ早に締結
することになった。第 2 に，単一市場については，1992 年の市場統合の際に
270 を超える EU 法を通じて撤廃した非関税障壁（物理的障壁，技術的障壁，税障

壁）が広範な分野で復活した。物理的障壁については，国境での通関手続きが約30年ぶりに復活した。人の移動についても国境での審査が復活し，90日を超えない旅行以外はビザが求められることになった。技術的障壁については，専門資格の相互認証はなくなり，また金融サービスの単一免許等についても継続協議となった。

1973年のEC加盟以来，イギリスは関税同盟に参加し，92年の市場統合の際にはそれを積極的に推進した。1960年代には英連邦（コモンウェルス）諸国を中心としていた貿易が，EU諸国との貿易へと置き換わり，世界から直接投資を受け入れるEUの玄関口として，単一市場の利益を長きにわたって享受してきた。EU離脱によってイギリスはこうした単一市場の利益を手放すことになる。そのため長期的には，貿易・直接投資の減少，R&D（研究開発）投資の減少と生産性の低下，移民の純流入の減少などのマイナス効果が，EU離脱後の規制緩和，EUへの拠出金カット，新たなパートナーとの貿易創出などからくるプラスの効果を大きく凌駕するとするシミュレーションが国際機関やイギリス財務省などから出されている。

こうした中，2021年3月，イギリス政府は，コロナ危機後を見通した独自の成長戦略「より良き復興（Build Back Better）」を公表した。これは，①インフラ整備，②人々のスキル向上，③イノベーションの各分野への重点投資を通じて，イギリスにとって優先順位の高い「経済全体の底上げ（地域格差是正）」「気候中立支援」「（EU離脱後の世界戦略である）グローバル・ブリテンの支援」をめざすという戦略である。それは，イギリスがEUの制約を受けずに「主権国家」として約半世紀ぶりに策定した独自戦略であり，そこから新たに得られる経済利益が，EUの関税同盟・単一市場からの離脱で失った統合の利益をどの程度補完できるのか，その成果を見極めていく必要がある。

EU内でドイツに次ぐ第2の経済規模を誇ったイギリスの離脱は，EUにとっても大きな痛手となる。EU加盟国数は統合史上初めて減少し，27カ国となり，人口は5.1億人から4.5億人に約12％減，またGDPも16.5兆ユーロから13.3兆ユーロに約19％減となり，アメリカに水をあけられた。EU内非ユーロ圏の盟主イギリスの離脱によって，EUに占めるユーロ圏の比率は，人口規模で67％から77％に，GDPで69％から85％に，それぞれ上昇し，ユーロ圏経

済の運営が EU 経済全体の帰趨<ruby>帰趨<rt>きすう</rt></ruby>を決める鍵となった。

3 通貨統合とユーロ

通貨協力から通貨統合へ

　EU では通貨統合のことを「**経済・通貨同盟（EMU）**」という。それは，単一通貨を実現する「通貨同盟」のためには，単一市場，競争政策，構造・地域政策，マクロ政策協調などからなる「経済同盟」が不可分という考えによる。

　この EMU の歴史は長い。それが最初に提起されたのは 1970 年の「経済・通貨同盟の段階的実現に関する報告（ウェルナー報告）」によってであった。この最初の EMU 計画は，それが依拠していた IMF（国際通貨基金）固定相場制が揺らいだ結果，開始前に頓挫<ruby>頓挫<rt>とんざ</rt></ruby>するが，その後も EC 域内の主要国は，関税同盟や農業共同市場を守るために域内の為替相場安定をめざした。1970 年代はスネークと呼ばれる為替相場固定制度が採用されたが，ドイツを中心とする低インフレ（安定）通貨圏と，フランス，イタリアなどの成長志向国との間の政策スタンスの違いから分裂し，最終的に後者が脱落してしまった。

　EC の全構成国に「安定通貨圏」をもたらすために，1979 年に**欧州通貨制度（EMS）**が創設された。EMS は，①為替相場の基準などの計算単位としての通貨バスケット＝**欧州通貨単位（ECU）**，②為替相場固定のための為替相場メカニズム（ERM），③外国為替市場介入のための資金を融通する信用メカニズムを柱とする制度で，中でも ERM に参加する域内主要国通貨は，相互に上下 2.25％の固定為替相場で結ばれることになった。

　1983 年までにフランス，イタリア，ベルギーなどが，従来の成長重視の政策から，ドイツと同じ物価安定政策に政策スタンスを転換することで，EMS は 1980 年代後半に高度な安定を実現した。しかし 1992-93 年には，折からの市場統合によって自由化された資本移動と，ドイツ統一のショック（ドイツの高金利等）とが相まって，そうした安定を一気に破壊した（欧州通貨危機）。

　国際金融のトリレンマ論によると，①資本の自由移動，②固定為替相場，③金融政策の独立性の三者は，基軸通貨国を除いて同時成立できない（図 11-3 参照）。地域的統合を進める EU は，単一市場の機能を維持するために①を固守

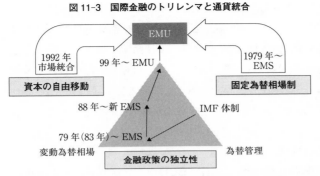

図11-3　国際金融のトリレンマと通貨統合

[出所]　Commission of the European Communities, *European Economy*,
No. 44, October 1990 より筆者作成。

する必要があり，増大した域内貿易・投資を守るためには②も放棄できない。
よって解は一つ，③を捨てること以外にない。その究極的な形態が，自国金
融政策の独立性の完全な放棄を意味する通貨同盟ということになる。1992-93
年の欧州通貨危機後，EU は為替変動幅を上下15％に拡大することで EMS-
ERM を制度として堅持し，93年11月に発効したマーストリヒト条約の下で，
通貨統合に向け邁進することになる。

　EMU 参加のためには，各国は①財政赤字（対 GDP 比で財政赤字3％以内，政
府債務残高60％以内），②インフレ率（低位収斂），③長期金利（同），④為替相
場（直近2年間 ERM の通常変動幅を維持）に関する4つの条件を満たす必要があ
った。一般に，放漫財政の国の政府の政策スタンスはインフレに甘くなりがち
で，そうした高インフレ国では，長期金利は高く，為替相場は下落傾向を示す。
EMU 参加のための4条件は，インフレに甘い国の通貨がユーロに混入するこ
とで，ユーロの通貨価値が損なわれることを未然に防止する策であった。

　1999年1月，EMU 参加条件を満たした11カ国によって EMU は開始された。
その後，ギリシャ，スロヴェニア，キプロス，マルタ，スロヴァキア，エスト
ニア，ラトヴィア，リトアニアが順次条件を満たして EMU に参加し，現在，
EU 加盟27カ国中，ユーロを導入しているのは19カ国である（2021年12月時
点。表11-1参照）。現在，ユーロを導入していない8カ国のうち，ブルガリア
とクロアチアは20年7月から対ユーロの固定為替相場制度である ERM Ⅱ に

参加し，ユーロ導入の条件を整えつつある。

　EU条約によれば，参加条件を満たしたEU構成国はユーロを導入する義務
がある（EU機能条約140条）。ただし，EU諸国の中でもイギリスとデンマーク
は，EU条約に付属する議定書によって，自らの意思において導入を決定する
までは，ユーロを導入しなくてもよい権利を手にしていたが（EU条約　議定書
15，16条），のちにイギリスはEU自体から離脱してしまった。

単一金融政策

　欧州中央銀行制度（ESCB）は，**ECB**とEU構成各国の中央銀行から構成さ
れる連邦型の中央銀行である。EUの中でもユーロを導入している諸国におい
ては，単一金融政策が実施されることになる。それを担っているのが，ECB
とユーロ導入国中央銀行からなる「**ユーロシステム**」である。

　ユーロシステムによる金融政策の最終目標は，域内の物価の安定である。具
体的には消費者物価（HICP）の上昇率2％以下で，その近傍とされている。そ
うした最終目標を棄損しない範囲で，ECBは，EUが行う「一般経済政策」を
支援する。為替相場政策は，域内の物価安定という最終目標に従属する。例え
ば，ユーロ安による輸入財価格の上昇により，域内でインフレ圧力が生じてい
るような場合には，外国為替市場でユーロ買い介入が行われることがある。

　こうした目標を実現するための政策手段として，ECBは，①公開市場操作
（オペレーションもしくはオペ），②常設ファシリティ，③準備預金の積立制度と
いう3つの政策手段を保持している。このうち，ユーロの政策金利は，あらか
じめ定められた金利で民間金融機関との間で，短期の資金貸出や預金受入を行
う常設ファシリティによって定められ，ユーロ圏内では単一となる。この単一
ユーロ政策金利を基準に，短期金融市場での金利や長期金利の体系が形成され
ることになる。

　他方で，アメリカや日本と異なり，歴史的に異なる構造を有する複数の国民
経済が統合して形成されたユーロ圏には，金融政策を運営していく際の固有の
困難が存在する。経済状況が各国で異なって推移しているにもかかわらず，金
融政策の政策手段は一つ（単一金利）しかないという問題で，一部ではOne
size fits all問題と呼ばれている。ユーロ圏内の不均衡は，従来，国ごとに異な

Column⑪　ユーロのはなし

　すでに世界でその名称がすっかり定着している「ユーロ」だが，経済・通貨同盟について定めたマーストリヒト条約（1993 年発効）では，そうなってはいなかった。1979 年以降 EMS の計算単位として広く利用されてきた ECU の名称をそのまま引き継いで「ECU（エキュ）」とされていたのである。ところが，この ECU，フランス革命前に流通していた銀貨 écu と同じ呼称であったことが問題視され，結局 95 年のマドリードでの欧州首脳会議で「Euro（ユーロ）」という名称に落ち着いた経緯がある。日本では「ユーロ」と読まれるが，ドイツではオイロ，フランスではウロ，そしてギリシャではエヴロと発音する。

　紙幣は 5 ユーロから 200 ユーロまで 6 種類（とびら写真参照），硬貨は 1 セント（＝100 分の 1 ユーロ）から 2 ユーロまで 8 種類ある。紙幣はすべての券種が，ユーロ域内すべて同一デザインで（ただし印刷した国名が判別できるようローマ字が記載されている），一面には開かれたヨーロッパを象徴する各時代の窓（門）が，もう一面にはつながりや交流を象徴する各時代の橋が，それぞれ描かれている。多様な国民が利用する域内共通通貨であるため，どうしても国民性をまとってしまう肖像が出てこないのはやむをえないのだろうが，すべての券種に肖像が描かれている円を利用する日本人には，やや素っ気ない印象を与えよう。

　代わりに，ユーロ硬貨では，片面は域内で統一されているものの，もう片面は各国が自由にデザインしてよいことになっている。そのため各国のお国柄が反映され，立憲君主制をとる国では人物（君主）も登場する。もちろん，どの国のデザインが施された硬貨であっても，ユーロ域内全域で通用力を有しているので，出国時の空港や駅で無理やり小さな買い物をして処理する必要はない。

　2021 年からは，中央銀行デジタル通貨（CBDC）としてデジタル・ユーロ発行の検討も開始されている。

る金融政策や自国通貨の為替相場変動を通じて調整することができた。しかし，すでにユーロ圏内にはそうした手段はなく，域内の不均衡は，後に見るヨーロピアン・セメスターを通じて未然に監視し，必要に応じて他の経済政策手段を動員して対応することになる。

　1999 年の EMU 実現によって金融政策は EU の排他的権限の下に置かれることになったが，現代のマクロ経済政策のもう一つの柱である財政政策について

は，その基本的権限はなお EU 構成各国の手中にある。以下では EU 財政について概観した後，域内の財政政策の現状と課題について考えてみたい。

　先進諸国における政府の財政支出の規模は，GDP の 30-50％程度である。これに対して，EU の財政は 1971 年の創設以来，小さな規模を維持し，EU 全体の GDP のわずか 1.2％程度に過ぎない。金融政策については，すでに EU が排他的権限を有しているのに対して，財政分野では引き続き構成国の財政を基礎に各種の政策が遂行されている。

　EU は 7 年ごとに中期枠組みを定め，そのもとで毎年の財政運営を行っている。EU が国際連合（国連）や IMF などの国際機関と異なるのは，関税同盟による対外共通関税収入，CAP による輸入課徴金という，経済統合の深化の結果はじめて実現する財源（伝統的独自財源）を有している点にある。ただし，こうした①伝統的財源では支出を賄いきれなくなり，②1980 年代以降は構成国の VAT 収入の一部が，③90 年代後半以降は国民総所得（GNI）の一部が，それぞれ財源に加わり，2018 年には，①が約 16％，②が約 12％，③が約 72％となっている。歳出面では，従来 EU 財政の最大の支出先は CAP で，1970 年代初めには支出の 8 割を占めていた。しかし近年 CAP 関連支出は相対的に減少し，2021-27 年の多年次財政枠組み（MFF）では，「域内の経済・社会・地域的格差の是正」に 34.5％，CAP を含む「自然資源と環境」に 29.7％，「単一市場，イノベーション，デジタル化」に 14.7％などとなっている。

　ECB が実施する域内単一金融政策とは異なり，財政政策は構成国が実施している。とはいえ，EU 構成国，特にユーロを導入している構成国の政府が，放漫な財政政策を続けると，通貨としてのユーロの信認の問題が生じる。そのため，ECB および各国中央銀行による政府債務の直接引き受けが禁止されている（EU 条約 議定書 4 21 条）。加えて**安定成長協定（SGP）**によって，毎年の政府赤字（フロー）は当該国 GDP の 3％以内，かつそうした毎年の赤字の結果生じる政府債務残高（ストック）は同じく対 GDP 比 60％以内，という縛りがかけられている。違反した国は赤字の額に応じて無利子預け金を EU に供出し，2 年以内に赤字を削減できない場合は没収される。ただし，当該国の GDP 成長率が 0.75％以上のマイナスの場合には，適用が除外されうる（EU 条約 議定書 12）。

このように現在，EU には財政政策を追求する排他的権限がない。通常，国民経済では，金融政策と財政政策との間で相互に矛盾しないポリシーミックス（政策の組み合わせ）が追求される。そこで，ユーロを導入している EU 構成国の財務相による会合として「ユーログループ」が組成され，ユーロ圏諸国の経済政策の緊密な調整を行っている（EU 条約　議定書14）。

南欧の財政危機と支援メカニズムの構築
　2008 年 9 月以降の世界金融危機の中で，EU 各国経済は大きな落ち込みを見せた（表11-1参照）。各国政府は，当初 2008 年秋から冬にかけての金融機関への資本注入のために，そして落ち込んだ実体経済の下支えのために，未曾有の財政支出を行った。
　こうした中，2009 年 10 月，政権に就いた全ギリシャ社会主義運動（PASOK）は，前政権の財政赤字の統計が虚偽であったことを公表し，ギリシャの財政赤字は 4％から 12.7％へと大幅に下方修正された。その結果，ギリシャ国債の信認は低下し，ギリシャは政府債務危機に陥った（第 1 次ギリシャ危機）。
　2010 年 5 月初旬に開催されたユーロ圏緊急首脳会議は，総額 1100 億ユーロのギリシャ支援を決めた。次いで，ギリシャ以外の南欧などのソブリン危機に備え，ユーロ圏金融安定化策が公表された。その内容は，EU27 カ国が負担する欧州金融安定メカニズム（EFSM）が 600 億ユーロ，ユーロ圏構成国が拠出する欧州金融安定ファシリティ（EFSF）が 4400 億ユーロ，IMF が 2500 億ユーロで，合計 7500 億ユーロの支援枠となっている。その後，同年 12 月にアイルランドに 850 億ユーロ，11 年 5 月にはポルトガルに 780 億ユーロの支援が決まった。
　2011 年 6 月以降，ギリシャの財政再建が予定通り進まず債務不履行の懸念が高まった結果，市場は再びギリシャ国債の売りに出た（第 2 次ギリシャ危機）。同年 7 月，EU と IMF は，ギリシャ向けに 1600 億ユーロの第 2 次支援策をまとめたが，支援公表後も国債の利回り上昇（価格低下）はスペイン，イタリア，さらにはフランスにまで及び南欧諸国全体を包み込むかたちになった。
　こうした波状的な欧州政府債務危機に直面して，財政に関する EU の制度が整備された。EFSM と EFSF は 3 年の時限付きの緊急措置であったので，2013

年後半以降に両者の機能を引き継ぎ恒久化する必要があった。そのため，2012年7月に**欧州安定メカニズム（ESM）**が創設された。ESM は，構成国が財政危機に直面するなどしてユーロ圏全体の安定性が損なわれる危険が生じた場合，域内各国政府の保証で資金を調達し，厳格な条件の下で金融支援（支援枠は当面 5000 億ユーロ）を行うメカニズムである。

ユーロ危機の深まりと EMU 制度改革

　2010 年 5 月のギリシャ政府債務危機に始まるユーロ圏内の政府債務危機（いわゆるソブリン危機）は，次第に南欧諸国全体に及んでいった。スペインでは，2008 年の世界金融危機後のバブル崩壊で銀行部門の不良債権が拡大の一途をたどり，12 年 5 月には同国第 4 位の大銀行バンキアの経営危機が表面化した。折からの政府債務危機で同国政府には銀行への支援を行う余裕はなく，危機は「銀行－政府共倒れ型」の複合危機の様相を呈した。これに対して EU は最大1000 億ユーロの銀行支援を行う一方，ECB も 7 月にドラーギ総裁が「ユーロを守るためなら何でもする」と宣言し，9 月には危機国の国債を無制限に購入する国債買い入れプログラム（OMT）を実施したことで，危機は鎮静化に向かった。

　とはいえ，単一通貨ユーロを支える経済・通貨同盟（EMU）の制度自体に欠陥があることは明らかであった。2012 年 12 月の EU 首脳会議において，ファン・ロンパイ欧州理事会常任議長ら EU4 機関トップ連名で『真の EMU に向けて』が合意され，金融・財政・経済政策・政治の 4 分野で EMU 強化案が示された。それを受けるかたちで 15 年 6 月には，ユンカー欧州委員会委員長らEU5 機関トップ連名で『欧州における EMU の完成』が出され，単一通貨を支える「金融同盟」「経済同盟」「財政同盟」を 2025 年までに完成するためのロードマップが示された。2017 年 5 月には欧州委員会から『EMU の深化に向けた考察文書』が出され，ロードマップのいっそうの具体化が進められた。

　金融同盟は，銀行同盟と資本市場同盟とからなる。**銀行同盟**は，ユーロ圏内で統一された金融規制「単一ルールブック」と監督体制「単一監督メカニズム（SSM）」，銀行破綻時の統一的処理を定めた単一破綻処理メカニズム（SRM）とその資金プールである単一破綻処理基金（SRF），欧州預金保険スキーム

（EDIS）からなる。**資本市場同盟**は，雇用と成長を促進するための EU 投資計画の一環として出されたもので，中小企業向け投資など資本市場に関する改善施策からなる。

　経済同盟は，域内経済の不均衡について監視・是正する**ヨーロピアン・セメスター**の EU レベルでの機能強化を，その柱としている。**財政同盟**は，①ユーロ圏構成国間の財政不均衡の監視と是正のための枠組みと，②一定の条件付きで域内財政移転をともなう「マクロ経済安定化機能」の導入，という 2 つのステップからなる。②については，それが恒常的で一方通行の財政移転の制度にならないように，「経済同盟」を通じた事前の域内収斂がまず確保されるべきとされている。したがってユーロ制度改革の当面の焦点は，実効性の高い「経済同盟」の確立にあるが，その柱ともいえるヨーロピアン・セメスターは，一人勝ちを続けるドイツと構造問題を克服できず低成長を続けるイタリアとの間の二極分解が進行するなど，十分な成果をもたらしていない。「経済同盟」がその成果を目に見えるかたちで出さない限り，次に控える「財政同盟」が北から南への一方的な財政資金移転の制度となることは自明で，北の諸国の同意は得られまい。ユーロ存続のためにも統合のいっそうの深化が求められているのである。先にふれた『考察文書』では，2025 年までにユーロ圏財務省や欧州通貨基金（EMF）の創設などが提案されており，その帰趨が注目される。

4　コロナからの復興と欧州グリーンディール

コロナ危機と EU の経済政策

　2020 年に入ると，新型コロナウイルス感染症（COVID-19）が欧州経済を襲った。3 月には，スペイン，イタリア，フランス，イギリスを中心に感染者が急拡大し，多くの国・地域でロックダウン（都市封鎖）が実施された。リーマン・ショックが金融に端を発し 1 ～ 2 年かけて徐々に実体経済を蝕（むしば）むショックであったのに対して，コロナ・ショックは実体経済そのもの，とりわけ生産（およびサプライチェーン）を一時的に麻痺させると同時に，ロックダウンを通じて戦後かつてない程度の消費の急減をもたらした。その結果，2020 年の EU の実質 GDP 成長率はマイナス 6％と戦後最大の落ち込みに直面した。コロナ

禍への各種緊急対応で，EU 各国の財政支出も急拡大した。

　EU 単一市場は，EU，構成国，地域の各レベルで実施された各種封鎖措置によって，その前提であったヒト・モノ・サービスの移動が一時的に遮断され，機能不全に陥った。また単一通貨ユーロは，コロナの感染の規模と各国政府の感染拡大防止策，産業構造（飲食や観光等の部門の大きさや在宅勤務可能な労働の割合などを含む）などを反映し，経済ショックの規模や時期が国ごと・地域ごとに大きく異なり，非対称ショック（南欧対北欧・中東欧）に直面することとなった。

　こうした中，ECB は，政策金利を 0％ に据え置き，2020 年 3 月には「パンデミック緊急購入プログラム（PEPP）」（3 月以降 3 回で総額 1 兆 8500 億ユーロ）を導入し，ユーロ圏の政府，金融機関，企業，家計がコロナ・ショックを吸収できるよう，緩和的な金融環境を提供し続けた。また既存の債券・国債などの「資産購入プログラム（APP）」についても月額 200 億ユーロであったものに，総額 1200 億ユーロを追加し，緩和的な金融環境を維持した。

　EU も，3 月に安定成長協定の財政ルールを一時停止したうえで，以下の 3 つの枠組みを合わせ，総額 2 兆 3643 億ユーロの大規模な財政支援を決めた。第 1 は，総額 5400 億ユーロのコロナ危機対応セーフティーネットで，内訳は，①雇用対策（緊急時失業リスク軽減のための一時的支援策〈SURE〉），②中小企業の短期資金繰り対策（欧州投資銀行〈EIB〉グループによる汎欧州保証基金），③EU 構成国の医療関連支出への支援（各国 GDP 2%〈総額 2400 億ユーロ〉を上限にした欧州安定メカニズム〈ESM〉特別信用枠）というものであった。

　第 2 は，総額 7500 億ユーロの **EU 復興基金「次世代 EU」**で，コロナ危機からの回復に向けた中長期の施策として，同年 7 月に欧州理事会（EU 首脳会議）において創設が決まった。同基金の 9 割弱は**「復興・強靱化ファシリティ(RRF)」**として，新型コロナ危機の影響が特に甚大な EU 構成国への財政支援に充てられる。同理事会では，返済が必要な融資として提供されるべきとする倹約 4 カ国（オランダ，オーストリア，スウェーデン，デンマーク）と，補助金として提供されるべきとする南欧諸国との間で意見が対立したが，最終的には，補助金 3900 億ユーロ，融資 3600 億ユーロで決着した。その原資は欧州委員会が発行する「共同債」で調達し，グリーン（環境）やデジタルなどの分野への

図 11-4　**EU の実質 GDP 成長率**（2018-22 年）

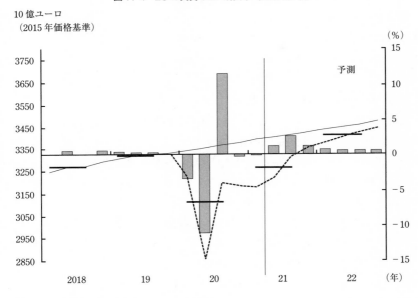

　　　　実質GDP 成長率（四半期ベース，右目盛り）
　—— GDP（年平均）　----- GDP（四半期）　—— GDP（2021年までの四半期成長率から推計）

［出所］　European Commission, 2021, p.12.

投資を通じて，コロナ危機からの脱却と持続可能な経済への転換をめざす。

　第 3 は，EU の次期中期予算である 2021-27 年の **MFF（多年次財政枠組み）**で，コロナ禍からの復興を見据えて 1 兆 743 億ユーロが確保され，域内格差の是正のほか，グリーンやデジタル分野を中心に執行されることになる。

　2021 年春以降の EU 各国でのワクチン投与により，各種の移動制限も解消に向かい，単一市場は機能を取り戻しつつある。ユーロ域内の非対称的ショックも上述の EU による財政投入で回避されようとしている。さらに，共同債の発行による補助金形式での各国支援は，EU を経由した財政移転であり「財政同盟」に道を拓くものという評価もある。しかし，それがコロナ禍対応の一回限りの措置であることを考えると，むしろ，前例のない規模で発行される高格付けの共同債が 2058 年末に償還を完了するまでの間，EU の資本市場同盟の

強化に資するという側面に注目する必要があろう。

　以上の金融・財政両面からの緊急措置，とりわけ RRF による支援に力強く支えられるかたちで，2021 年には EU の実質 GDP 成長率は 5％近くになるものと予想されている（European Commission, 2021, p.11）。

欧州グリーンディール

　2019 年 12 月，フォンデアライエン新委員長のもと，欧州委員会は，2024 年までの任期中に取り組む優先課題の一つとして「欧州グリーンディール」政策を打ち出した。そこでは 2050 年までに EU 域内の温室効果ガス排出を実質ゼロ（気候中立）とする目標が掲げられている。そのためには，石炭・石油などの化石燃料から再生可能エネルギーへの移行をはじめとする資源・エネルギー政策の大規模な転換が求められる。そのため EU は，2021 年 7 月に Fit for 55 と呼ばれる気候変動対策パッケージを発表するなどし，2030 年までの目標として，温室効果ガス排出を 1990 年比で 55％削減すること，エネルギー・ミックス全体に占める再生可能エネルギーの比率を 40％（電源構成に占める比率では 65％）にすること，エネルギー消費を 36％削減することなどを掲げている。さらに，自動車については 2035 年以降の新車はゼロ・エミッション車のみとするという目標を定めている。

　こうした目標を達成するためには，技術革新のための環境整備，大規模公共投資，気候や環境に寄与する分野への民間投資や雇用の促進のための政策上の支援が重要となる。そのために EU は，EU・GDP の約 1.5％相当の追加的投資が必要としており，上述の 2021-27 年 MFF の少なくとも 30％は気候変動対策に投じられ，「次世代 EU」の 30％は「グリーンボンド（環境債）」の発行を通じて調達され，また RRF のもとで EU 構成国が投じる資金も 37％は欧州グリーンディールの諸目標に投じられることになっている。

　このように，欧州グリーンディールは，EU の環境 - エネルギー戦略にとどまらず，とりわけ産業革命以来，「温室効果ガス排出量」増大とイコールであった「経済成長」を質的に転換し，前者の削減を追求する過程で「経済成長」を実現する「グリーンな成長戦略」としてとらえることができる。そのもとで産業政策や通商政策等の諸政策も刷新を迫られることになる。2030 年の気候・

エネルギー目標と域内経済成長との同時達成の行方が注目される。

さらに読み進む人のために―――

庄司克宏，2019 年『ブレグジット・パラドクス――欧州統合のゆくえ』岩波書店。
　＊EU 研究の観点からブレグジットの交渉プロセスを分析。主権共有という観
　　点から，欧州統合の今後を展望。

田中素香，2016 年『ユーロ危機とギリシャ反乱』岩波新書。
　＊ギリシャ政府債務に端を発し南欧全体に広がったユーロ危機の本質を豊富な
　　データから解明し，一貫した視点でユーロ制度改革のあり方を論じる。

田中素香・長部重康・久保広正・岩田健治，2022 年『現代ヨーロッパ経済〔第 6
版〕』有斐閣アルマ。
　＊ヨーロッパ経済統合，EU の産業や移民・難民問題，各国経済，そして EU
　　の対外経済関係を幅広く網羅した定番のテキスト。

蓮見雄・高屋定美編，2021 年『沈まぬユーロ――多極化時代における 20 年目の
挑戦』文眞堂。
　＊20 年を迎えたユーロの軌跡を振り返り，ECB の危機対策，ブレグジット，
　　国際通貨としてのユーロなど，ユーロが直面する課題を多面的に論じている。

第 **⑫** 章

EU を取り巻く地域

↑ 10 カ国の EU 加盟記念式典で並ぶ各国首脳（2004 年 5 月 1 日，ダブリン）
（〈c〉 European Communities, 2004/Source: EC-Audiovisual Service/Photo:
Maxwell's-Irish Presidency）.

　本章では，EU がどのように自らの近隣諸国との関係を構築してきたのかについ
て紹介する。まず，EU の過去の拡大を振り返ったうえで，現行の拡大プロセスに
ついて解説する。そのうえで，EU の「近隣地域」に属する諸国への EU の政策，
とりわけウクライナやモルドヴァなどの東欧諸国に対する政策と，地中海諸国への
政策を概観する。本章の後に設置した **Close up** ③では，EU の東方パートナーシ
ップ（EaP）諸国と境界線を接するロシアとの関係について，その経緯と問題点を
解説している。

帝政ロシアのエカテリーナ大帝はかつて言った，「国境を守るには，国境を広げる以外に方法はない」と。EU も，時折，似たようなことを言っているようだ。実際，これはポスト近代国家共同体にとって，もっとも自然な形の安全保障政策を，まさに言い表したものである。ポスト近代のネットワークを広げれば広げるほど，近隣諸国からのリスクは低下し，過度の軍事力を持つこともなく，社会を防衛する資源は増える。　　　　　　　　　　　　　　　（クーパー，2008，117 頁）

　欧州共同体（EC）/ 欧州連合（EU）は，過去 6 回に及ぶ新規加盟国の受け入れ（拡大）を経験している。新たな加盟国の受け入れは，すでにヨーロッパ統合の歴史の中でルーティン化・制度化された政策課題となっており，EC/EU は拡大のたびにさまざまな影響を受けながら変容を遂げてきた。そして拡大は，第二次世界大戦後のヨーロッパの統合に対し，常に挑戦と機会の双方をもたらしてきた。本章ではまず，これまでの拡大を簡単に総括したうえで，EU 拡大がヨーロッパ統合にもたらしてきた意味を考える。そのうえで，現在進行中の拡大の特徴や問題点を概観する。最後に，現段階では拡大プロセスには含まれていないものの，将来的な EU 加盟希望を表明している国々と EU との関係について紹介する。EU の対外関係に大きな課題を突き付け続けるロシアとの関係については，**Close up**③において考察している。

1 これまでの拡大（第 1 次〜第 6 次）
──拡大が EU にもたらしたもの

　EU はこれまでに，6 度にわたる拡大を経験してきた（表 12-1 参照）。この経験は，ヨーロッパ統合に以下の 4 点の影響をもたらしてきた。

多様性の増大と統合の深化
　第 1 に，拡大は EC/EU の多様性を増大させた。さまざまな背景を有する諸国家が，拡大を通じて EC/EU に加わっていくことにより，単に文化や言語が

表 12-1　拡大の歴史

年	事　項
1951年	ベルギー，フランス，西ドイツ，イタリア，ルクセンブルク，オランダの6カ国，欧州石炭鉄鋼共同体（ECSC）設立条約に署名。
73年	デンマーク，アイルランド，イギリスが加盟（第1次拡大）。
81年	ギリシャが加盟（第2次拡大）。
86年	ポルトガルとスペインが加盟（第3次拡大）。
95年	オーストリア，フィンランド，スウェーデンが加盟（第4次拡大）。
2004年	キプロス，チェコ，エストニア，ハンガリー，ラトヴィア，リトアニア，マルタ，ポーランド，スロヴァキア，スロヴェニアが加盟。
07年	ルーマニアとブルガリアが加盟（2004年の拡大と合わせて第5次拡大）。
13年	クロアチアが加盟（第6次拡大）

　異なるだけではなく，統合に対し異なる哲学や理念，利害を有し，統合ヨーロッパの将来に対し異なる期待と警戒感を抱くヨーロッパ国家の対立と協調のダイナミズムが，統合の歴史を形成することになっていった。さらに特筆すべきなのは，拡大はEC/EUの対外関係の地域的広がりと質的変化をもたらしてきたことである。

　具体的には，イギリスのEC加盟は，コモンウェルス（英連邦）といわれる旧植民地諸国やアメリカとECとの関係を，スペイン，ポルトガルの加盟は地中海沿岸諸国やラテンアメリカ諸国との関係を，そして北欧諸国および中東欧諸国への拡大は旧ソ連諸国との関係を，それぞれ強化することになった（第5章，第6章，第7章，第8章参照）。また，こうした対外関係の地平の広がりは，EUの国際的な影響力を増大させる直接的な原因となってきた。EUは今日「グローバル・アクター」としての地位を有しているが，その重要な一要素である世界の主要地域との密接なつながりは，度重なる拡大によってもたらされてきた側面が大きい。

　第2に，一見逆説的ではあるが，拡大はまさにヨーロッパ統合の「深化」への最大の原動力となってきた。加盟国の増加によってEUが機能不全に陥るのではないかという懸念が，EC/EUの機構改革や基本条約の改正の最大の動機となってきた。拡大のために深化が求められ，その深化がさらなる拡大を準備するというサイクルは，「**拡大と深化のダイナミズム**」としばしば称されている。冷戦後においては，EUの第4次および第5次拡大と，一連の条約改正は完全

に並行して進められてきた。

価値観の再確認と外交手段としての拡大

　第3に，拡大は，EC/EUの存在意義やあるべき姿や依拠する諸原則など，ヨーロッパ統合の根本に関する価値観や認識などについて，その構成メンバーに繰り返し再考察・再確認を促すことになった。言い換えれば，EC/EUの加盟諸国は，民主主義や法の支配，市場主義に基づく経済といった，ほとんどの西ヨーロッパ諸国において疑問をさしはさむことなく共有されていた，さまざまな諸原則や価値観を，ヨーロッパ統合の中に新たな加盟国を受け入れるプロセスを通じて再確認することになる。

　例えば，第3次拡大ではそれまで軍事政権による独裁体制をしいていたスペインとポルトガルの加盟が認められたが，これは西欧型の民主主義確立への第一歩を踏み出したヨーロッパ諸国を支持・支援するには，それらの諸国をヨーロッパ統合の中に組み入れることが最も効果的な手段であることを，EC加盟諸国が確認したからにほかならない。さらに，新規加盟国の大多数が長年にわたって共産主義一党独裁体制下にあった第5次拡大のプロセスにおいては，コペンハーゲン基準と呼ばれるEU加盟のための条件が1993年6月のコペンハーゲン欧州理事会で設定された（詳細については後述）。これは，単にEU加盟をめざす国々にとっての指針となっただけでなく，EUとはどのような国家の集まりであり，原則や理念として何を追究するのかという点についての自己認識の確認と不可分の作業であった。

　第4に，拡大は，EUにとって最も効果的な外交政策となってきた。とりわけ冷戦後のEU拡大は，西ヨーロッパ諸国による冷戦の戦後処理であり，冷戦後の秩序構築作業そのものであった。第5次拡大がきわめて困難なプロセスを経つつも，頓挫することなく実現したのも，EU側がこの拡大を，冷戦時のヨーロッパの分断を修復するための作業という規範的な観点からとらえていたからであった。さらに，本章冒頭のクーパー（現在，欧州対外行動庁〈EEAS〉顧問）の言葉に表れているように，拡大にはEU近隣諸国の不安定化を封じ込め，それによってヨーロッパ大陸全体の安定化を図るという効果が期待されていた。

　EUは第5次拡大に関しては，ハンガリー，スロヴァキア，ルーマニアなど，

国境問題や民族問題を抱える中東欧の国々を，拡大プロセスを通じて安定化させてきたという自負を有する。また，旧ユーゴ後継諸国であるボスニア＝ヘルツェゴヴィナ，クロアチア，北マケドニア（「マケドニア旧ユーゴスラヴィア共和国〈FYROM〉」から改称），モンテネグロ，セルビアおよびコソヴォにアルバニアを加えたいわゆる「**西バルカン諸国**」を対象とした拡大プロセスも，まさに当該地域全体の紛争予防を大きな目的として実施されてきたという経緯がある。ただし，問題を抱える諸国への EU 拡大が，EU に「不安定を輸入」するのではないかという懸念も，拡大プロセスに常に付きまとってきたのも実情である。

　これまで述べてきたように，現在の EU の姿は度重なる拡大の結果として形成されてきた。しかし同時に，拡大を実現させるための EC/EU 内部での意見集約は，多くの拡大プロセスにおいて非常に困難であったし，加盟交渉に EC/EU が費やすエネルギーも膨大であった。そして現在も，EU はさらなる拡大に向けて歩みを続けている。

　そこで次節では，現行の拡大プロセスがどのように進められているのか，過去の拡大と現在の拡大とでは，何がどのように変化しているのかを見てゆくことにしよう。

2　変化する加盟プロセス

増えていく「加盟基準」

　欧州連合条約 6 条および 49 条は，自由，民主主義，人権，基本的自由，法の支配を尊重するいかなるヨーロッパの国も，EU に加盟を申請することができると規定しており，第 4 次までの拡大においては，条約上の根拠以外の条件は存在していなかった。しかし，第 5 次拡大およびそれ以降の拡大プロセスでは，加盟を希望する国が EU との加盟交渉を開始するにあたり，そして最終的に EU に加盟するにあたり，守らなければならない諸条件が設定された。その加盟条件とは，1993 年 6 月のコペンハーゲン欧州理事会で合意されたため，「**コペンハーゲン基準**」と呼ばれている（表 12-2 参照）。

　このコペンハーゲン基準は，「政治基準」「経済基準」，そして「アキ・コミュノテール（*acquis communautaire*: 通称アキ〈*acquis*〉）の受容」という，大きく 3

表 12-2　EU 加盟交渉開始および加盟実現のための諸条件

コペンハーゲン基準（1993 年）
1. 民主主義　法の支配，人権，マイノリティの尊重・保護を保障する，安定的な諸制度（「政治基準」）
2. 機能する市場経済と，EU の競争的圧力と市場の力に対処しうる能力（「経済基準」）
3. EU の目的への忠誠をはじめとした，加盟にかかわる義務を負う能力。EU 法を適用・実施する公的行政能力を有していなくてはならない（「アキ・コミュノテールの受容」）
マドリード基準（1995 年）
コペンハーゲン基準に加え，各加盟申請国の行政構造の調整を行う。
「開始ベンチマーク」の例：マケドニアに対する追加的政治基準（2008 年）
・SAA の実施　　　　　　　　　　・公共行政改革 ・政党間の対話の改善　　　　　　・腐敗との戦い ・警察改革　　　　　　　　　　　・雇用政策および投資環境の改善 ・法部門の改革　　　　　　　　　・選挙法改革

　［出典］　Sedelmeier, 2010, p. 423 の表を基に加筆修正した。

つの分野に分かれている。「アキ」とはフランス語で「これまでに蓄積されたこと」という意味であり，一般的に EU 法の体系を指している。加盟希望諸国は，加盟交渉を開始する前に，コペンハーゲン基準の重要部分を，そして加盟を実現する前に，基準のすべてを完全に満たしておく必要がある。

　ただしこのコペンハーゲン基準は，特に加盟交渉の開始を決定する際に，その時々の EU および加盟希望諸国の状況を反映し，弾力的に適用されてきたという経緯がある。1997 年にポーランド，ハンガリー，チェコなどをはじめとした 6 カ国との加盟交渉の開始が決定されたときは，当時の EU の深化の動きが滞る中，加盟候補諸国との正式な交渉の開始には慎重であるべきという EU 内部の声を反映し，3 つのコペンハーゲン基準をすでに相当程度満たしていると判断された国のみと加盟交渉を開始することで合意された。しかしその後，コソヴォ紛争をきっかけに，ヨーロッパ大陸全体の安定化のためには EU への加盟を希望する国々を速やかに拡大プロセスに組み入れることが重要であるという認識が EU 内部に浸透した。その結果，1999 年 12 月には，コペンハーゲン基準の「政治基準」のみをある程度満たしていると判断された 6 カ国との間でも加盟交渉を開始することで合意された。つまり 1999 年に関しては，拡大プロセスを加速させることを重視した結果，加盟交渉開始時のハードルが引き下げられたのである。

こうした動きは，一刻も早く加盟交渉を開始したい加盟候補諸国からは一般に歓迎されたものの，加盟実現そのもののハードルが下げられたわけではないので，加盟基準充足のための努力が加盟交渉期間中へと先送りされたにすぎないという見方もある。なお，加盟交渉開始時には「政治基準」の充足のみを求めるという慣行は，その後のトルコおよび西バルカン諸国との拡大プロセスにおいても定着している。

　コペンハーゲン基準が設定された後も，さらに加盟基準は増えていった。1995 年のマドリード欧州理事会の際には，加盟希望諸国に対する加盟実現に向けて各々の「行政構造の調整」を求めるとする，通称「マドリード基準」が加えられている。この基準は具体的には，行政・司法上の能力や，腐敗との戦いに向けた能力を高めるために，EU 的な行政構造を採用しておくことであると解釈されている。それらに加えて，現在進行中の西バルカン諸国を対象とした拡大プロセスでは，国内の民族対立を解消するための改革や，西バルカン全体の地域協力への貢献，さらに最も重要なものとしては旧ユーゴスラヴィア国際戦犯法廷（ICTY）への全面的な協力など，従来の拡大にはなかった事柄が，加盟交渉を開始するための事実上の政治基準として追加されている。こうした基準は，加盟交渉を開始するための「ベンチマーク（指標）」と称されている（詳細については次節）。

加盟申請前のプロセスと「加盟候補国認定」

　第 4 次までの拡大においては，加盟希望国からの正式な加盟申請に始まり，加盟交渉開始の決定，加盟交渉妥結，加盟実現で結実する一連の流れが加盟プロセスであるとみなされていた。しかし第 5 次以降の拡大では，正式な加盟申請のかなり前から開始されるさまざまな手続きや関係強化のための政策措置なども含めて拡大プロセスとみなすことが多い。例えば中東欧諸国を対象としていた第 5 次拡大では，これらの諸国向けの特別な連合協定である「**欧州協定（EA）**」を締結し，EC/EU との経済連携や政治対話を規定した。EA は当該諸国の将来的な EC/EU 加盟については明言を避けていたが，中東欧諸国はほとんどの場合，この EA の締結後に EU への加盟申請を行っている。

　また，西バルカン諸国を対象とする現在進行中の拡大では，「安定・連合プ

ロセス（SAP）」という，西バルカン諸国を漸進的にEUに近づけることを目的とする枠組みの下，バイラテラルな「**安定・連合協定（SAA）**」が締結されている。中東欧諸国の場合と異なるのは，EUがSAPの枠組みの中で，西バルカン諸国はEUの「**潜在的な加盟候補諸国**」であると明言しているところである。先に述べたようにコソヴォ紛争の教訓から，西バルカン地域全体の安定化のために，当該諸国からの加盟希望が表明される前に，EU自らがこれらの諸国の将来的な加盟を約束したかたちになったのである。西バルカン諸国の多くはSAAの発効後に，正式な加盟申請を行っている。

　加盟希望国がEUに対して正式に加盟を申請すると，EUはその国がはたして「加盟候補国」であるか否かについてまず判断する。しかし，実は第1次から第5次の拡大においては，加盟候補国の認定という作業そのものが存在していなかった（1987年のモロッコによる加盟申請時には，理事会は同国が「ヨーロッパの国家ではない」と判断し，同国の加盟申請を却下しているが，これは現在の拡大プロセスにおける加盟候補国認定とは別物である）。EUが加盟候補国の認定を行うようになった直接のきっかけは，トルコの加盟申請であった。1987年に加盟申請していたトルコは，加盟申請後10年を経た1997年のルクセンブルク欧州理事会のときにようやく，加盟申請の「資格がある（eligible）」ことだけが確認された。トルコはこれに反発し，その後もEUに対して，同国がEU加盟候補国であることを明言するよう求め続けた結果，ようやく1999年のヘルシンキ欧州理事会で正式にEUの加盟候補国としての認定を受けた。

　このことは，「ヨーロッパ性（Europeanness）」を有していることに疑いの余地がなかった中東欧諸国とは異なり，トルコがヨーロッパの国家であるか否かをめぐって，EU内部で相当の見解の相違があったことを反映していた。ただし，前述のモロッコのようにその加盟申請が即座に却下されなかったことは，最終的にはトルコのヨーロッパ性を（少なくとも一定程度）EU側が認めたことにもなった。

　しかし，その後に本格化した西バルカン諸国との拡大プロセスにおいては，まずはSAAを着実に履行しつつ，コペンハーゲン基準の政治基準をほぼ満たしたと判断された場合に，加盟候補国の認定を受けることが多くなった。これらの諸国の場合，そのヨーロッパ性にEUの側から疑問が呈せられたことはほ

とんどなかったものの，第5次拡大の対象諸国とは比較にならないほど多くの政治的・経済的問題を抱えているとみなされた。したがってEUにとっては，加盟候補国の認定を獲得するという目標を，これらの諸国に設定することにより，正式な加盟交渉の期間がいたずらに長引くことを事前に防いでおくことが重要であったのである。このため後述するように，西バルカン諸国のほとんどは，EUから加盟候補国の認定を得るまでに，多大な時間とエネルギーを費やしてきた。これとは対照的に，2009年に加盟申請を行ったアイスランドの場合には，同国が1970年には欧州自由貿易連合（EFTA）に，1994年には欧州経済地域（EEA）に参加してきたという事情もあり，同国を加盟候補国として認定するという作業そのものが行われなかった。

　したがって，例えばEUとの関係がきわめて深く，成熟した民主主義と市場経済国であるとみなされているスイスやノルウェーが，仮に今後，EUへの加盟申請を行った場合には，これらの諸国に対してEUが加盟候補国認定を行う可能性は非常に低いと考えられる。しかし，例えばウクライナやモルドヴァ，ジョージアなどの，いわゆる**東方パートナーシップ諸国**（詳細については第4節）が加盟を申請することがあれば，EUはこれらの諸国に対して正式な加盟候補国認定を行う条件として，相当程度の改革を要求することになると予想される。

加盟申請，スクリーニング，加盟交渉

　正式な加盟申請が理事会に提出されると，欧州委員会は理事会からの要求に従い，加盟申請国に関する意見を提出する。理事会はその意見を基に，加盟交渉の開始を全会一致で決定し，同時に交渉マンデート（権限）を採択する。加盟交渉の開始が決定されると，まずは（複数の場合は）すべての加盟候補諸国との間で，加盟交渉の一般指針を定める「交渉枠組み」と，それぞれの国がEU加盟をにらんだ改革を行うにあたり，その優先領域を示した「連合パートナーシップ」の，2つが策定される。そのうえで，加盟申請国とEU加盟諸国との間で，加盟交渉が開始される。

　加盟交渉は「スクリーニング」と，正式な加盟交渉とに分かれている。スクリーニングとは，正式な加盟交渉に入る前に行われる，予備的な検討プロセスのことである。欧州委員会とそれぞれの加盟候補国が事務レベルで会合を重ね，

表 12-3　加盟交渉の政策領域（章）

1. モノの自由移動	19. 社会政策と雇用
2. 労働者の自由移動	20. 企業・産業政策
3. 起業とサービス提供の自由	21. 欧州横断ネットワーク
4. 資本の自由移動	22. 地域政策・構造的諸措置の調整
5. 公共調達	23. 司法と基本的権利
6. 会社法	24. 司法・自由・安全
7. 知的所有権法	25. 科学・研究
8. 競争政策	26. 教育・文化
9. 金融	27. 環境
10. 情報社会とメディア	28. 消費者・健康保護
11. 農業と農村振興	29. 関税同盟
12. 食料安全	30. 対外関係
13. 漁業	31. 外交・安全保障・防衛政策
14. 運輸政策	32. 財政の統制
15. エネルギー	33. 財政・予算上の取り決め
16. 税制	34. 制度
17. 経済・通貨政策	35. その他
18. 統計	

［出典］　欧州委員会ウェブサイト。

　各国がそれぞれの政策領域において，加盟交渉を開始するための準備をどの程度整えているかについて検討する。欧州委員会は，このスクリーニング結果に基づき，当該加盟候補国がそれぞれの政策領域ですぐに正式な加盟交渉に入ることが可能なのか，それとも，加盟交渉を開始するためには何らかの条件（「開始ベンチマーク」）を付すべきなのかを理事会に報告する。

　場合によっては，正式な加盟交渉を開始してもよいが，交渉終了にあたっては一定の条件（「終了ベンチマーク」）が必要という勧告がなされることもある。ベンチマークもまた，第 5 次拡大が完了した後に新たに加わったプロセスである。これは，第 5 次拡大時に，加盟交渉の終了が客観的な基準ではなく政治判断に基づいてなされたことが多かったのではないかという指摘があり，交渉の開始時および終了時に具体的な目標を設けるべきであるとされたためである。

　スクリーニングが終了すると，閣僚および大使レベルで正式な加盟交渉に入る。加盟交渉の実施中，欧州委員会は毎年秋に，各加盟候補国の加盟準備進捗状況をまとめた「定期報告書」および，拡大プロセス全体の評価と翌年に向けた戦略を描いた「戦略文書」を発表している。定期報告書は，加盟候補国が加

盟を実現するまでの期間，毎年発表される。また加盟候補国の側も，加盟交渉開始後の早い段階で「行動計画」を策定する。これは，EU が提示した「連合パートナーシップ」（前述）に基づき，EU 加盟に必要な行政・司法改革をいつ，どのように行うかという目標を定めるものである。これと同時に，この目標に到達するための政策措置を，スケジュールやコストの面からさらに細かく定めた「アキ採択のための国家計画」も採択する。

　他方，加盟交渉における最重要部分は，すでに実施されている EU のすべてのルール（前述の「アキ」）を，加盟候補国がどのような条件とタイミングで国内法に転換し，実施していくのかに関するものとなる。アキについての交渉は，EU の用語で「章」と呼ばれる政策領域ごとに行われる。いわゆる第 5 次拡大までは，章の数は 33 であったが，現行のトルコ，西バルカン諸国およびアイスランドとの加盟交渉の際には，35 に増えている（表 12-3 参照）。

　これまでの EU の拡大プロセスは，2 つの大きな原則を掲げて進められてきた。一つは，「差異化の原則」と呼ばれるものである。これは，加盟交渉の進展と妥結はあくまで個々の加盟候補国の加盟準備進捗状況に基づくものであるべきであり，他の加盟候補国の加盟交渉の進捗状況などに左右されるべきではないというものである。言い換えれば，ある国の加盟交渉が大きく進展しているにもかかわらず，他の国の加盟交渉が遅れていることを理由に加盟実現を待たされるようなことはあってはならないということである。また，逆に加盟交渉が遅れている国は，他の準備の進んだ加盟候補国と同時期の加盟を要求することがあってはならないということでもある。現実には，2004 年の第 5 次拡大は 10 カ国もの加盟国を同時に受け入れる「ビッグバン拡大」となったものの，「差異化の原則」はあくまで厳密に適用されていたというのが（若干の無理はあるが），EU 側の主張である。

　もう一つは，「すべてが合意されるまでは，なにも合意されていない（nothing is agreed until everything is agreed）」という原則である。これは，たとえ各章で EU と加盟候補国との間で一定の合意が形成されたとしても，各章の交渉はその都度「暫定的に終了」されるにすぎず，他の章の交渉の経過や全体的な進捗状況によっては，いったん終了されたはずの章が再度交渉の対象になることもある，というものである。

すべての章に関する交渉が終了すると，加盟に関する条件をすべて盛り込んだ「加盟条約草案」が起草される。これが理事会，欧州委員会，欧州理事会のすべてにおいて承認されると，同草案は既加盟諸国および加盟候補諸国において批准される。すべての批准プロセスが終了すると，加盟候補国は「加盟予定国」として，正式な加盟実現の日を待つことになる。

それでは次節では，現在加盟交渉中および加盟交渉の開始に向けて準備中の国々の状況について見てゆくことにしよう。

3　今後の拡大

ト ル コ

現在，EU と加盟交渉を実施している国は，トルコ，セルビア，モンテネグロである。

トルコは 2005 年に加盟交渉を開始している。トルコはヨーロッパ統合の歴史上，最も長く EU 加盟を待たされ続けている国である。トルコは 1987 年に EU 加盟申請を行ったが，EU 側が同国の加盟にまったく熱意を示さなかったため，その申請は長らく棚上げにされた。その間，トルコよりも後に加盟申請を行った北欧諸国や中東欧諸国に次々と先を越されてきた。ようやく 1997 年に加盟資格が確認され，1999 年に加盟候補国認定を得たが（前述），正式な加盟交渉開始は，2005 年を待たなければならなかった。

そしてそのプロセスは早くも 2006 年 12 月に，大きな壁に直面した。EU 新規加盟国であるキプロスとの 2 国間問題を抱えるトルコは，キプロスに対しては EU・トルコ関税同盟の適用を拒み，キプロスの航空機，船舶に空港・港湾を開放していなかった。これに対して EU は，これは EU 加盟候補国が，EU の加盟国を国家承認していないという異常事態であるとして問題視したのである。結局 EU はトルコへの制裁措置として，重要な 8 章（モノの自由移動，起業とサービス提供の自由，金融，農業と農業振興，運輸政策など）の交渉開始は凍結すること，その他の項目についても，加盟交渉が完了したとは認定されないことを，2006 年 12 月の欧州理事会で決定した。この凍結措置は現在も解除されないままである。

したがってトルコの加盟問題は，トルコ・キプロス間の2国間関係が大きく改善しないかぎり，その実現は見込めない状況となっている。しかし，トルコのEU加盟への障害はキプロス問題にとどまらない。EUの一部の加盟国がトルコの加盟を拒む最大の理由として挙げているのが，ドイツにほぼ匹敵するトルコの人口（約8300万人）がEUの意思決定にもたらすとされている影響である。EUの理事会の加重特定多数決（QMV）の票数や欧州議会の議席数などは人口を勘案して決定されるため，このような多くの人口を抱えるトルコがEUに加盟すれば，EUの意思決定がトルコに大きく左右されてしまうという懸念がある。さらに，トルコの国民の多くがムスリム（イスラム教徒）である点も，既加盟EU諸国との共存という観点から懸念されている。

　EU側としても，トルコとの関係が袋小路に入っていることを問題視しており，2012年にはEU・トルコ間で，いわゆる「ポジティブ・アジェンダ」を推進していくことを打ち出した。この「ポジティブ・アジェンダ」推進は，加盟交渉に取って代わるものではないが，主に政治基準（政治改革や基本的権利）および技術的側面（EU法との調和化，テロ対策協力，移民）等の分野で協力を進めることがめざされていた。例えば，2015年11月と2016年3月に，EUとトルコがシリア難民の扱いに関する協定を結んだのも，この「ポジティブ・アジェンダ」を意識してのことだった。

　ところが，トルコで2016年夏に現政権に対するクーデタ未遂が起こり，その後エルドアン政権が大規模な人権抑圧や言論統制を行ったことで，EU・トルコ関係はさらに冷却化した。こうした状況の中，EU内では同国との加盟交渉停止を主張する声も大きくなっている。さらに2020年夏以降は，巨大な天然ガス資源が埋まっているとされる東地中海のガス田権益をめぐり，ギリシャ，キプロスなどのEU加盟諸国とトルコとの間で一触即発の状況となっている。フランスやイタリアも，トルコが東地中海において一方的に緊張を生み出していると非難しており，解決の糸口は見えない。

　他方，トルコの加盟を擁護する声も，EU内部に常に存在してきたこともまた事実である。その主張の根拠としては，トルコがEUに加盟すればイスラム世界とヨーロッパ世界の懸け橋となりうる，EUの対中東外交の充実化が期待される，トルコが北大西洋条約機構（NATO）の同盟国としてユーロ大西洋地

Column⑫　トルコの EU 加盟問題――歴史は繰り返す？

　イギリスのキャメロン首相は就任後間もない 2010 年 7 月，トルコのアンカラでスピーチを行った。彼は，トルコの EU 加盟支持を明確にしたうえで，以下のように述べた。

　「みなさん，以下の言葉は，誰が言ったものなのかご存知ですか。『この国はヨーロッパではない。この国の歴史，経済，農業，そして（賞賛すべき人々ではあるが）人々の性格は，すべて別の方向を向いている。この国がなんと主張しようと，あるいはなんと信じていようと，この国は完全なメンバーにはなれないのだ』」

　続けてキャメロンは，これらの言葉はヨーロッパの一部の国がトルコに対して述べたものではなく，かつてフランスのド・ゴール大統領がイギリスの EEC 参加を拒否する際に語ったものだったと明かした。そしてこのように続けている。「だから私たち（イギリス人）は，クラブから締め出されるとはどういうことなのかを理解しています。しかし私たちはまた，そういう状況が変化することも知っているのです」

　加盟交渉が開始されてもなお，EU 加盟への道筋がまったく見えないトルコに，かつてのイギリスの姿を重ね合わせたキャメロンのスピーチは，トルコ国内で大いに歓迎されたといわれている。またこのスピーチは，（さまざまな意味での）大国がヨーロッパ統合に参加する際には障害がつきものであるという，EC/EU 拡大をめぐる認識も示されていて興味深い。しかし，トルコの加盟実現の前には，イギリスの場合とは比較にならないほど多くの問題が横たわっていることもまた事実である。さらに，このようにトルコに共感を示したキャメロンが 2016 年，EU 離脱をめぐる国民投票の責任をとって辞任し，イギリスが 2020 年 1 月に EU を離脱していることも象徴的である。トルコと EU との関係は，今後どのように展開されていくのか，注目されるところである。

域の安全保障に大きく貢献していることを EU としてももっと評価すべきである，EU 加盟プロセスが頓挫すれば，トルコがせっかく進めてきた民主化努力や人権・マイノリティ尊重などの改革努力も実を結ばなくなるおそれがある，といったものがある。しかしいずれにしろ，トルコの加盟問題は，現在の EU が抱える最大の難問といっても過言ではないであろう。

西バルカン諸国

　西バルカン諸国はすでに 2000 年 6 月のフェイラ欧州理事会で，EU 側から「潜在的な」加盟候補諸国と位置づけられていた。クロアチアはすでに EU 加盟を果たしたが，それ以外の西バルカン諸国の拡大プロセス進捗状況は，以下の 4 つのカテゴリーに分けられる。第 1 は，現在，加盟交渉中のセルビアとモンテネグロがこれに当たる。第 2 は，すでに欧州委員会から加盟交渉を開始するよう勧告があったものの，理事会が加盟交渉の正式開始で合意していない国々であり，北マケドニアとアルバニアがこれに当たる。第 3 は，EU に対して正式な加盟申請を行ったものの，まだ欧州委員会から加盟交渉開始の勧告が出ていない国であり，ボスニア゠ヘルツェゴヴィナがこれに当たる。第 4 は，まだ EU に対して正式な加盟申請を行っていない国で，コソヴォがこれに当たる。

　第 1 のカテゴリーのセルビアとモンテネグロについては，ユンカー前欧州委員会委員長が「2025 年までに EU に加盟する可能性がある」と 2017 年に発言し，注目を集めた。ただし，とりわけセルビアのブジッチ大統領は EU に対して批判的な発言が多い一方，中国と緊密な関係を築こうとしているとされる。このことは，セルビアの EU 離れを象徴しているとも考えられている。

　第 2 のカテゴリーの北マケドニアについては 2005 年に，アルバニアは 2014 年に加盟候補国の認定を受けている。このうち北マケドニアについては，元々の国名であった「マケドニア」という国名をめぐって北部にマケドニア州があるギリシャが同国との加盟交渉の開始を拒否し続けてきた。しかし，2019 年以降同国は「北マケドニア共和国」と国名を変更したので，暗礁に乗り上げていた EU 加盟プロセスもようやく開始されるとみられていた。ところが，ブルガリアが北マケドニアに対し，北マケドニアで使用されている言語（通称「マケドニア語」）はブルガリア語の一方言であることを認めなければ，同国との EU 加盟交渉は開始できないと主張し，同国の EU 加盟プロセスは再度暗礁に乗り上げている。この影響で，EU 加盟諸国との間で 2 国間問題を抱えているわけではないアルバニアも，加盟交渉を開始できないでいる。そのため，EU 内部にはアルバニアの加盟交渉の開始だけを先行すべきではないかとの声もある。

第3のカテゴリーのボスニア＝ヘルツェゴヴィナについては，SAA は 2015 年に発効し，翌年2月に EU に対して正式に加盟申請を行ったものの，他の西バルカン諸国と比較して，EU 加盟プロセスが最も立ち遅れている。EU 加盟に向けた準備はほとんど進展していないというのが，欧州委員会の見方である。EU の最大の懸念は，セルビア系，ムスリム系，クロアチア系の3民族間の対立が，1995年のデイトン停戦合意から現在に至っても一向に収まる気配がないことと，そのために同国政府がガバナンス（統治）機能を著しく欠いていることであった。EU は，同国の加盟問題の検討を進める最低限の条件として，デイトン合意に従って設置され，民生面での和平履行を監視する上級代表事務所（OHR）の閉鎖と，同事務所の機能のボスニア政府への移管を挙げていたが，ほとんど進展していない。

　第4のカテゴリーのコソヴォについては，すでに EU は 2007年3月に SAP のメカニズムの中に統合している。また同年12月の欧州理事会では，他の西バルカン諸国と同様，コソヴォの将来の EU 加盟を視野に入れながら，その政治・経済改革を支援していくと明言していた。2008年のコソヴォ独立宣言以降も，基本的にその立場は変わっていない。ただし EU は，コソヴォの将来的な EU 加盟については一致しているとしながらも，EU 加盟国の中には未だにコソヴォの国家承認を行っていない国が5カ国ある（キプロス，スロヴァキア，スペイン，ギリシャ，ルーマニア）。このことが今後，EU による統一的な対コソヴォ政策の形成を困難にする可能性がある。また，コソヴォが EU 加盟を実現するには，セルビアとの関係改善が欠かせない。EU はいわゆる「ブリュッセル合意」に基づき両国の対話プロセスを 2011年以降仲介しているが，対話は進展していない。

4　EU を取り巻く地域──欧州近隣諸国政策（ENP）

　EU は度重なる拡大により，新たに境界線を接する国々を自らの「東側」と「南側」に抱えることになった。

　まず「東側」の近隣諸国とは，ウクライナやモルドヴァ，ベラルーシなどの旧ソ連諸国を指し，EU とは 2004年および 07年の第5次拡大を契機として境

界線を接するようになった。そして、「南側」の近隣諸国とは主に北アフリカ諸国を指し、EUの原加盟国であるフランスおよびイタリア、第2次拡大で加盟したギリシャや第3次拡大で加盟したスペイン、ポルトガルとは地中海を挟んで向かい合っている。

　これらの「東側」および「南側」の域外諸国は、政治・経済体制もEU諸国のそれとは大きく異なり、数々の不安定要因も抱えている。そのため、これらの近隣諸国の政治・経済改革を積極的に支援していくことが、EUの安定化にもつながるという認識が生まれた。

　このため、いわば拡大の論理的帰結として、2004年に**欧州近隣諸国政策(ENP)** が始動した。対象国は、旧ソ連諸国のアルメニア、アゼルバイジャン、ベラルーシ、ジョージア、モルドヴァ、ウクライナの6カ国と、地中海の非加盟諸国であるアルジェリア、エジプト、イスラエル、ヨルダン、レバノン、リビア、モロッコ、シリア、パレスチナ、チュニジアの10カ国、あわせて16カ国となっている（2021年12月現在）。

　ENPは当初から、この16カ国とEUとの間で経済統合と政治協力をめざすことを目標として掲げていた。しかし、文化、歴史、特徴、抱える課題があまりにも大きく異なるこの2つの地域の諸国が、ENPという1つの枠組みの中で共存することには大きな困難がともなった。というのも、EUの「東側」の一部の諸国、例えばウクライナ、モルドヴァ、ジョージアは、将来的なEU加盟希望を何度も表明しており、したがってENPをEU加盟に向けた重要な第一歩とみなしていた。それに対し、「南側」の諸国はEUへの加盟を最初から度外視し、ENPをEUとの経済関係を強化するための手段としてとらえていた。このため、EUとの関係構築の動機が全く異なる国々が、ENPの同一の枠組みの中に入っていたので、EUとしても、この2つの地域に共通するアプローチをとることが非常に困難であったのである。

　さらに、ENP発足以降にこの「東側」と「南側」を襲った出来事は、それぞれ全く性質の異なるものであった。まず、2008年夏にジョージアがロシアとの戦争を経験し（ロシア・ジョージア戦争）、これを契機として一部の「東側」諸国は、EUとの間でより緊密な関係を求めるようになった。一方、2011年初頭から中東・北アフリカ地域の各国で本格化した一連の民主化運動である「ア

表 12-4 　ENP と，関連する 5 つの地域的イニシアティブ

ENP	**EaP** アルメニア，アゼルバイジャン，ベラルーシ*，ジョージア，モルドヴァ，ウクライナ
	地中海連合 アルジェリア，エジプト，イスラエル，ヨルダン，レバノン，リビア**，モロッコ，シリア***，パレスチナ，チュニジア，（モーリタニア），（モナコ），（トルコ）
	黒海シナジー アルメニア，アゼルバイジャン，ジョージア，モルドバ，ウクライナ，（ロシア），（トルコ）
	ノーザン・ダイメンション EU，（ロシア），（ノルウェー），（アイスランド）
	EU 北極圏政策

［注］　（　）内の国は，正式な ENP 参加国ではないが，個別のイニシアティブに参加している。
　　　＊　2021 年 6 月に，EU に対して EaP 参加停止を申し入れ。
　　　＊＊　オブザーバー参加。
　　　＊＊＊　2011 年 12 月 1 日付でメンバーシップ停止。
［出典］　欧州対外行動庁（EEAS）のウェブサイト（https://eeas.europa.eu/diplomatic-network/european-neighbourhood-policy-enp/330/european-neighbourhood-policy-enp_en）をもとに作成。

ラブの春」には，チュニジア，エジプト，リビアなど，ENP の「南側」の諸国の多くが含まれていた。この「アラブの春」も，EU に自らの近隣諸国政策を再考させる大きなきっかけとなった。

　そのため 2008 年以降は，ENP という大枠は残しつつ，その枠組みの中で「東側」の国々を対象とした「**東方パートナーシップ（EaP）**」と，「南側」の国々を対象とした「**地中海連合**」という，地域別の枠組みが設定された。EU はその後，「EaP」および「地中海連合」に加えて，「黒海シナジー」，「ノーザン・ダイメンション」，「EU 北極圏政策」という，合計 5 つのイニシアティブを，ENP の構成要素であるとするようになった（表 12-4）。

　ただし，この 5 つの構成要素のうち，「ノーザン・ダイメンション」には ENP の参加国は全く含まれない。また，「EU 北極圏政策」は，たしかに EU の近隣地域の政策ではあるものの，ENP 参加諸国が直接かかわるものではない。そのため本章では，ENP の中核的な政策である EaP および地中海連合につい

て概観することとする。

EaP

EaP は 2008 年 5 月のスウェーデンとポーランドの提案がその原型となっている。また，EaP では「いつか EU に加盟することができるヨーロッパ諸国」を対象に，（中東欧諸国との EA や西バルカン諸国との SAA と類似の）連合協定の締結，自由貿易圏の創設，ビザなし渡航などがめざされた。EaP は 2008 年 8 月に起こったロシア・ジョージア戦争も追い風となって具体化し，2009 年 5 月に，アルメニア，アゼルバイジャン，ベラルーシ，ジョージア，モルドヴァ，ウクライナの 6 カ国を対象として始動した。

目標は，これら諸国と EU との「政治的な連合と経済的な統合」の推進であるとされた。そのために EU が当初最も重視していたのが，EaP 諸国との連合協定であり，同協定の重要な要素として「深く包括的な自由貿易協定（DCFTA）」が考案された。EU としては，ウクライナやモルドヴァ，ジョージアなどの例を念頭に，すべての EaP 参加諸国が将来的には EU への加盟をめざすという前提に立って，こうした政策を策定していた。

ところが次第に EaP 参加諸国に，この連合協定や DCFTA をめぐって無視できない温度差が存在することが明らかとなった。ウクライナ，モルドヴァ，ジョージアの 3 カ国が，可能な限り早期の連合協定および DCFTA 締結を望んだのに対し，アルメニア，アゼルバイジャン，ベラルーシは，さまざまな理由からこれらの協定締結からは距離を置いたのである。

2014 年のウクライナ危機は，こうした EaP 参加諸国の協定をめぐる温度差をいっそう顕在化させた。ウクライナやジョージアは，ロシアの脅威を背景に，EU との関係をいっそう強化することを望み，EU との間で連合協定および DCFTA との締結を急いだ。モルドヴァも，EU との関係に関しては国内で温度差が存在していたものの，連合協定および DCFTA の締結は重要であるという見方でさし当たり一致していた。それとは対照的にアゼルバイジャンやアルメニアは，EU との間でそうした協定を締結することは望まず，より緩やかな協定を締結することを希望するようになった。ベラルーシのルカシェンコ政権に至っては，EaP の枠内で EU との関係強化を図る意思はほとんど持ち合わせ

ていなかった。この結果，EaP 参加 6 カ国の間で，EU と締結する協定が大きく異なるという状況にいたっている。

このように，EaP は EU の当初の想定を超えて，「差異化（differentiation）」が進展している状況である。連合協定を締結しているウクライナ，ジョージア，モルドヴァは，将来的には EU への加盟をめざしている。また，ポーランドやリトアニアなどの EU 加盟国も，この 3 カ国の EU 加盟を支援している。しかし，ロシアはこの 3 カ国の EU への接近には神経を尖らせている。EU 内部でも，2008 年のロシア・ジョージア戦争や 14 年のウクライナ危機，ロシアによるクリミアの併合などの経験から，この EaP 3 カ国のさらなる EU への接近をめぐっては意見が分かれている状態である。これらの EaP 3 カ国をロシアの脅威から守るためにも，これらの諸国の EU 加盟の可能性を否定すべきではないという声がある一方，過度にロシアを刺激すれば，ロシアが再び強硬な態度をとるのではないかと危惧する国も多い。EaP の将来については，EU 内部でのコンセンサスが存在していない状態なのである。

さらにベラルーシに関しては，2020 年夏の大統領選挙で大規模な不正が行われたことが指摘され，さらに選挙後も政府による反体制派への抑圧が続いている。EU はこれを問題視し，ベラルーシ政府に対する制裁を実施しているが，これに反発したベラルーシ政府は 2021 年 6 月末，EaP への参加を停止すると発表した。ベラルーシ向けの EaP 活動はもともとさほど多くはなく，この参加停止による影響は比較的軽微とみられるものの，EU は現体制との間に保持していた数少ない対話手段の一つを失ったともいえる。

欧州・地中海連合

地中海連合も，ENP の重要な柱の一つとしてとらえられている。すでに述べたように，ENP の中でも EU の「南側」の諸国に特化した政策であるが，もともとは 1995 年 11 月に，当時の EU15 カ国と，当時はまだ EU 加盟を果たしていなかった 3 カ国（クロアチア，キプロス，マルタ）と地中海地域の 11 カ国（アルジェリア，エジプト，イスラエル，ヨルダン，レバノン，モロッコ，シリア，チュニジア，パレスチナ，マケドニア〈名称は当時〉，トルコ）との間で開始された「欧州・地中海パートナーシップ（通称バルセロナ・プロセス）」がその起源であ

る。当時、中・東欧諸国を対象とした第5次拡大が徐々に進展する中、EUの重心が過度に東に移行することを懸念したフランスやイタリア、スペインのイニシアティブで形成されたと指摘されている。

このバルセロナ・プロセスでも、対象諸国とEUとの間で、中・東欧諸国と類似の連合協定（通称「ユーロメッド連合協定」）を締結し、EUとの経済的な協力を深めることがめざされた。そのため、多くのバルセロナ・プロセス参加諸国は、2000年代前半にはEUとの間でユーロメッド連合協定を発効させている。

その後、ENPの「東側」の強化策としてEaPが2008年5月に提案されると（前項参照）、フランスを中心としてバルセロナ・プロセスの見直しの機運が高まり、2008年5月に欧州・地中海連合（通称「地中海連合」）へと改編された。現在の参加国は、EU27カ国（イギリスは2020年のEU離脱にともなって地中海連合からも離脱）、EUの加盟候補諸国の4カ国（アルバニア、ボスニア、モンテネグロ、トルコ）、および地中海地域のEU非加盟国（アルジェリア、エジプト、イスラエル、ヨルダン、レバノン、モーリタニア、モナコ、モロッコ、パレスチナ、シリア、チュニジア）11カ国である（シリアは2011年12月1日以降、加盟資格を停止。リビアはオブザーバー参加）。そのうち、トルコ、モーリタニア、モナコの3カ国はENPには参加せず、地中海連合のみに参加している（2021年12月現在）。

地中海連合は、地中海地域の「地域的安定」、「人的発展」、「経済的地域統合」の3つを戦略的目標として掲げている。2012年以降、EUとヨルダンが共同議長を務めており、バルセロナに常駐事務所が設置されている。「地域フォーラム」と呼ばれる年次外相会合や、高級実務者会合等を通じて、EU加盟国と地中海諸国との協力が模索されている。

また、2015年から深刻化した欧州難民危機は、地中海諸国の抱える問題をEUに再確認させることとなった。シリアなどから逃れてきた難民たちは、エーゲ海や地中海を渡ってEU加盟諸国に到達しようとした。その途中で多くの難民が命を落としている。EUは地中海諸国と一層の連携を図りながら、難民流入などの諸問題に取り組むための模索を続けている。

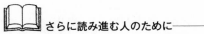 さらに読み進む人のために──

渡邊啓貴編，2008 年『ヨーロッパ国際関係史──繁栄と凋落，そして再生〔新版〕』有斐閣アルマ。

＊ヨーロッパ国際関係史の良質な教科書。第 3 章以降の各章では，EC/EU のそれぞれの拡大と，その背景となったヨーロッパの国際情勢が簡潔かつ明快に描き出されている。ヨーロッパ国際政治のダイナミズムの中から EC/EU の拡大を理解するには必読の書。

月村太郎編，2017 年『解体後のユーゴスラヴィア』晃洋書房。

＊旧ユーゴスラヴィア諸国の改革の進展状況と EU・NATO 加盟への道のりが概観できる。

蓮見雄，2020 年「ロシア」坂井一成・八十田博人編『よくわかる EU 政治』ミネルヴァ書房。

＊複雑なロシアと EU との関係を非常にわかりやすく整理している。

東野篤子，2018 年「EU の東方パートナーシップ（EaP）政策の展開」『ロシア・ユーラシアの経済と社会』第 1034 号。

＊発足から 10 年が経過した EaP の発展の経緯と問題点を整理している。

Sedelmeier, Ulrich, "Enlargement" in Helen Wallace, Mark A. Pollack, Christilla Roederer-Rynning and Alasdair R. Young, eds., 2020, *Policy-Making in the European Union,* 8th Edition, Oxford University Press.

＊EU 拡大や近隣諸国政策における手続きや性質の変遷を，最新の情報をふまえて詳細かつわかりやすく分析している。筆者は EU 拡大の代表的研究者。

（EU 拡大や，EU の対近隣諸国政策をめぐる状況は日々刻々と変化する。最新の情報はぜひ，EU 関連のウェブサイトで確認してほしい。最も詳細なのは，欧州委員会の拡大関連ページ〈https://ec.europa.eu/info/policies/eu-enlargement_en〉，欧州対外行動庁の ENP 関連ページ〈https://eeas.europa.eu/diplomatic-network/european-neighbourhood-policy-enp_en〉および東方パートナーシップ関連ページ〈https://eeas.europa.eu/diplomatic-network/eastern-partnership_en〉）

EU とロシア

　第 4 次および第 5 次拡大にともない，欧州連合（EU）はロシアとの間で長い境界線を接することになった。また，欧州近隣諸国政策（ENP）対象諸国の一部もロシアと国境を接している。つまり，EU とロシアは直接の隣人でもあり，また共通の隣人を有する関係でもある。

　ソ連解体後の EU とロシアとの関係は，1997 年に発効した EU・ロシアパートナーシップ協力協定以降，必ずしも速いとはいえないペースで発展してきた。

　EU とロシアは互いに重要な貿易相手であり，また EU はロシアの供給するエネルギーに依存してきた。ロシアとの良好な関係の構築は，EU にとってはきわめて重要な目標であった。それにもかかわらず，ロシアと EU との関係は常に緊張関係を孕むものであった。ロシアは EU 拡大や ENP・東方パートナーシップ（EaP）の進展によって，EU（および北大西洋条約機構〈NATO〉が自らの「勢力圏」に踏み込んでくることを警戒した。一方 EU は，ロシアの「勢力圏」的発想に戸惑いつつ，ロシアとの間で協力関係を築くことができないまま現在に至っている。また，EU 第 5 次拡大の帰結として，ポーランドやバルト諸国など，歴史的にロシアに対して強い警戒心を有する加盟国と，キプロスやハンガリーなど，対ロシア関係を重視する加盟国が EU 内部で共存していることも，EU の統一的な対ロシア政策の形成を困難にしている。

　そもそも 2000 年代初頭に ENP が検討され始めた際，EU からはロシアも ENP に参加することを期待する声があがったが，ロシアはそれを望まなかった。このため EU は，ENP とは異なる対ロシア政策を策定する必要に迫られた。EU は 2003 年 5 月の EU・ロシア首脳会談において，両者間で「4 つの共通空間」を形成し，「経済」，「自由・安全・正義」，「対外安全保障における協力」，「研究・教育・文化」の 4 つの分野で緊密な協力を図るという構想を提案したが，ロシアが関心を示さなかったため同構想は立ち消えとなった。

　その後，両者の関係に負の影響をもたらす出来事が次々と発生する。2008 年夏のロシア・ジョージア戦争や 2016 年のウクライナ危機，ロシアによるクリミアの併合や，ウクライナ東部における戦闘の激化はその最大の例であった。さらに，2016 年および 2018 年に，当時，EU 加盟国であったイギリスで化学兵器を用いた暗殺（未遂）事件が相次いだこと，2020 年 8 月にもロシアの反体制派リーダーのナワリヌイに対して化学兵器ノビチョクの使用疑惑が生じたこと（ナワリヌイ氏はその後ロシア

で収監）も，EU・ロシア関係の悪化をもたらしている。ロシアによる偽情報（ディスインフォメーション）の流布に関しても，EU は 2015 年以降にロシアを念頭に置いた偽情報対策を本格化させている。

　現在，EU の対ロシア政策は 2 つの原則に基づいている。1 つ目は，2016 年の「EU・ロシア関係の 5 原則」である。これは，EU が将来的にロシアとの関係を改善させるためには，ウクライナ東部の戦闘に関する和平案である「ミンスク合意」をロシアが完全履行する必要があること，EU は（たとえロシアからの反発があっても）EaP 諸国や中央アジア諸国との関係を強化していくことなどを謳ったものであり，現在も EU の対ロシア政策の重要な原則として位置づけられている。

　2 つ目は，欧州委員会による「EU・ロシア関係——押し戻し，抑制，関与」政策文書である（2021 年）。同文書では，EU とロシアを取り巻く新旧の問題を概観したうえで，上記の 5 原則に則った EU 共通の対ロシア・アプローチを策定する必要性を整理している。解決の糸口が見えないクリミア併合やウクライナ東部の状況，人権抑圧やサイバー攻撃など，ロシアが EU の価値観や利益を損なっていることを明確にしたうえで，気候変動や中東和平などの分野では，EU としてもロシアの関与を促していくという内容になっている。しかし，ロシアをめぐる EU 内部での見解の相違は依然として残っており，EU による包括的かつ効果的な対ロシア政策の策定には至っていないのが現状である。

　2021 年以降，ロシアのプーチン政権と EU との関係はこれまでとは完全に異なる段階に入った。ロシア軍がウクライナ国境地帯に 19 万にも及ぶ軍事力を集結させ，NATO 不拡大の法的保障等を求めて新たなウクライナ危機をもたらしたためである。ロシアはウクライナを自らの「勢力圏」における最重要拠点とみなし，軍事力を用いてウクライナへの影響力を強めようとしている。

　ヨーロッパ諸国は，とくにフランスやドイツを中心として懸命の対ロシア外交を続けたが，ロシアはついに 2022 年 2 月 24 日，ウクライナに軍事侵攻した。この危機は，現在のヨーロッパ安全保障秩序に重大な挑戦を突きつけている。EU 諸国は対ロシア制裁や対ウクライナ支援，そしてロシア周辺諸国の主権や領土の一体性の確保などをめぐり，きわめて難しい舵取りを迫られている。

第 13 章

EU の対外政策

⬆EU の対外政策でも重要性を増す欧州議会棟（ブリュッセル，2010 年 9 月，筆者撮影）

　EU は，国際関係におけるアクターとしても重要な意味をもつようになった。しかし EU の対外政策展開の構造は非常に複雑であり，政策分野ごとにかかわる EU 内の組織や構成国の役割が異なる。本章では，EU がどのような対外政策展開を行いうる制度になっているのか，どのような実績があるのかについて全体像を解説する。その後，日本・EU 関係の展開について検討する。なお，対外政策のうち，経済的側面については第 10 章で，周辺諸国との関係については第 12 章で，共通外交・安全保障政策（CFSP）の展開については第 14 章で詳細に扱っている。

1　対外政策の構造

　今日の欧州連合（EU）とその外の世界とのかかわり方は，とても多様で複雑になっている。第 12 章で扱われた拡大や隣接する近隣諸国との関係も対外関係であるし，地理的に遠く離れている日本との経済関係も対外関係である。今日では EU は世界各地で紛争予防や平和維持の活動も行っているし，援助政策も展開しており，これらも対外関係の重要な一部である。しかし，EU の対外関係には国家の対外関係とは異なる前提がある。それは EU が条約に基づく組織であり，対外政策も条約によってその政策権限が決まっていることである。EU の対外政策とはどのようなものなのかを理解するために，まずリスボン条約体制における条約上の前提をまとめておこう。

EU の対外政策基盤──条約上の根拠
　EU の対外政策の原則と目標は，EU 条約 21 条によって定められている。21 条の規定は包括的で，今日の EU は実質的にあらゆる国際的な場面で行動することが可能な規定となっている。民主主義，法の支配，人権などの基本的価値に基づき，国際関係のすべての領域における協力の強化が目標とされている。特に，EU の尊重する諸価値の推進，国際的な平和の維持，途上国の開発，貿易の促進，環境協力，災害支援，グローバル・ガバナンスの構築と促進などが具体的に言及されている。

　リスボン条約体制の下では，かつての三柱構造（欧州共同体〈EC〉，共通外交・安全保障政策〈CFSP〉，司法・内務協力〈JHA〉）は解消されているので，対外政策についても 1 つの条約の下でまとめられている。しかし，それでも CFSP は特別な扱いがなされており，EU 条約 23 条から 46 条で扱われている。それ以外の対外政策については，EU 機能条約の第 5 部（205 〜 222 条）で定義されている。これは CFSP については，なお欧州議会や裁判所の関与がほぼ排除されており，EU 構成国間の協力に基づく運営原則をとっているためである。

　では CFSP 以外の EU の対外政策は，EU 機能条約第 5 部で網羅されているかといえば，必ずしもそうなってはおらず，注意が必要である。EU 機能条約

第5部では対外関係に関して，共通通商政策（関税，貿易協定，知的所有権，直接投資など），第三国との開発協力と人道援助，国際協定の締結，国際機関や第三国における EU 代表部などについて規定している。しかし，この第5部以外にも EU 機能条約の中には対外関係に関する規定がちりばめられている。

　例えば，移民政策における対外関係については，EU 機能条約79条3項で移民の送還についての第三国との協定の締結権が規定されている。また，文化，公衆衛生，欧州横断ネットワーク，研究・技術開発，環境政策などの政策では，それぞれの政策が規定されている条項で第三国や国際機関との協定の締結について規定されている。もっとも，対外関係は国家と国家の外交関係が主であったような時代とは違い，グローバル化の進んだ世界では国内のほとんどの活動は，経済的なものであれ社会的なものであれ外国との関係をもちうる。EU においても，もともとは域内政策を念頭に置いて実施されてきた政策領域が対外政策の役割も担うようになってきていることから，このような複雑化が起きているとも考えられる。

対外政策の実施権限

　対外政策の根拠がどこにどのように規定されているのかということと並んで重要なことは，その対外政策が EU と構成国との関係で，どう定義されているのかという問題である。EU の政策は通常，排他的権限領域（EU のみが立法可能），共有権限領域（EU が立法を行えるが，EU が立法していなければ構成国が立法可能），EU が構成国の行動を支援・調整・補完する領域（立法は原則的に構成国が行い，EU は構成国間の協力・調整を支援する）の3つに分類される（第9章も参照）。さらに CFSP 領域は制度的にも別途特別に規定されている。

　EU の対外行動は，このような構成国との間の権限関係の規定によって大きな影響を受ける。EU 法の規定はこれらの分野では相当に入り組んでおり，それぞれの政策領域で個別の検討が必要になる。例えば，欧州委員会がどの程度主導的に EU の代表として交渉を主導できるのか，理事会と欧州委員会の関係がどうなるのか，欧州議会の関与がどうなるのか，承認が必要となるのか，などに注意を払わなければならない。

　具体例として，EU 機能条約の中の国際協定に関する条文を見て，EU がど

う行動するように規定されているのかを検討しよう。EU機能条約218条は通商政策のような特別の規定をもつ政策を除く一般的な国際協定の締結手続きを定めている。この規定によれば，第1に，欧州委員会が理事会に対して国際協定を結ぶための勧告をする。つまり，この場合の最初のEUのイニシアティブは欧州委員会がとる。この勧告を受けて，第2に，構成国の閣僚から構成される理事会が交渉を開始する許可を出す。理事会は交渉担当者を決定したり，担当者に指令を出したりすることが可能である。そして交渉が妥結すると，第3に，理事会が協定に署名することを決定する。第4に，理事会は協定を締結する決定を行うが，この場合には欧州議会が通常手続きで加わる，つまり理事会と欧州議会の共同決定が必要になる場合と，欧州議会に諮問するのみで理事会が決定できる場合がある。

　実際には，予算上重要な意味をもつ協定やEU法の立法で通常決定手続きを使う政策分野（経済統合に関するほとんどの分野）は共同決定となるので，リスボン条約体制では欧州議会の権限は非常に重要になっている。理事会は条文で明示されている例外を除き，特定多数決（QMV）で決定する。こうして成立した国際協定は，EUが締結したものであるが，EU機能条約216条2項により，EU機関のみならず，すべてのEU構成国を拘束する。

　以上をごく簡単にまとめれば，国際協定を締結する場合には，欧州委員会のイニシアティブを理事会が承認し，交渉がまとまると理事会と欧州議会が共同決定して承認し，協定が発効するということである。なお，CFSP分野では，協定の提案は外務・安全保障政策上級代表が行い，理事会の役割が中心となって，欧州議会は諮問されるのみとなる。

誰がEUの対外政策を代表するのか

　第10章で説明したように，リスボン条約では欧州理事会常任議長，外務・安全保障政策上級代表職が設置されているので，対外的な代表は通常，大統領・首相レベルへの対応については欧州理事会常任議長（ミシェル議長：2021年現在）が，外相レベルでの代表については外務・安全保障政策上級代表（ボレル代表：2021年現在）が務める。そしてCFSP領域の政策実務は，欧州対外行動庁（EEAS）が実質的に外務省（部分的に防衛省）の役割を担っている。

しかし，EEAS に管轄されない対外政策の分野も少なくない。それらの政策分野としては，開発協力，拡大，貿易などの領域があり，欧州委員会のそれぞれの総局が担当し，欧州委員会委員もそれぞれに割り当てられている。外務・安全保障政策上級代表は，これらの個別政策担当委員と協力しながら EU としての一体性の強化をめざす。もっとも，EU のみがことさら特殊であるというわけではない。なぜなら，今日では国内の経済関係省庁もしばしば対外政策の一部を担っており，どこの国でも外務省のみが対外政策を取り仕切るような時代は相互依存とグローバル化の進展によって終わっているからである。

外務・安全保障政策上級代表は欧州委員会の副委員長も兼務しており，欧州委員会が全体として審議・決定を行う際には，その一員として行動している。こうして外務・安全保障政策上級代表は，CFSP 分野とそれ以外の対外政策領域を一人で橋渡しする機能も担っている。一人で 2 つの制度をつなぎ，EU を代表するこの任務は非常に重い。

2 対外政策の展開

対外政策の手段には，大きく分類すれば，外交的手段，軍事的手段，経済的手段，社会・文化的手段など，さまざまなものがある。EU もそれぞれの領域で多様な具体的手段を有している。その中で外交的手段の対象となる分野は，主に CFSP によって展開される。CFSP は軍事的な手段を利用することも想定しており，その政策領域では具体的な行動能力の整備も 1999 年から進んできた（共通安全保障・防衛政策〈CSDP〉，第 14 章参照）。

EU の場合には，通常の国家がもたない特殊な対外政策の手段，すなわち EU に加盟させるという選択肢を提示することによって，加盟したいと望む国の法整備を進めたり，経済システムを EU と整合的なものにさせたりするという手段ももっている。これについては加盟問題を扱っている第 12 章で説明されているので，以下では EU への加盟を想定しない国との関係，グローバルな制度形成における行動を中心に検討してみよう。

貿易と開発──ロメ協定

EU の前身の欧州経済共同体（EEC）は，1950 年代末に構成国内の経済的国境を取り払い一つのヨーロッパ市場を作り上げるという意味での域内統合（当時の表現では「共同市場」）の構築をめざして開始された。したがって，当初の対外関係はこの域内市場と第三国との関係をどう整合させるかという問題であった。このため初期の EEC においては，特にフランスの旧植民地との関係を共同市場との関係でどう再定義するのかが中心課題であった。今日でも EU 機能条約第 4 部（198 ～ 204 条）は，海外の地域と領土との連合について規定しており，ここでいう連合とは EU 域外の特定の地域と特別な関係を結ぶことである。

第 4 部に定義されている連合の対象となる地域は，今日ではもはや多くない。しかし同様の歴史的背景から，かつて植民地として特別な関係をもっていたが，すでに独立している諸国との関係は，EU にとって重要な政策対象であった。このため，EU とその前身の EC は，特別な貿易関係と開発援助による支援をこれらの諸国と結び，それが今日の EU の開発協力政策の出発点となった。それは，もともと EEC/EC の対外政策では，フランスなど旧宗主国と途上国との関係が前提とされており，そこに欧州経済統合によって欧州委員会などの機関が加わるかたちとなったことがある。さらに，外交分野での制度的な協力が当時は始まっていなかったために，開発協力政策は EC レベルの政策と構成国独自の政策の両方が並行して行われることになったのである。そして，EC/EU レベルの相対的な比重は近年大きくなってきてはいるものの，基本的な構造，つまり EU による開発協力と構成国による開発政策が同時に行われるという構造は今なお維持されている。

旧植民地諸国が次第に独立を達成してゆくと，EEC は 1963 年にカメルーンの首都ヤウンデでヤウンデ協定をアフリカの新興諸国と締結し，貿易と開発に関する関係を再定義した。さらに，コモンウェルス（英連邦）の多くの新しい独立国との特殊な関係をもつイギリスの EC 加盟と，1970 年代の資源ナショナリズムを背景として，EC は 1975 年にトーゴの首都ロメで**ロメ協定**を締結した。ロメ協定の対象国は主にフランスとイギリスの植民地から独立したアフリカ（Africa），カリブ海（Caribbean Sea），太平洋（Pacific Ocean）地域の 46 カ国

（1975 年条約締結時）が中心となっており，これらの地域の頭文字をとって
ACP 諸国と呼ばれた。東南アジア諸国連合（ASEAN）諸国や，ラテンアメリ
カの主要国，サハラ以北のアフリカ諸国と中東地域諸国は含まれていない。ロ
メ協定では，EC は ACP 諸国に特定の農産品と鉱物資源の特恵的な域内市場
へのアクセスを認め，ACP 諸国が農産品と資源の輸出によって成長すること
を主眼とする協定であった。これに加えて欧州開発基金（EDF）が開発援助の
ための資金を供給した。ロメ協定のシステムは，EC/EU の対外経済政策にお
いて，とりわけ途上国との関係において最も重要な位置を占めるようになって
いった。

コトヌー協定

　しかし，このようなロメ協定のシステムは ACP 諸国のみを優遇するもので
あり，世界貿易機関（WTO）のシステムと整合的ではないことが問題視される
ようになった。同時に ACP 諸国と EC/EU との貿易関係が期待されたほど十
分に進展せず，経済発展にも結び付かず，政治的にも問題を抱えたままの体制
と認識されるようになった。このようなことから，新しいシステムへ移行する
こととなった。2000 年に第 4 次ロメ協定は終了し，新たにベナンの首都コト
ヌーで新協定が締結された（コトヌー協定，発効は 2003 年）。コトヌー協定は，
ロメ協定の時代からの国際貿易システムの変化と，EU の対外政策の変容を象
徴していた。

　つまり，WTO の自由貿易システムの下では無差別待遇の原則があり，特定
の諸国のみが差別的な待遇を受けない自由貿易市場原理に基づく協定とするこ
とが前提となっている。このためロメ協定のような ACP 諸国のみに特恵を与
えるシステムが廃止され，貿易関係を強化する場合には，WTO と整合的な経
済連携協定（EPA）を個別に締結する方針が打ち出された。他方，EU はこの
間に 1993 年にマーストリヒト条約で開発協力に条約上の基盤を与え，EU の
開発協力政策が構成国の政策を補うこと，そしてこの政策が民主主義，法の支
配，人権，基本的自由の尊重という EU の価値を推進するために利用されるこ
とが明記されたのである（旧 EC 条約 177 条）。ロメ協定でも第 4 次改訂ではこ
の EU の変化が反映されているが，コトヌー協定ではこの方向が強化されてい

Column⑱ **特定地域・国との関係強化**

　EU はその対外政策の展開にあたって，主要国と個別の協定を締結したり，EU に隣接していながら当面加盟の展望はない諸国との間で「欧州近隣諸国政策（ENP）」（第 12 章参照）を展開したりしている。

　EU と多くの主要国の間には「**戦略的パートナーシップ**」関係が定義されている。アメリカ，カナダ，中国，そして日本との間にも「戦略的パートナーシップ」は定義されていたが，その具体的な内容は多様で，実態もそれぞれの関係で大きく異なっていた。このような特別な関係を協定で定義することだけでは EU との関係が大きく変化するわけではないが，EU がそれぞれの国や地域を重要な利害関心の対象やパートナーとして認識していることを示すものである。

　関係強化の次の段階として，日本とは EPA と戦略的パートナーシップ協定（SPA）を締結したが，EU はその前にカナダと包括的経済貿易協定（CETA）を 2016 年に調印し，2017 年より暫定適用されている。CETA は EU 加盟国の市民団体などからの反対もあり，2014 年に大筋合意したのち EU 加盟国の承認をとるのに時間がかかった。CETA は SPA も有しており，日 EU の協定交渉のモデル的な性格も有している。

　EU はアメリカとの間でも自由貿易交渉を行っていた。環大西洋貿易投資パートナーシップ協定（TTIP）の交渉は 2013 年から開始されていた。投資家対国家の紛争解決条項（ISDS 条項）など，アメリカの企業に有利になり EU と加盟国の制度がないがしろにされる，交渉のプロセスが不透明という市民団体の懸念もあり，特にドイツやオーストリアでは注目度の高い交渉であった。オバマ政権末期の 2016 年には交渉は事実上進展が見られなくなっていたが，トランプ政権は交渉を中断した。

　グローバル・アクターとしての EU が特定の国や地域にどのような政策関心を寄せているかについても，十分に注目しておく必要がある。

る。EU の開発援助は貧困の削減を目的とすることはいうまでもないが，このような政治的な**コンディショナリティー**（援助条件）をつけることによって，対象国の人権状況などが援助の重要な条件とされる方向が明確になった。2018 年から後継協定の交渉が開始され，気候変動問題など新たな課題への対処や地域的特性に配慮した後継協定の交渉が 2021 年 4 月に妥結し，署名手続きを経て発効予定である（2021 年 12 月現在）。

リスボン条約体制では，開発協力の分野は EEAS の発足にともなって一部が EEAS に移ったことから欧州委員会内でも組織が再編成され開発協力総局となった。これによって開発政策でアフリカ，カリブ海，太平洋など特定地域を扱っていたいわゆる「地域デスク」は，EEAS に移行した。開発協力総局は，総合的な開発政策の立案と援助の実施に携わることになった。EU 機能条約208 条では，EU と加盟国の開発協力政策は，相互に補い，強化すると規定されているが，援助政策が EU と加盟国の 2 本立てであり続けることに変わりはない。その構造を維持したうえで，いかに効率的かつ有効な援助協力とするかが問題である。援助は EU 加盟国の外交政策の一部でもあるので，EU としてすべて一本化することは想定されていない。援助協力の政策領域は EU 機能条約 209 条で通常立法手続きが適用されるものとされており，欧州議会の動向によっても政策が大きく左右される。欧州議会は，これまでも人権の尊重をはじめとした EU の基本的な価値を推進する政策展開に積極的であり，今後の動向には注目していかなければならない。

グローバルなアクターとしての EU

EU は，国連などのグローバルで多角的な交渉の場面でも重要な役割を担うようになってきた。EC の時代には CFSP の前身である欧州政治協力（EPC）の枠組みによって，構成国が一つの声でまとまって行動することがめざされたものの，必ずしも十分な一体性が実現できていたわけではなかった。例えば，国連総会の採決における当時の EC 構成国の投票行動は，近年と比べれば一致率が低かった。

冷戦後の環境変化など他の要因も考慮しなければならないが，EU への制度移行後の構成国の行動は，次第に一致できる問題領域が拡大してきた。国連総会の採決における EU 構成国の投票行動の一致率は，CFSP の制度の下では相対的に高くなった。安全保障理事会の常任理事国であるフランスは，かつての植民地がかかわる問題領域や安全保障の問題領域では他の EU 諸国とは異なる姿勢をとることが多く，EU としての一致率を下げる要因となっていたが，近年はそのような事例は少なくなっている。

とりわけ人権問題における EU 構成国の投票行動は，ほぼ100％に近い一致

率を示している。リスボン条約体制では，EU 条約 6 条において 2000 年に制定されていた欧州連合基本権憲章を EU に組み込むなど人権規定関連でも進歩が見られる。これは人権規定に関する EU 構成国間の認識の共有化の成果であるともいえよう。このような構成国間の認識の収斂（しゅうれん）による EU レベルでの制度化の進捗は，国際的な行動の背景となっているのである。

　もっとも 2003 年のイラク戦争をめぐる対応など，自国の安全保障政策と安全保障認識の根幹にかかわり国内政治的にも大きな注目を集めるような問題の場合には，EU レベルでの結束は非常に難しくなるということにも注意しておかなければならない。EU レベルの対外政策が，それぞれの国の外務省や他の官庁の専門家同士の調整で実現可能であれば，それは EU 条約で規定された原則と目的を根拠として，一つの政策として打ち出すことが可能である事例は多い。しかし，問題が政治化されると EU レベルでの調整は決して容易ではない。例えば，国連安全保障理事会の常任理事国ポストの問題は，EU 内では調整不可能な政治問題である。常任理事国であるフランスは，その歴史的な地位を放棄することは想定できないし，ドイツの常任理事国入りの希望は，相対的な自国の地位の低下を懸念するイタリアによって常に反対を受けてきた。

　同じ国連レベルの議論でも，例えば EU の政策として実績が積み重ねられてきた分野などでは，EU が一致して対外行動をとれる事例も多く見られる。例えば 1992 年に採択された国連気候変動枠組み条約（UNFCCC）の場合には，その交渉過程から条約採択後の締約国会議の場にいたるまで EU は比較的うまく一体として行動することに成功し，国際的な環境問題に熱心に取り組むアクター（主体）として，EU の存在を世界に印象づけた。そして，この UNFCCC に具体的な目標値を設定し拘束力を与える京都議定書（1997 年採択，2005 年発効）の採択にあたっても，EU 内の温暖化ガス排出権取引の合意を前提として，重要なイニシアティブをとることに成功した。その後，リスボン条約体制では新たに環境政策に関する第 20 編 191 条において，地域的あるいは地球規模の環境問題への対処，特に気候変動への取り組みが EU の環境政策の目標として規定されるにいたっている。

　地球環境の問題の他にも，国際刑事裁判所（ICC）の設立（1998 年に裁判所規定採択，2003 年に裁判所設置）など，グローバルな人権の保護に関連した制度や

平和と安全に関連した国際的なレジームの形成において，EU は重要な役割を果たしている。ICC の場合には EU は国連内で結束して行動し，ジェノサイド（集団殺戮）などを行った国際的な重大犯罪者を裁く法定の設置に大きく貢献した。

UNFCCC の例でも ICC の例でもアメリカが単独主義的な政策をとり，それぞれのレジームに不参加であったことから，EU のリーダーシップは非常に重要であった。EU とアメリカは基本的な価値については共有しているが，EU は目標の達成のために多角的かつグローバルな枠組みによって実現することをめざしているので，さまざまな国際的な制度形成に非常に積極的である。これは，アメリカのような圧倒的な軍事力をもたないことの裏返しでもあるが，条約に規定された価値を前面に出して，さまざまな手段を用いて展開される EU の対外政策は，世界のルール形成において重要な意味をもっているのである。

2015 年のシリア内戦に端を発した難民危機は，EU に大きな衝撃を与えた。難民問題は共通難民政策領域であると同時に，現場での緊急対応という点では市民保護・人道援助政策でもある。さらにその根本原因への対処は EU の対外政策，紛争・内戦などを抱える地域への対外政策，開発・人道援助，安全保障政策の課題ともなる。政策領域横断的な対応が求められる政治課題では首脳から構成される欧州理事会が特に重要な役割を担うが，基本的な考え方を異にする中東欧諸国の反対も見られた。さらに，グローバルなアクターとしての EU を考える場合，イギリスの EU 離脱が及ぼす影響についても今後いっそう注目しなければならない。

3　日本・EU 関係

これまで EU の対外政策の構造と展開について議論してきたが，以下では EU が日本との関係でどのような対外政策を展開してきたかについて検討してみよう。日本と EU の関係を概観すると，国際的なアクターとしての EU の発展と変化についても理解することができるだろう。

経済摩擦の時代

　EU は EC の時代までは経済政策領域を中心とした存在であり，その中心は途上国との開発協力の関係を除けば，通商関係を中心としたものであった。日本と EC の関係も同様であり，特に政治的な問題となる課題が存在しなかったこともあって，日本・EC 関係はおおむね経済によって規定されていた。

　日本と EC の関係が本格的なものとなるのは，1970 年代である。この時期には，対外通商権限が EC に移され，EC の権限が日本との通商政策でも拡大した。また，日本から EC 諸国への工業製品の輸出が急拡大し，対日貿易赤字が拡大する構造が定着して EC 諸国において問題視されるようになったのも，この時期である。しばしば当時の困難な日本・EC 関係の象徴として取り上げられるのは，1976 年に日本経済団体連合会（経団連）の代表が訪欧したときに，貿易摩擦を理由として激しい批判を受けたことである。当時のヨーロッパは第 1 次石油危機後の経済的な混乱の中にあり，日本からの輸出急増によって，ヨーロッパ内の産業が大きなダメージを受けていることに対して批判の声があった。同時に，対日輸出が日本の市場の閉鎖性ゆえに増加しないという EC 側の認識から，単に経済・通商問題としてではなく，雇用と産業の存亡に関する政治問題と認識されていた。

　当時は日本側も政治的な批判に屈して輸出自主規制をとり，EC への特定製品の輸出を国際貿易ルールとは関係なく，自粛して輸出しないという方法によって問題の沈静化を図った。この貿易摩擦の構造は，日本・EC 関係だけのものではなく，日米関係においても同様のものが見られた。その後，さまざまな方法を駆使した EC 側の貿易制限措置に対応するために，日本企業の多くが EC 域内への直接投資を増加させ，輸出から現地生産に切り替え始めたのは 1980 年代であった。この時期には EC は日本製品に対してアンチダンピング措置（輸入で損害を受ける業界を守るために，特別な関税を課すなどの措置）で対抗することもあり，これを回避するためにもヨーロッパでの生産は必要であった。また 1985 年に『域内市場白書』が発表され，1992 年末までに巨大な欧州域内市場が完成されるという展望が開けたことも，EC 諸国での現地生産が増加した背景となっていた。

経済から制度化された協力の時代へ

　日本・EC 間の経済摩擦と経済主導のぎくしゃくした関係は 1990 年代の初めまで続いた。状況が変わったのは，EC 諸国への直接投資が雇用を生み，次第に対立的な貿易関係からの転換が見られたこと，冷戦の終焉とドイツ統一（1990 年）という大きな変化がヨーロッパであり，中東欧諸国の体制移行が始まったこと，これを受けて後に日本企業も中東欧諸国への投資などで重要な役割を果たしたこと，日本におけるバブル経済の崩壊で経済状況が変化したことなどが理由として挙げられよう。

　1991 年 7 月の日本・EC 首脳協議で，**ハーグ宣言**として知られる，経済のみならず政治分野も含んだ包括的な日本・EC 共同宣言が採択された。ほぼ 20 年にわたる経済的対立の時代を経て採択された文書は，自由，民主主義，法の支配，人権という両者に共通する価値が前面に打ち出されていた。それまでの経済関係に限定されがちであった対話の枠組み，もしくは経済紛争処理のための協議の枠組みを，大きな政治的な視点から再構築し，日本と EC の関係をグローバルな視点からとらえなおすものであった。このハーグ宣言によって国連の場におけるさまざまな枠組み作りでの日欧協力も模索され，それまで想定されていなかった日本・EC という新たな国際協力の枠組みが，EC 加盟国それぞれとの 2 国間関係に加えて構築された。

　もちろん，このような 1 つの宣言によってすぐに大きく状況が展開したわけではない。重要なのは，この宣言の中に日本・EC の定期協議が規定されたことである。すなわち，首脳協議が毎年開催されることになったのである。この日本・EC 首脳協議と閣僚級の協議，さらに多くの準備会合が行われるようになり，対話の経路が制度化されたことは，日本・EC 関係に大きな意味をもつこととなった。

　ハーグ宣言から 10 年を経て，2000 年の日本・EU 首脳協議で 2001 年からの 10 年間を「日欧協力の 10 年」とすることが合意され，2001 年には「共通の未来の構築――日 EU 協力のための行動計画」が採択された。こうして次の 10 年には具体的な行動をめざして日本・EU 関係がさらに強化されることが図られた。この行動計画では，経済関係のいっそうの強化という経済の柱と政治分野でのグローバルな課題への協力という政治の柱，さらには人的交流や文化交流によ

る日欧関係の強化という社会の柱も組み込まれた。

　行動計画の 10 年の間に，中国の台頭と日本経済の停滞によって日本・EU 関係における経済と貿易の比重が低下した。したがって，かつてのように通商問題が大きな問題となることはなくなった。日本・EU の定期協議の制度化は進み，年 1 回の首脳協議の他にも政治，経済それぞれの領域でハイレベル協議から実務家によるものまで，さまざまな定期協議・対話が実施された。2011 年の第 20 回日本・EU 定期首脳協議では，「基本的価値を共有するグローバル・パートナー」として，さらに両者間の関係を拡大・深化させ，そのことによって世界の平和と繁栄に寄与していくことが合意された。

グローバル競争時代の日本・EU 関係

　日本・EU 関係を考える際には，EU がアジア全体とどう関係しているか，東アジアをどのように認識し，その中で日本・EU 関係をどのように認識しているかについても考えておかなければならない。EU は，日本，中国，韓国と ASEAN 諸国との間にアジア欧州会合（ASEM）の枠組みを構築した。ASEM は 1996 年に初めて開催されているが，地域統合に成功した EU がアジアにも対話の窓口を求め，その結果 ASEAN に東アジアの日中韓 3 カ国が加わって形成されたのが ASEM である。2 年おきに開催される ASEM の対話も政治，経済，社会の 3 つの柱で行われる包括的なものであり，地域間の対話枠組みの多様化と重層化に貢献してきた。対話の相手としての EU の登場は，東アジアにおける地域統合の議論にも大きな影響を与えてきたといえよう。ASEM にはその後インド，パキスタン，ロシア，オーストラリア，ニュージーランドなども参加するようになっている。

　日本・EU 関係の大きな課題は，世界の各地で進められている自由貿易協定（FTA）や EPA 締結の動きの中で，互いに巨大な経済圏である両者がどのような政策を展開させるかであった。韓国と EU との間の FTA は 2011 年 7 月に発効した。これによって，自動車などの日本と競合する製品を製造している韓国の製造業の輸出競争力は相対的に高まり，日本の製造業は対 EU では相対的に不利な立場に置かれることになった。日本・EU の EPA 締結に向けた準備は 2009 年の首脳協議から始まり，2011 年の首脳協議では EPA の交渉開始に向け

たプロセスを開始することで合意した。

　2013 年 3 月に実施された日 EU 首脳電話会議で，FTA と戦略的パートナーシップ協定（SPA）の交渉を開始することを決定した。FTA は通常はモノについて関税を無税とする協定と理解されるが，EU との交渉では単に工業製品や農産品などのモノの貿易のみならず，サービス貿易，知的財産権，政府調達など国内の制度や規制にかかわることも多いので，日本側ではより包括的な内容をもつ協定として，通常「経済連携協定（EPA）」と称される。日本・EU の交渉は，この EPA に加えて，政治・外交面での協力を規定する SPA ももう一つの柱としていた。

　包括的な EPA・FTA 交渉は，国内関係産業，省庁間の調整など長い時間を必要とするので，交渉が妥結したのは 2017 年末であった。その後，批准手続きを経て 2019 年 2 月に EPA が発効した。EPA はモノの貿易自由化率が高いのみならず，サービス貿易や投資などにも及び，質の高い協定と評価されている。

　SPA は民主主義，法の支配，人権と基本的自由という価値を日本と EU が共有することを明示し，グローバルなパートナーとして行動する前提となる協定である。このような日本・EU 関係の制度化の進展は，リベラルな国際秩序が揺らぎ，民主主義の後退の懸念もある中で，平和と安定の基盤として重要な意義を有している。

 さらに読み進む人のために───

森井裕一編，2010 年『地域統合とグローバル秩序──ヨーロッパと日本・アジア』信山社出版。
　＊やや専門的な部分もあるが，リスボン条約もふまえて，EU の対外政策の多様な側面を分析している。地域統合という視点から，東アジアへのインプリケーションについても検討している。

Keukeleire, Stephan and Tom Delreux, 2014, *The Foreign Policy of the European Union*, 2nd edition, Palgrave Macmillan.
　＊EU の対外政策について歴史，制度から重要地域との関係まで網羅的に解説している。

Smith, Karen E., 2014, *European Union Foreign Policy in a Changing World*, 3rd edition, Polity Press.

＊EU の対外政策手段から地域協力，人権，民主主義，紛争予防，国際犯罪抑止などについて説明しており，国際関係におけるアクターとしての EU の行動について体系的に説明している。

EU と中国

　EU とその構成国にとって台頭する中国との付き合い方は難しい。それは EU が貿易などの面では一体性の高い経済アクターでありながら，外交政策では政府間主義的な色彩が強く，構成国の外交行動が重要な意味をもつためである。経済状況，中国との関係もそれぞれに異なり，EU 構成国が中国に向ける眼差しは多様である。

　EU は 2003 年に中国と「包括的戦略的パートナーシップ協定」を締結し，13 年にはこれをアップグレードし具体化した「EU・中国協力 2020 戦略計画」に合意した。首脳レベルの相互訪問も頻繁となり，EU とその構成国は中国との関係を次第に緊密化させていった。経済成長を続ける中国の巨大な市場は，EU 構成国の企業にとってきわめて魅力的である。また，企業は中国に直接投資を行い，工場を建設し，生産することにより，安価に EU に製品を供給することもできる。さらに，中国からの直接投資はグローバルな競争の中で経営の難しくなった EU 内の企業の生き残りを可能にすることもあった。中国の投資の多くは独，仏，英など大国に向かったが，さらに中東欧諸国との関係強化も続けてきた。中国とヨーロッパを結ぶ広域経済圏構想である中国の「一帯一路」構想は，ユーロ危機後の苦境から脱するための資金を必要とした南欧，中東欧の諸国から歓迎された。中国と中東欧諸国との協力枠組みは EU 加盟候補国も加えて「16 + 1」と称されたが，2019 年にはギリシャが加わり「17 + 1」となった。

　2015 年に発表された中国の産業政策である「中国製造 2025」を背景として EU 諸国への直接投資が急激に増加した。中国から EU への直接投資はグリーンフィールド投資と呼ばれる新規投資は少なく，圧倒的に企業買収の比率が高い。このため，先端技術やインフラストラクチャーなど基幹的産業分野が中国企業に買収されることへの懸念が高まった。軍事転用可能な高度なデュアルユース（軍民共用）技術をもつ企業が買収され，安全保障に大きな影響を与えることも懸念された。

　中国から EU への直接投資が最大となったのは，2016 年であった。この年にはドイツの産業用ロボット機械メーカーであり，自動車製造業を支えるクーカや自動車部品製造企業であるフィノーバなどが中国企業に買収され，半導体メーカー・アイクシトロンの買収許可が撤回されたことも，ニュースとなった。EU を代表する経済大国ドイツは，市場経済を重視することから国家による規制には慎重であったが，主要な技術が買収されること，市場における中国政府の存在が大きくなり，公正な競争が歪

められる懸念が大きくなること，さらにドイツ企業に対しては同様の企業買収の権利が中国内で認められておらず互恵的な条件になっていないことなどから，制度整備を求める声が大きくなった。ドイツでは，対外経済令の改正によって企業買収が厳格化されたが，軌を一にする形でEUレベルでの制度整備も進んだ。2019年に採択されたEU投資規制規則は安全保障や公的秩序の観点から構成国間の情報交換と協力を密にすることを定めている。最終的な判断は構成国によるが，EU全体の利益にかかわる問題では欧州委員会も意見を出せるようになり，EUとしての投資規制制度が前進した。

　中国に対する認識は，企業買収問題の他にも，南シナ海の領土紛争で中国が仲裁裁判所の裁定を受け入れずEUが重視する法に基づく行動を尊重する姿勢をみせないことや人権問題などから，次第に厳しくなった。これを象徴しているのが2019年3月にEUが発表した「EU・中国戦略概観」文書である。EUは中国を引き続き「協力のパートナー」とみなしているが，同時に技術的主導権を争う「経済的な競争相手」でもあり，さらに，異なる統治モデルを追求する「体制のライバル」でもあると位置づけている。パートナー・競争相手・ライバルという異なる顔をもつ中国へと認識を転換させたことによって，EUの対中政策はより複雑なものとなった。

　2020年末にEUと中国は合併要件の緩和などEU企業の中国市場への参入を容易にし，中国の投資環境をEUレベルに改善する「包括的投資協定（CAI）」の締結で大筋合意した。しかし，中国の人権・香港問題を重視する欧州議会の反対によりCAIはすでに事実上頓挫している。EUは2021年4月に理事会が「インド太平洋地域における協力のためのEU戦略」文書を，これを受けて9月に欧州委員会と外務・安全保障政策上級代表がさらに具体化された「インド太平洋戦略」に関する政策文書を発表した。この文書はEUのインド太平洋地域の安定と繁栄にむけた包括的政策関与を強化すること，そのためにASEANなど地域のパートナーとの多角的な協力を強化することを謳ったもので，中国を敵視するものではない。しかし，この地域での緊張の高まりや軍備拡大の問題で中国に言及するなど，中国は強く意識されている。この間に「17＋1」の枠組みも意味を失い，台湾，香港，ウイグル問題が対中関係に大きな影響を与えている。

　冒頭でふれたように，このようにEUの対中認識が変化しても，EU構成国の対中認識が強固な一枚岩ではないため，EUの対中政策の展開は直線的なものとはならないであろう。しかし，人権，自由，民主主義，法の支配といった価値を対外政策の基盤に据えるEUの対中政策は，中国が変わらない限り厳しさを増していく可能性が高い。

EU の安全保障・防衛政策

🔘 アフリカ・ソマリア沖のアデン湾で，欧州連合（EU）部隊のイタリア
海軍駆逐艦と共同訓練する海上自衛隊の護衛艦「たかなみ」（手前）
（2014 年 10 月 16 日，防衛省海上幕僚監部提供，時事）。

　　EU がさまざまな政策を実施していることを理解していても，軍事面を含む外
交・安全保障政策までも展開していることには，いまだに新鮮な驚きを禁じえない
のではないだろうか。あるいは，安全保障政策がどの程度「超国家的」で，どのよ
うに国連や NATO と関係性をもち，安全保障主体としてどのような「新しさ」を
もっているのか，即答するのは難しいのではないだろうか。本章を読んだ後，おそ
らくその悩みはさらに深まるだろう。しかしながら，それは根拠をもった，建設的
な，よい悩みになるだろう。

1 EU の軍事活動？

EU の軍事活動？

　これからこの段落を読んだ後，20秒でいいので，眼を閉じて次のことを考えてみてほしい。あなたは，欧州連合（EU）の軍事活動を知っていただろうか。EU が，**集団防衛条項**を備えた一種の軍事同盟でもあることを知っていただろうか。

　皆さんの多くは，知らなかったのではないだろうか。あるいは，知識として知っていても，具体的なイメージはもっていなかったのではないだろうか。少なくとも，アフガニスタンで活動していた米軍のようには，具体的なイメージを描けなかったのではないだろうか。正直に告白すれば，EU の安全保障政策を専門に扱っていても，未だに，よくいえば「新鮮」，言葉を変えると，ある種の「違和感」がかすかに残るのも事実なので，無理もない。これは，ヨーロッパ統合が，ヨーロッパ諸国間の戦争をありえないものにする，という安全保障上の目的を掲げて開始されたにもかかわらず，実際にはもっぱら経済共同体として進展してきたためなのかもしれない。あるいは，目的としての平和と手段としての平和のズレや摩擦ともいえる問題で，現在の EU の安全保障政策のあり方にもひっかかりを生んでいる。

　いずれにせよ，安全保障政策を展開する EU を具体的にイメージしてみると，さまざまな問題が付随的に浮かび上がってくる。アメリカとヨーロッパの国々が参加する軍事同盟である**北大西洋条約機構（NATO）**との関係はどうなっているのか。EU は「超国家的」な国際統合のはずだが，安全保障政策も統合されたのか。つまり超国家的な EU 軍のようなものがあるのか。あるいは EU 加盟各国の軍事力や安全保障政策がそれぞれ存在する中で，EU の安全保障政策と各加盟国の能力や政策との関係はどうなっているのか，などである。

　それらの論点について考える前に，まず，EU が展開している具体的な活動について見てみることにしよう（図14-1参照）。EU は，2021年夏までに，約40弱の，いわゆる EU 活動を展開している。これは，外交・安全保障政策の枠組みで展開されたものとして，ということであり，開発援助などは含まれな

図 14-1　展開中の EU の諸活動（2021 年 12 月時点）

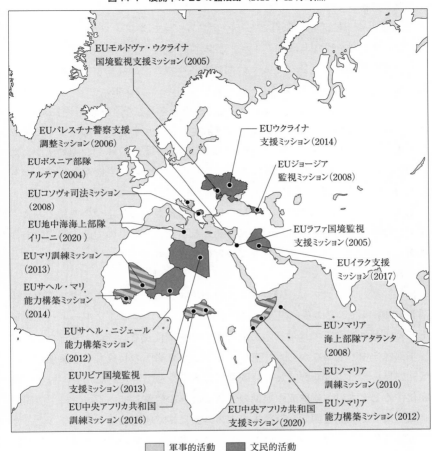

EUモルドヴァ・ウクライナ
国境監視支援ミッション(2005)

EUパレスチナ警察支援
調整ミッション(2006)

EUボスニア部隊
アルテア(2004)

EUコソヴォ司法ミッション
(2008)

EU地中海海上部隊
イリーニ(2020)

EUマリ訓練ミッション
(2013)

EUサヘル・マリ
能力構築ミッション
(2014)

EUサヘル・ニジェール
能力構築ミッション
(2012)

EUリビア国境監視
支援ミッション(2013)

EU中央アフリカ共和国
訓練ミッション(2016)

EUウクライナ
支援ミッション(2014)

EUジョージア
監視ミッション(2008)

EUラファ国境監視
支援ミッション(2005)

EUイラク支援
ミッション(2017)

EUソマリア
海上部隊アタランタ
(2008)

EUソマリア
訓練ミッション(2010)

EUソマリア
能力構築ミッション(2012)

EU中央アフリカ共和国
支援ミッション(2020)

軍事的活動　文民的活動

［注］　（　）内の数字は活動開始年
［出所］　EEAS ウェブサイトの図を基に作成。

いものの，一部の行政改革のようなものは含まれる場合がある。また，軍事力を展開した活動としては約 10 を数える。活動の数を正確に断言していないのは，いったん終了しつつ後継の活動で継承されているものや，軍事的な要素と非軍事的な要素を含む活動などを，どう数えるべきかについて議論の余地があるためである。2021 年 12 月の時点で展開されている活動は約 20 である。

ボスニア紛争

　このような EU 活動の原点として，ボスニア＝ヘルツェゴヴィナ（以下，ボスニア）の事例を取り上げてみよう。ボスニアは，ヨーロッパ南東部，北のドイツ・オーストリアと南のトルコの間にあるバルカン半島に位置する小国である。冷戦期にはユーゴスラヴィア連邦人民共和国（以下，旧ユーゴ）の一部であった。だが，旧ユーゴは冷戦 終 焉後に民族紛争をともなう崩壊過程に入った。これが旧ユーゴ紛争である。最終的に連邦を構成していた共和国はすべて独立国となり，さらにセルビアの自治州だったコソヴォも独立承認問題の渦中にあるため，6 つの共和国で構成されていた連邦から 7 つの独立国が誕生するかもしれないという状況にある。

　さて，この旧ユーゴの解体過程における国際社会の関与について見てみよう。多くの学術論文では，大局的な視点で語られることが多いので，入門書である本書としては，現地の目線にたって，どのような人々がそこにやってきたかという視点をとってみることにしよう。

　最初にやってきたのは国連防護部隊（UNPROFOR）と呼ばれる国連平和維持活動（PKO）部隊である。国連の紋章を付けた，いわゆる「ブルー・ヘルメット」といわれる部隊で，最初の司令官はインド軍将校であった。ヨーロッパ各国軍部隊を中心としながらも，アジアやアフリカ諸国の兵員も多く参加し，冷戦期に見られたような軽武装の停戦監視様式でやってきた。しかし，紛争が顕在化するとともに部隊構成や展開の性質は次第に変質していく。特に，隣国のクロアチアで展開を開始した部隊がボスニアにまで展開するようになったときには，英仏軍が主体となっていた。そして，ボスニアでの紛争が激化すると，NATO 航空戦力の関与が始まるのである。

　地上では軽武装しかもたない非戦闘的な国連 PKO 部隊の展開が続く中，ボスニア上空では米仏を中心とする NATO 加盟国の戦闘機が，国連の設定した飛行禁止地域を守らせるために，上空で各民族勢力の軍用機などを攻撃し，撃墜していた。国際社会の対応は，現地の目線からは，非常にちぐはぐなものに見えたかもしれない。このような情勢の中，1993 年には，EU 条約（いわゆるマーストリヒト条約）の発効にともなって EU が設立されていた。自信に満ちたヨーロッパ各国は，EU 内に共通外交・安全保障政策（CFSP）が樹立されてい

たこともあって，ボスニア内外の関係勢力間の調停を，EUおよびEU各国と
して積極的にとり行おうとしたこともあった。しかし，現地勢力の了解も，紛
争の沈静化も勝ち取ることはできなかったのである。地上にいたのは英仏軍兵
士を中心としながらも世界各国から来た国連のPKO部隊，上空を爆音轟かせ
て飛行しているのはNATO軍機であり，EUは，なにか実体をともなわないバー
チャルな「声」に思われた。

　地上の軽武装PKO隊員が人質にとられ，現地武装勢力の拠点に鎖でつなが
れて，NATO航空戦力の空爆に対する「人間の盾」にされたり，攻撃的な行
動に慎重な国連側と，必要であるならば積極的な行動を辞さないNATO側の
意見の不一致があったりと，感じられていた「ちぐはぐさ」は実際に問題とし
て目の前に突き付けられつつあった。このことは，国際社会としての地域紛争
への対応を考えるうえで，さまざまな教訓を残した。このような中，ボスニア
紛争は10万人以上の死者を出し，現地住民の半数弱が難民あるいは域内避難
民となり，第二次世界大戦以降で最悪の「民族浄化」を経験することとなった。

　最終的に，米軍を中心とするNATO航空戦力の猛烈な空爆により，ボスニ
ア各勢力は交渉のテーブルについた。アメリカのオハイオ州デイトン空軍基地
内で結ばれた，いわゆる「デイトン合意」によって紛争は終焉した。この合意
を受けて国連は国連ボスニアミッション（UNMIBH）を立ち上げた。また，同
合意中の規定によって，NATOが現地に和平合意を履行させるための地上部
隊を展開することとなった。これは和平履行部隊（IFOR）と名づけられた。米
英仏が中心となり，すべてのNATO加盟国とロシアを含む多くのNATO非加
盟国の兵士が参加した重武装の同部隊は，当初6万人が現地に展開した。これ
は，ボスニアの人口が約450万程度であることを考えれば，非常に大規模であ
った（単純に日本の人口規模に当てはめれば160万人の外国軍部隊が展開していたこと
になる）。IFORは和平安定化部隊（SFOR）と名前を変え，規模を段階的に縮小
しながら展開を続けた。また，国連は2000人規模の警察ミッション，国際警
察タスクフォース（IPTF）の展開も開始した。これは現地警察の支援を行うも
のであった。

　2003年1月1日，デイトン合意から7年が経ち，ついにEUの紋章を付け
た人々がボスニアにやってきた。これはEU警察ミッション（EUPM）と呼ば

れるもので，国連 IPTF と交代した。その任務はあくまでも現地警察機構の確立にあり，ボスニアの路上を EU の紋章をつけた警察官が警邏（けいら）するというものではなかったので，その存在感は限られたものであった。ボスニアの地上で見られるのは，依然として NATO の，そして IFOR/SFOR の紋章を付けた装甲車であった。しかし，EU が設立されて 10 年が経とうとしているとき，初めての EU 活動が，おずおずと展開され始めたのである。

IFOR/SFOR の展開開始から 10 年が経とうとしていた 2004 年末，EU は最初の軍事的 EU 活動として NATO からボスニアの軍事任務を引き継いだ。この時期までには SFOR の規模は 7000 人程度にまで縮小されており，そのうちの約 80％の兵員が SFOR の紋章を EU 活動アルテア（Eufor Althea）の紋章に張り替えて駐留を継続した。したがって，現地住民から見れば駐留部隊の実態としては何も変わらなかった。NATO の白いコンパスの紋章が，EU の 12 の金の星の紋章に変わっただけであった。いずれにしても背景はブルーだったので，気づきにくかったかもしれない。そしてこの軍事的 EU 活動，アルテアは現在まで継続中である（2021 年 12 月時点）。ただし，規模は約 600 人にまで縮小されている。他方，EUPM は 2012 年 6 月 30 日にミッションを完了している。

現在ではボスニアは安定を取り戻し，いずれは EU と NATO の双方に加盟するものと見られている。EU はボスニアで開始された民軍両面の EU 活動を発展させ，アジア，アフリカとヨーロッパの三大陸で軍事面から司法・行政面にまで及ぶ支援を行う活動を展開するようになった。

アフリカ

EU はアフリカでも多くの活動を展開してきた。主要な事例としては，コンゴの安定化，ソマリア沖海賊対策，マリのテロ対策などがある。アラブの春と呼ばれた一連の動乱の中にあっては，リビアでの活動が模索されたものの，実現しなかった。

アフリカ中央部のコンゴ民主共和国（以下，コンゴと略すが，隣国のコンゴ共和国との混同に注意）は，ベルギーによる植民地支配のあと，不安定な状況が続いている。特に 1997 年に 32 年間のモブツ独裁政権が倒れて以降の混乱から生じた紛争では，隣接地域を含め，数百万人の犠牲者を出している。

1999 年の停戦合意を受けて，現地には 2000 年から国連コンゴ民主共和国ミッション（MONUC）が展開していた。2002 年の包括和平合意を経て 2005 年には本格的な選挙が実施される予定であったが，03 年頃から再び現地武装勢力間の対立が高まり，国連は国際社会に支援を要請した。この呼びかけに応じたのがフランスであり，フランス軍主導の軍事的 EU 活動アルテミス（Artemis）を現地に展開した。これは，フランス軍が中心となって参謀機能を担いながらも，EU 各国の参加を得て，軍事的 EU 活動として実施したものである。実際に，展開された 2000 人のうち 1800 人がフランス軍の人員であった。

　選挙実施を見据えて，EU は，警察支援としてキンシャサ EU 警察ミッション（EUPOL Kinshasa），治安部門改革のためのコンゴ民主共和国欧州連合安全保障ミッション（EUSEC RD Congo），MONUC 支援のためのコンゴ民主共和国 EU 部隊（EUFOR RD Congo）などを展開した。警察支援と治安部門改革は選挙後もしばらく展開されていたが，2015-16 年に相次いで終了された。

　アフリカ東部，インド洋に突き出した「アフリカの角」とも呼ばれる地域にある国の一つ，ソマリアでは，冷戦終焉と時を同じくして 1988 年頃から内戦状態に陥り，今日にいたるまで混乱は収まっていない。ソマリア沖，特にアデン湾は，ヨーロッパとアジアを結ぶ世界の主要航路の一部である。1990 年代以降，この海域で海賊行為が発生するようになり，2000 年代後半から状況が特に悪化した。

　ソマリア沖の海賊対策は，2008 年 6 月に国連安全保障理事会において全会一致で決議が採択されたことが，国際社会としての対応を加速させる契機となった。しかも，EU，NATO，そして米軍主導の多国籍艦隊，さらにはインド洋諸国や日中韓の東アジア三国，オーストラリアとニュージーランド，それにロシアまでもが艦船を展開した。

　ソマリア沖海賊対策では，NATO の活動を EU が継承したかのような時系列になったが，実際には入れ違いになっただけで，公式な継承がなされたわけではない。1990 年代の旧ユーゴでの経験を経て，EU と NATO の間には公式な協力のしくみ（後述）が構築されていたが，発動されなかった。ただし，EU 艦隊の司令部と NATO 艦隊の司令部はともにイギリスのノースウッドに置かれており，実際には細かな情報交換や連携が行われていた（その後，EU 司令部

はイギリスのEU離脱にともなって移転）。また現場の海域では，インターネットなどを用いた多国間の情報の交換や共有，それに調整が行われていた。

　こうして，欧州大陸とほぼ同じ広さをもつインド洋西部，東アフリカ沿岸の海域での海賊対策と，同海域での国際航路の安全の確保が実現されていた。このうち，NATO艦隊は，海賊事案の減少により2016年末に撤収した。EU艦隊は，陸上でのソマリアの治安能力構築支援であるソマリアEU訓練ミッション（EUTM Somalia），ソマリアEU能力構築ミッション（EUCAP Somalia）と連携しつつ展開を継続している。日本も，ソマリアの隣国であるジブチに自衛隊初の海外活動拠点を開設し，展開を継続している。2010年から展開されているソマリアEU訓練ミッションは，最初のEUTMである。

　アフリカ西部のマリもまた，治安情勢の悪化に苛まれている国の一つである。2010年12月のチュニジアに端を発する「アラブの春」と呼ばれる一連の政治動乱の中，エジプトやリビアなどでも政治・治安情勢が激変した。シリア情勢が未だに安定化しないのは周知の通りである。

　激変は，サヘルと呼ばれるサハラ南岸諸国にも波及した。この地域の不安定化は，現地での欧州人の誘拐の頻発や2010年代のヨーロッパにおけるテロの発生に影響を及ぼした。2013年初頭には，アルジェリアで起こった天然ガス施設襲撃事件で，日本人の犠牲者も出ている。

　2012年にマリ北部で武力紛争が勃発すると，マリ政府は国際社会の支援を要請し，これに応じたフランス軍の部隊，EUのマリ訓練ミッション（EUTM Mali），そして国連PKO（国連マリ多面的統合安定化ミッション〈MINUSMA〉）が展開した。フランス軍は戦闘的な任務を担い，EUが現地軍の能力構築支援を行い，国連PKOが現地の治安維持を支援するという役割分担になっている。戦闘的なEU部隊（EU戦闘群）を展開する提案もあったが，実際に戦力を供出する加盟国の合意が得られなかった。EUとしては，マリに限らず，サハラ南岸のサヘル5カ国（マリ，チャド，ニジェール，モーリタニアとブルキナファソ）を対象として2011年に採択していたサヘル戦略に則った支援を行っている。

　本節で見てきたように，EUは，軍事的EU活動の滑り出しとなった2000年代初頭のバルカン半島での対応に続き，2000年代中盤以降，アフリカを舞台に多種多様なミッションを展開した。すべてがうまくいったわけではない。

例えば，2011年のリビアの事例では，EUとしての関与を模索したが実現しなかった。結局，アメリカによる支援も限定的なままに，EUではなくNATOとして，英仏軍中心の関与が行われた。しかし，こうした模索の中から，EUとしてできることとできないこと，そしてこれからなすべきことなどの理解が進みつつあるといえるだろう。

2 EUの中の安全保障政策

超国家化しつつあるEUの中でCFSPがもつ異質性

ボスニアやソマリア沖で展開されたEU活動は，EUの中でどのような位置づけを与えられているのだろうか。視点をEU本部のあるブリュッセルに移してみることにしよう。

まず，EUの対外関係の全体像をおさらいしておこう。EUは，ECSCやEEC，それにECの時代から通商関係，人道支援，開発援助等の面で対外関係を展開していた。しかし，一般の国家で外務省が展開するような外交政策は守備範囲外とし，加盟国政府はECなどの枠外で，一時的な協力を実施してきた。このような協力関係は欧州理事会や欧州政治協力（EPC）などと呼ばれ，定例化してはいたが，機構化は回避されてきた。ヨーロッパ統合の本流としてのEECやECとは別個のヨーロッパ各国間の政策協調の枠組みとして存在してきたのである。

これを，1993年のEU設立にともない，政府間協力としてのあり方はそのままに，EUの枠内に取り込んだのが**共通外交・安全保障政策（CFSP）**であった。特にそのうちの安全保障政策の部分は，**共通安全保障・防衛政策（CSDP）**と呼ばれている。

CSDP（およびCFSP）設立当初，EUにはEUの対外政策を代表するポストがなく，組織的にも不十分で，さらには軍事的な内容を含まないとされていた。やがてCSDP（およびCFSP）は可視化され，組織化され，軍事化していくことになる。他方，CSDPがその輪郭を明瞭化するにしたがって，非軍事の経済統合という出自の強みと弱みが，軍事を含むCSDPとの間でせめぎあいを見せるようになる。次節以降，これらの要素について，見ていくことにしよう。

その前に，EU の全体的な構成の中の CFSP の位置づけについて，整理しておこう。現在，EU 内の意思決定は全体として基本的に超国家主義的に行われている（「超国家主義」と，ヨーロッパ統合過程の中でこれと対義的に使用される「政府間主義」については，第9章および第10章を参照）。ただし，軍事を含む外交・安全保障政策については，例外的に政府間主義的に運営され続けている。すなわち，CFSP では，欧州理事会の策定した基本方針に基づき，理事会で具体的な決定を行うことによって，その外交・安全保障政策を展開するのである。そして，このような場合，欧州理事会に加え，理事会でも決定は全会一致である。ただし，軍事や防衛に関する事柄以外では，欧州理事会によってすでに基本方針が示されている政策の個別具体的な実施についてであれば，理事会は加重特定多数決（QMV）で決定を採択できる。

このように，趨勢としては超国家化の進む EU にあって，CSDP は，少なくとも現状では基本的に政府間協力のままである。超国家化と政府間協調，軍事と非軍事のせめぎあいは，現在も EU の中の安全保障政策を形作っていくダイナミズムを生んでいる。

CFSP の「可視化」と「機構化」

EU には，EU 全体を代表する欧州理事会議長に加え，**外務・安全保障政策上級代表**（リスボン条約以前は「外交・安全保障政策上級代表」）という対外的な「顔」が存在する（第10章参照）。従来，同代表は，欧州理事会事務総長を兼任し，EU の枠内でありながら専ら EU の超国家的メカニズムと切り離されて存在していた。リスボン条約によって，同代表は EU の対外関係を担う委員会副委員長を兼任するものとされた。これ以前，委員会にも対外政策担当委員ポストが存在していたため，上級代表と対外政策担当委員の間でどのように政策協調が行われるべきかについて，これまでも議論となっていた。両ポストの統合は，その回答となった。

この機構改革は，委員会副委員長が CFSP 上級代表を兼ねることとなったのか，CFSP 上級代表が委員会副委員長を兼ねることになったのか，という問いを立てることができるかもしれない。ただ，上級代表兼副委員長の任命は他の欧州委員とは別個に行われ，特に軍事的安全保障政策に関しては，委員会とし

てではなく，上級代表として活動することから考えれば，上級代表が委員会副委員長を兼ねることになったと解釈するのが妥当だろう。

　この上級代表ポストは，まさにボスニア紛争への対応の経験から設置されたものであった。EU は，CFSP を，設立当初の EU の「3 つの柱」の一つとしていたが，対外的に EU を代表する「顔」を有していなかったため，半年ごとに交代する輪番制の議長国の首脳や外相が対外的な EU の代表の役割を果たしていた。しかし，この制度では継続的な交渉はままならなかったのである。この反省もあり，1999 年に発効したアムステルダム条約によって，5 年間の任期の常設の上級代表ポストが設置されたのである。

　設置直後から 2 期 10 年にわたってこのポストを務めたのが，スペイン外相と NATO 事務総長を歴任したソラナであった。物理学を専門とする大学教授の出身で，反 NATO の立場からスペイン政界入りしたはずの彼は，しかしながら，無精 髭なのかトリミングしてあるのかよくわからないゴマ塩色の髭をした，人懐っこい笑顔と温かな人柄もあって，独自の安全保障政策を展開するフランスを加盟国に抱える NATO をまとめ上げ，NATO 事務総長としてボスニア紛争を含む一連の旧ユーゴ紛争に対応し，アメリカとの関係を構築しただけでなく，ロシアと NATO の関係構築も成し遂げていった。このような「顔」を，設立当初の EU 外交がもったことが，EU 独自の軍事政策を含む CFSP の構築に貢献したことは，疑う余地がないだろう。2 代目と 3 代目の上級代表は，それぞれイギリス出身のアシュトン，イタリア出身のモゲリーニと女性が続き，2019 年からはスペイン出身の男性ボレルが就いている。なお，これまですべての上級代表は左派出身である。

　CFSP は，以上のような「可視化」に加え，組織面でも着実に実体化しつつある。この組織面の変化は，あるいは，「機構化」といってもいいかもしれない。具体的には以下で説明する**欧州対外行動庁（EEAS）**の設立に代表される。

　リスボン条約では，上級代表の指揮する組織として EEAS が設立された。EEAS は，委員会から独立した組織であり，ブリュッセルの本部は約 1000 名の人員からなる。2010 年に初代のソラナから上級代表職を引き継いだ 2 代目のアシュトンの当初のスタッフが 30 名程度であったことから考えると，非常に大きな組織的支援の獲得であった。

EEAS には，CSDP の民軍両面の活動を実施するための体制も着々と整備されつつある。EEAS 設置前から，理事会の下には政治・安全保障委員会（PSC）が置かれていた。PSC は大使級会合であり，CSDP 事項に関して理事会と上級代表を補佐するとともに，実際の活動を監督する。また，PSC の下には，軍事的参謀機能として EU 軍事幕僚部（EUMS）と文民的参謀機能である文民的危機管理委員会（CIVICOM）が置かれ，民軍両面で PSC を補佐する。EEAS 設置にともない，これらの参謀機能も EEAS 枠内に置かれることとなった。

CFSP の「軍事化」

CFSP が軍事面を含むものとなったことも，ボスニア紛争の経験をふまえてのものであった。軍事力の裏づけをもたない「言いっ放し」の外交が，EU の外交努力に迫力も信頼性も与えなかったからである。

そもそも，EU がいずれこの分野に歩みを進めることは，ヨーロッパの統合をめざす以上，「そうすべきか否か」ではなく，「いつ，どのように」の問題であった。このことは，1950 年代の欧州防衛共同体（EDC）構想や，80 年代を中心とするヨーロッパ統合の再活性化期においても明らかである（ともに第 9 章参照）。この再活性化期および冷戦終焉直後の時期には，EU の設立をはじめ，多くのことが達成されたが，ここで課題として挙げられていながらも，結局積み残されていたのが安全保障・防衛政策であった。

結果的に EU 設立に際して CFSP が「第二の柱」として構築された際にも，軍事・防衛事項は除くこととされていた。これを一気に突き崩したのがボスニアの経験であった。こうして，1999 年に発効したアムステルダム条約により，いわゆる「ペータースベルク任務」として，集団防衛を含まない，軍事力の戦争外任務での使用が，CFSP の範疇に取り込まれたのである。ただし，デンマークは軍事的 CFSP への不参加（適用除外）を承認されている。

また，リスボン条約では，EU に集団防衛条項を取り込んでいる。EU 条約 42 条 7 項において，「加盟国の領土に対する武力攻撃の場合には，他の加盟国は，当該加盟国に対して，国連憲章 51 条に従って，できうる一切の援助および支援を行わなければならない」と規定されているのがそれである。ただ，これは唐突なことではなく，それまで各加盟国が EU とは別に合意していた集団

防衛条項を EU 条約に取り込んだものである。

　EU の集団防衛条項は，すべての加盟国を同じように拘束するものではない。同条項は，すでに見た部分に続き，「いくつかの加盟国における安全保障および防衛に関する特定の性質を害さないものとする」とある。これは，基本的には，EU 内の中立諸国の安全保障政策には影響を及ぼさないことを意味すると理解される。

　ただし，実際には，そのような援助するかしないかではない，より濃淡のある運用がありうることが示された。2015 年のパリ同時多発テロ発生に際し，フランスの要請によって，初めて，この集団防衛条項が発動されたが，実際には軍事的 CFSP の適用除外とされているデンマークを除く，ほぼすべての EU 加盟国がフランスの要請に応じてなんらかの支援策を実施ないし検討したのである。中立政策を理由に要請に応じないことを明確にしたのはマルタのみであった。

EU 活動予算に見る CFSP の「EU 化」

　このように，超国家性を強める EU の中にあって，政府間主義的傾向を強くもつ CFSP であるが，超国家化とまではいえないものの，その運営が EU という枠組みによってなされる，いわば**CFSP の「EU 化」**とでもいうべき方向性の模索が，折りにふれて見受けられることも事実である。これを最もよく理解できるものとして，EU 活動の予算について見てみることとしよう。

　その前にまず，比較のために NATO や国連 PKO の予算について見てみよう。NATO の場合，事務局の活動予算や NATO としての軍事アセット（施設・設備・装備およびそれに付随する人員）の予算は，各国があらかじめ拠出する NATO としての資金によって賄われている。ただし，NATO として保有している軍事アセットというのは非常に限られたもので，目立つものとしてはドイツに駐機している早期警戒管制機（AWACS）程度のものである。個別のオペレーションの活動予算は，実際に部隊を派遣した加盟国が，自己負担するのが原則となっている。

　他方，国連 PKO の予算は，国連本体の予算とは別立てであるが，独自の資金が蓄えられており，オペレーションの費用はここから支払われる。例えば，

Column⑭ NATO

　NATO とは，正式名称を北大西洋条約機構といい，北アメリカとヨーロッパの 30 カ国が加盟する軍事同盟である。1949 年に設立されたが，軍事機構としての実体化が進められたのは朝鮮戦争後であり，以後，冷戦期を通じて東側諸国の西欧への軍事侵攻に備え，かつ抑止した。ヨーロッパ統合が，各国間の意思統一が難しい安全保障問題を回避して，経済統合の側面で実績を積み重ねることができた背景には，安全保障の側面を NATO が，言い換えればアメリカが担保していたことの意味は大きい。

　NATO は，冷戦期にも，ド・ゴール大統領期のフランスの NATO 統合軍事機構からの脱退や，ヨーロッパへの中距離核戦力（INF）の配備問題など，幾多の危機を経験したが，冷戦終結は NATO の結束に非常に大きな課題を突き付けた。冷戦終結の高揚感の中で，NATO 不要論も盛んに論じられたが，ヨーロッパが安全保障上の真空地帯になることを回避するため，そして冷戦後の地域紛争に効果的に対応できる枠組みとして，NATO は今日にいたるまで存続し，旧ユーゴ，アフガニスタン，それにソマリア沖で活動を展開した。

　この過程で，NATO は集団防衛のために大規模な軍事力を一斉に動かす態勢だけでなく，小規模な紛争に機動的に対応する態勢も整え，東側への拡大やパートナーシップの構築を通じて「安全保障の傘」をヨーロッパ全域に広げつつある。他方で，NATO の東方拡大は NATO 軍事力のロシア国境への接近を意味するため，ロシアの警戒心を高めさせてもいる。ウクライナやジョージアでの紛争は，その影響でもある。ただ，2014 年のロシアによるクリミア半島の「併合」は露骨な国際秩序への挑戦でもあり，NATO の中核的責務としての領土防衛があらためて強化されているのが現状である。

　アフガニスタンでの活動は，当初は国連主導で策定されたボン合意での規定に基づいて設立された国際治安支援部隊（ISAF）の活動を NATO として束ねたもので，2015 年以降はアフガニスタン政府の要請によって展開していた支援作戦であった。現地でのテロリスト掃討作戦は，NATO のミッションとは別枠で，ほぼ一貫して，米軍中心に実施されていた。2021 年に，9.11 同時多発テロの発生から 20 年を契機に米軍が撤退を表明し，連動して NATO の作戦展開も終了した。そもそも，最大で 10 万人規模の兵員を展開したアフガニスタンでの活動は NATO にとって大きな負担であった。さらに，撤退をめぐる混乱は，同盟の基軸をなす米欧間の連携のあり方に再考を促すものとなった。

日本は自衛隊を PKO に派遣していない場合でも多額の予算上の貢献をしており，PKO 予算への貢献割合がさほど高くない国であっても，PKO に大規模な部隊を派遣すれば，オペレーションの費用は PKO 予算から賄われる。このことは，途上国の兵士が PKO に参加する数が多いことの一因ともなっている。

　軍事的 EU 活動の予算は，条約上の規定によって EU 本体の予算から賄うことができない（41 条 2 項）。このため，初の軍事的 EU 活動が開始されるに先立って，2004 年 2 月，理事会は軍事的 EU 活動のための独自の予算システム（Athena）を設立した。これが軍事的 EU 活動のための共同予算である。

　この軍事的 EU 活動のための共同予算では，EU 各国（軍事的 EU 活動に参加しないデンマークを除く）が経済規模（GNI）に応じて予算をプールし，EU としての軍事活動の共有部分を賄う。最もわかりやすいのは，展開した地域に設立する司令部などの費用だろう。人件費を含む，実際のオペレーションの費用は部隊を展開した各国の自己負担であるが，オペレーションのための空港整備や，広報活動などの費用は，軍事的 EU 活動のための共同予算によって賄われる。また，軍事的 EU 活動のための演習の費用や，緊急展開の際の費用も軍事的 EU 活動のための共同予算の負担となる。

　EU には，安定化のための CFSP 予算として，2004 年に設立されたアフリカ平和ファシリティ（APF）や 07 年に設立された安定化基金（IfS）があった。IfS は，2014 年に平和安定化貢献基金（IcSP）となった。これらの資金は，Athena と異なり EU 本体の予算であったが，これは軍事関連には使えないという制限がかかることを意味しており，治安能力構築などに関しては制約となっていた。また，非軍事的な開発支援の伝統をもつ EU やいくつかの加盟国からの抵抗もあった。この制約の範囲内で安定化に貢献するために，非殺傷的な装備に限定して供与するなどの方策が講じられてきたが，現地情勢に照らして隔靴掻痒の感があった。結局，2021 年に入って，EU 本体の予算ではない，各国拠出による欧州平和ファシリティ（EPF）を設立し，APF と Athena の後継の予算枠組みとした。EPF は EU 本体の予算ではないので非軍事利用の制約を受けない。民軍融合の難しさと EU 独自の制約が，よくわかるだろう。

　このように比較してみると，EU 軍事活動の予算のあり方は，国連と NATO の中間的なものであると考えることができる。もちろん，国連方式と NATO

方式には一長一短があり，例えば国連方式は国連加盟国間で比較的公平な負担分担がなされるものの，「ただ乗り」への批判や，緊急展開が必要とされるときに迅速な意思決定ができないという問題点がある。逆に，NATO方式の場合は，実際に部隊派遣を行う加盟国が決断すれば迅速な展開は容易になるが，大規模な参加をする国の負担がそれだけ重くなるという問題点がある。さらにいえば，最初に現地展開をする部隊が必要なインフラストラクチャーを自己負担で整えなければならないため，負担の不公平感は増加する。その意味で，EU方式は，オペレーションの共有部分に限られるとはいえ，比較的公平な負担分担がなされる。他方で，展開の迅速性に関しては，意思決定の複雑性が増大しているため，NATO方式に劣っている。

3　大西洋関係の中のCSDP

大西洋関係の中のCSDP

　長年，夢物語にとどまっていたヨーロッパ統合が，第二次世界大戦後に現実のものとして一歩を踏み出す際に大きな推進力を与えたのはアメリカであった（第9章参照）。その後，冷戦期，そして冷戦後も，ヨーロッパ・大西洋地域の安全保障に関しては，アメリカとヨーロッパ諸国を含む軍事同盟NATOが非常に大きな存在感を示してきた。その結束は，大西洋共同体とも称されるほどである。北大西洋条約5条に定められた集団防衛条項が，有事の際にアメリカを含むNATO加盟国が一丸となって軍事力を発動する根拠となり，ヨーロッパの安全の礎になったとともに，ヨーロッパにおける力の均衡を実現していた。そして，冷戦期には，ヨーロッパ統合はもっぱら経済統合に専心し，安全保障面での協力は前史的なものにとどまっていた。

　それでも，EUが安全保障政策，特に軍事的な安全保障政策に乗り出すことは，「絶えずいっそう緊密な連合」をめざすヨーロッパ統合過程において，半ば自明であった。同時に，ヨーロッパ独自の安全保障の構築は，負担分担の観点から，一定程度はアメリカからも求められたものでもあった。したがって，冷戦期から，ヨーロッパ統合とアメリカの安全保障上の関係は，自立あるいは自律と協調ないし依存との均衡点の模索の歴史であり続けてきた。ただ，その

均衡点は時々の安全保障情勢や米欧各国の政権の趨勢によって揺れ動いた。状況によっては，ヨーロッパ独自の安全保障の構築は，アメリカだけでなく，対米協調を最重視するヨーロッパの国々の懸念も招いた。

　冷戦後，EU を実際に独自の軍事的安全保障構築に向かわせたのは，ボスニア紛争だった。ヨーロッパ周辺の地域紛争であったボスニア紛争は，凄惨な民族浄化をともなったこともあり，ヨーロッパでは危機意識が高かったものの，アメリカでの関心は必ずしも高くなかった。それでも，最終的にはアメリカの本格的な関与なしには沈静化させることができなかった。この結果，アメリカとの協調を重視し，ヨーロッパ独自の安全保障政策に消極的と見られていたイギリスが，ブレア政権のもとで方針転換し，CSDP の軍事化を後押ししたのである。同時に，EU が本格的に軍事的安全保障政策に乗り出すことはないとの見通しで EU に加盟していた北欧諸国の主導によって，半ば対抗的に EU の文民的安全保障政策も具現化していった。

　9.11 同時多発テロを受けて，アメリカはアフガニスタンとイラクに軍事介入したが，それ以外の事例、例えば 2000 年代中盤以降の中東・北アフリカ地域の不安定化への関与は抑制的なものにとどまった。アメリカのヨーロッパへの関与は，ヨーロッパ防衛といった中核的責務に関してはいまだ持続的であるが，ヨーロッパ周辺の紛争での支援においては積極性の減退が顕著である。21 世紀に入って以降，アメリカの歴代政権はその傾向を明確に示しつつある。ヨーロッパ側から見ると，ブッシュ政権は単独行動主義を非難され，オバマ政権はリビアへの介入支援に抑制的で，現在のバイデン政権もヨーロッパ側との十分な協議なしにアフガニスタンからの撤退や英豪との安全保障枠組みの構築などの独自政策の展開が目立つ。トランプ政権にいたっては，米欧関係の礎である北大西洋条約 5 条を遵守するかどうかの明言を回避する姿勢さえ見られた。

　したがって，長期的にはヨーロッパ独自の安全保障政策が確立されなければならない。このことに関して，EU 諸国間にもおおよその合意があることは，ほぼ間違いない。その一方で，短期的には，NATO と EU の安全保障政策が併存することになる。その際，EU の安全保障政策がどのようなものであるべきか，冷戦後のヨーロッパ安全保障に求められるものは何かについて，いっそうの明確化が求められている。

安全保障主体としての EU の特性

EU は，1993 年の EU 設立にともなって CFSP を，1999 年に発効したアムステルダム条約によって戦争外任務（すなわち集団防衛以外の任務）としての軍事的安全保障政策を，それぞれ樹立し，さらに 2003 年には安全保障主体としての重要な一歩を踏み出した。すなわち，EU としての安全保障戦略の策定と実際のオペレーションの開始である。

欧州安全保障戦略（ESS）は，何よりもまず，EU として打ち出した初めての共通安全保障戦略であることに意味がある。そして，それに勝るとも劣らず重要なのは，ESS が，EU はどのような安全保障機関なのかを宣言したものでもあるということである。

安全保障政策の立案と実施に際しては，対象と手段を明確化することが重要である。また，共通の安全保障戦略をもつことによって，対象としての脅威認識とリスク認識を初めて共有でき，それによってようやく必要な手段が明確化できる。ESS は，冷戦後に新たに登場しつつある安全保障主体が，どのような任務および使命を掲げるべきであるかという観点からも，それを掲げる国々の多くがすでに NATO によって集団防衛を約束し合っている中で，どのような役割を EU に与えるのかという観点からも，非常に興味深い立場表明となった。

結果として，ESS の特徴は，「効果的な多国間主義」と「敵という用語の不在」である。NATO のような冷戦期の軍事同盟も，国連憲章第 7 章 51 条に示されている集団的自衛権を行使する枠組みであるという点で，国連を基調とする国際安全保障の枠組みの中にある存在ではある。しかし，集団防衛は，実質的に国連安全保障理事会（安保理）による統制を受けずに発動される自衛以外の軍事手段でもある。その意味で NATO は国連の安全保障枠組みの一部であるとは断言しきれない。これは，米ソ対立を中心とする冷戦期に，米ソ双方が拒否権をもつ国連安保理が機能不全に陥ることによって，国際安全保障面で誰も何もできなくなってしまうという事態を回避するための措置でもあった。

他方，国連，あるいは国連安保理を明確に中心に据えつつ，地域の安全保障問題を取り扱うべきとされるヨーロッパの国際機構も存在する。**欧州安全保障協力機構（OSCE）**である。OSCE は，冷戦期の 1975 年にソ連を含む東西ヨーロッパ諸国と北米諸国が参加して構築した枠組みである欧州安全保障協力会議

（CSCE）を冷戦後に機構化したものである。すべてのヨーロッパ諸国が同等の立場で参加する地域的安全保障機関であり，国連憲章第8章に定める地域的機関であることが明言されている。この場合，武力を用いた措置は国連安保理によってしか決定されないという国連の安全保障のしくみを尊重し，OSCEでは非軍事的な措置しか決定することができない。

　EUは，まさにNATOとOSCEの中間である。すなわち，OSCEほどに国連を中心とする安全保障枠組みに組み込まれてもいないが，NATOほどにも独立を指向していない。OSCEのような地域的機関は，国連憲章第8章にそのあり方が規定されており，OSCEとしても自らをそのような地域的機関であると規定している。他方，EUの場合には，そのような自己言明はなされていない。そのため，EUは，OSCEのような国連憲章第8章に定める地域的機関ではないと理解されている。

　加えて，EUは，最終的にリスボン条約で，全加盟国が参加するものではないとはいえ，集団防衛条項をもつにいたった。このことからも明らかなように，EUは，必ずしも国連憲章の枠組みの中にはない。いうならばOSCE型というよりもNATO型の安全保障機関としての性格を有してはいる。そのような性質を有しつつも，同時にESSにおいて国連との協力を強調しているだけでなく，実際にNATOの活動を引き継いだもの以外のすべての軍事活動において，国連安保理決議を受けて初めて展開している。こうした実績にも見られるように，NATOほどには国連安保理に「手を縛られる」ことを警戒してはいない。実効性を確保しつつも，むしろ国連安保理決議を得ることによる正統性の確保を重視する姿勢が，ESSで述べられている「**効果的な多国間主義**」であると理解することができるだろう。

　また，「**敵という用語の不在**」とは，冷戦期の各国あるいは各安全保障機関などの戦略文書が仮想敵国の想定とそれへの対応という構成をとっていたのに対し，ESSではそもそも「敵」もしくはそれに該当する用語がまったく不在なのである。では，安全保障政策が対象とするものが指摘されていないのかといえば，そうではない。ただ，ESSで指摘されているのは「国家破綻」や「社会の不安定化」など，現象的・病理的なものなのである。このことは，「国家破綻」を「破綻国家」と言い換えただけでも対象が現象ではなく物理的な存在になっ

てしまうことから考えても，非常に意図的になされているものと考えられる。古典的な安全保障理論では，脅威とは（敵対的）意図と能力の掛け算であるといわれる。これは，いくら能力があっても，そこに敵対的意図が皆無であれば，脅威としてはゼロであるということであるが，それとはまったく異なる安全保障観が，ESS にはある。

　このことは，従来型の軍事同盟にはない，文民的安全保障の側面の樹立に EU を向かわせることになる。もちろん，OSCE は従来からそのような機能を有していたが，OSCE は軍事力の裏づけをもたない。そのような意味で，安全保障主体としての EU は，民軍融合的な独自性をもつ。

　2016 年 6 月 28 日に欧州理事会で採択された新たな EU の安全保障戦略，EU グローバル戦略（EUGS）は，民軍融合性をさらに強調したものとなった。包括的アプローチと呼ばれることが多くなったこの特性は，「紛争の各段階に多面的に関与するとともに，ローカル・ナショナル・リージョナル・グローバルの各レベルで対応する」ものとされている。

　そして，この包括的アプローチの強みをさらに活かすのが，EUGS での**強靭性**（resilience）の概念の強調である。強靭性は，従来，この種の安全保障戦略ではこれほど強調されることはなかった。それは，安全保障戦略というものが，一般的に，脅威に対応する処方箋という側面を強くもつものだからである。これまで，軍事的安全保障の分野で「resilience」といえば，部隊や装備などが敵からの攻撃を受けても，それを耐え抜く能力（抗堪性）のことをいうのが一般的であった。他方，この EUGS では，不安定化した社会が紛争に陥らずに耐え抜いたり，あるいは不安定化しにくい社会にしたり，さらには紛争後の社会の再建までを含んだりするような，諸々の不安定化のリスクを耐え抜くことを含意している。すなわち，域外に強靭性をもたらすための安全保障戦略とは，直接的な脅威対応というよりも，予防的あるいは紛争後の対応に軸足を置いた安全保障戦略であることを意味する。

EU の軍事的・文民的活動の展開

　EU が実際の活動の展開を開始したのは，2003 年のことであった。その舞台が，旧ユーゴであり，アフリカであった。本章冒頭で描写した両地域への EU

や国際社会の対応，そしてその背後で進展していた EU の安全保障主体化の動きを，ここで重ね合わせてみてみよう。

　まず，ボスニアで NATO 主体の平和維持活動を EU 部隊が引き継いだことは，EU の役割について，一つのあり方を示した。すなわち，実際の戦闘活動ではない任務に関し，規模的にも EU が引き継げる範囲にまで落ち着いた段階で，それまで NATO が展開していたのと同様の任務を行うことである。EU は，この場合，言い換えればアメリカの負担軽減に貢献したことになる。ボスニアのほか，マケドニアでも同様の引き継ぎは行われており，このような貢献のあり方は軍事的 EU 活動の一つのあり方であるといえる。NATO と EU の**時系列的な棲み分け**ともいえるかもしれない。

　また，アフリカへの活動の展開がある。アフリカは伝統的にヨーロッパ諸国との関係が深く，EU が軍事的安全保障政策を展開する以前から，情勢の不安定化に際してはヨーロッパ各国，特に旧宗主国である英仏が個別に関与する場合が多かった。このような，アフリカへの EU としての軍事展開も一つのあり方であり，時系列的な棲み分けになぞらえていえば，こちらは**地理的な棲み分け**といえるかもしれない。

　ただし，いずれにしても高度に戦闘的な任務などの場合には，これまでのところ NATO としての関与が選択される場合が多い。そこから観察されるのが，**任務内容的な棲み分け**である。他方，NATO と競合しない，民軍融合的，包括的アプローチを要する課題については，EU 活動に強みがあるといえる。

　これまで見てきたように，ボスニアのような NATO との密接な連携の下に実施される軍事的 EU 活動の場合，NATO の軍事アセットを活用して実施される。これを，EU と NATO の間で結ばれた協定の名をとって「ベルリン・プラス」方式と呼ぶ。この方式において，参謀機能は，NATO 欧州連合軍司令部（SHAPE）に設置されている，EU 各国の軍人によって構成される参謀チームである EU 班によって賄われる。また，通信などの機能も NATO のものを借用することとなる。ただし，この方式は，2000 年代中盤以降，活用されなくなっている。その一因として，NATO 加盟国の一つであるトルコが，同国が正式承認していないキプロスの EU 加盟に反発しているためともいわれている。

　EU 加盟国の一つが中心となって実施される場合には，その中心となって活

動する加盟国の参謀機能などが利用される。これは「枠組み国家」方式と呼ばれる。そして，これらの方式が選択されない場合に初めて，EU独自の参謀機能が活用されることになる。この方式には特に一般的な呼び方はないが，本章では仮に「EU独自方式」としておこう。このように見てくると，EUの参謀機能を活用する必要などあるのか，と思われるかもしれない。EUの参謀機能の特色は民軍融合的なオペレーションを展開できることであり，これはNATOには難しい面があるため，EUの参謀機能には独自の存在価値があるといえるだろう。EU各国にとっても，EUとしての文民的資源を活用できることは，メリットになりうる。

人員・装備などの能力面に関しては，EUは独自の能力を保有しない。EU活動の展開が開始される場合，各加盟国から拠出される能力を，あらかじめリストアップしておくという方法がとられている。これは民軍両面において進められており，軍事面では当初6万人の平和維持部隊を展開する能力の構築，加えてのちには空母を含む戦闘的な遠征能力の構築，文民的側面では5000人の警察官の確保や，その他の司法行政面での支援を行いうる人員の確保といった目標が掲げられている。これらの能力目標はのちに縮小されたが，これまでに構築された能力を考慮して，可能な範囲で，EU活動が実施されているというのが実態である。もちろん，「EU独自方式」であっても，加盟国が自発的に追加的な人員や装備を参加させることはありうる。また，「枠組み国家」方式であれば，そもそも中心となって活動を実施する加盟国が，人員や装備の面でも中心的な役割を果たすことが多い。したがって，EU活動のために事前に確保されている能力がEU活動に投入されうる能力の上限ではない。

4 新しい安全保障主体としてのEU？

本章でここまで見てきたように，CSDPは発展途上期特有の複雑性を孕みながらも，可視化，機構化，軍事化を着実に進展させつつある。ここで，本章の冒頭において，EUの軍事活動を想像してもらった際に浮かんだかもしれない，いくつかの疑問に立ち返ってみよう。

まず，NATOとの関係については，あくまでも現時点での話であるが，時

系列的な棲み分け，地理的な棲み分けの他，任務内容的な棲み分けも見られる。任務内容的な棲み分けとは，CSDP の民軍連携における強みからもたらされるものである。同時に，NATO 以後をにらんだ「備え」という政治的文脈も指摘できる。

次に，安全保障政策の超国家化については，リスボン条約においても CFSP，特に CSDP の政府間主義的性格は維持されている。しかしながら，超国家化とまではいえないものの，共同の軍事的活動予算に見られるように，バックヤードからの「EU 化」のせめぎあいは見られる。

最後に，EU 加盟国の能力と EU の関係である。EU は，独自の民軍融合的な参謀機能を有するものの，実際の人員・装備といった意味での能力は独自に有しない。EU が有するのは，あくまでも実際に活動を展開する際に各国から拠出されうる能力のリストである。これは，サッカーにおけるクラブチームと代表チームの関係になぞらえて理解することができる。各国の代表チームは，監督やコーチ陣などのスタッフ以外は恒常的には存在せず，必要な場合に招集されるのである。

このように，「絶えずいっそう緊密な連合」をめざすヨーロッパ統合過程の一環として確立が進められてきた EU の CSDP は，加盟各国の軍事力や安全保障政策と，NATO という枠組みがともに存在する中で，その「立ち位置」を見定めてきた。こうしたことから，あるいは冷戦後の新たな安全保障課題に対応するという要請から，「新たな安全保障」ともいうべき民軍融合的な安全保障主体として，EU はその姿を現しつつある。

さらに読み進む人のために───

佐瀬昌盛，1999 年『NATO──21 世紀からの世界戦略』文春新書。
＊冷戦直後期の NATO までを視野に入れた NATO に関する通史的書籍。同盟内の政治関係についても詳述されている。

渡邊啓貴，2018 年『アメリカとヨーロッパ──揺れる同盟の 80 年』中公新書。
＊米欧関係の全体を俯瞰できる。大西洋共同体とも呼ばれる堅牢さと，それでいて絶えない摩擦のダイナミズムを読み解く。

広瀬佳一編，2019 年『現代ヨーロッパの安全保障——ポスト 2014：パワーバランスの構図を読む』ミネルヴァ書房。

＊クリミア紛争の発生した 2014 年に注目しつつ，ポスト冷戦後のヨーロッパの安全保障についてさまざまな角度から論じている。やや専門的だが，EU の安全保障について，より詳細に知りたい方に。

Koivula, Tommi, 2016, *TheEuropean Unionand the Use of Military Force: Uncovering the Myths*, Routledge.

＊不戦平和の共同体という理念を掲げる EU による軍事力行使という戸惑いに，EU がどのように向き合ってきたのかを，EU としての言説から分析する。

あ と が き

　本書の企画提案を受けたとき，わりあいと気楽な気持ちで引き受けてしまった。この企画が持ち込まれたのは，ちょうどリスボン条約がようやく発効したばかりのころであった。リスボン条約体制のもとでの欧州連合（EU）に関する書籍はまだほとんど出版されていなかったので，このような企画を進めるタイミングとしてはちょうどよいと考えた。また，欧州憲法条約の失敗などさまざまな紆余曲折もあったので，ほとんど10年にわたる条約改正疲れによって，当分の間は大規模な制度改正の議論は出てこないであろうとも考えた。さらにEUの拡大問題も一応落ち着いており，全体に大きく影響を与えるようなメンバーシップをめぐる問題も当分はないであろうと考えていた。

　ところが，本書の企画準備から執筆の段階で，ギリシャの財政危機は深刻化し，南欧諸国，アイルランドに飛び火し，ヨーロッパ・ソブリン危機へと発展してしまった。各章の原稿が提出され，校正段階に入っても，ユーロ圏の危機は収束せず，なおくすぶり続けている。校正をほぼ終え，この「あとがき」を書いているちょうど今，ブリュッセルではもう何度目になるのか数え切れなくなった臨時の欧州理事会が開催されている。2011年12月の欧州理事会で新条約に関しては大筋で合意されたが，その後もさまざまな議論が続いている。そもそもイギリスが参加しないためにEU諸国がEUの制度を利用するにもかかわらず，EUの外側で新たな条約を締結するという条約である。

　本書が読者の手に届くころには，EU諸国の財政規律を健全化させ，通貨統合の裏打ちとしての財政政策の協調へと，さらに一歩踏み出す新条約も批准が進んでいるはずだ。また2012年7月には，欧州金融安定ファシリティ（EFSF）も欧州安定メカニズム（ESM）として，さらに制度化が進められる予定である。ギリシャの財政危機は今後どのように展開してゆくであろうか。

　ユーロは崩壊するとか，EUが分裂するとか，というセンセーショナルな評論やニュースが，本書の制作過程でとても増えた。編者はそのような立場はと

っていないし，執筆者のほとんども同様であろう。そのため，本書は今そこに
ある危機を直接に議論の対象としていないし，そうすることも意図しなかった。
それでも本書は，読者のこれからのヨーロッパ理解に役立つはずである。各章
の著者はみな，長年にわたってヨーロッパの特定の国や地域，EU という制度
を観察し，それぞれが研究対象としている国や政策の長く続く構造や特徴的な
政治のプロセスを分析してきた。可能なかぎりやさしく，わかりやすく説明す
ることに務めたので，じっくり読んで理解してもらえれば，それぞれの章の著
者が提示した政治，経済，EU とのかかわり方，EU という複雑な制度につい
ての見方を参考にして，きっとこれからのヨーロッパの将来を自分で考える基
礎となるはずである。ソブリン危機の展開にかかわらず，国際関係においてヨ
ーロッパが制度や規範を構築する力を侮ってはいけない。EU と構成国という
複雑な相手ではあるが，しっかりと理解して，つきあっていかなければならな
い相手である。本書を最初の一歩として，どんどんヨーロッパ理解を深めてい
ってもらいたい。

　2011 年 3 月の東日本大震災と原子力発電所の事故は，本書の執筆スケジュ
ールを大幅に遅らせることとなった。大きな被害や影響を受けながらも，大き
く変化するヨーロッパの情勢に対応しつつ，本書の執筆に協力してくださった
執筆者のみなさんに，心から感謝申し上げたい。

　EU 研究者は誰しも統合のまとめ役としての推進者の重要性を認識している
が，有斐閣書籍編集第二部の岩田拓也さんは，執筆者をまとめ，校正段階では
しっかりとまとまりのある本に仕上げるべく大活躍して，まさにその役割を果
たしてくださった。最後に，岩田さんにこの場を借りてお礼申し上げたい。

　　　2012 年 1 月 31 日

　　　　　　　　　　　　　　　　　　　　　　　　　森 井 裕 一

新版にあたって

EU の基本条約を大幅に改訂したリスボン条約が発効し，最初のギリシャ債務危機が概ね収束した時期に執筆された『ヨーロッパの政治経済・入門』の発刊から 10 年近く経過し，EU を取り巻く状況は大きく変化した。ウクライナ問題をめぐる安全保障危機，難民危機，ポピュリスト勢力の拡大，イギリスの離脱，そして新型コロナウイルス感染症（COVID-19）の拡大危機など，大きな危機が続いた。この間に中国の存在が大きくなるなど，EU を取り巻く国際環境も変化した。

本書は時事問題の解説に主眼を置いていたわけではなく，当初の企画時からめざしたのは，より長期的な視点から現代のヨーロッパと EU について知りたいとか，さまざまな問題の背景について知りたいとかと考える読者に必要な情報を提供することであった。ウェブサポートなどで情報を追加したが，新版の刊行にあたっては，10 年を経て大きく変化した状況をより正確にとらえ，現状の諸問題とその背景を説明するという視点から作業を行った。

そのため，本書の基本的な骨格は変わっていない。比較的に影響力の大きな国々を取り上げ，それぞれについて政治制度，経済，ヨーロッパ統合との関係を説明する第Ⅰ部と，EU の歴史，制度，経済，拡大，外交・安全保障政策などについて論じる第Ⅱ部から構成されている。新たに村田奈々子先生に加わっていただいたほかは，執筆者にも変更はない。その意味では，多彩な執筆者たちが，ぶれない視点から，変化をどう観察し，分析しているかにも関心をもって読んでいただけると思う。

コロナ禍により創設された EU 復興基金「次世代 EU」は財政規律や構成国間の連帯という意味で EU の今後のあり方に大きな影響を与えるであろうし，「欧州グリーンディール」という EU の優先課題は，EU を超えて世界の気候変動と社会のあり方に影響を与えるであろう。EU を支える構成国政治の変容からも目が離せない。これらの大きな変化の基礎を理解するために，新版化された本書を活用していただければと願ってやまない。

新版化にあたっても有斐閣書籍編集第二部の岩田拓也さんにご尽力いただき，比較的短期間にアップデート作業を完了できた。この場を借りて岩田さんにあらためてお礼申し上げたい。

2022 年 1 月 31 日

森 井 裕 一

●引用・参考文献●

◆ 序　章　ヨーロッパとEU

池本大輔・板橋拓己・川嶋周一・佐藤俊輔，2020年『EU政治論——国境を越えた統治のゆくえ』有斐閣。

伊藤武・網谷龍介編，2021年『ヨーロッパ・デモクラシーの論点』ナカニシヤ出版。

ヴィーナー，アンツェ＝トマス・ディーズ編／東野篤子訳，2010年『ヨーロッパ統合の理論』勁草書房。

植田隆子編，2021年『新型コロナ危機と欧州——EU・加盟10カ国と英国の対応』文眞堂。

遠藤乾，2016年『欧州複合危機——苦悶するEU，揺れる世界』中公新書。

坂井一成・八十田博人編，2020年『よくわかるEU政治』ミネルヴァ書房。

馬場康雄・平島健司編，2010年『ヨーロッパ政治ハンドブック〔第2版〕』東京大学出版会。

◆ 第1章　フランス

ヴィノック，ミシェル／大嶋厚訳，2014年『フランスの肖像——歴史・政治・思想』吉田書店。

長部重康，2018年「フランスとEU経済」田中素香・長部重康・久保広正・岩田健治『現代ヨーロッパ経済〔第5版〕』有斐閣アルマ。

尾玉剛士，2019年「フランス」松尾秀哉・近藤康史・近藤正基・溝口修平編『教養としてのヨーロッパ政治』ミネルヴァ書房。

尾上修悟，2018年『「社会分裂」に向かうフランス——政権交代と階層対立』明石書店。

川嶋周一，2009年「フランス」網谷龍介・伊藤武・成廣孝編『ヨーロッパのデモクラシー』ナカニシヤ出版。

国末憲人，2016年『ポピュリズム化する世界——なぜポピュリストは物事に白黒をつけたがるのか？』プレジデント社。

剣持久木編，2018年『よくわかるフランス近現代史』ミネルヴァ書房。

土倉莞爾，2019年『ポピュリズムの現代——比較政治学的考察』関西大学出版部。

中村雅治，2016年『国民国家フランスの変容——ヨーロッパ化の中の国民意識と共和主義』上智大学出版。

中山洋平，2010年「フランス」馬場康雄・平島健司編『ヨーロッパ政治ハンドブック〔第2版〕』東京大学出版会。

中山洋平・水島治郎，2020 年『ヨーロッパ政治史』放送大学教育振興会。

畑山敏夫，2007 年『現代フランスの新しい右翼――ルペンの見果てぬ夢』法律文化社。

平野千果子編，2019 年『新しく学ぶフランス史』ミネルヴァ書房。

安江則子編，2012 年『EU とフランス――統合欧州のなかで揺れる三色旗』法律文化社。

吉田徹，2008 年『ミッテラン社会党の転換――社会主義から欧州統合へ』法政大学出版局。

吉田徹編，2012 年『ヨーロッパ統合とフランス――偉大さを求めた 1 世紀』法律文化社。

渡辺和行・南充彦・森本哲郎，1997 年『現代フランス政治史』ナカニシヤ出版。

渡邊啓貴・上原良子編，2019 年『フランスと世界』法律文化社。

Becker, Jean-Jacques, 2011, *Histoire politique de la France depuis 1945*, 10ᵉ édition, Armand Colin.

François, Bastien, 2011, *Le régime politique de la Vᵉ République*, 5ᵉ édition, La Découverte.

Geiss, Peter, et Le Quintrec, Guillaume, 2006, *Histoire/Geschichte — L'Europe et le monde depuis 1945*, Nathan/Klett.

Le Pen, Marine, 2012, *Pour que vive la France*, Editions Grancher.

Macron, Emmanuel, 2016, *Révolution*, XO Editions.

Le Figaro.

Le Monde.

フランス大統領府ウェブサイト。

◆ 第 2 章　ドイツ

石田勇治編，2007 年『図説　ドイツの歴史』河出書房新社。

近藤正基，2009 年『現代ドイツ福祉国家の政治経済学』ミネルヴァ書房。

中村登志哉，2006 年『ドイツの安全保障政策――平和主義と武力行使』一藝社。

平島健司，2017 年『ドイツの政治』東京大学出版会。

森井裕一，2005 年「ドイツ連邦共和国と EU」森井裕一編『国際関係の中の拡大 EU』信山社出版。

森井裕一，2005 年「グローバル化の中のドイツ外交」木畑洋一編『ヨーロッパ統合と国際関係』日本経済評論社。

森井裕一，2006 年「ドイツと EU――EU における独仏関係（ドイツの視点）」田中俊郎・庄司克宏編『EU 統合の軌跡とベクトル――トランスナショナルな政治社会秩序形成への模索』慶應義塾大学出版会。

森井裕一，2007 年「ドイツ――対 EU 政策の継続性と変容」大島美穂編『国家・地域・民族』（EU スタディーズ 3）剄草書房。

森井裕一，2008 年『現代ドイツの外交と政治』信山社出版。

Anderson, Jeffrey J. and Eric Langenbacher eds., 2010, *From the Bonn to the Berlin Re-*

public: *Germany at the Twentieth Anniversary of Unification*, Berghahn Books.

Green, Simon and William E. Paterson eds., 2005, *Governance in Contemporary Germany: The Semisovereign State Revisited*, Cambridge University Press.

Müller-Brandeck-Bocquet, Gisela Hrsg., 2021, *Deutsche Europapolitik von Adenauer bis Merkel*, 3. Auflage, Springer VS.

◆ 第 3 章 イタリア

伊藤武，2016 年『イタリア現代史──第二次世界大戦からベルルスコーニ後まで』中公新書。

色川大吉編，1995 年『敗戦から何を学んだか──1945 年 日本・ドイツ・イタリア』小学館。

ヴィダル，フロランス／岡本義行訳，1995 年『イタリア式マネジメント』三田出版会。

櫻田大造・伊藤剛編，2004 年『比較外交政策──イラク戦争への対応外交』明石書店。

脱工業化都市研究会編，2017 年『トリノの奇跡──「縮小都市」の産業構造転換と再生』藤原書店。

トレモンティ，ジュリオ／石橋典子訳，2010 年『恐れと希望─グローバル化の克服とヨーロッパ』一藝社。

ファルネーティ，パオロ／馬場康雄訳，1984 年『危機と革新の政治学──イタリアのデモクラシー』東京大学出版会。

ベルリングェル，エンリコ／大津真作訳，1977 年『先進国革命と歴史的妥協──ユーロコミュニズムの展開』合同出版。

ボッビオ，ノルベルト／馬場康雄・押場靖志訳，1993 年『イタリア・イデオロギー』未來社。

村上信一郎，2018 年『ベルルスコーニの時代──崩れゆくイタリア政治』岩波新書。

Cotta, Maurizio e Luca Verzichelli, 2020, *Il sistema politico italiano*, Quarta edizione, il Mulino.

Diamanti, Ilvo e Marc Lazar, 2020, *Popolocrazia, La metamorfosi delle nostre democrazie*, Laterza.

Tronconi, Filippo ed., 2015, *Beppe Grillo's Five Star Movement: Organisation, Communication, and Ideology*, Ashgate.

◆ 第 4 章 ベネルクス三国

栗原福也，1982 年『ベネルクス現代史』山川出版社。

正躰朝香，2007 年「ベネルクス三国とヨーロッパ統合──超国家的統合を目指す現実的調停者」坂井一成編『ヨーロッパ統合の国際関係論〔第 2 版〕』芦書房。

正躰朝香，2013 年「ベルギー連邦制の不安定化──『非領域性原理』の後退と求心力の欠如」岩本和子・石部尚登編『「ベルギー」とは何か？──アイデンティティの多

層性』松籟社。

津田由美子・松尾秀哉・正躰朝香・日野愛郎編，2018 年『現代ベルギー政治——連邦化後の 20 年』ミネルヴァ書房。

トラウシュ，G.／岩崎允彦訳，1999 年『ルクセンブルクの歴史——小さな国の大きな歴史』刀水書房。

日野愛郎，2014 年「オランダ・ベルギー」網谷龍介・伊藤武・成廣孝編『ヨーロッパのデモクラシー〔改訂第 2 版〕』ナカニシヤ出版。

松尾秀哉，2015 年『連邦国家ベルギー——繰り返される分裂危機』吉田書店。

水島治郎，2016 年『ポピュリズムとは何か——民主主義の敵か，改革の希望か』中公新書。

森田安一編，1998 年『スイス・ベネルクス史』山川出版社。

レイプハルト，アレンド／粕谷祐子・菊池啓一訳，2014 年『民主主義対民主主義——多数決型とコンセンサス型の 36 カ国比較研究〔第 2 版〕』勁草書房。

Andeweg, Rudy B., Galen A Irwin and Tom Louwerse, 2020, *Governance and Politics of the Netherlands*, 5th edition, Red Globe Press.

Bergers, Ken, 2011, *Benelux en chiffres*, secrétariat general du Benelux publication.

Benelux, 2021, *Plan Annuel 2021*: Coopérer sans frontières, Secrétariat Général de l'Union Benelux.

Deschouwer, Kris, 2012, *The Politics of Belgium: Governing a Divided Society*, 2nd edition, Palgrave Macmillan.

Mabille, Xavier, 2000, *Histoire politique de la Belgique:facteurs et acteurs de changement*, 4th edition, CRISP.

Revue Française d'Etudes Constitutionnelles et Politiques, 2011, *La Belgique, Pouvoirs*, No.136 Seuil.

外務省ウェブサイト「各国・地域情勢」（http://www.mofa.go.jp/mofaj/area/）。

Le Soir web 版　（http://www.lesoir.be）。

◆ 第 5 章　南　　欧

金七紀男，2010 年『ポルトガル史〔増補新版〕』彩流社。

楠貞義・ラモン・タマメス・戸門一衛・深澤安博，1999 年『スペイン現代史——模索と挑戦の 120 年』大修館書店。

関哲行・立石博高・中塚次郎編，2008 年『スペイン史』1・2（世界歴史大系），山川出版社。

戸門一衛・原輝史編，1998 年『スペインの経済——新しい欧州先進国の課題』早稲田大学出版部。

永田智成，2016 年『フランコ体制からの民主化——スアレスの政治手法』木鐸社。

ハンチントン，S. P.／坪郷實・中道寿一・藪野祐三訳，1995 年『第三の波——20 世紀

後半の民主化』三嶺書房。

ポグントケ，T. = P. ウェブ／岩崎正洋監訳，2014 年『民主政治はなぜ「大統領制化」
するのか──現代民主主義国家の比較研究』ミネルヴァ書房。

Barreto, António, Braulio Gómez Fortes, Pedro Magalhães (dirs.), 2003, *Portugal: demo-
cracia y sistema político*, Siglo Veintiuno.

Betrán, Concha, Antonio Cubel, M.ª Ángeles Pons, M.ª Teresa Sanchís, 2010, *La España
democrática (1975-2000): Economía*, Editorial Síntesis.

Blas Guerrero, Andrés de, Faustino Fernández-Miranda Alonso, Jesús de Andrés Sanz,
María Sánchez-Roca Ruiz, 2010 *Sistema político español,*. UNED.

Corkill, David, 1993, *The Portuguese Economy since 1974*, Edinburgh University Press.

Dooley, Neil, 2018, "Portugal's Economic Crisis: Overheating Without Accelerating,"
Parker, Owen and Dimitris Tsarouhas eds., *Crisis in the Eurozone Periphery: The Politi-
cal Economies of Greece, Spain, Ireland and Portugal*, Palgrave Macmillan.

Garcia Cantalapiedra, David and Ramon Pacheco Pardo eds., 2014, *Contemporary Spanish
Foreign Policy*, Routledge.

Gunther, Richard and José Ramón Montero, 2009, *The Politics of Spain*, Cambridge Uni-
versity Press.

Muro, Diego and Ignacio Lago eds., 2020, *The Oxford Handbook of Spanish Politics*, Ox-
ford University Press.

Parker, Owen and Dimitris Tsarouhas eds., 2018, *Crisis in the Eurozone Periphery: The
Political Economies of Greece, Spain, Ireland and Portugal*, Palgrave Macmillan.

Pinto, António Costa ed., 2011, *Contemporary Portugal: politics, society and culture*, 2nd
edition, Social Science Monographs.

Requena, Miguel, 2020, "Economic and Social Changes since the Restoration of Demo-
cracy", Muro, Diego and Ignacio Lago eds., *The Oxford Handbook of Spanish Politics*,
Oxford University Press.

Ruiz, David, 2002, *La España democràtica (1975-2000): Política y sociedad*, Editorial Sín-
tesis.

◆ Close up ① ギ リ シ ャ

Tsourapas, Gerasimos, and Zartaloudis, Sotirios, 2021, "Leveraging the European Refu-
gee Crisis: Forced Displacement and Bargaining in Greece's Bailout Negotiations,"
Journal of Common Market Studies, pp. 1-19.

Standard Eurobarometer 94 Winter 2020-2021 Public Opinion in the European Union, Eu-
ropean Union, 2021.

◆ 第6章 北 欧

大島美穂, 2007 年「北欧諸国——EU のつまづきの石か, 新たな発信源か」大島美穂編『国家・地域・民族』(EU スタディーズ 3) 勁草書房。

五月女律子, 2004 年『北欧協力の展開』木鐸社。

五月女律子, 2007 年「北欧諸国の対外政策と対ヨーロッパ政策——独自性の維持とヨーロッパ統合への接近・参加の両立」坂井一成編『ヨーロッパ統合の国際関係論〔第2版〕』芦書房。

百瀬宏・熊野聰・村井誠人編, 1998 年『北欧史』(新版世界各国史 21) 山川出版社。

吉武信彦, 2007 年「欧州統合の中の北欧諸国」田中俊郎・小久保康之・鶴岡路人編『EU の国際政治——域内政治秩序と対外関係の動態』慶應義塾大学出版会。

吉武信彦, 2021 年「スウェーデン——独自路線と EU 協調との狭間で」植田隆子編『新型コロナ危機と欧州——EU・加盟 10 カ国と英国の対応』文眞堂。

Arter, David, 2016, *Scandinavian Politics Today*, 3rd edition, Manchester University Press.

Bergman, Torbjörn and Kaare Strøm eds., 2011, *The Madisonian Turn: Political Parties and Parliamentary Democracy in Nordic Europe*, University of Michigan Press.

European Commission, 2021, *European Innovation Scoreboard 2021*.

Geyer, Robart, Christine Ingebritsen and Jonathon W. Moses eds., 2000, *Globalization, Europeanization and the End of Scandinavian Social Democracy?*, Macmillan Press Ltd.

Græger, Nina, Henrik Larsen and Hanna Ojanen, 2002, *The ESDP and the Nordic Countries: Four Variations on a Theme*, Ulkopoliittinen instituutti & Institut für Europäische Politik.

Heidar, Knut ed., 2004, *Nordic Politics: Comparative Perspectives*, Universitetsforlaget.

Hilson, Mary, 2008, *The Nordic Model: Scandinavia since 1945*, Reaktion Books.

Michel, James H., 1998, *Efforts and Policies of the Members of the Development Assistance Committee: Development Co-operation*, 1997 Report, Organization for Economic Co-operation and Development.

Mouritzen, Hans and Anders Wivel, eds., 2005, *The Geopolitics of Euro-Atlantic Integration*, Routledge.

Petersson, Olof, 2005, *Nordisk politik*, Sjätte upplagan, Norstedts Juridik.

Schwab, Klaus, Saadia Zahidi and World Economic Forum eds., 2020, *The Global Competitiveness Report Special Edition 2020: How Countries are Performing on the Road to Recovery*, The World Economic Forum.

Transparency International, 2021, *Corruption Perceptions Index 2020*.

European Environment Agency, <https://www.eea.europa.eu/>.

Inter-Parliamentary Union, <https://www.ipu.org>.

◆ 第 7 章　中 東 欧

平田武，2014 年「ハンガリーにおけるデモクラシーのバックスライディング」日本比
　較政治学会編『体制転換／非転換の比較政治』（比較政治学会年報 16 号）ミネルヴァ
　書房。

Greskovits, Béla, 2008, "Leading sectors and the variety of capitalism in Eastern Europe,"
　in John Pickles ed., *State and Society in Post-Socialist economies*, Palgrave Macmillan,
　pp.19-46.

Mälksoo, Maria, and Margarita Šešelgytė, 2013, "Reinventing 'new' Europe: Baltic per-
　spectives on transatlantic security reconfigurations," *Communist and Post-Communist
　Studies*, 46:3, 397-406.

Myant, Martin, and Jan Drahokoupil, 2011, *Transitional economies: political economy in
　Russia, Eastern Europe, and Central Asia*, John Wiley and Sons, Inc.

ヴィシェグラードグループ・ウェブサイト（https://www.visegradgroup.eu）。

外務省ウェブサイト「V4 ＋日本」対話・協力（https://www.mofa.go.jp/mofaj/area/
　europe/v4_japan/index.html）。

◆ Close up ②　クロアチア，ブルガリア，ルーマニア

上垣彰，2011 年「東欧における経済的後進性について――ルーマニアおよびブルガリ
　アを例として」仙石学・林忠行編『ポスト社会主義期の政治と経済――旧ソ連・中東
　欧の比較』北海道大学出版会。

柴宜弘・石田信一編，2013 年『クロアチアを知るための 60 章』明石書店。

藤嶋亮，2019 年「ブルガリア・ルーマニア」松尾秀哉・近藤康史・近藤正基・溝口修
　平編『教養としてのヨーロッパ政治』ミネルヴァ書房。

◆ 第 8 章　イギリス

梅川正美・阪野智一編，2004 年『ブレアのイラク戦争――イギリスの世界戦略』朝日
　新聞社。

梅川正美・阪野智一・力久昌幸編，2014 年『現代イギリス政治〔第 2 版〕』成文堂。

梅川正美・阪野智一・力久昌幸編，2016 年『イギリス現代政治史〔第 2 版〕』ミネルヴ
　ァ書房。

小川浩之，2008 年『イギリス帝国からヨーロッパ統合へ――戦後イギリス対外政策の
　転換と EEC 加盟申請』名古屋大学出版会。

川北稔・木畑洋一編，2000 年『イギリスの歴史――帝国＝コモンウェルスのあゆみ』
　有斐閣アルマ。

木畑洋一・秋田茂編，2011 年『近代イギリスの歴史――16 世紀から現代まで』ミネル
　ヴァ書房。

クラーク，ピーター／西沢保・市橋秀夫・椿建也・長谷川淳一ほか訳，2004年『イギリス現代史 1900-2000』名古屋大学出版会。

ケイン，P. J. = A. G. ホプキンズ／木畑洋一・旦祐介訳，1997年『ジェントルマン資本主義の帝国 II ——危機と解体 1914-1990』名古屋大学出版会。

近藤和彦編，2010年『イギリス史研究入門』山川出版社。

佐々木雄太・木畑洋一編，2005年『イギリス外交史』有斐閣アルマ。

鶴岡路人，2020年『EU 離脱——イギリスとヨーロッパの地殻変動』ちくま新書。

デイ，スティーブン = 力久昌幸，2021年『「ブレグジット」という激震——混迷するイギリス政治』ミネルヴァ書房。

トインビー，ポリー／椋田直子訳，2005年『ハードワーク——低賃金で働くということ』東洋経済新報社。

ブリッグズ，エイザ／今井宏・中野春夫・中野香織訳，2004年『イングランド社会史』筑摩書房。

細谷雄一，2016年『迷走するイギリス——EU 離脱と欧州の危機』慶應義塾大学出版会。

細谷雄一編，2009年『イギリスとヨーロッパ——孤立と統合の二百年』勁草書房。

尹慧瑛，2007年『暴力と和解のあいだ——北アイルランド紛争を生きる人びと』法政大学出版局。

Burk, Kathleen, ed., 2003, *The British Isles since 1945*, Oxford University Press.

Dumbrell, John, 2006, *A Special Relationship: Anglo-American Relations from the Cold War to Iraq*, 2nd edition, Palgrave Macmillan.

Geddes, Andrew, 2004, *The European Union and British Politics*, Palgrave Macmillan.

Harrison, Brian, 2009, *Seeking a Role: The United Kingdom, 1951-1970*, Clarendon Press.

Harrison, Brian, 2010, *Finding a Role? The United Kingdom, 1970-1990*, Clarendon Press.

Reynolds, David, 1985/86, "A 'Special Relationship'? America, Britain and the International Order since the Second World War," *International Affairs*, Vol. 62, Issue 1.

◆ 第9章 ヨーロッパ統合の歴史

網谷龍介・上原良子・中田瑞穂編，2019年『戦後民主主義の青写真——ヨーロッパにおける統合とデモクラシー』ナカニシヤ出版。

フランク，ロベール／廣田功訳，2003年『欧州統合史のダイナミズム——フランスとパートナー国』日本経済評論社。

ボワイエ，ロベール／山田鋭夫・植村博恭訳，2013年『ユーロ危機——欧州統合の歴史と政策』藤原書店。

ルンデスタッド，ゲア／河田潤一訳，2005年『ヨーロッパの統合とアメリカの戦略——統合による「帝国」への道』NTT 出版。

Bossuat, Gérard ed., 2003, *Inventer l'Europe: Histoire nouvelle des groups d'influence et des acteurs de l'unite européenne*, Peter Lang.

Gehler, Michael, 2003, *Der lange Weg nach Europa. Darstellung + Dokumente*, Studienverlag.

Kaiser, Wolfram and Varsori, Antonioi eds., 2010, *European Union History: Themes and Debates*, Palgrave.

Lipgens, Walter and Loth, Wilfried, eds., 1985-1991, *Documents on the History of European Integration*, Vol.1-4, W.de Gruyter.

Milward, Alan S., 1992, *The European Rescue of the Nation State*, Routledge.

Moravcsik, Andrew, 1998, *The Choice for Europe: Social Purpose and State Power from Messina to Maastricht*, Cornell University Press.

◆ 第 10 章　EU のしくみ

池本大輔・板橋拓己・川嶋周一・佐藤俊輔，2020 年『EU 政治論──国境を越えた統治のゆくえ』有斐閣。

遠藤乾，2013 年『統合の終焉──EU の実像と論理』岩波書店。

坂井一成・八十田博人編，2020 年『よくわかる EU 政治』ミネルヴァ書房。

庄司克宏，2007 年『欧州連合──統治の論理とゆくえ』岩波新書。

中村民雄，2019 年『EU とは何か──国家ではない未来の形〔第 3 版〕』信山社。

中村民雄・須網隆夫編，2019 年『EU 法基本判例集〔第 3 版〕』日本評論社。

鷲江義勝編，2020 年『EU──欧州統合の現在〔第 4 版〕』創元社。

Wallace, Helen, Mark A. Pollack, Christilla Roederer-Rynning and Alasdair R. Young eds., 2020, *Policy-Making in the European Union* , 8th edition, Oxford University Press.

◆ 第 11 章　EU の経済政策

＊ EU 経済全般

田中素香・長部重康・久保広正・岩田健治，2022 年『現代ヨーロッパ経済〔第 6 版〕』有斐閣アルマ。

田中素香編，2021 年「特集 コロナ禍欧州の飛躍──グリーン復興とグローバルブリテン」『世界経済評論』9-10 月号。

バラッサ , B. ／中島正信訳，1963 年『経済統合の理論』ダイヤモンド社。

De Grauwe, Paul, 2022, *Economics of the Monetary Union*, 14th edition（第 8 版の邦訳：デ・グラウエ , P ／田中素香・山口昌樹訳，2011 年『通貨同盟の経済学──ユーロの理論と現状分析』勁草書房）。

European Commission, 2021, *European Economic Forecast*, Summer 2021.

Pelkmans, Jacques, 2006, *European Integration: Methods and Economic Analysis*, 3rd edition（第 2 版の邦訳：ペルクマンス , J. ／田中素香訳，2004 年『EU 経済統合──深化と拡大の総合分析』文眞堂）。

＊単一市場とブレグジット

遠藤乾，2016 年『欧州複合危機——苦悶する EU，揺れる世界』中公新書。

庄司克宏，2019 年『ブレグジット・パラドクス——欧州統合のゆくえ』岩波書店。

須網隆夫＋21 世紀政策研究所編，2018 年『英国の EU 離脱と EU の未来』日本評論社。

田中素香，1991 年『EC 統合の新展開と欧州再編成』東洋経済新報社。

チェッキーニ，パオロ／田中素香訳，1988 年『EC 市場統合・1992 年——域内市場完成の利益』東洋経済新報社。

モンティ，マリオ／田中素香訳，1998 年『EU 単一市場とヨーロッパの将来——モンティ報告』東洋経済新報社。

　＊単一通貨ユーロと政府債務危機

岩田健治，2016 年「繰り返すユーロ危機と通貨統合の行方——ヨーロピアン・セメスター最初の 5 カ年と『経済同盟完成』に向けた課題」『世界経済評論』Vol.60, No.4, 7-8 月号。

尾上修悟，2014 年『欧州財政統合論——危機克服への連帯に向けて』ミネルヴァ書房。

スティグリッツ，ジョセフ・E.／峯村利哉訳，2016 年『ユーロから始まる世界経済の大崩壊』徳間書店。

田中素香編，1996 年『EMS（欧州通貨制度）——欧州通貨統合の焦点』有斐閣。

蓮見雄・高屋定美編，2021 年『沈まぬユーロ——多極化時代における 20 年目の挑戦』文眞堂。

◆ 第 12 章　EU を取り巻く地域（Close up ③「EU とロシア」も含む）

クーパー，ロバート／北沢格訳，2008 年『国家の崩壊——新リベラル帝国主義と世界秩序』日本経済新聞出版社。

田中俊郎・庄司克宏編，2006 年『EU 統合の軌跡とベクトル——トランスナショナルな政治社会秩序形成への模索』慶應義塾大学出版会。

田中俊郎・小久保康之・鶴岡路人編，2007 年『EU の国際政治——域内政治秩序と対外関係の動態』慶應義塾大学出版会。

羽場久美子・小森田秋夫・田中素香編，2006 年『ヨーロッパの東方拡大』岩波書店。

八谷まち子編，2007 年『EU 拡大のフロンティア——トルコとの対話』信山社出版。

蓮見雄，2005 年「欧州近隣諸国政策とは何か」『慶應法学』2 号。

東野篤子，2000 年「EU 東方拡大への道，1995-1997 年——欧州委員会，ドイツ，フランス，英国の立場を中心に」『日本 EU 学会年報』第 20 号。

東野篤子，2000 年「EU 東方拡大と欧州秩序再編成——ルクセンブルグ欧州理事会からヘルシンキ欧州理事会まで」『外務省調査月報』第 1 号。

東野篤子，2004 年「EU 拡大のダイナミズム——加盟交渉終結への道，2000—2002 年」『日本 EU 学会年報』第 24 号。

東野篤子，2007 年「西バルカン諸国の EU 加盟問題」『ロシア・ユーラシア経済』第 901 号，42-52 頁。

東野篤子，2009 年「ヨーロッパ統合研究への『安全保障研究のコペンハーゲン学派』の適用をめぐる一考察——EU 拡大を事例として」『法学研究』第 82 巻第 5 号，47-77 頁。

東野篤子，2011 年「ウクライナの EU・NATO 加盟問題」『法学研究』第 84 巻第 1 号，339-378 頁。

東野篤子，2019 年「EU の対ウクライナ政策——近隣諸国政策の成立からゼレンスキー政権発足まで」『ロシア・ユーラシアの経済と社会』第 1043 号。

森井裕一編，2010 年『地域統合とグローバル秩序——ヨーロッパと日本・アジア』信山社出版。

渡邊啓貴編，2008 年『ヨーロッパ国際関係史——繁栄と凋落，そして再生〔新版〕』有斐閣アルマ。

Baun, Michael, 2000, *A Wider Europe: The Process and Politics of European Union Enlargement*, Rowman & Littlefield.

Grabbe, Heather, 2006, *The EU's Transformative Power: Europeanization through Conditionality in Central and Eastern Europe* , Palgrave, Macmillan.

Higashino, Atsuko, 2004 "For the sake of peace and security?: The role of security in the EU enlargement eastwards," in *Cooperation and Conflict*, Vol.39:4, pp.347-368.

Hill, Christopher and Michael Smith eds., 2011, *International Relations and the European Union*, 2 nd edition, Oxford University Press.

Schimmelfennig, Frank, 2003, *The EU, NATO and the Integration of Europe: Rules and Rhetoric*, Cambridge University Press.

Schimmelfennig, Frank and Ulrich Sedelmeier eds., 2005, *The Politics of EU Enlargement: Theoretical Approaches*, Routledge.

Sedelmeier, Ulrich, 2005, *Constructing the Path to Eastern Enlargement: The Uneven Policy Impact of EU Identity*, Manchester University Press.

Smith, Karen E., 2004, *The Making of EU Foreign Policy: the Case of Eastern Europe*, 2nd edition, Palgrave Macmillan.

Wallace, Helen, Mark A. Pollack and Alasdair R. Young eds., 2010, *Policy-Making in the European Union*, 6th edition, Oxford University Press.

Whitman, Richard G. and Stefan Wolff eds., 2010, *The European Neighbourhood Policy in Perspective: Context, Implementation and Impact*, Palgrave Macmillan.

◆ 第 13 章　EU の対外政策（Close up ④「EU と中国」も含む）

植田隆子編，2007 年『対外関係』（EU スタディーズ 1）勁草書房。

森井裕一編，2010 年『地域統合とグローバル秩序——ヨーロッパと日本・アジア』信山社出版。

Keukeleire, Stephan and Tom Delreux, 2014, *The Foreign Policy of the European Union*,

2nd edition, Palgrave Macmillan.

Smith, Karen E., 2014, *European Union Foreign Policy in a Changing World*, 3rd edition, Polity Press.

◆ 第 14 章　EU の安全保障・防衛政策

植田隆子，2004 年「欧州連合（EU）の軍事的・非軍事的危機管理」『国際法外交雑誌』第 102 巻第 3 号。

小林正英，2004 年「EU 安全保障政策の発展――可変翼的統合による軍事的側面の取り込み，超国家性排除，NATO との機能分化」『尚美学園大学総合政策研究紀要』。

小林正英，2005 年「資料と解説――EU 安全保障戦略」『慶應法学』第 2 号。

小林正英，2007 年「新しい安全保障主体としての EU」田中俊郎・小久保康之・鶴岡路人編『EU の国際政治――域内政治秩序と対外関係の動態』慶應義塾大学出版会。

小林正英，2009 年「EU 共通安全保障・防衛政策（CSDP）の現状と課題」田中俊郎，庄司克宏，浅見政江編『EU のガヴァナンスと政策形成』慶應義塾大学出版会。

小林正英，2011 年「国連と地域的機関としての NATO および EU」日本国際連合学会編『安全保障をめぐる地域と国連（「国連研究」第 12 号）』。

小林正英，2011 年「EU 文民的安全保障政策の成立と発展」『法学研究』第 84 巻第 1 号。

小林正英，2015 年「EU の文民的危機管理政策――ソーセージと EU の文民的危機管理政策がどう作られるかを知る人は，もはやぐっすりと眠ることはできない」臼井陽一郎編『EU の規範政治――グローバルヨーロッパの理想と現実』ナカニシヤ出版。

小林正英，2016 年「EU 海洋安全保障戦略における包括的アプローチ――EU 安全保障政策の潮目の変化？」関西学院大学産業研究所『産研論集』第 43 号。

小林正英，2016 年「ビジョンの安全保障政策」EUSI Commentary, Vol. 79（http://www.hit-u.ac.jp/kenkyu/eusi/eusicommentary/vol79.pdf）。

小林正英，2017 年「EU-NATO 関係の現在――ソマリア沖海賊対策作戦の事例を中心に」『尚美学園大学総合政策論集』第 25 号。

小林正英，2020 年「英国 EU 離脱後の米欧関係」日本国際問題研究所『国際問題』第 691 号。

小林正英，2021 年「地域紛争と危機管理――安全保障と国際機構」庄司克宏編『国際機構〔新版〕』（岩波テキストブックス），岩波書店。

鶴岡路人，2007 年「EU 外交の中の欧州安全保障政策――EU 内調整の課題と付加価値の再検討」田中俊郎・小久保康之・鶴岡路人編『EU の国際政治――域内政治秩序と対外関係の動態』慶應義塾大学出版会。

鶴岡路人，2011 年「NATO・EU 協力の新たな課題」『法学研究』第 84 巻第 1 号。

鶴岡路人，2011 年「欧州統合における共通外交，安全保障，防衛政策」『日本 EU 学会年報』第 31 号。

戸蒔仁司，1999 年「欧州安全保障の欧州化――ESDI の発展と国際機構の展開」山極晃

編『冷戦後の国際政治と地域協力』中央経済社。

広瀬佳一・吉崎知典編，2012年『冷戦後のNATO――"ハイブリッド同盟"への挑戦』ミネルヴァ書房。

Grevi, Giovanni, Damien Helly and Daniel Keohane eds., 2009, *European Security and Defence Policy: the first ten years (1999-2009)*, EU Institute for Security Studies.

Howorth, Jolyon, 2007, *Security and Defence Policy in the European Union*, Palgrave Macmillan.

Jonson, Pål, 2006, *The Development of the European Security and Defence Policy: An Assessment of Preferences, Bargains and Outcomes*, Swedish Defence Research Agency.

Smith, Michael, 2017, *Europe's Common Security and Defence Policy: Capacity-Building, Experiential Learning, and Institutional Change*, Cambridge University Press.

◎人名索引◎

◆ 編者紹介

森井　裕一（もりい　ゆういち）
東京大学大学院総合文化研究科教授
（EU 研究，ドイツ政治研究）

ヨーロッパの政治経済・入門〔新版〕
Introduction to the Political Economy of Europe,
2nd edition　　　　　　　　　　〈有斐閣ブックス〉

2012 年 3 月 30 日　初版第 1 刷発行
2022 年 3 月 30 日　新版第 1 刷発行

編　者　　森　井　裕　一
発行者　　江　草　貞　治
発行所　　株式会社　有　斐　閣
郵便番号101-0051
東京都千代田区神田神保町2-17
http://www.yuhikaku.co.jp/

印刷・萩原印刷株式会社／製本・大口製本印刷株式会社